疫後
震盪效應

防疫政治學與
世界秩序的崩潰

科林‧凱爾
湯姆斯‧萊特 ——— 著

林添貴 ——— 譯

AFTERSHOCKS

PANDEMIC POLITICS AND THE END OF THE OLD INTERNATIONAL ORDER

Colin dedicates this book to Rebecca, Nora, and Rylan.

Tom dedicates this book to Karen and Senan.

目錄

註　釋（若您需要原文註釋，歡迎來信索取：sparkspublish@gmail.com）

作者聲明

　　在研究本書的過程中，我們對來自美國、歐洲、亞洲、澳洲、以色列和世界衛生組織的高級官員們進行了 60 多次訪談。大多數訪談都是「背景」說明，意即我們可以使用這些訊息、並直接引用來源，但未經事先同意，不得提到他們的姓名。鑒於我們的許多對話都具有政治敏感性，為了讓我們盡可能完整和坦率地了解全貌，這是必要的。在整本書中，每當我們說「一位官員告訴我們」某件事，或某位特定官員對某件事所說或所想，但又沒有提出引述哪本書或文章，它就是來自其中某次訪談。每次我們採用某一訪談的訊息時，這位官員都對所討論的事件是有直接全盤的了解。在大多數情況下，我們不為本書進行的訪談提出附註；只有當資訊的來源從文本中無法明確時，我們才會在附註中標明。

導　論

　　唐納・川普（Donald Trump）是個天生的單邊主義者。他藉著「美國優先」的政治綱領當選總統，這一綱領摒棄過去七十年美國承擔的全球領導地位，將聯盟、條約和貿易協議視為世界其他國家誘騙美國失去金錢和權力的企圖。儘管如此，他的核心團隊很早就明白——事實上，比歐洲各國政府更早——2019 年 12 月在中國武漢出現的新型冠狀病毒肺炎可能會改變現況，這項國家安全挑戰將決定他的總統任內的功過評價。但是這個問題花了好幾個星期時間才引起川普的注意。經過了彷彿永恆的等待之後，川普的國家安全和衛生團隊才在 2020 年 1 月 31 日，說服他採取行動，禁止來自中國的旅客。這是一個重要、但還不足夠的步驟——禁令仍然允許數以萬計的美國人和其他人士從中國飛回美國，這將需要一項涉及執行檢測和接觸者追蹤的龐大計畫，可是從未實施。至關重要的是，這一病毒已經在美國傳播。

　　第二天，美國國家安全顧問羅伯・歐布萊恩（Robert O'Brien）開始要求其他國家跟進效仿。只有每個國家都迅速採取行動才可能遏制病毒，但是否為時已晚？澳洲人已經禁止來自中國的旅

客，日本人也跟進。但歐布萊恩對歐洲人的反應則感到沮喪。每個國家都拒絕單獨行動；他們喜歡整個歐盟統一回應，可是這不太可能做到，尤其許多歐洲政府擔心會得罪北京。隨著病毒在義大利蔓延開來，歐布萊恩試圖說服歐洲各國國安顧問在申根區實施旅行限制，申根區是一個包含 26 個國家的自由旅行區，但他們根本不甩他。在華府，歐布萊恩和他的副手博明（Matthew Pottinger）敦促總統提出國際共同應對此一流行疫病的主張，但沒有說服川普。他痛罵：「為什麼歐洲人什麼都不做？」就在這一刻，某些政府官員認為，盟國錯失了、而且可能是前所未有的危機進行多邊合作的機會。

從川普第一次聽說這項病毒帶來的危險開始，他的本能就是盡量貶抑病毒的危險性。他剛剛與中國簽署一項貿易協定，急欲在 11 月的連任競選之前將自己描繪成一個最重要的交易撮合者。反對他的人士稱他為戰爭販子，但他希望與外國領袖達成一系列協議。這將表明他是一個強硬的主事者，在談判中雖然脾氣暴躁，但也可以完成交易。譬如，川普在 2017 年幾乎將美國推向了與北韓爆發核戰爭的邊緣。但是他懸崖勒馬，在 2018 年和 2019 年與北韓獨裁領導人金正恩舉行了三場會面，統統透過電視廣為報導。這主要是為了表演——但對川普來說，表演才是真正重要的事情。2020 年初，美國經濟走強，總統擔心任何可能會破壞經濟進展的行動。他相信，頒布旅行禁令已經足夠了，一切都在控制之中。中國國家主席習近平在多次電話對話中不都是這樣告訴他

的嗎？但是，新出現的大流行病和經濟景氣都將變得十分糟糕。

　　3 月初，市場陷入自由落體狀態。這種傳染病——「嚴重特殊傳染性肺炎」（coronavirus disease 2019），簡稱 COVID-19——正在歐洲各地蔓延。川普的顧問們警告說，如果他不採取進一步行動，數百萬人可能會喪命。所以川普在 3 月 11 日勉強同意關閉經濟活動三個星期。這可能還不夠，但總是一個開始。一個多月以來，歐布萊恩、博明和政府的衛生健康顧問們一直在努力讓總統相信問題很嚴重。但是現在大壩正在破裂，國家危機迫在眉睫。

　　川普很快就向中國翻臉（儘管他號稱與習近平的私交關係親密，但這是他最喜歡掛在嘴上抨擊的目標之一）。他對助理所說的話很直白：「這些傢伙操了我們，而且他們操了我本人。」他開始稱這種流行病為「中國病毒」。北京開始以散播謠言作為回應，指稱美國軍人將病毒帶到武漢。3 月 26 日，川普與習近平又通了電話；兩人在電話中吵了起來，他們爭論 COVID-19 的起源地。在川普剩餘的任期內，兩個人再也不對話。

　　到了 3 月下旬，世界上所有最富有的民主國家，面對很顯然是第二次世界大戰以來最嚴重的危機，全都處於封城鎖國狀態。沒有人知道最終的死亡人數會是多少，但是粗略概算出來的數字十分可怕。美國疾病管制與預防中心（Centers for Disease Control and Prevention, CDC）估計，多達 170 萬美國人可能會死亡。德國官員擔心他們可能會有 50 萬人喪生。人人都曉得有可能發生

某種全球流行病；某些國家甚至為此做好了防備計畫。可是如今疫病臨頭，許多領導者卻是盲目指揮。為了遏制疫病蔓延，政府刻意關閉經濟活動，可是又引爆了一場難以想像的全球衰退，堪比 1930 年代的經濟大蕭條（至少有一段時間似乎如此嚴重）。每個國家都以自己的方式擔心它的人民沒有為即將發生的事情做好心理或物資的準備。

國際合作實際上處於停滯狀態。世界衛生組織（WHO）受制於中國合作不足和本身對北京過於恭順，難以理解此一流行病的發展性質。結果，它也發現自己很難就如何遏制它提供前後連貫一致的建議。全世界各地出現相互競爭、自求多福的思維主導著各國的反應。德國關閉了邊界，使數以千計公民滯留在國外、無法回國。法國當局從位於里昂（Lyon）的一家瑞典人擁有的配送中心沒收了 600 萬個防護口罩，以防止這些口罩出口到歐洲其他國家。義大利元首警告說，這場危機可能會使歐盟分裂。美國贏得了大撒銀子、出手闊綽的聲響，說服世界各地的醫療供應商將已經承諾給其他國家的貨品轉賣給美國。在亞洲，日本和其他國家束手無策，不知道要如何照顧郵輪上受感染的病患，聽任數千名旅客漂浮在太平洋上。

在美國，到 3 月中旬，全國大部分地區都已經陷入危機，川普突然驚覺他連任的希望正在消失。雖然他一向鄙視多邊會議，現在卻冀望計畫於 6 月舉行的一場重要會議可解決他的難題。作為 G7 集團的主席國，美國預定主辦領袖峰會，與其他已開發民

主經濟體共商大計。疫病迫使大多數國際會議透過網路以虛擬方式舉行。當時有理由相信病毒可能會在夏天消退。日本首相安倍晉三、英國首相鮑里斯·強生（Boris Johnson）和法國總統伊馬紐·馬克宏（Emmanuel Macron）告訴川普，在妥當準備的情況下，他們希望親自出席峰會。川普在推特上寫道：

現在我們的國家正「再次偉大」，我正在考慮在相同或相差不遠的日子重新安排 G7 集團在華府傳奇的大衛營會談。其他成員也開始了他們的**復甦**。這對所有人來說都是一個好兆頭──正常化[1]！

G7 集團的前身是在 1975 年為因應石油衝擊和經濟衰退而創建，最初只有法國、英國、德國和美國等四個國家。日本、加拿大、義大利和歐盟後來加入；俄羅斯也加入了一段時間，不過，它在 2014 年吞併克里米亞後被驅逐出去。作為世界上最富有的民主國家的俱樂部，它是各國元首處理全球危機以及長期改善國際秩序的論壇。現在 COVID-19 大流行已經來到俱樂部的大門口。

「他媽的窩囊時刻」

42 歲的馬克宏是法國自拿破崙以來最年輕的國家領袖。他非常聰明，雄心勃勃，自命為一個變革型的領導者，他將推動法國

和歐盟為迎接 21 世紀的挑戰做好準備。COVID-19 危機將使這一雄心受到考驗。

馬克宏與川普的關係相當複雜。川普成為總統後，馬克宏與他交好，並且奉承他，將自己顯得與其他歐洲領袖的不同，後者都與川普保持一定的距離。他邀請川普做為法國國慶日（巴士底日，Bastille Day）閱兵典禮的主賓——這一經歷對這位美國總統的影響如此之大，以至於他開始力主在華府也應該舉行類似的閱兵儀式。後來，馬克宏發覺，雖然極力奉承，卻沒有得到什麼實質的回報，他們之間的關係明顯冷卻下來。

儘管如此，曾在 2019 年擔任 G7 集團輪值主席的這位法國總統，在疫情爆發初期就敦促集團迅速採取行動。馬克宏希望川普能立刻起帶頭作用，但他很快意識到這位美國總統並不關心法國的主張。這並不完全令人驚訝，但是令法國官員感到震驚的是，白宮沒有自己的主意。它根本沒有計畫。隨著危機的惡化，巴黎要求白宮找七國領袖大家通電話討論。白宮同意了，但法國必須負責安排。巴黎承擔起來，電話討論於 3 月 18 日順利進行。然而，好不容易安排的 G7 集團外交部長會議在 3 月 26 日透過網路舉行時，卻因為美國國務卿邁克·龐培歐（Mike Pompeo）堅持將 COVID-19 重新定名為「武漢肺炎」，集團未能就聯合聲明達成一致。法國人大吃一驚。美國真的會揪住幾個字的字義破壞 G7 集團共同行動嗎？儘管如此，馬克宏還是繼續推進。領袖之間必須面對面應對這些挑戰。他對川普決定舉行 G7 集團領袖親自碰

頭峰會感到鼓舞，宣布他將出席。這位法國總統還相信自己有能力與其他領袖達成協議，無論面臨何種挑戰。

英國首相強生也支持 G7 集團領袖親自碰頭舉行峰會。強生一頭蓬鬆的金色頭髮，喜歡發表離譜、但有趣的言論，他擁護民粹主義，有時被稱為「英國的川普」。這並不完全公平：強生一生從事政治工作，閱讀廣泛，並且與川普不同，他同意氣候變遷會產生威脅，支持與伊朗達成核協議，並且通常也重視多邊機構（歐盟或許是例外）。不過他很樂意效仿川普的做法也是事實，這與英國支持美國立場的外交政策傳統保持一致。從強生的角度來看，問題在於沒有美國做表率，不知要如何追隨仿效。美國完全沒有要嘗試制訂對付疫病的戰略。儘管如此，強生還是力挺馬克宏推動 G7 集團領袖峰會，他希望這能夠刺激世界主要大國採取行動。他希望他們與「全球疫苗免疫聯盟」（GAVI, the Vaccine Alliance）[1] 以及 COVAX[2] 共同合作。前者是一個由公、私部門共

1　譯註：成立於 2000 年，當時的名稱是「全球疫苗暨預防接種聯盟」（Global Alliance for Vaccine and Immunization）。總部設在瑞士日內瓦，宗旨是協助貧窮國家獲得預防注射。在疫情大流行後的 2020 年 6 月，英國、蓋茲基金會和挪威分別承諾在未來五年注資 20 億、16 億和 10 億美元。

2　譯註：旨在讓全球公平獲得新冠肺炎疫苗的倡議，由聯合國兒童基金會、GAVI、WHO 等組織發起成立。截至 2021 年初，已有 192 個國家加入，COVAX 向成員國提供經世衛組織認可的疫苗。它主要針對開發中國家提供至少滿足其最低需求數量的疫苗。

同支持成立的全球衛生夥伴關係，部分資金由蓋茲基金會捐獻；後者是為對付新冠肺炎而創建的計畫，全名「COVID-19 疫苗全球取得機制」（COVID-19 Vaccines Global Access）。英國首相還渴望有效協調經濟復甦，同時對受到疫情及全球經濟停擺打擊的開發中國家提供援助。

談到川普，馬克宏和強生熱衷於和他打交道，但德國總理梅克爾（Angela Merkel）卻興趣缺缺、沒有意願。身為一名曾經在共產黨統治下的東德長大的科學家，她注重經驗、謹慎，而且深思熟慮。自 2005 年 11 月上台，於 2021 年卸任。梅克爾與川普的關係從來都不是很融洽──事實上，有時感覺非常荒謬──但在 2019 年，她對這位美國領袖有了驚人的認識。他們之間的緊張關係不僅與政策爭端有關。它們也不僅是作風迥異。她得出的結論是，她代表了川普所反對的一切：科學、謙遜、智慧和多邊主義。這意味著與美國總統的任何形式的個人接觸，都會暴露出他最糟糕的一面。如果他是公牛，她就是鬥牛士的紅色披風。當對談時，他經常脫軌。只要梅克爾在他面前出現，他就口無遮攔。如果德國和美國能夠找到共同點，梅克爾相信，永遠不會出現在她主持一方、而川普主持另一方。有了這樣的徹悟，梅克爾感到如釋重負。2019 年 5 月，她應邀在哈佛大學畢業典禮發表演講。每句話都含有雙重意義，既表達了她自己的多邊主義哲學，又批駁了川普個人的政治招牌。她沒有理由小心翼翼注意她的評論；川普已經痛恨她了，無論如何，她是世界舞台上不可能被他說服

的一股力量[2]。

　　梅克爾參加了 G7 集團的電話會議，但是當法國總統請她在6 月親自飛往華府參加 G7 集團峰會時，她拒絕了。當時，德國官員聲稱梅克爾的決定是因為疫病大流行、旅行設限。這個說法部分屬實：梅克爾非常謹慎，非常認真地看待病毒。4 月，她接受醫生注射流感疫苗，可是醫生隨後就檢測出對 COVID-19 的病毒呈陽性反應。得知此事後，她立即自我隔離兩個星期。她拒絕接見大多數的外國訪賓。因此，她不想前往全球疫情大流行的中心美國也就不足為奇了。巧合的是，這一決定公布之前幾個小時，川普才剛宣布他將中斷與世衛組織正在進行的談判、要加快腳步將美國完全退出世衛。

　　但是她不想出席峰會還有另一個原因：梅克爾不想與川普共處一室。這不僅是浪費時間；她與美國總統的關係猶如油水，極不相容，會使事情變得更糟。她還認為美國是一個愈來愈不負責任的行為體，她沒有興趣陪川普同框拍照，方便他利用來造勢競選連任，或是用來與中國冷戰。

　　2020 年 5 月 28 日，梅克爾與川普通了電話。她告訴他不會親自出席 G7 集團領袖峰會。川普大吃一驚，沒想到她會退出。川普對梅克爾大吼大叫，經過一番緊張的對話後，他掛斷了她的電話。白宮官員對梅克爾感到憤怒。在他們看來，梅克爾拒絕與會是破壞美國主辦 G7 集團峰會的巨大錯誤；畢竟美國總統已經親自邀請了 G7 集團的每一位領袖出席峰會。兩人之間固然有分

歧，但是他們覺得川普也算是一位有風度的主人，因此梅克爾決定不出席乃是一種侮辱。川普的團隊認為，這是「一個糟透了、他媽的挫折；梅克爾扼殺了 G7 集團」。如果他們倆得以親自見面，將營造出某種成果。現在，即使歐洲人宣稱擁護合作，也不會有什麼效果了。

與此同時，川普怒不可遏。實體峰會現在不得不重新安排在美國大選之後舉行。他對媒體說：「我推遲它，是因為我不覺得 G7 集團可以代表世界上正在發生的一切。這是一個非常過時的多國集團。[3]」然後他更進一步，希望把澳洲、印度、韓國和最具爭議的俄羅斯等其他國家也包含進來——預備做好讓它們加入的準備工作後，再來重新召集大家會商。川普長期以來一直想方設法、想要找出能夠與普丁（Vladimir Putin）合作的方法。他喜歡這位俄羅斯獨裁者——在總統競選期間表達出對普丁的欽佩，經常質疑為什麼俄羅斯會是敵人。2018 年赫爾辛基高峰會上，川普被記者追著問，對於俄羅斯干涉 2016 年美國總統大選一事有什麼看法時，他站在俄羅斯的立場說話。他過去曾提出邀請俄羅斯重返 G7 集團的可能性，但遭到加拿大總理杜魯道（Justin Trudeau）等其他領袖的強烈反彈。現在，川普舊話重提，為梅克爾不肯出席、迫使 G7 集團峰會流會，提出另一個理由來解釋。

雖然法國官員一直支持七國領袖親自碰頭舉行峰會的主意，他們對於川普決定推遲召開峰會並不完全感到不安。他們已經對

議程是否具有實質效應持保留態度，並不認為美國的作法在抗擊病毒或幫助經濟方面會非常有效。在他們看來，美國對動員國際社會共同對付 COVID-19 幾乎沒有興趣；美國人似乎只感興趣、緊揪著疫病原始爆發於中國這一點作文章。法國人的評估並沒有錯。美國官員承認，他們將疫病視為當前中國的問題。美國到這一刻唯一的應對是，追求齊心協力遏制中國的實力。法國人還指出，川普取消 G7 集團峰會後，什麼事也不做。美國對全球公共衛生既沒有提出任何的倡議或要求，也沒有對經濟復甦提出大膽的思考。美國沒有計畫要號召全世界共同開發疫苗，或向海外數以百萬計受苦受難的人們提供人道援助。換句話說，美國根本沒有出面領導，只是沉默不語。

與此同時，英國似乎對川普擬將俄羅斯拉回 G7 集團的做法特別惱火。在倫敦看來，G7 集團應該是一個民主國家的集團，而 2018 年 3 月，克里姆林宮曾經試圖使用化學藥劑在英國暗殺一名俄羅斯的政治異議人士，使許多人陷入危險境地。而且，無論怎麼說，莫斯科對如何應對 COVID-19 也幾乎毫無貢獻，那麼幹嘛要拉它參加會談？對於強生的團隊來說，這真是一個「他媽的窩囊時刻」。美國總統不認真，什麼都不做，不肯領導國際社會應對危機。因此英國官員放棄希望。在強生的領導下，英國只好自己想辦法——在沒有美國參與的情況下，發動 COVAX 倡議，主辦 GAVI 峰會，並在美國退出後成為世界衛生組織最大的雙邊捐助者[3]。

隨著歐洲人現在與美國完全疏遠，就所有實際宗旨而言，G7 集團不復存在。隨著 COVID-19 在 2020 年席捲全世界每一個角落，每個國家都得「隨人顧性命」、自求多福。

透過後視鏡瞧瞧

有些年份在歷史上特別突出：譬如，1914 年和 1939 年世界大戰爆發，1918 年和 1945 年大戰結束；1929 年和 2008 年的國際金融危機傷害了數億人的生計；1989 年和 2001 年是全球一個時代的結束和另一個時代的開始，前者帶來希望，另一個令人悲傷。即使是現在，距離它如此之近，2020 年也毫無疑問將會加入這個清單。不僅僅是世界遭受了自一個世紀前的 1918 至 1920 年流行性大感冒以來最嚴重的疫病，迄今導致數千萬人感染，估計到 2021 年底會有近 200 萬人死亡，並且可能對全球經濟造成超過 22 兆美元的損失[4]。爆發流行性疫病絕對沒有什麼所謂的好時機與否，但是 COVID-19 在可能是最糟糕的時刻襲擊了世界。經歷十年動盪之後，國際合作基本上已經瓦解。世界各國領袖幾乎互相不對話，甚至無法安排會面來討論如何對付疫病，這一事實就是一個鮮明的例證。

3　編註：指具有合作發展政策並協助第三國實踐永續發展計畫的國家或地區。

　　這本書講述的是一個高度相互聯結的世界，如何在嚴重貧富不均、民粹民族主義抬頭，以及地緣政治競爭一再升高的時代，應對全球疫病蔓延的故事。我們認為，民族主義的衝動破壞了迫切需要的合作，而美中對抗幾乎掩蓋了一切，使得國際社會如何應對危機更加複雜。我們寫出 COVID-19 如何成為一場真正的全球政治危機，其影響範圍既廣又深，從破壞歐盟和封鎖全球經濟，到翻轉開發中國家數十年來撲滅貧窮的成果，以及侵蝕民主政治和公民自由。我們也說明防疫政治學最終如何對舊有的國際秩序造成最後一擊。如此全面地進行檢討，對於了解我們所有人的此一共同經歷，以及如何更好地為未來的發展做好準備是有必要的。

　　在 2020 年之前的三十年裡，世界傾向於在危機時期合作應付──無論是應對 1991 年蘇聯解體的後果，還是對 2001 年 911 恐怖攻擊的初步反應、2003 年肆虐撒哈拉以南非洲的愛滋病毒／愛滋病、2008 至 2009 年的金融危機、2014 年的伊波拉出血熱疫情，或同年恐怖組織「伊斯蘭國」（ISIS）在伊拉克和敘利亞的崛起──美國都帶頭領導。這些合作往往不完整、也不完美，但確實起了作用。這種合作已經破裂了好幾年，而在 2020 年更是完全撕毀。隨後出現了一項國際實驗：如果世界政治由拒絕或無法相互合作的民族主義政府主導，那麼在全球危機中會出現什麼狀況？在 COVID-19 大流行前夕，美國由川普掌權，他是主張美國優先的死硬派，將國際政治視為利害交換的零和競賽。與此同

時，隨著美國轉向內部，習近平在國內壓制異議，在國外愈來愈霸凌其他國家，粉碎了中國會在全球秩序中成為負責任的利害關係人的希望。巴西和印度原本是民主和多邊主義的堡壘，也已經轉向不開明。英國和歐盟陷入了痛苦的分手。雖然人類比以往任何時候都更加相互聯結，但高度全球化的世界也充滿著經濟、文化和政治的怨氣，並且拜新科技和網路鄉民們的幫兇——包括世界上一些最有權勢的人物助紂為虐，人們被病毒式的錯假訊息和陰謀論給團團包圍住了。

在這種無情的地緣政治背景下，COVID-19 引發了一系列連鎖的國際災難。每個國家都必須應對前所未見的此一突發公共衛生危機。大多數國家失敗了。某些國家，如德國和以色列，一開始表現不錯，但在第二波疫情來襲時就陷入困境。包括澳洲、紐西蘭、韓國和台灣在內的少數國家一直表現良好，避免了在歐洲已經司空見慣的全國封鎖。相反，他們依靠積極的接觸者追蹤，隔離潛在感染者，並對旅行施加嚴格限制。其中一些國家享有地理優勢，比較容易隔離病毒，但它們通常還有一個共同點：它們在處理最近的流行病、大型流行病或其他國家災難時，都經歷過處理失當，進而從中汲取了教訓。

COVID-19 造成了現代最嚴重的經濟衰退，還差點在美國引爆一場大規模的金融危機——全因為美國聯準會及時和壓倒性的反應才得以避免。由於各國經歷了關鍵性的醫療用品和其他商品的短缺，這場疫病暴露了全球供應鏈的脆弱面。它撕裂了歐盟的

結構，這個由 27 個國家組成的聯盟，原本以共同的經濟、社會和對安全的關注維繫著，卻因為各國關閉邊境和爭奪醫療用品，破壞了它的共同目標，並引發了對它存在的質疑。幾個月後，歐盟似乎重回正軌，但在 2020 年秋冬季再次陷入危機，因為它未能遏制第二波疫病來襲，令人質疑它不知如何應對疫情的發展和疫苗的分配。

封城模式在中國奏效，至少初期階段在西方國家部分地區也奏效，這些地區試圖「拉平曲線」──減少感染數、並為其他遏制措施爭取時間。但是，這些相同的干預措施在開發中國家卻釀成災禍。許多低度收入和中等收入國家，無法利用居家隔離令和企業關閉所爭取到的時間來增強醫療照護能力。他們也缺乏資源為已經生活在邊緣的人們提供足夠的援助。因此之故，COVID-19 嚴重傷害了原本已經脆弱的人民和經濟。即使是在過去 20 年中取得相當大經濟成就的開發中國家，也因債務暴增而遭受重創，數以千萬計的人重新陷入貧困，被推到了不知明日在哪裡的飢餓邊緣。與此同時，在已經飽受暴力衝突和流離失所之苦的非洲、中亞和中東某些脆弱國家，疫情使得情況更加嚴峻。

不開明的領導人和獨裁者也利用此一健康危機鞏固權力，玩弄選舉，進一步侵蝕老百姓的自由，鎮壓異議人士。在這方面，他們得到了新的數據科技（包括為阻止病毒傳播而開發的監控應用程式）的幫助。在一個又一個國家，政治舞台被那些想要控制疫情的人士，與否認疫情嚴重性、寧願結束對經濟活動和日常生

活限制的民粹主義者之間的衝突所擾亂。世界各地，針對政府在對抗 COVID-19 及其政治和經濟衝擊方面做得太少或太多，有數百萬人走上街頭要求變革。

美中角力競爭的陰影

COVID-19 大流行引發了一場有如地震般影響的全球危機，危機將對地緣政治留下久遠的衝擊。2020 年開始的故事不僅涉及陷入困境的個人和國家，這些個人和國家將被進一步甩在後面，對於富國和窮國的財政影響，或揮之不去的健康影響，也將迴盪不已。2020 年故事的核心是中國和美國這兩個超級大國之間的角力競爭，它們倆明顯都有虧職守。

中國對 COVID-19 的初期跡象反應遲緩或許是可以理解的。其他許多政府也遲遲沒有意識到 COVID-19 在國內外構成的威脅。但是不可原諒的是，事態的嚴重性已經相當明顯了，北京卻始終拒絕與國際社會合作。中國政府阻止世界衛生組織進入疫病爆發地點，不肯分享 COVID-19 初期病例的樣本（在撰寫本文時他們仍然拒絕配合），並且積極壓制那些試圖提醒民眾留心的醫生和記者。在 2002 至 2003 年嚴重急性呼吸道症候群（severe acute respiratory syndrome, SARS）[4] 危機之後，中國進行了重大改革，旨在提高透明度和有效性，俾能抗擊未來爆發的疫病。但是伴隨著中國的醫療當局被邊緣化，加上習近平一手控制危機管

理，受 SARS 啟發的改革大半都被擱置一旁。這是習近平於 2012
至 2013 年上台以來，北京政權變得更加獨裁的必然結果。除非
是絕對必要，北京並不想告訴它的競爭對手內情。

　　在國內，這並沒有被視為失敗。反倒是，中國社群媒體上最
初提到它是「車諾比時刻」（Chernobyl moment）之後，北京政
權在 2020 年將危機變成了它在國內的優勢。它將中國在遏制病
毒方面的早期成功，與西方明顯無力招架進行了對比。他們聲稱，
這證明了中國治理模式的優越性。COVID-19 也是一個地緣政治
事件，相對於美國，中國在實質上受益。根據某些估計，中國將
超越美國，在 2027 年之前成為世界最大經濟體，比原先預測提
前五年到達交叉點，因為中國有能力更好地對付病毒所帶來的經
濟影響。對中國共產黨來說，這是十幾年來第二次全球危機（另
一次危機是全球金融風暴），使它能夠超車、趕過美國。

　　在海外，幾乎就在病毒於武漢發作之後，中國立刻大展拳
腳。北京對西方世界發動了大規模的錯假訊息宣傳運動，聲稱病
毒是從美國傳入中國的，並對美國製造的疫苗產生懷疑。北京更
借疫情彈壓香港社會的抗議活動，有效瓦解了自從 1997 年英國
結束統治以來香港人享有自治和自由的「一國兩制」模式。中國
採用「戰狼」外交，霸凌質疑北京處理 COVID-19 作法的國家，
同時利用提供疫情援助，在歐洲、非洲和拉丁美洲推動地緣政治

4　譯註：2002 年首發於中國廣東省的嚴重急性呼吸道症候群（SARS）。

利益。然而，這種強悍動作適得其反，產生反作用，讓許多國家另外尋找不同的合作夥伴。遺憾的是，在川普的領導下，美國沒有加強扮演它的傳統角色，未能抓住這個機會。

與最常見的說法相反，已經對中國持懷疑態度的某些川普政府高級官員，比台灣以外的其他任何政府都更快地意識到武漢正在發生的狀況之嚴重性。然而，整個 2020 年中，川普政府在很大程度上是透過與中國競爭的視角來看待這一流行病，將它視為中國政權對世界構成威脅的象徵，而不是至少需要號召志同道合的國家共同展開國際合作，同心協力對付的全球公共衛生挑戰。這讓美國與其他先進民主國家，尤其是歐洲各國產生分歧，這些國家與川普政府一樣對中國持懷疑態度，但擔心公共健康可能在日益激烈的冷戰中遭到池魚之殃、賠進去成為連帶損害。川普政府除了試圖把全球集體憤怒導向北京之外，它在很大程度上忽視了更廣泛的急迫性，即團結國際合作以遏制疫病流行，並解決疫病所造成的經濟和人道傷害。川普沒有像他的一些高級官員所希望的那樣支持世衛組織在全球的努力，也沒有在組織內部努力推動必要的改革，而是將世衛變成了一個政治足球，利用它來與中國進行持續的鬥爭。同時，美中之間的零和競爭也使其他舞台——包括 G7 集團和聯合國安全理事會——的多邊努力陷入癱瘓。

在日內瓦，世衛組織總幹事譚德塞（Tedros Adhanom Ghebreyesus）深知大國角力會使他的工作十分棘手，他決心避免

捲入其中。他將在私底下督促中國，但在公開場合卻展現支持和鼓勵。他認為，這是世衛組織在迫切需要中國合作的時候，能夠從北京得到任何東西的唯一途徑。他對美國也持同樣的態度，但這種作法讓他與華府發生了衝突。美國官員希望他承認中國正在掩蓋這一流行病，並拒絕與國際社會充分合作。他們認為，只有通過公眾壓力，才能說服北京分享重要資訊。但是譚德塞不肯這樣做之後埋下了惡果，使得美國在春季決定退出世衛組織。譚德塞後來在 2021 年春天批評中國在世衛組織調查病毒起源時，缺乏透明度和不肯合作，這一次卻激怒了北京。

同時，在與中國進行「制度較量」時，川普政府的表現也相形見絀，主要是因為它在國內應對疫情陷入一片混亂。到 2020 年底，美國已有 35 萬 2000 人死於 COVID-19（而中國死亡人數為 4800 人）。雖然美國人口僅占全球人口的 4%，但這一驚人數字卻占全球因新冠肺炎喪生人數的 20%。身為世界上最強大的國家之一，死亡人數占總人口的百分比卻在所有國家中排名居於最糟的第十四名，這完全沒有藉口可以推諉[5]。

川普未能在 2020 年 2 月聽取幾位高級官員的建議，對中國祭出旅行禁令後，更進一步採取一系列類似 1918 年大流感的疫情做準備的措施，包括對義大利等熱點地區實施額外的旅行限制，以及要求提供資金支援診斷、醫療用品和治療方法之需。反而是那些擔心會擾亂經濟而主張謹慎行事的人士之觀點，占了上風。光 2 月一整個月份的時間就這樣荒廢掉了。醫學和科學專業

知識被擱置一旁。川普政府將處理 COVID-19 疫情的大部分責任和過失推卸給了各州和地方政府，沒有提供足夠支持或指導。研究顯示，川普總統是世界上關於這項病毒和公共衛生措施錯誤信息的最大傳播者，推銷未經證實的藥物，並淡化疫情的嚴重性。甚至基本的預防措施，例如是否戴口罩或避免群眾集會，也變得嚴重政治化。川普政府通過「曲率極速行動」倡議（Operation Warp Speed Initiative）加速疫苗的開發，還有及時採取行動避免經濟全面崩潰值得稱讚。但是這些成果被它更廣泛、未能管好疫病所造成的巨大災難給掩蓋了。

拜登當選美國總統當然是一個非常重要的變化。新政府於 2021 年 1 月上任以來，美國已重新與國際機構接觸，並在國內和全球範圍內認真對待 COVID-19 疫情。但是千萬不要搞錯：2020 年留下的許多震盪效應具有持久力，可能會在未來十年、甚至更長時間內形塑我們的世界。這場流行疫病標誌著由美國領導的舊國際秩序的終結。在此一舊秩序中，美國及其民主盟友在國際機構中自動占據上風，在應對流行疫病和氣候變遷等跨國挑戰的合作方面，也不會牽扯到大國競爭。展望未來，美國必須為迎接一個新世界做好準備：美國將在一個盤根錯節的大國角力，尤其是與中國競爭的襯托下，更頻繁地受到全球衝擊。美國當然應該在共同威脅上尋求與對手合作，但我們也必須承認這種合作有它不可否認的局限性，北京對付 COVID-19 病毒的行為就充分證明了這一點。美國必須相應地做好準備——與其他自由社會和志同道

合的國家更密切地合作。

撰寫歷史的初稿

　　我們兩個人——科林·凱爾和湯姆·萊特——結交已逾十五年。我們都受過國際關係研究的學術訓練，我們是從不同的角度研究這個主題。在 1990 年代和 2000 年代初期，科林致力於研究人口和環境壓力如何加劇開發中國家的內戰和種族戰爭[6]。在反對美國發動伊拉克戰爭之後，他花了十年的大部分時間，以學者、政治顧問和政府官員的身份從事這項工作。他曾經在歐巴馬政府任職，先是在五角大廈擔任負責中東事務的高級官員，後來在白宮擔任時任副總統拜登的國安顧問。在撰寫本文時，科林再次返回五角大廈任職。

　　同時，湯姆曾在華府的布魯金斯研究院研究美國與主要大國的關係以及歐洲政治。2017 年，他寫了《只差戰爭的所有措施》（*All Measures Short of War*）一書，探討盼望國際秩序合作的希望如何讓位於大國競爭的演變[7]。我們曾經多次合作——在政治運動、智庫和學術環境中——試圖找出正在發生的一些重大變化，以及美國必須如何調整以應對這些變化。

　　在疫情爆發後不久，我們倆就針對它對地緣政治可能的影響撰寫了長篇論文[8]。在 2020 年春季開始的辯論中，讓我們印象深刻的一件事是，那總是對大戰略和國際體系的影響進行了廣

泛的預測，而對世界實際在做什麼——或不做什麼——以解決COVID-19 病毒，卻輕描淡寫。我們決定寫這本書，是因為我們想揭示就在我們眼前發生的事情的經驗細節——席捲全球的防疫政治學、它的震盪效應，以及世界未能掌握這兩者善予處理。我們認為，唯有了解這些事實，我們才能得出更宏觀的結論。儘管開發了頗有希望的疫苗，但當我們寫作本書時，COVID-19 病毒依然困擾著全球大部分地區。我們在書中分析的事件仍在繼續開展中。但是，我們不能再等待五年或十年才開始從我們這一生中最大的國際危機中汲取教訓。現在就需要有所了解，尤其是因為需要採取緊急行動來應對向我們撲襲而來的此一嚴峻挑戰。

我們知道，2020 年全世界有數十億人關注這場危機會如何直接影響他們。超市的貨源充足嗎？學校和企業什麼時候可以重新開放？我們該如何保護年長的親人？我們如何支付租金或房屋貸款？我們怎樣才能接種疫苗？許多人也親身經歷了疫病，要麼是自己生病，要麼是認識的人生病。還有無數的其他人，他們的朋友或家人不幸死於這種疾病。

在美國，2020 年的新聞主要都由川普和 COVID-19 在美國境內的疫情發展占據了主要版面。但這是一個全球性事件，必須將它視為一個整體來理解。因此，在我們討論美國政策時，我們著重在川普政府思維的國際層面，而不是重新審視當時媒體大量報導川普行為的每一個令人憤慨的時刻。我們還探討了全球對疫情（及其後果）的種種反應，討論了歐洲、亞洲、非洲、中東和

拉丁美洲的動態，並且描述了表面上旨在解決跨國危機問題的多邊組織中的鬥爭。這些故事中的許多內容都鮮為人知，但對於了解 COVID-19 在未來幾年將如何繼續影響我們的世界卻至關重要。

本書分為四個部分。第一部回顧過去上一次大流行病及它對世界事務的影響。它講述了 1918 至 1920 年流感大流行對第一次世界大戰結束此一鮮為人了解的影響、威爾遜（Woodrow Wilson）總統建立自由國際秩序的夢想，以及在兩次世界大戰之間那段時期種種不穩定的局勢。我們重述這段黑暗歷史是因為它與我們當前的困境有著令人毛骨悚然的相似之處——以及它對當代政策制訂者的警示。第一部以對 COVID-19 爆發前夕世界狀況的檢討做為結束。我們認為，今天的百年一遇的大流行病可能比上一次對國際秩序的影響更大，因為 COVID-19 病毒襲擊的是一個已經搖搖欲墜的世界。

第二部檢視了各國對疫情初始階段的反應。我們描述了 COVID-19 病毒在中國的起源，以及北京從最初的掙扎轉向在世界舞台上占據強力地位的成果。我們也討論了川普政府對國內外日益嚴重危機的反應。然後，第二部以評估歐洲、東亞和其他地方的政府如何應對此一疫病做為結尾。

第三部深入探討疫情蔓延帶來的連鎖危機。我們描述了疫情所引爆的前所未有的全球經濟危機。我們研究了開發中國家和現有衝突地區承受的巨大壓力。我們分析了疫情對世界各地民主和

公民自由的影響。同時，我們也分析了這些震盪效應會如何在地緣政治競爭加速和國際合作陷入困境的背景下展開。

第四部著眼於全球對第二波疫情的反應——此時世界各地確診感染人數不斷上升，但人們也愈來愈懷抱希望，相信疫苗最終將會結束疫病。我們從 2020 年的經驗汲取教訓，做為本書的結論，對後疫情時代的美國外交政策提出建議。

COVID-19 危機和國際合作的崩潰，恰逢川普擔任總統主政時期——但是舊秩序不會因為川普不再主持白宮而恢復。在疫病大流行期間，民族主義和地緣政治角力限制並影響了各國政府和國際組織的反應，即使世界超越了危機繼續前進，它們還是會繼續這樣做。我們要改變這一點的能力非常有限。我們不能再假設大國的利益是大體一致的，也不應該指望它們會自動與美國協同一致應付共同挑戰。甚且，疫情的震盪效應將在未來幾年削弱關鍵國家和地區，產生新的問題，可能會進一步分裂世界、而不是團結世界。

基於所有這些原因，在 COVID-19 蔓延之前就已經受到重創的舊國際秩序，現在已經不復存在。我們必須制訂新的路線，接受當前危機暴露出來的嚴峻現實。美國必須重新與世界和國際機構接觸，以對付疫病和其他共同的危險，但它不能將所有精力都投入到需要一致同意的應對措施上。即使在我們尋求改革世衛組織等關鍵組織的同時，對透明度、問責制和國際合作有共同承諾的國家，也必須願意集中資源和影響力，在面臨中國和其他國家

的阻力時自行前進。自由社會必須更廣泛地確定他們的利益，以便為未來提供積極和包容的願景——而且必須團結起來——為它奮鬥。

第一部

上一次大流行
及舊國際秩序的崩潰

第一章

一戰、大流感和
建立世界秩序的大野心

1919 年 3 月轉至 4 月，巴黎下了一場不合時令的大雪，而公義、永續和平的前景卻籠罩在一片寒意中。

4 月 3 日，美國總統威爾遜病情危殆，困臥在穆拉特飯店（Hôtel Murat）床上。他的痙攣性咳嗽、呼吸困難、發燒和腹瀉非常嚴重，以至於他一連好幾天不能動彈。即使威爾遜最嚴重的症狀開始消退，總統周圍的人都注意到他的舉止明顯不同。他更容易疲倦，他的機智和記憶力衰退。他變得愈來愈煩躁，容易發脾氣。他在推理能力出現困難，似乎患有妄想症。白宮總管家歐文・「艾克」・胡佛（Irwin "Ike" Hoover）說：「有一件事是肯定的：在這短暫的病痛之後，他判若兩人，再也不是原來的樣子。[1]」

究竟在威爾遜身上發生了什麼狀況，迄今仍然充滿爭議。但他極可能感染了「西班牙流感」，這種流感在一年前肆虐人間，1919 年春天仍在巴黎猖獗。威爾遜生病的時機——發生在一戰蹂躪之後、預備建立持久和平協議的談判之關鍵時刻——不可能更

糟了。他的私人醫生蓋瑞‧葛雷森（Cary T. Grayson）寫說：「總統突然患上流感，病情嚴重，當時整個文明世界似乎都懸於一線。[2]」

十一週前，即 1 月 18 日，來自全球各個角落的代表團聚集在奧賽堤岸（Quai d'Orsay）的法國外交部，掀開巴黎和會序幕。他們的職責不外乎改造國際政治——從當時通稱「大戰」（the Great War）的一戰灰燼中重建完美的新秩序。法國總統雷蒙‧龐加萊（Raymond Poincaré）在歡迎詞中說：「你們齊聚一堂是為了彌補它所犯下的罪惡，並防止它再次發生。你們掌握著世界的未來。[3]」英國代表團的低階成員哈羅德‧倪科森（Harold Nicolson），他針對和會所撰寫的書籍《1919 年締造和平》（*Peacemaking 1919*），迄今仍然是關於這一外交斡旋的經典論述，它表達了許多與會人員的願望。他寫道：「我們前往巴黎，不僅是為了清理戰爭，也要在歐洲建立新秩序。我們不僅在準備和平，而且要準備永恆的和平。[4]」

許多這類希望和夢想都投射在威爾遜身上。這位美國總統是世界上最孚民心的領袖，經過多年不知伊于胡底的流血戰爭之後，他被歐洲許多人視為救世主。1918 年 12 月 14 日，威爾遜搭乘美國海軍所屬的「喬治‧華盛頓號」郵輪（USS *George Washington*）航行九天之後，抵達法國港口城市布雷斯特（Brest）。他在巴黎，以及短暫訪問倫敦和羅馬時，受到廣大景仰民眾夾道歡迎。他們感謝美國雖然較晚、但卻在至關重要的時刻參戰。擠

在街上一睹威爾遜風采的圍觀者中，有些人仍患流行性感冒，或正在康復中。美國遠征軍憲兵二等兵哈里・普雷斯萊（Harry Pressley）就是當中的一個，他前來見證總統抵達布雷斯特。他在秋天感染了流行性感冒，症狀持續了好幾個月。他當時在一封信中寫下；「由於我得了流感，我的胸部一直酸痛，我相當難過。今晚我幾乎無法呼吸。[5]」普雷斯萊並不孤單。歷史學家艾佛瑞德・克羅斯比（Alfred Crosby）觀察到，「戰爭已經結束，但是西班牙流感並未結束。[6]」在巴黎，病毒像死神的鐮刀一樣籠罩著和平進程。威爾遜的一位幕僚評論說：「似乎有數以百萬計的喉嚨細菌在四處遊蕩，許多外交官已經完全失聲了。這個舊世界充滿了細菌。它被疾病浸透了。[7]」

我們的世界也充滿了疾病。在我們努力對付 COVID-19 的連帶災情的當下，值得再提及的是，今天此一「百年一遇」的流行疫病，並不是第一次發生觸及全球每個角落的人們，並且動搖了國際秩序基礎的傳染病。1918 至 1920 年的流行性感冒大流行——即歷史學家約翰・巴里（John Barry）所謂的「大流感」——以巨大、可是經常被低估的方式影響了地球。它不僅害死了數以千萬計的人命，而且改變了歷史的進程。它改變了大國的物質財富和命運，在不合時宜的時刻使關鍵領袖生病，並加劇了困擾許多國家的貧富不均和民怨。藉由研究大流感的地緣政治影響，不僅可以洞察我們的過去，還可以瞥見我們可能的未來。

一戰與威爾遜對世界秩序的願景

一戰始於 1914 年 6 月 28 日，佛朗茨・斐迪南大公（Archduke Franz Ferdinand）夫婦在塞拉耶佛（Sarajevo）被暗殺身亡所引起的巴爾幹地區危機。情勢迅速失控：僅僅 37 天之後，三國協約（法國、英國和俄羅斯帝國）就與中央同盟（最初是德國和奧匈帝國，後來又加入鄂圖曼帝國和保加利亞）交戰。後來，世界其他大國（義大利、日本、中國和美國）紛紛捲入漩渦，加入三國協約成為「協約國」（美國則稱之為「夥伴」關係）。一般預期這場衝突將為時短暫、交戰激烈和出現決定性的戰鬥。其實不然。反倒是，世界見證了長達四年的壕溝戰、動用毒氣和封鎖──導致人類歷史上直至那個時期最集中的苦難和地緣政治的動盪。最終，沙俄被布爾什維克革命推翻，陷入內戰，奧匈帝國和鄂圖曼帝國淪為廢墟，德意志帝國因戰敗解體[8]。

歐洲剛爆發戰事時，威爾遜並不願意介入。「盧西塔尼亞號」（RMS *Lusitania*）郵輪在 1915 年被德國潛艇擊沉後，他差一點對德國宣戰，但最後還是決定美國保持中立[1]。在 1916 年競選連

1　譯註：「盧西塔尼亞號」是英國一艘大型豪華郵輪，自從 1907 年下水以來常往返英國利物浦和美國紐約之間。一戰期間德國實施無限制潛艇作戰，攻打進出英倫三島的船隻。1915 年 5 月 1 日「盧西塔尼亞號」不甩德國的警告，滿載近兩千名旅客（大部分為美國人）和船員，從紐約前往利物浦。5 月 7 日在愛爾蘭外海遭德國潛艇發射魚雷擊沉，造成1198 人死亡，761 人生還。

任期間，威爾遜甚至打出美國要置身於衝突之外的競選政見。當士兵在歐洲的戰壕中互相殘殺時，威爾遜提議出面調停和解，呼籲「沒有勝利的和平」（peace without victory）。歷史學家亞當・圖茲（Adam Tooze）指出，他的主要目標「不是確保『正確』的一方在一戰中獲勝，而是沒有任何一方是戰勝國」。這是攸關美國自身利益的問題。「唯有沒有勝利的和平……才可以確保美國崛起成為國際事務真正無可爭議的仲裁者。⁽⁹⁾」威爾遜還認為，除非各方都接受，否則任何解決戰爭的方案都將證明是不可持續的。威爾遜在 1917 年 1 月告訴美國參議院，任何強加給戰敗國的勝利「都會在屈辱、脅迫和無法忍受的犧牲中被接受，它會留下刺痛、怨恨和痛苦的記憶，和平條款建立在這些記憶之上，是不會永久的，而只是建立在流沙上。⁽¹⁰⁾」

　　德國不斷升級的敵對行動終於對美國的利益構成了直接威脅，使得美國無法置身事外。1917 年初，美方截獲齊默爾曼電報（Zimmermann telegram），德國在電報中向墨西哥提議，可以幫助它取回在美墨戰爭中失去的領土，以換取墨西哥協助德國對抗美國，加上柏林恢復無限制潛艇戰，威脅到美國航運，使威爾遜和美國國會再也無法隱忍。

　　隨著威爾遜擺脫中立，他面臨如何動員一個不情願的國家參加戰爭的挑戰。威爾遜是一個有虔誠信仰的人，他採取十字軍聖戰式的訴求。1917 年 4 月 2 日，威爾遜向國會發表談話，要求對德國宣戰，他告訴同胞，「世界必須保護民主的安全」。他說：

　　帶領這個愛好和平的偉大民族進入戰爭，進入所有戰爭中最令人懼怕和最災難性的情境，是一件可怕的事情；文明本身似乎已經懸於一線。但是，權利比和平更可貴，我們將為一向珍視的事物奮戰──為民主而戰，為那些屈服於權威的人而戰，讓他們在自己的政府中有發表意見的權利，為小國家的權利和自由而戰，通過這樣一個自由人民的協同一致行動來實現普遍的權利至上，為所有國家帶來和平與安全，並且最終使世界更加自由[11]。

　　美國一參戰，威爾遜就立刻發表一系列演講，來充實他雄心勃勃要贏得和平的構想。他的構想不外乎就是掃除由多個大國爭奪霸權所主導的舊式國際秩序。畢竟，它們乃是無休無止搞權力均衡的陰謀，才引發了這場大戰和之前無數的衝突。1918年1月8日，威爾遜提出了他著名的「十四點」計畫（Fourteen Points），這是對同盟國要求的具體條件，再加上所有國家為確保持久的世界和平而需要接受的廣泛理想的混合體。接下來，他用「四項原則」（Four Principles，2月11日在國會提出）、「四個目的」（Four Ends，7月4日在佛農山莊發表演講提出）和「五個細節」（Five Particulars，9月27日在紐約發表演講提出），對原先的框架加以澄清和補充。儘管目標增加不少，但威爾遜的演講體現了一系列共同的主題。其中包括自由貿易、海洋自由和裁軍的必要性。他呼籲列強不再搞祕密協定、放棄帝國主義和領土

兼併。他堅持實現民族自決和民主政府的普世願望。而且，因為它涉及到德國，他明確表示他不是為了報復。他爭吵的對象是德皇威廉二世政權所代表的軍國主義和專制，而不是德國人民，德國人民理當擺脫德皇的專制統治[12]。

威爾遜和平願景的核心是「十四點計畫」中的第十四點：建立「國際聯盟」（League of Nations）這樣一個新的國際機制，以確保所有國家的領土完整和獨立，並一勞永逸徹底終結大國戰爭的威脅。國際聯盟旨在培育日益壯大的民主群體，管理大國關係，和平解決爭端，以及透過集體安全承諾遏阻武裝侵略。威爾遜改造世界的計畫相當宏偉。他全心全力想要推翻根深柢固的歐洲現實政治體制——它植根於好幾個世紀以來的重商主義、威權主義、帝國征服和權力均衡的政治。他想要以新的自由國際秩序取而代之[13]。他也試圖與英、法等「盟友」保持一定的距離，堅持更超脫的「夥伴」地位。套用圖茲的話來說，「給予他所需的自由，讓自己在天秤上起影響作用，而不是追隨於倫敦或巴黎之後，並且要建立美國作為全球權力仲裁者的角色。[14]」

對於威爾遜來說，鑒於戰爭帶來前所未有的破壞和人類苦難，這一願景的宏偉是必要的。據估計，約有 1 千萬戰鬥人員喪生。數以千萬計的平民也死於敵對行動，尤其是大屠殺之後的飢餓和疾病又使許多人喪命[15]。然而，最具破壞性的是流感的大流行，它在大戰的最後一年如雷霆萬鈞般襲來。

大流感

1918 至 1920 年流感大流行的起源迄今仍不明確，不過在某些方面人們已經達成共識。人們普遍認為，特定病毒——一種 H1N1 亞型的 A 型流感，從鳥類傳給人類——在 1918 年蔓延全球之前可能已經存在多年。大家也都一致認為，當時所謂的「西班牙流感」並非起源於西班牙（名稱與其起源不搭軋，似乎是由於西班牙在一戰中是個中立國家，沒有針對流感在其境內爆發的消息進行新聞檢查，因而造成病毒起源於西班牙的錯誤印象）。然而，除此之外，對於流感的起源地和傳播方式，仍然存在相互衝突的觀點。一種理論假設零號病人住在中國山西省——這種說法竟與一個世紀後 COVID-19 爆發的情況極為詭異的相似。後來在 1918 年，隨著十萬名中國勞工前往法國挖戰壕、以便釋放出盟國人力投入作戰，病毒遂傳播到歐洲。其他研究人員認為，大流感可能起源於法國埃塔普勒（Étaples）的一個協約國部隊主要集結地和醫院營區。但最廣為接受的說法是，病毒起源於美國堪薩斯州的農村，然後於 1918 年 3 月傳播到萊利堡（Fort Riley）的芬斯頓營（Camp Funston）——這是準備派遣到歐洲的美軍部隊的一個大型營區。美國士兵從這兒把傳染病帶到西線戰場[16]。

無論流感的確切起源如何，威爾遜總統決定參戰所引發的美國工人和軍隊的大規模動員，在疫病的傳播過程中發揮了重要作用。數以百萬計的工人湧入工廠和城市，在那裡，住房不足迫使

他們擠進狹小的宿舍。在這種情況下，根本無從保持社交距離。
與此同時，數以百萬計的其他年輕人擠進了軍事訓練營區、軍營
和火車，將病毒在部隊中傳播開來，然後在北美洲各地再傳播給
鄰近的民眾。到了 1918 年 5 月，每個月都有成千上萬美國士兵
乘坐擁擠的運兵船橫渡大西洋，帶著流感前往歐洲的集結基地和
前線[17]。

　　大流行分成三波席捲全球。第一波相對溫和，在春季，從
北美和歐洲向俄羅斯、北非、印度和中國蔓延。第二波、也是最
致命的一波，從自由城（獅子山）、波士頓（美國）和布雷斯特
（法國）等地向外輻射。從那裡，病毒再次在全球各地肆虐，在
10 月和 11 月達到頂峰，此時大戰即將結束。隨著士兵復員回鄉，
兼以大量人群聚集在一起慶祝戰爭結束，超級傳播者事件在全球
各地頻頻爆發。第三波緊隨其後，在 1919 年上半年發作。雖然
大流感最終在許多地區消退，但直到 1920 年末才完全消失[18]。

　　大流感與 COVID-19 不同，年幼的人基本上不易感染
COVID-19，可是老年人容易遭 COVID-19 侵襲[2]。大流感是不分
青紅皂白的。它不僅落到老年人身上，還使許多年齡非常小及
在 20 至 40 歲之間的年輕人患病並死亡[19]，大多數感染者都有
典型的流感症狀。對其他人來說，這種病毒特別討厭和致命。在
一些免疫系統強大的人（通常是年輕的成年人）身上，病毒引發

2　編注：就 2021 年本書出版前情況而言。

過度強烈的免疫反應。這可能會導致病毒性肺炎和我們今天所說的「急性呼吸窘迫症候群」（ARDS），它的明顯跡象是由於缺氧導致皮膚呈藍色。在其他人身上，病毒為細菌性肺炎創造了機會[20]。有時症狀非常不尋常和嚴重，以致病毒被誤診為登革熱、霍亂或傷寒[21]。

總而言之，在這段期間，可能有 5 億人（占當時全世界 18 億人口的四分之一以上）受到感染，其中許多人病情嚴重。無有效的治療藥物或疫苗（第一種流感疫苗直到 1940 年代才被開發出來且獲准使用）。醫院被大流感疫情淹沒。據估計，在生病的人當中，有 2100 萬到 1 億人死亡，最廣泛接受的數字是 5 千萬人死亡，約占全球人口的 2.8%。

美國受到重創。據估計，這場大流感導致 67 萬 5000 名美國人死亡（當時美國總人口為 1 億 300 萬人左右）。值得一提的是，在第一波被感染的患者中有未來美國總統唐納．川普的祖父佛瑞德里克．川普（Frederick Trump）。他於 1918 年 5 月在紐約死於流感，享年 49 歲。當第二波流感在秋季來襲時，為了參戰調派許多醫務人員，美國衛生系統早已人力吃緊，現在更是不堪重負。光是 1918 年 10 月，就有 19 萬 5000 名美國人死於流感。影響極其嚴重，以致 1918 年美國人的平均預期壽命降低了 12 年（男性的平均預期壽命從 48 歲下降到 36 歲；女性從 54 歲下降到 42 歲）[22]。由於社區試圖控制疫情，學校、教堂和劇院關閉，群眾集會被禁止，採取措施鼓勵關注衛生和隔離病人。口罩也強制

要戴，報紙還刊登如何在家製作口罩的說明。另外，紅十字會等組織也分發口罩(23)。但是，與一個世紀後美國對付 COVID-19 疫情的反應一樣，幾乎所有這些公共衛生措施都是在州和市層級啟動，而且各地採取行動遏制病毒的速度和積極性更是存在巨大的落差(24)。

同時，比 2020 年的川普更甚，威爾遜總統在 1918 年假裝大流感根本不存在。巴里寫說，隨著病毒在美國蔓延，「威爾遜沒有公開關注這種疾病，政府的工作重心也沒有（從戰爭中）轉移過來。白宮和政府其他任何高級官員，都沒有出來領導、或是嘗試訂定優先事項、或提供資源。(25)」與其他交戰國一樣，美國擔心消息傳出去會傷害士氣和打擊對戰爭的支持，因此壓下大流感造成士兵傷亡的相關訊息(26)。巴里指出：「所以……政府撒了謊。國家公共衛生官員說了一些類似『這是普通流感換了一個名字罷了』的話……結果，害得更多人送命。(27)」

戰壕中的病毒

毫無疑問，一戰助長了病毒的傳播。然而，鮮為人知的是，這場大流行病在塑造戰爭的結局方面具有多麼關鍵重大的作用——它所造成的震撼效應，影響未來幾十年世界政治的發展。在一戰的最後一年，流感導致的死亡和令人虛弱的疾病，影響西線戰場的數十萬士兵，削弱了士氣和部隊的凝聚力，擾亂了後勤

作業,並轉移了寶貴的注意力和資源[28],交戰各方無一倖免。但隨著戰爭進入關鍵階段,德國軍隊受到的感染最為嚴重。

　　從 1918 年 3 月開始,德國陸軍總監埃里希·馮·魯登道夫(Erich von Ludendorff)在西線發動了一系列全面攻勢。經過多年的消耗戰,魯登道夫希望利用俄羅斯在 1918 年 2 月簽署「布雷斯特─立托夫斯克條約」(Treaty of Brest-Litovsk)後退出戰爭的機會。德國把超過 40 個師的兵力──大約 100 萬人和 3000 門大砲──從東線轉移到西線。到春天,德國的兵力超過了盟軍,呈現 191 個師對 178 個師的對比。這是一場冒險的豪賭。但魯登道夫認為這是德國在美軍全面部署到位之前,對精疲力竭的英、法軍隊進行決定性打擊的最佳機會[29]。

　　這項激進的戰術最初取得重大進展。在這場軍事進展通常以英尺為單位計算的戰爭中,德國人西進、猛攻英法聯軍,推進了數十英里。德軍一度推進到砲火射程可達巴黎、只需三天行軍即可攻城的近距離內。但是到了 6 月,德軍的攻勢已經停滯。接下來,德國在 7 月份最後一次決定勝負的攻勢中失敗了。雖然戰鬥一直持續到 11 月,但 7 月是原本十分強大的德軍瓦解的時刻,戰局再也無可逆轉。美國增援部隊蜂擁而至,協約國反攻,擊退戰線拉得太長、且士氣愈來愈低落的德國軍隊。8 月初,當協約國展開日後被稱為「百日攻勢」(Hundred Days Offensive)的作戰時,魯登道夫自我承認戰爭已經失敗且接近尾聲[30]。當德國皇帝問究竟怎麼一回事時,魯登道夫告訴他,德軍已經失去了戰

鬥的意志。他們太累了。而且他們病得太重了[31]。

　　魯登道夫在他的戰爭回憶錄中指出，流感大流行是德國命運逆轉的一個主要因素。他後來寫到夏季攻勢時表示：「我們的軍隊遭受病毒侵襲，流感很猖獗。每天早上都得聽參謀長報告流感病例數字，以及他們對部隊虛弱的抱怨，實在是很悲痛的一件事。」事實上，根據魯登道夫的估計，影響不僅限於當下立即的死亡人數，或是暫時將患病兵員從戰場撤出。即使德國流感病例的數量開始下降之後，部隊「也常常比醫生意識到的更疲弱」。他抱怨部隊的士氣，「已經因流感而減弱，更因一成不變的飲食而沮喪」。7月攻勢是德國贏得戰爭的最後一擊，而在評估7月攻勢的失利時，魯登道夫指出：「各師力量減弱，部分原因就是流感」[32]。

　　論者很容易把這些說法看做是魯登道夫為自己的嚴重失敗找藉口。甚且，由於疫情波及各方，就連一些重視流感的歷史學者也淡化了流感對戰爭最終結局的影響[33]。但是仔細檢視現有證據，卻發現流感並**沒有**對等或同時影響所有戰鬥人員。德國軍隊遭受的疫病影響更大，更重要的是，他們更早受到流感衝擊。美國軍事歷史學家大衛・查貝克（David Zabecki）觀察到，大流感最先在同盟國部隊中蔓延開來，「（它在6月）襲擊了德國人——由於德國人的伙食品質差和醫療系統不足，造成的影響更加嚴重。[34]」政治學者安德魯・普萊斯－史密斯（Andrew Price-Smith）指出，「病原體引起的破壞十分深遠，德國的醫生和護

士疲於奔命，被死者和垂死的人壓得喘不過氣來，以致第一波大流行來襲，他們無法追蹤死亡率。[35]」這個時期各個軍的師都有數千人得病，各連在壕溝內的兵力明顯減少[36]。6月和7月，至少有 50 萬士兵——約占春季攻勢開始時德國總戰鬥力的三分之一——受到流感的影響[37]。鑒於在這個關鍵時刻，德國軍隊在西線的戰線拉得太長，他們無法承受部隊中如此高度的患病率。總而言之，估計顯示，1918 年有 70 萬到 175 萬德國士兵受到流感的影響。各個單位的患病率從 16% 到 80% 兵員不等。同時，1918 年德國軍隊的總體患病率比大戰第一年飆升 683%。軍隊的醫療服務根本招架不住，許多傷勢較輕或病情較輕的士兵也趁機回家。士氣低落、開小差和逃避責任的情況愈來愈多，紀律也就崩潰了[38]。

衝擊遠遠超出了戰壕。流感還摧毀了德國老百姓，尤其是 1918 年秋季致命的第二波疫情期間。由於協約國封鎖了食品，老百姓的飲食甚至比營養不良的前線士兵還要糟糕，民眾隨時要迎接一場公共衛生災難[39]。在 10 月和 11 月，德國經歷了整場戰爭下來平民死亡率的最高指數[40]。苦難愈來愈上升，加上前線軍事失利，將社會帶到了臨界點。軍隊譁變和大規模騷亂，使得德皇退位和向共和國過渡成為恢復政治穩定的唯一方法。

同盟國的其他國家也正在瓦解。隨著魯登道夫的攻勢令人震驚地失敗，凶兆已經明顯。與此同時，國內的壓力愈來愈大，要求放棄作戰。大流感在這方面可能也發揮了作用。奧匈帝國在

1918 年 10 月和 11 月遭受大流感襲擊。經過多年的戰爭以及勞工
運動和少數民族日益增長的需求，這個多元民族的帝國已經承受
了相當大的壓力，而 1917 年的俄國革命和威爾遜對民族自決的
支持更加劇了民間強烈的要求。在最後一波流感襲擊維也納的兩
週內，帝國崩潰了。普萊斯－史密斯寫道：「可以肯定的是，流
感並不是導致帝國解體的唯一因素。然而，流感大流行無疑是一
個強大的壓力源，它粉碎了被多年戰爭所侵蝕的帝國制度腐爛和
搖搖欲墜的基礎。[41]」

　　當然，流感也影響了協約國方面在戰爭中的成果。譬如，美
國陸軍部有一份報告估算，1918 年美國遠征軍有 34 萬名官兵因
流感住院，大致相當於同一年在西線戰鬥中受傷的人數。在 9 月、
10 月和 11 月，美國向歐洲大舉增兵的高潮期，美國新訓營中有
25% 到 40% 的士兵住院治療，三萬人在抵達法國之前就已經死
亡[42]。秋季的大流感在美國軍隊中的傳播非常厲害，以致於新
訓基地必須實施檢疫隔離，10 月份還暫停了徵兵[43]。英國人在
1918 年的部隊患病人數也在 31 萬 3000 人左右。法國軍隊的患病
總數不太清楚，但肯定超過 10 萬人，而且可能超出不少。就協
約國軍隊的死亡人數而言，普萊斯－史密斯估計，在此期間，美
軍的流感死亡人數與戰鬥死亡人數之比為 1：1，英軍為 1：10，
法軍為 1：6[44]。

　　然而，就戰爭的結果而言，時機就是一切。現有數據顯示，
在 1918 年 5 月至 7 月的關鍵時刻，流感僅影響了數萬名協約國

軍隊士兵，而在這段期間感染流感病毒的德國士兵卻高達數十萬人。這場傳染病對英國、法國和美國軍隊的衝擊高峰發生在 1918 年秋天⁽⁴⁵⁾。但那時戰爭勝負已定。

　　1918 年 9 月 29 日，德國陸軍最高統帥部向德皇報告，西線戰爭情勢已經無望，德國需要尋求和平。魯登道夫建議接受威爾遜的十四點計畫作為談判的起始點。10 月 5 日，德國政府通知威爾遜，以此為基礎進行談判。威爾遜提出一系列條件作為回應，包括德國軍隊從占領區撤退、結束潛艦攻擊，以及——最關鍵的是——換上民主政府。威爾遜明確表示，如果德皇退位，德國過渡到憲政民主，他會樂於接受。如果不然，他「必須要求的不是和平談判，而是投降」⁽⁴⁶⁾。

　　魯登道夫怒不可遏，考慮重返戰爭。但為時已晚。德皇於 11 月 9 日逃往荷蘭流亡，德國在新的文人政府領導下過渡到實質上的民主國家（後來的威瑪共和國於次年正式成立）。德國新政府於 11 月 11 日同意停戰。這時，同盟國其他成員也分別求和：保加利亞在 9 月求和，鄂圖曼帝國在 10 月底求和，奧匈帝國則在 11 月初求和。

　　同盟國被情勢急轉急下震驚了。許多人認為戰爭將會持續到 1919 年夏天，屆時流入歐洲的美軍預計將達到頂峰。即使同盟國表示願意停戰，協約國方面還是有聲音要求繼續作戰，以確保同盟國全面投降，其中包括美國將領約翰‧潘興（John J. Pershing）。但是，仍有一些強大的因素推動往相反的方向

發展，其中最重要的就是流感大流行的影響。聖安德魯斯大學
（University of St. Andrews）國際關係教授史卓恩（Hew Strachan）
指出，「就是（協約國）軍隊是否有力作戰這個實質因素。[47]」

停戰協定生效，全球各地紛紛出現慶祝活動。群眾集會加劇
了第二波流感大流行，但在一場災難性的大戰明顯結束時，人們
湧現的喜悅無法遏制。然而，與同盟國商議出來的，基本上是脆
弱的停火協議。打造更持久永續的體制將是威爾遜和其他世界領
袖在巴黎的使命。

威爾遜及德國問題

隨著外國代表團的到來，流感仍在「光之城」巴黎肆虐。談
判進行期間，每個月都有幾千名巴黎人喪生。隨著病毒悄悄進入
談判的密室，後來它將對和會的結果產生至關重要的影響。

巴黎和會的邀請函已經發送至每一個可以聲稱站在協約國同
一邊的國家。三十多個國家和民族派員出席，不過有一些主要角
色卻被排除在外。俄羅斯是三國協約的原始成員，沒有受到邀請，
是因為新的蘇聯政府在一年前已經與德國單獨簽署了和平協議。
德國也沒有代表出席，主要是因為擔心他們可能會利用協約國之
間的目標分歧另生枝節。

最初，「十人委員會」（因有法國、英國、義大利、日本和
美國各派兩名代表而得名）開會以制訂和平條件。但最重要的討

論發生在法國總理喬治‧克萊蒙梭（Georges Clemenceau）、英國首相大衛‧勞合喬治（David Lloyd George）、義大利總理維托里奧‧伊馬紐‧奧蘭多（Vittorio Emanuele Orlando）和美國總統伍德羅‧威爾遜等「四巨頭」之間。四巨頭在六個月的時間裡開會145 次，以決定和平條件，然後再提交給「小國」代表團討論。

和會的頭三個月中，威爾遜有效力地推動他的議程，最顯著的是就他的最高優先——新組建的國際聯盟的條款——達成協議。然而，隨著協約國轉向如何處理德國領土和殖民地，以及如何要求德國賠償和承擔戰爭責任這兩大最棘手的問題，事態變得頗有爭議。

威爾遜和克萊蒙梭在針對向德國應該提出什麼樣的具體條件上爭執不下，對德國的邊界問題，以及它應該如何負責賠償協約國的戰爭損失也發生衝突。威爾遜曾經承諾「沒有勝利的和平」，但是克萊蒙梭的主要目標是透過讓德國在軍事和經濟上永久削弱來確保法國的安全。同時，勞合喬治尋求兩者之間的妥協，以保護英國的帝國利益及實現歐洲大陸的權力平衡。在反對法國和英國的賠償要求時，威爾遜強調堅持原則的重要性。他告訴勞合喬治：「在這種危機期間，沒有什麼比因為做了正確的事而被迫下台更好的了。」威爾遜又說：「我不敢奢望在歷史上有一個更宏大的地位。[48]」

3 月 27 日，威爾遜的醫生葛雷森博士在日記中寫下他對談判的觀察：「由於法國人對於總統提出的方案保持著嚴峻阻撓的

態度，因此情況仍然（變得）極其複雜。」當葛雷森問及會談進展得如何時，威爾遜表示非常沮喪，他說：「在與克萊蒙梭爭論了兩個小時、並推動他前進之後，他幾乎同意了一切，可是正當他要離席時，他又回到了原先的主張。」葛雷森指出，威爾遜曾警告他的同僚，不公正的和平「只會播下進一步戰爭的種子，並產生日後更難以克服的痛苦」[49]。到 3 月底，談判陷入僵局，威爾遜厭倦了法國總理的極端要求[50]。4 月 2 日，威爾遜告訴他的新聞秘書雷‧史坦納德‧貝克（Ray Stannard Baker）說：「我們必須就訂定的原則達成和平，並接受它，否則根本達不成任何結果。[51]」

第二天晚上，威爾遜病倒了。

在幾乎預示著 2020 年川普白宮接二連三發生 COVID-19 感染的情況下，威爾遜也只是他的核心圈子中眾多罹患流感的人之一。威爾遜最親信的顧問愛德華‧豪斯「上校」（"Colonel" Edward House）曾三度感染流感，最近一次是在 1 月份和平會議開始時。威爾遜的女兒瑪格麗特（Margaret）在 2 月份感染了流感；3 月份，威爾遜的妻子伊迪絲（Edith）和他的一些幕僚也得病。現在，美國總統也病了[52]。

克萊蒙梭在 2 月份的一次意圖暗殺中倖免於難，從那以後也一直患有「感冒」（可能是流感）。就他而言，這位總理在推動法國的要求時，絲毫不減頑固立場[53]。然而，威爾遜的病情要嚴重得多，它對談判的影響也更為深遠。他被困在病床上四天

半。歷史學家瑪格麗特・麥克米倫（Margaret MacMillan）寫道：
「在他缺席時，隨後的協議大部分基礎都敲定了。[54]」4月6
日，威爾遜在病床上告訴葛雷森博士，如果法國人如願以償，
「被允許按照他們的方式行事，取得他們聲稱法國有權獲得的一
切，」他很擔心它會給世界帶來的後果[55]。他考慮提早離開和
會，乘船回國，不屈服於法國人的要求，但他終究還是留了下來。
當威爾遜終於在4月8日恢復參與談判時（談判在他的床邊進
行），他明顯筋疲力盡。疾病似乎削弱了他的能力，軟化了他的
決心[56]。

在接下來的幾天，協約國就德國的基本問題達成了協議。威
爾遜同意對德國徵收巨額賠款，但沒有具體訂定最高金額。他同
意將萊茵蘭（Rhineland）非軍事化，交由協約國部隊占領十五年。
高度工業化的薩爾盆地將由國際聯盟管理（德國最初被排除在國
際聯盟之外），而寶貴的薩爾煤礦將授予法國。總而言之，根據
威爾遜同意的條款，德國將失去13%它在歐洲的領土和十分之
一的人口。它也將被剝奪其殖民地。同時，德國陸軍和海軍被縮
減為最低程度的軍隊，禁止擁有空軍、坦克、毒氣，也不得設立
參謀本部。《凡爾賽條約》將這些協議訂定為法律，它的文字還
包括後來被稱為「戰爭罪責條款」的內容，內容如下：「協約國
和相關政府確認，德國接受德國及其盟國對造成所有的損失和破
壞的責任……這些損失和破壞乃是德國及其盟國的侵略戰爭造成
的結果。[57]」

　　美國國務卿羅伯・藍辛（Robert Lansing）在巴黎和會期間大半時間投閒置散，沒被重用。他當時在一份備忘錄中寫下：「和平條款顯得無比苛刻和羞辱，其中許多條款根本無法履行。[58]」著名的經濟學家約翰・梅納德・凱恩斯（John Maynard Keynes）以英國財政部高級顧問身份出席巴黎和會，在 1919 年對威爾遜談判失敗提出看法，認為威爾遜對於公正結束戰爭的願景已被克萊蒙梭的「迦太基式和平」（Carthaginian Peace）[3] 超越[59]。這麼說，對威爾遜可能有點不公平。包括法國在內的各方都有所妥協。縱使如此，威爾遜還是做了相當大的讓步，正如巴里所觀察，他「突然放棄原先堅持的原則。[60]」美國代表團的十幾名基層官員辭職以示抗議。其中包括威廉・卜立德（William C. Bullitt）。卜立德在說明辭職原因的公開信中，直接駁斥威爾遜。卜立德寫道：「眾所周知，您個人反對大多數不公正的解決方案，而且您只是在巨大的壓力下才接受了它們。但是，對不起，您並沒有把我們的戰鬥堅持奮戰到最後一刻。[61]」

　　為什麼威爾遜會蓋牌？我們無法確切知道箇中原因，但是他的健康狀況不斷惡化顯然是一個重要因素。到德國問題談判結束

3　譯註：所謂迦太基式的和平意指以非常苛刻的條件，要把戰敗方永久打趴的「和平」。典故出自西元前 3 世紀至 2 世紀，羅馬和迦太基發生三次布匿克戰爭。第二次布匿克戰爭之後，迦太基失去所有的殖民地，被迫去軍事化，向羅馬持續進貢，未得羅馬允准，不得從事戰爭。第三次布匿克戰爭之後，羅馬更是燒毀迦太基城，殺害大多數居民，並把其餘人口販賣為奴。

時，威爾遜已經比得病之前疲弱不堪。他的新聞秘書貝克寫道：「我從未見過總統看起來如此疲憊萎靡。若不努力回想，根本記不起上午委員會談了什麼。[62]」勞合喬治指出美國總統「在會議中途精神崩潰」[63]。這段期間，威爾遜本人也向他的妻子承認：「如果我輸掉了戰鬥——如果我能夠站起來，我就不會輸掉——我會以良好的狀態退休。[64]」

　　威爾遜妥協之後的的震盪效應將持續數十年之久。年輕的英國外交官倪科森稱威爾遜總統在巴黎和會上的「崩潰」是「現代史上的重大悲劇之一」[65]。德國人是在相信和平將以威爾遜的十四點計畫為原則指導之下才退出戰爭的。他們對威爾遜有能力確保和平條款溫和公平，抱有很大信心（也許太多了）。由於是自願接受美國總統提出更換成民主政體的要求，他們尤其相信自己應該受到較寬容的懲罰。在這樣的情境下，威爾遜全然棄械投降被視為是背叛。麥克米倫寫道：「在此之前，威爾遜一直被視為德國的救世主。一夜之間他變成了邪惡的偽君子。[66]」事實上，克羅斯比下了結論，緊隨著威爾遜感染流感後的這段期間，各界爆出許多評論，「讓威爾遜最狂熱的崇拜者，特別是德國人，相信他是自己的原則的叛徒……比起和會中的所有其他人物都更明顯。[67]」

　　巴黎和會改變了世界。除了建立國際聯盟，協約國還重新繪製歐洲、中東、非洲和亞洲的地圖，創造出新的國界。新獨立的國家從崩潰的帝國廢墟中崛起。德國和鄂圖曼帝國的海外殖民地

被瓜分（主要分給英國和法國，但是將中國的山東半島交給日本
也是重要事實）。和會也導致與戰敗的同盟國簽訂五項條約。最
重要的是《凡爾賽條約》，以既成事實提交給德國、最後於 1919
年 6 月 28 日簽署。現在回想起來，歷史學家認為這項條約加諸
在柏林身上的實質代價比許多德國人認為的都還要低。但事實證
明，感受才具有決定性意義，事實與否不是那麼重要[68]。締造
永續和平的努力，留下的最大副作用是德國的一連串不滿和怨
恨，陷入恥辱的深淵，它們將在接下來的二十年再次困擾著歐洲
和世界。

　　希望破滅的人並不只是德國人。倪科森在和平談判開始時充
滿了理想主義的憧憬，現在現實卻繞了一圈回到原點。他反省道：

　　我們來到巴黎，相信新秩序即將建立；我們離開時讓人們相
信新秩序只是破壞了舊秩序。我們以熱情的學生身份來到威爾遜
總統的學校；我們卻以叛徒的身份離開……我們到達時決心要通
過談判達成正義和智慧的和平。我們離開它時，意識到強加給我
們敵人的條約既不公正也不明智[69]。

悲痛和復仇

　　威瑪共和國默從《凡爾賽條約》之後，在德國，尤其是在軍
人之間，出現一種陰險的陰謀論來解釋德國令人震驚的失敗。陰

謀論主張，德國並沒有在戰鬥中被擊敗，而是被國內的叛徒「從背後捅了一刀」。魯登道夫將軍擁護這個神話，他認為，馬克思主義者、民主派、猶太人和其他內部敵人粉碎了德國人民的決心，奪走了軍隊（和他）艱苦作戰取得的勝利。當然，這都是一個方便又特別卑鄙的謊言。事實是一支被流感侵襲的德國軍隊在戰場上被擊敗了。軍事失敗接下來促成了國內的革命和民主政權更迭──並不是反過來的哪一套說詞[70]。

在最熱切接受（後來又大力推銷）「背後被捅一刀」說法的人士中，有一位阿道夫·希特勒下士（Adolf Hitler）。出生於奧地利的希特勒於 1914 年 8 月入伍加入德國陸軍，熱切地參加了西線某些最激烈的戰鬥。在大戰的最後一個月，他在比利時被英國軍隊的芥子氣致傷。這位未來的「元首」在帕瑟瓦爾克（Pasewalk）軍醫院養病時，消息傳來，德國投降了。他日後將自己那種遭受背叛的感受描述為影響他思想的關鍵時刻。希特勒回憶說：「我把我在前線的經歷帶回家，我用它們建立了我的國家社會主義群體。[71]」伊恩·柯蕭（Ian Kershaw）堪稱是最權威的希特勒傳記作者，他指出：「從次年開始，他的整個政治活動都受到 1918 年創傷的推動──目標就是消除背叛了他所相信一切的失敗和革命，並且消滅那些他認為應該為它負責的人。[72]」

希特勒很快就從默默無聞變成了聲名大噪。一戰後，他成為極右翼圈子中日益知名的宣傳家和啤酒館裡的鼓動者。1921 年，

他被選為前一年成立的「國家社會主義德國工人黨」（納粹黨）的領袖。1923 年，他第一次為奪取權力下了豪賭。在法國和比利時為了德國賠償金爭端、派兵占領魯爾工業區，和德國全國陷入惡性通貨膨脹的背景下，希特勒加入魯登道夫和其他右翼軍官在慕尼黑發動的一場未遂政變。這場起義後來被稱為「啤酒館政變」，立刻遭到鎮壓。魯登道夫無罪釋放，但希特勒被判犯了叛國罪，送往蘭茨堡監獄（Landsberg Prison）服刑。他在獄中口述了他的自傳和宣言《我的奮鬥》，揭示他的種族滅絕觀點和擴張主義的野心。

　　希特勒坐牢僅九個月就獲釋，出獄後他立刻重新掌握對納粹黨的領導權，努力將它發展成為群眾運動。1930 年的聯邦選舉，是在德國經濟受到大蕭條嚴重衝擊的次一年舉行的，納粹崛起成為德國議會的第二大黨。兩年後，納粹成為最大的政黨，不過仍然未掌握過半數席次。1933 年 1 月，保羅·馮·興登堡總統（Paul von Hindenburg）任命希特勒為總理。就任總理後不久，希特勒就利用 1933 年 2 月國會縱火事件來瓦解德國民主所殘餘的機制。次年夏天，威瑪共和國滅亡，取而代之的是第三帝國：奉希特勒為元首的法西斯、一黨專政政體。

　　隨著希特勒的聲望和權力上升，他將民族受害和種族優越的主題交織在一起，引發日益絕望的德國民眾的激情。德國戰敗、革命和快速民主化在一戰後為這些思想的發展創造了空間。德國在 1920 年代遭逢的經濟困境和大蕭條的災難加速了它們的吸引

力，同時，德國人民要尋找替罪羔羊來理解他們的困境[73]。希特勒借重德國工業家、新聞界、貴族和心懷不滿的軍官的支持而上台，他們希望利用他作為擺脫《凡爾賽條約》束縛德國的工具[74]。

在希特勒心目中，猶太人、共產主義者和「11月罪犯」（領導反對德皇的民主革命、隨後並簽署 1918 年 11 月停戰協議的平民）該對德國的苦難負責。《凡爾賽條約》的苛刻條款也是其中的責難對象，希特勒將它描述為錯誤地將大戰的責任歸咎於德國，榨取不公正的賠償，竊占德國土地，並且削弱德國的愛國武裝力量。在提出這一連串不公不義的現象時，他毫不掩飾表示願意再次帶領德國開戰、以糾正它們。1923 年，希特勒在慕尼黑對群眾表示：「總有一天，德國政府必須鼓起勇氣向外國列強宣布：『《凡爾賽條約》是建立在一個可怕的謊言之上』。我們什麼也沒做。做你想做的！想要作戰，就來吧！[75]」出任總理後，他將德國的經濟困境歸咎於《凡爾賽條約》，尤其是要求的巨額賠償。1933 年 5 月 17 日，他向議會宣布：「造成今天如此動盪的所有問題，都在於和平條約的缺陷。[76]」八年後，世界再次陷入戰爭，希特勒自封為元首，他向柏林兩萬名群眾宣示：「沒有人比我更清楚地宣布或記錄了所想要的東西。我一次又一次地寫下了這些文字：『廢除凡爾賽條約。』[77]」

德國陷入法西斯主義的原因有很多，我們必須很努力地挖掘，才找到將大流感列為其中原因之一的歷史記載。然而，流感

大流行的關鍵影響——從它在一戰中造成德國戰敗所起的作用，到威爾遜在巴黎生病後同意的《凡爾賽條約》對德國提出羞辱性條款——都幫助引發了一系列事件，使德國更加容易受到希特勒扭曲觀點的影響。希特勒的傳記作者柯蕭寫道：「如果沒有這些獨特條件讓他脫穎而出、暴得大名，希特勒就一文不值。我們很難想像他在其他任何時候能夠登上歷史舞台。[78]」

　　在德國發生的事情在其他地方也是如此。我們將在下一章中看到，1918 至 1920 年流感大流行的後果將在未來多年之後仍然持續影響著。

第二章

餘波迴盪

　　歷史通常是在特定條件、偶然時刻和人類選擇輻輳的交匯點上展開。這在一戰和大流感之後的二十年裡特別明顯；這段期間通常被稱為「兩次大戰之間的年代」——它是現代最動盪和影響最深遠的時期之一。兩次大戰之間的事件值得我們反省。我們在第一章中看到，大流感證明了全球流行病通過破壞關鍵國家的物質能力，和產生偶發的歷史事件（例如威爾遜的得病），在震盪效應之下，可以影響到國際秩序的建構。在後一戰初期，大流感的後遺症並不是世界事件的唯一驅動因素，或者在許多情況下也不是主要的驅動因素。但這種傳染病繼續在整個國際體系中產生重要後果。特別是，它暴露、加速和放大了國家之間和國家內部特定力量的影響，使經濟崩潰、貧富不均加劇，而且助長了社會和政治動盪。在這個過程中，流感大流行的震盪效應使原本已經動盪不安、且容易發生衝突的世界變得更加不穩定。

　　隨著 1920 年代和 1930 年代的發展，大流感的地緣政治影響變得愈來愈難以辨識。然而，這段歷史的重要性在我們當前的

時刻絲毫不減，因為使得世界在兩次世界大戰期間變得如此動盪、易生危機和危險的許多因素——諸如：貧富不均加劇、內亂四起、民粹主義和仇外心理抬頭，經濟民族主義和去全球化的壓力日益增長、威權主義又再度高漲、民主倒退、大國競爭不斷上升、美國退卻、國際機構荏弱，以及自由世界陷入混亂——在COVID-19 大流行之前的幾年裡已經再度出現在我們這個時代。我們在本書第二部和第三部中將會詳細討論，COVID-19 和它產生的震盪效應使所有這些問題變得更糟糕。

COVID-19 加速了這些原本已經存在、使得全球陷入混亂的環境更加惡化，兩次大戰之間的歲月則提供了一個令人警惕的故事，讓我們明白事情可能會變得多麼糟糕——它更凸顯出迫切需要改變。特別是，我們看到，當世界主要民主國家——尤其是美國——未能在為時已晚之前站在一起，共同對付危機和對付共同挑戰時，國際秩序是多麼容易崩潰，連帶造成災難性的影響。

威爾遜及國際聯盟鎩羽

1919 年 6 月 29 日，威爾遜啟程展開他最後一次跨大西洋航行，於 7 月 8 日抵達紐澤西州霍博肯（Hoboken）。當他的車隊穿越紐約市區時，大批民眾夾道向他歡呼；當天午夜，威爾遜的火車抵達華府聯合車站時，估計有十萬人在那裡迎接他載譽歸國。

7月10日，威爾遜在白宮東廳舉行記者會，向聚集一堂的媒體保證，他可以獲得參議院批准《凡爾賽條約》和條約中所包含的《國際聯盟盟約》所需的三分之二多數票。威爾遜隨後將條約正式提交給參議院審議。他告訴參議員們，全世界都期待美國「使自由和人權的勝利成為持久的勝利」。然後他問道：「我們敢拒絕它、並傷透世人的心嗎？[1]」正如經濟歷史學家亞當‧圖茲所寫，威爾遜的言辭毫不誇張，因為「勝利者和失敗者都將美國視為新秩序的樞軸」[2]。

　　總統對條約能獲得批准的信心，之後經過證明是毫無根據的。參議院內很快形成三個派系。有一端是國際主義者（internationalists），包括威爾遜的大多數民主黨同志，他們贊成美國與世界有更緊密的接觸和交往，因此支持條約。光譜的另一端是「頑固派」（irreconcilables），一個人數並不太多的孤立主義團體，大多數是共和黨人，加上少許民主黨人，他們堅決反對《凡爾賽條約》。最大的一派是立場居於中間、強大而溫和的「保留派」（reservationists）。這一派的領袖是參議院外交關係委員會主席亨利‧卡波特‧洛奇（Henry Cabot Lodge），主要是共和黨人，外加少數民主黨人；他們可以考慮批准條約，但必須加注一些字眼，澄清美國對條約的解釋和承諾的義務。在這些派系之間的辯論中，有幾個問題存在強烈的分歧：國家主權。美國長期存在的例外主義、單邊主義和遠離大國事務的外交政策傳統的影響；以及行政權和立法權的適當平衡。深刻的黨派偏見和激烈的

個人對抗也有影響。

在對《凡爾賽條約》和《國際聯盟盟約》的主要保留意見中，有三項最為突出。第一項涉及將原本由德國控制的山東半島割讓給日本。日本在巴黎曾推動將種族平等的聲明納入聯盟盟約，但是歷史學家約翰・庫柏（John Cooper）指出：「威爾遜屈服於自己的國家和英國的白人至上主義的情緒，否決了此一提議。[3]」由於擔心這個決定可能會促使日本完全拒絕加入國際聯盟，仍從流感中恢復元氣的威爾遜屈從於東京的要求，同意由日本占領山東半島[4]。但是由於他公開表示反對帝國主義、又捍衛各民族有權自決，這一舉動造成總統在國內受到嚴厲的指控，痛批他表裏不一。第二個批評集中在聯盟盟約允許英國的五個自治領（澳洲、加拿大、印度、紐西蘭和南非）享有單獨投票權這件事。它等於在國際聯盟大會（雖然不是在聯盟的決策機構「理事會」）中讓大英帝國享有六票的優勢。

然而，最強烈的保留意見涉及《國際聯盟盟約》第十條規定的集體安全義務。根據這些規定，美國承諾與所有其他會員國一樣，要維護其他國家的領土獨立和政治自治，包括可能使用軍事力量。頑固派認為這不僅嚴重侵犯美國的主權，而且與美國長期以來的傳統格格不入，這項傳統在華盛頓總統的卸任告別演說中首次闡明，即美國不涉入外國的各種牽拖。至於那些可以考慮支持集體安全概念的保留派，主要的擔憂是第十條似乎繞過了根據美國憲法讓國會獨享宣戰的權力。

　　由於許多參議員的反對，和堅持的大量保留意見，讓威爾遜感到沮喪，他決定安排一次全國巡迴行程，將他的主張直接向美國人民訴求[5]。為了這樣做，他否決了私人醫生葛雷森博士的建議，葛雷森博士擔心總統的健康欠佳[6]。威爾遜在巴黎就已經健康狀況不佳，很快就危及他履行總統職權。但他堅持認為，必須向民眾說明他對國際聯盟的看法。

　　威爾遜的火車於 9 月 3 日從華府出發。在接下來的三個星期，他在全國各地穿梭，發表了 40 次演講。他的演講為國聯及它所代表的自由國際秩序提出熱切的辯護，對參議院出現的主要批評逐點進行反駁，並對如果美國放棄承諾會發生的後果提出嚴峻警告。在整個過程中，威爾遜一再提到全球爆發另一場大火的黑暗幽靈。在他開始行程的第五天，威爾遜在奧馬哈（Omaha）做了一個預測，不幸在日後證明相當準確。他告訴聽眾，如果美國加入國際聯盟，「並沒有絕對的保證」不會發生戰爭，但是「我可以絕對肯定地預測，如果世界各國——如果國際聯盟——不協同一致努力來防止它，在一個世代之內，必將爆發另一場世界大戰。[7]」

　　從行程一開始，威爾遜的健康一直就是問題。他時常頭痛，不時出現呼吸困難和劇烈咳嗽，他的醫生描述這是「哮喘發作」。到 9 月 25 日，威爾遜的健康狀況惡化到葛雷森博士建議取消剩餘五站行程的地步。威爾遜告訴一位貼身幕僚說：「醫生是對的，我從來沒有發生過這樣的情況，我感覺自己快要崩潰了。[8]」

一週之後總統回到華府，10 月 2 日清晨，威爾遜嚴重中風。他左側身體部分癱瘓，右眼部分失明，終其一生都殘廢。回想起來，威爾遜似乎有潛在的神經系統疾病，並且可能在過去幾年內出現一次次的小中風。他在巴黎的流感發作可能在春季和夏季引發了另外一次的小中風，流感無疑使他更容易受到影響，而在 10 月份發生大中風[9]。歷史學家麥克米倫的結論是：「雖然隨著時間的推移，他有限度地恢復健康，但是就身體或精神而言，都不再和以前一樣。雖然他從病房裡繼續影響參議院的辯論，但威爾遜再也不能有效地執行總統的職責。[10]」

在威爾遜缺席的情況下，參議院就多項修正案和異議進行了辯論。最後安排就是否批准條約進行投票，其中包括洛奇和外交委員會將十四點異議集合起來的包裹提案（威爾遜的十四點計畫名氣大，現在這十四點異議顯得有點諷刺）。威爾遜在病床上發表了一份書面聲明，認為這些異議實質上就是要讓條約「作廢無效」，因此要求參議院的民主黨人投票反對。包含保留意見批准條約的提案於 11 月 19 日進行表決。它以 39 票對 55 票斷然遭到擊敗，除了 4 名民主黨人之外，其他所有「頑固派」都投了反對票。隨後就無保留批准條約案進行表決——但它也以 38 票對 53 票被擊敗，只有一名共和黨人加入了大多數民主黨人的行列，支持無條件批准[11]。

然而，這個問題並沒有解決。在威爾遜最初失敗的四個星期後，他獲得了諾貝爾和平獎。與此同時，在國會山莊裡，參議

院繼續就條約進行談判。強烈的保留意見仍然存在，尤其是對國際聯盟設定的集體安全條款有意見。表達擔憂的人士中有一位參議員華倫‧哈定（Warren G. Harding）。哈定後來於 1920 年 11 月當選美國總統。1 月 20 日，哈定在紐約的俄亥俄協會（Ohio Society of New York）向聽眾表示：「讓我們在放棄國家權力之前先猶豫片刻，它們可是美國最高精神的核心靈魂啊。」他這麼說，乃是把「美國優先」（America First）這個字詞化做武器，以子之矛、攻子之盾。威爾遜本人在 1916 年率先提出這個口號，極力主張美國不介入一戰。哈定堅持，「保護美國優先，穩定美國優先，繁榮美國優先，考慮美國優先，提升美國優先，為美國而生和敬畏美國優先」是最高要務[12]（我們將會看到在 1940 年，孤立主義運動也擁護「美國優先」；後來在 1990 年代共和黨總統候選人派特‧布坎南（Pat Buchanan）和 2016 年總統候選人唐納‧川普也都高舉這面大旗）。

同時，出現了可能讓步的機會。愈來愈多的民主黨人考慮與威爾遜分道揚鑣，這增加了兩黨就稍微軟化保留意見、達成協商的可能性，並且可能為條約獲得批准鋪平道路。威爾遜的妻子伊迪絲、他最親信的親信幕僚以及國務卿羅伯‧藍辛，都敦促總統接受某種形式的交易，作為挽救美國加入國際聯盟的最後、最好的機會。與此同時，從 1905 年到 1916 年擔任英國外交大臣的愛德華‧格雷爵士（Sir Edward Grey）建議，即使協約國不喜歡美國的保留意見，其他成員國也可以理解。庫柏寫道，如果威爾遜

接受這一集體建議、做出妥協，「他本可以協商促成一個解決方案，以不同方式解決衝突。[13]」但是他不願意。

　　這一年春天在巴黎，流感使威爾遜在關鍵時刻遠離談判好幾天，此後似乎削弱了他在面對法國要求時，在德國問題上堅持自己原則的決心。他的中風卻產生了不同的效果。這讓他更加虛弱，使他有一整個月時間無法與參議院進行談判，然後使他除了與少數談判團隊成員保持實際接觸之外，跟其他人都沒有互動。從生理上來講，中風使威爾遜無法針對不斷變化的環境做出調適，並做出明智的政治判斷。隨著身體狀況逐漸好轉，威爾遜愈來愈容易出現一種中風患者在康復中常見的「欣慰感」，使他產生幻想，以為無需任何退讓就能達成目標。在其他時候，他經常因 1920 年 1 月和 2 月再度發作的流感而引發情緒波動和抑鬱。最後，正如庫柏的結語：「他的病情使他無法退讓。[14]」

　　在總統沒有任何退讓妥協的情況下，參議院於 1920 年 3 月 19 日舉行了另一次投票，俾便批准條約，但保留與去年秋天基本相同的十四項保留意見。這一次，49 票贊成和 35 票反對（官方統計數據為 57 票對 39 票，其中包含 12 名缺席者公布的立場），這表明威爾遜的民主黨同志願意妥協到什麼地步。現在有多數票支持包含保留意見的批准——但它比所需的三分之二多數票還是少了 7 票。由於他在參議院的選擇已經用盡，威爾遜被迫承認失敗，不過他相信歷史將會證明他是對的。不過，美國現在不會加入國際聯盟。

美國失火了

當威爾遜與參議院辯論世界秩序的未來時，美國全國卻陷入一片混亂。美國經濟經歷了連續衰退，在 1918 至 1919 年的衝擊中，美國在 1919 年下半年迅速反彈，然後在 1920 至 1921 年再次出現衰退，這是美國有史以來最嚴重的衰退之一（雖然持續時間短得多，在某些方面與大蕭條的嚴重程度相當；也比 2008 至 2009 年金融危機期間所遭遇的緊縮尖銳得多）。大流感在第一次衰退中扮演角色，可能使美國國內生產毛額（GDP）減少了約 1.5%，但在第二次衰退中則沒有出現流感的衝擊[15]。與一個世紀後 COVID-19 造成的經濟衝擊相比，大流感對美國經濟的影響似乎較小，部分原因是一個世紀前，從事需要密切社會接觸工作的美國人少得多。由於缺乏廣泛的病假和失業保險，也意味著即使是生病的工人也無法待在家裡，而且許多非必要的企業仍然開門營業[16]。儘管存在這些重大差異，但也有一些相似之處。最近的一項研究發現，在 1918 至 1919 年間，大流感透過生產力下降、勞動力短缺和零售商品需求下降等供給面和需求面影響，抑制了美國經濟。當時的報導顯示，許多經濟部門都受到流感大流行的不利影響，包括煤炭和銅礦開採、造船、紡織品生產、批發和（在較小程度上）零售貿易和娛樂等行業。同樣值得注意的是，鑒於對 COVID-19 迫使封城的爭議，採取更積極的公共衛生干預措施來遏制大流行的美國城市，如加利福尼亞州的奧克蘭和

內布拉斯加州的奧馬哈，似乎在經濟上的表現要好於那些沒有採取嚴格措施的城市，如賓夕法尼亞州的費城和明尼蘇達州的聖保羅[17]。

1919年，戰後、流感後的經濟衰退引發了勞工和種族動盪值得引人注意的一年。在一戰期間，有組織的勞工愈來愈強大，之後許多工會要求地位承認、縮短工時和增加工資，以彌補高糧價和通貨膨脹。1919年，全美共發生3300次罷工，涉及煤礦、紡織、鋼鐵及其他行業工人。總而言之，那一年有400萬美國人——約占勞動力的五分之一——參加了罷工，這是美國有史以來最大規模的勞工騷亂浪潮之一[18]。

種族緊張局勢也點燃熊熊大火。戰時的生產需求引發了製造業的榮景，而這些新工作需要新工人。這促成了一戰期間50萬非裔美國人從南方農村大量遷徙到北方和中西部城市（合計起來，1910年至1920年間約有100萬人遷移）。芝加哥、克里夫蘭、底特律、紐約和費城等城市的黑人人口大幅增長。戰爭結束了，許多白人軍人退伍回鄉，卻碰上了經濟衰退，他們在工廠、倉庫和磨坊留下的許多工作崗位，已被新來的非裔美國人填補。企業主還發現僱用黑人勞工效用不錯，他們願意以較低工資工作，不參與罷工、削減工資和不在工會內部製造緊張局勢。對工作和住房的競爭，與根深柢固的種族歧視態度混合在一起，製造出暴亂的導火線[19]。

流行疫病也與種族刻板印象和不滿交織在一起。從歷史

紀錄看，非裔美國人比較容易生病和死於呼吸系統疾病。在
COVID-19 大流行期間確實如此，美國黑人被感染的可能性要大
得多，黑人死於 COVID-19 的機率是白人的兩倍。但在流感大流
行期間，情況卻有所不同。從當時可取得的數據表明，非裔在大
流感期間生病的可能性較小，因此黑人死亡人數占總人口的百分
比低於白人。造成這種差異的原因仍然不確定。但不管是什麼原
因，黑人的確診病死率（死亡人數與診斷出疾病的總人數相比）
仍然更高。換句話說，非裔通常比較不會感染流感，但與白人相
比，感染流感的黑人更容易死於流感（以及相關的肺炎）。這可
能是由於生活條件較差和衛生保健系統不足，而且黑白高度隔
離——即使黑人社區出現層級較低的流感，這些保健系統也很快
就不敷使用[20]。

　　當時的觀察和報導指出非裔整體的流感感染率較低，雖然通
常《芝加哥防衛報》（*Chicago Defender*）和《巴爾的摩非裔美國
人週報》（*Baltimore Afro-American*）等著名黑人報紙如此報導要
比主流媒體報導來得頻繁。不過這並沒有破壞廣泛持有的黑人在
生物學上居於劣勢的種族主義理論，也沒有推翻非裔社群對白人
構成染病威脅的種族主義刻板印象[21]。在芝加哥等地，1919 年
發生了一些最為嚴重的種族暴力事件。多年來，來自南方的黑
人移民被描繪成傳染病的帶原者。在這種情況下，流感病例報
告的差異反而加劇了種族緊張局勢，並增加了將種族隔離作為
公共衛生措施的論點。歷史學家伊麗莎白‧夏拉巴赫（Elizabeth

Schlabach）寫道：「即使非裔沒有攜帶致命的流感病毒，他們的身體卻被隱喻為傳播載體，因此在白人眼中，非裔應該受到暴力行為的懲罰。[22]」

從 4 月 13 日開始，喬治亞州詹金斯郡（Jenkins County）的私刑和反黑人的暴徒暴力行為，在南部、中西部和北部、甚至美國首都，掀起了一波反黑人暴力浪潮。情勢緊張的八個多月中，針對目標的殺戮激增，至少有 52 名黑人被私刑處死，全國發生超過 24 宗以上的種族騷亂和暴民行動。小城鎮、整個郡縣城，乃至大城市，都被捲入漩渦之中。華府、芝加哥、諾克斯維爾、奧馬哈和阿肯色州的伊蓮（Elaine）等各式各樣大小不一的城市，都因種族騷亂而癱瘓了好幾天。合計起來，數百人（其中大多數是黑人）被殺，無數人受傷，數萬人被迫逃離家園或工作場所。類似的事件以前發生過，以後也還會再次發生（最著名的例子，是 1917 年伊利諾伊州東聖路易斯（East St. Louis），和 1921 年俄克拉荷馬州土爾沙（Tulsa）針對黑人的大屠殺）。但是，1919年夏天被稱為「紅色夏天」（Red Summer），鬧事的範圍和持續時間，是自從美國內戰以來全國陷入種族暴力騷亂最嚴重的時期[23]。

在「紅色夏天」期間同樣值得注意的是，非裔以前所未有的決心進行反擊。這是戰後廣泛趨勢的一部分，由成立於1909 年的「全國有色人種協進會」（National Association for the Advancement of Colored People, NAACP）等組織領導，堅決推動

黑人平等權利。他們不但在法庭和立法機構中發動爭取正義的鬥爭，也在街頭採取自衛措施來反抗白人暴徒[24]。數十萬從歐洲回國的非裔退伍軍人扮演關鍵角色。著名的黑人學者和全國有色人種協進會共同創辦人杜波伊斯（W. E. B. Du Bois）在 1919 年 5 月一篇題為「返鄉軍人」（Returning Soldiers）的文章中主張，這些退伍軍人有機會成為更廣泛的民權運動的倡導者：「為民主讓路！我們在法國拯救了它，靠著偉大的耶和華，我們將會在美利堅合眾國拯救它，或者知道為什麼要這麼做的原因。[25]」這一號召引起了許多從戰場歸來老兵的共鳴。黑人士兵已經勇敢地為國家效力，有充分理由相信他們已經獲得了自南北內戰解放以來向他們承諾的基本權利。然而，他們回到的美國，卻繼續否認、不讓他們享有在歐洲流血奮鬥所捍衛的理想。由於缺乏足夠的住房和工作，面臨種族隔離，受到執法部門的虐待，基本權利也被否定，又受到反黑人暴力的圍攻，許多非裔退伍軍人選擇抵抗和捍衛他們的社區。

到了 7 月中旬，也就是威爾遜從巴黎和會回來後僅僅一週，「紅色夏天」的浪潮湧到了華府。支持全國有色人種協進會的一名白人寫信給杜波依斯，表達他對種族騷亂發生在「我們首都的中心地帶」相當恐懼，「這裡是我們傑出而人道的總統威爾遜先生所在的地方，幾個月前他說……美國代表正義和民主……今天，當暴徒席捲我們首都街道時，他卻默不作聲。[26]」

日益嚴重的種族危機暴露了威爾遜世界觀的根本矛盾。儘管

總統在國外提倡自決權，他本身卻具有深刻的種族主義觀點。出生於維吉尼亞州的威爾遜是南方邦聯軍人的後裔，他喜歡以南方為導向的美國歷史觀。他認為奴隸制相對溫和，同情 3K 黨（Ku Klux Klan），認為「重建」（Reconstruction）對南方來說是一場災難。當威爾遜競選總統時，他拉攏黑人領袖，可是一上任，他在許多聯邦機構重新實行種族隔離規定[27]。

當種族暴力在 1919 年攻占許多城市時，威爾遜總統大多保持沉默。不過，有一次威爾遜相當罕見的發表評論，他承認白人是主要的煽動者。1919 年，他在全國巡迴演講捍衛國際聯盟期間，9 月 11 日在蒙大拿州海倫娜（Helena）對群眾說：「我希望你們不會認為我在這裡停下來，表達我身為美國公民對種族動亂感到羞恥是不合適的。這個國家的某些地方發生了種族動亂，人們忘記了人性、正義和社會秩序，肆意妄為。[28]」儘管如此，威爾遜沒有下令聯邦政府採取行動來平息席捲全國的暴力事件，他認為這是地方當局應該處理的問題。隨著一系列無政府主義爆炸事件在聯邦執法機構和媒體中引發戰後「紅色恐慌」（Red Scare），威爾遜似乎傾向於相信涉及種族動亂的非裔——尤其是從歐洲回國的退伍軍人——容易受到布爾什維克主義影響的這種錯假論述[29]。

杜波依斯在「紅色夏天」期間撰寫、並於一年後發表、具有挑釁性的文章「白人的靈魂」（The Souls of White Folks）中，指出威爾遜進步主義議程核心的深刻虛偽，這個議程提出一個理想

號召世界遵循、卻不能在國內推動變革。他寫道：

　　設想這個由所有人類組成的國家參與了一場「使世界民主安全」的運動！你能想像美國抗議土耳其在亞美尼亞的暴行，而土耳其人對芝加哥和聖路易的暴徒保持沉默嗎？與孟菲斯、韋科（Waco）、華府、戴爾斯堡（Dyersburg）和艾斯蒂爾泉水鎮（Estill Springs）相比，魯汶（Louvain）是什麼？簡而言之，黑人不就是美國的比利時嗎？美國怎麼能在德國譴責她在自己境內犯下的同樣殘酷的罪行[30]？

　　所有這些動盪都強化了美國長期以來與世界其他地區保持一定距離的本能。在歐洲喪生的生命、令人痛苦的流行疫病、經濟衰退以及廣泛的勞工和種族動亂，所有這些都導致美國人對美國參與一戰愈來愈感到遺憾。這個精疲力竭的國家希望將重心放回到國內。長期以來，美國人一直試圖遠離海外糾葛，歷史學家諾曼・格雷布納（Norman Graebner）和愛德華・班奈特（Edward Bennett）寫道：「對戰爭的普遍幻滅……強化了這種信念，不是沒有道理，（美國人）得出的結論是，美國從其跨大西洋經歷中獲得的收穫並不比『禁酒令』和西班牙流感多。[31]」

「在全球投下一道閃電」

美國之外的世界並沒有更平靜，困擾各國並使它們分裂的壓力似乎與日俱增。

在一戰之前的幾十年，各國的經濟增長、商業和相互依存——我們現在稱之為全球化——出現了巨大的擴張。但是，一戰和大流感是一系列複雜事件的一部分——有些事件是相互關聯的，有些是各自獨立的——它們翻轉了這些趨勢[32]。最近的一項分析指出，在 COVID-19 疫情爆發之前，自從 1870 年以來最重大的四次負面宏觀經濟衝擊，按嚴重程度依次是二戰、經濟大蕭條、一戰和 1918 至 1920 年的流感大流行。當然，將一戰和流感大流行的影響分別獨立開來是極其困難的，因為它們是重疊的。但同一項研究發現，在 1919 年至 1929 年之間，一戰使具有代表性的國家的 GDP 重挫 8.4%，而大流感使 GDP 減少了 6%[33]。

在戰後初期階段，受衝突最直接影響的經濟體停滯不前。然後，隨著工業反彈，全球生產過剩成為問題，鼓勵各國訴諸關稅來保護本國工業。它所引發的保護主義趨勢，成為兩次大戰之間時期的特徵。一戰期間戰鬥人員所帶來的巨大代價也使英國、法國和德國出現巨額債務——大部分是對美國欠債。隨著協約國試圖重建和德國被迫支付賠款，這些負擔在戰後更加惡化。尋找資金來為這些債務融資變得更加困難。金本位制被放棄，然後又

隨隨便便輕率恢復。通貨膨脹加劇，惡性通貨膨脹和貨幣危機在 1920 年代襲擊了德國和其他中歐及東歐國家[34]。

　　戰後時期，也是整個歐洲民眾焦慮情緒高漲和不滿情緒積聚的時期。部分是源自於經濟和社會結構持續變化中。在兩次大戰之間期間，快速的城市化、工業化、技術和機械化的革命性進步，以及生產線效率的提高，繼續在世界最先進的經濟體中產生巨大的財富集中現象。但這些現代化的力量將社會的許多傳統階層──包括農村社區、小店主、手工業者、地主鄉紳和部分舊保守派菁英──連根拔起，並造成嚴重的經濟不平等[35]。另外，流感大流行又加劇了這些挑戰。認為富人和窮人在戰爭和大流行中經歷的苦難不同的這種想法，更加劇了階級差異，給整整一代歐洲人留下無法揮去的傷痕[36]。

　　出於類似的原因，反殖民情緒在世界各地蔓延開來。由於在許多地方，被殖民者與殖民者相比，受到大流感的影響不成比例，這加劇了受殖民者遭受剝削和相對剝奪的感受。正如科學記者蘿拉・史賓尼（Laura Spinney）所觀察到的，流感「在全球投下一道閃電，曝露出殖民主義的不公」[37]。例如，在日本統治下的朝鮮，朝鮮人和日本人罹患流感的比率大致相同，但不同的生活條件和醫療保健意味著朝鮮人死亡的機率是日本人的兩倍。1919 年 3 月，朝鮮爆發了反對日本人的獨立運動，日本立刻強力鎮壓它[38]。

　　在其他地方，伴隨著英、法帝國如日中天、達到頂峰時，帝

國結構中出現了不斷擴大的裂縫。對於帝國列強來說，殖民屬地愈加從資產變成為負債。1920年代和1930年代，法國在阿爾及利亞、法屬印度支那、摩洛哥、敘利亞和突尼西亞面臨愈來愈升高的反對、動亂和民族主義運動。英國在埃及、伊拉克、愛爾蘭和印度等不同地方也都面臨著爭取獨立的種種動盪[39]。

在整個大英帝國，大流感發揮相當重要效應，凸顯帝國統治本質上的徹底不平等，儘管這種效應經常被忽視。埃及當時還是英國的保護國，流感的死亡率是英國本土的兩倍。多達17萬名埃及人（占全國人口的1%以上）喪生，其中大部分死在1918年的最後兩個月。疫病對農村地區的影響最為嚴重，它是1919年埃及人起事反抗英國的因素之一（埃及將在三年後獲得獨立）[40]。在愛爾蘭，流感大流行導致至少2萬3000人喪生，流感危機「似乎使每一個痛處都在惡化」，在愛爾蘭爭取獨立的關鍵時刻，「加劇了已經很困難的關係或情況」[41]。

然而，世界上沒有哪個地方比起當時大英帝國皇冠上的明珠——印度——遭受更嚴重的流感疫病之影響。一般認為，在美索不達米亞戰役期間，與鄂圖曼帝國軍隊作戰的英國和印度軍隊，將傳染病從伊拉克的巴斯拉（Basra）於1918年春天帶回到孟買。然後從孟買它逐漸波及整個印度。在當時印度超過2億5000萬人口中，估計有1200萬至1700萬人（即至少5%的人口）死亡。大量的疾病和死亡使印度原本就夠糟糕的醫療基礎設施不堪重負，由於印度醫療服務轉移到為歐洲的戰爭工作，它的

醫療體系已經人手不足。雖然病毒本身並沒有區分英國當局和他們所統治的印度人，但影響卻截然不同。例如，在印度生病的英國軍隊中，9.61%的人死亡；相比之下，印度軍隊的病死率為21.69%[42]。

　　病毒造成的人命傷亡已經十分慘重，再加上季風來遲——通常每年6月至9月期間都會襲擊印度次大陸——但對印度的農業產量至關重要——以及由此造成的1918年乾旱，使數以百萬計營養不良的印度人更容易生病。印度過去和現在仍然以農村生活為主。疫病迫使許多人離開農村，進入人口稠密的城市，城市裡病毒更容易傳播。然而，殖民政府繼續把在印度種植的食物運送到歐洲以餵養協約國軍。於是乎，隨著農業勞動力生病和死亡，疫病使糧食危機更加嚴重，食品價格飆升[43]。

　　在1918年秋季第二波大流感中，遭受感染病倒的人當中有聖雄甘地這位領導印度獨立運動的領袖。三年前，他從南非返回印度，他在南非首先採用非暴力公民抵抗戰略。隨著甘地從流感中康復，病毒所暴露的一連串苦難和揭露的不公不義有助於為他的運動產生一波反殖民的情緒和動力。地方和種姓組織被動員起來提供救濟，填補英國當局對危機漠不關心和無力應對所留下的真空。雖然這些組織原本就存在，但這場疫病促成它們圍繞著一個共同的目標，在全國境內團結起來，終於為甘地提供了他以前缺乏的基層支持[44]。

　　為了阻止革命的可能，德里的帝國立法會（Imperial

Legislative Council）於 1919 年 3 月實施《羅拉特法案》（Rowlatt
Act），無限期地擴大無所不包的戰時權力，以鎮壓新聞媒體、
未經審判拘留活動人士，並逮捕涉嫌煽動叛亂或叛國罪的人士。
這道法令引發了抗議，進而導致對示威者的攻擊，終於在 1919
年 4 月 13 日於旁遮普省（Punjab）爆發阿姆利則大屠殺（Amritsar
Massacre，大屠殺正好發生在美國「紅色夏天」開始的同一天）。
儘管印度要到 1947 年才能獲得獨立，但歷史學家將大流行後、
民眾此一巨大不滿時期視為英國統治走上日暮途窮不歸路的起始
點[45]。

崩盤與延燒

美國經濟一從 1920 至 1921 年的深度衰退中復甦，立刻就在
整個「咆哮的二〇年代」蓬勃發展。然後，這個十年接近尾聲時，
底部再次崩塌。1929 年 10 月 29 日，華爾街崩盤，引爆大規模的
國際金融危機。全世界已經變得必須依賴美國來吸收進口和支撐
國際貸款。因此，國際經濟無法抵禦紐約爆發的風暴。全球投資
枯竭，工業產出下降，需求下降。保護主義的衝動在美國和其他
地方日益加深。甚至連英國也放棄了對自由貿易的承諾。1929 年
至 1932 年間，全球貿易額下降了 70%，（借用當今術語）世界
經濟「去全球化」（de-globalized）。失業率在先進經濟體飆升到
工業勞動力的五分之一至三分之一，貧困率和嚴重糧食不安全率

急劇上升。美國 GDP 從 1929 年到 1932 年下降了近 26%，而同期世界十一個先進經濟體的整體 GDP 下降了近 17%[46]。

經濟狀況現在已經來到將要爆發政治和地緣政治的動亂。在 1917 年俄國革命之後的多年裡，布爾什維克主義的幽靈籠罩著歐洲事務，人們不斷擔心經濟狀況會引爆共產主義起義。然而，最大的危險最後卻來自右翼。不斷升高的經濟焦慮與種族至上的理論，以及對人口下降和文化退化的恐懼交織在一起。結果是右翼民族主義、民粹主義、反猶太主義和仇外心理混合一起的毒液。隨著反動的民族主義勢力與左傾的共和派對抗，西班牙陷入內戰，雙方各自吸引到外國勢力撐腰，最終佛朗哥（Francisco Franco）在 1939 年建立了右翼獨裁統治。在德國，我們在第一章已經提到，當希特勒和納粹黨於 1933 年奪取控制權時，脆弱的威瑪共和國讓位給法西斯獨裁統治。

在其他地方，一個又一個脆弱和分裂的民主政體於這一時期相繼淪為獨裁和一黨專政。在歐洲，直到二戰爆發前，只有英國、法國和少數北歐民主國家倖存下來。歐洲以外，除了美國和英國的加拿大及澳洲等拓墾者自治領之外，自由社會很罕見。在英國和法國的殖民地，民主仍然遙不可及，土耳其和中國等重要國家在新的專制統治者的統治下得到鞏固。由史達林領導的蘇聯，政治變得愈來愈極權。在日本，1920 年代實驗的議會民主也在 1930 年代被民族主義和軍國主義所取代[47]。

經濟災難、政治不穩定和民主倒退，反過來直接轉化為地緣

政治的動盪。大蕭條幾乎使以英、法、美為代表的自由秩序黯然
失色。權力分配繼續發生變化，來自「修正型主義強權」的挑戰
愈來愈大。民主、共產主義和法西斯主義之間的意識型態鬥爭愈
演愈烈和推向國際化。世界上最強大的民主國家的外交政策，陷
入舉棋不定和孤立主義的境地。

　　很快，心懷怨恨和伺機而動的威權國家展開行動。日本帝國
於 1931 年占領了滿洲，隨後於 1937 年更在中國發動全面戰爭。
1935 年，義大利法西斯政府入侵衣索比亞，並與納粹德國一起在
西班牙內戰中支持民族主義勢力。希特勒的德國於 1936 年重新
占領萊茵蘭，1938 年吞併奧地利和捷克斯洛伐克的部分地區，並
於 1939 年入侵波蘭。日本、義大利和德國的這些作法目標是在
亞太、地中海、北非和歐洲畫出勢力範圍，希望建立一個新的國
際架構，更符合他們的安全和經濟需求，以及他們的意識型態野
心。伴隨這些搶占領土行動而來的是大規模的重整軍備運動——
隨後產生大國在船艦、坦克、大砲和飛機方面展開軍備競賽——
它們進一步加劇了國際不穩定[48]。

自由世界的失敗

　　就很大程度而言，奔向另一場世界大戰乃是民主國家——後
來稱為「自由世界」——未能團結一致的結果。英國和法國在兩
次大戰之間時期仍然強大，但直到 1939 年之前他們一直不能夠

並肩而站。他們被帝國境內日益增長的挑戰分散了注意力。經濟大蕭條之後，他們又面臨巨大的民眾壓力，需要專注於國內問題。隨著威權國家在亞洲、地中海、北非、東歐和中歐步步進逼，英國和法國被需要處理的大量國際危機壓得喘不過氣。他們的國家目標也互不相容。法國希望結成牢固的聯盟來約束德國，而英國則試圖避免陷入被認為引發一戰的那種牢固的安全承諾中。這些南轅北轍的戰略使得陣線分裂，每個民主國家試圖各自以否認、推卸責任和姑息的混合方式對付德國的挑戰[49]。

更重要的是，美國在兩次大戰之間時期未能承擔領導角色。一戰結束時，美國是國際體系中最強大的國家。美國是世界上人口最多的國家之一（人口超過 1 億，而英國為 4400 萬，法國為 3900 萬，德國為 6200 萬，蘇聯為 1 億 3800 萬）。美國經濟——結合了無與倫比的自然資源、農業和工業生產以及資本——是英國的三倍，它已經取代了曾經是自由主義霸權的英國，成為全球金融和商業的中心。雖然一戰前美國的武裝力量相對較小，在大戰之後規模又縮小，但戰爭揭示了美國具有動員和投射軍事力量的巨大潛力。甚且，與美國成為全球海上強國的地位相匹配，美國海軍在兩次大戰期間的實力可以與英國皇家海軍相媲美。整體而言，美國與其他大國之間的差距並沒有二戰結束或冷戰結束時那麼大。但一戰後美國日益強大的地位，意味著只有美國有能力作為新秩序的中流砥柱[50]。然而，它選擇不這樣做。

兩次大戰之間時期的初期階段，美國外交政策並不像人們經

常描述的那樣嚴格堅持孤立主義。美國確實退出了——但不是完全退出，也不是立即退出。在 1920 年代，美國許多決策者希望繼續巴黎和會啟動的國際轉型和民主化，但要以盡量減少外國牽連的方式進行。在兩次大戰之間時期，美國利用可觀的政治影響力和日益增長的經濟中心地位仍然在外交上參與管理大國關係。美國尋求在裁軍方面取得外交進展，最引人注目的是 1922 年簽署的「華盛頓海軍公約」（Washington Naval Treaty）。它利用美國在世界金融體系中的特權地位作為槓桿，透過 1924 年的道威斯計畫（Dawes Plan）和（從未實施的）1929 年的楊格計畫（Young Plan），努力減輕德國的經濟負擔，並緩解歐洲內部因賠款支付所產生的緊張局勢[51]。

然而，儘管做出了所有這些努力，美國仍不願提供實際維持它所促成的國際秩序所需的堅定安全保證，而是尋求維持歷史學者圖茲所說的「超然特權」（privileged detachment）。1920 年代的共和黨政府拒絕參與遏制重新抬頭的修正型主義國家的努力，不論是通過國際聯盟（在威爾遜未能獲得參議院批准後美國並未加入），或是通過對法國和英國提出直接安全承諾，以支持 1925 年在羅加諾（Locarno）簽署的《歐洲和平公約》（European Peace Pact）[1]，美國都不介入。相反，華盛頓只肯召集 1928 年的《凱洛格—布萊恩公約》（Kellogg-Briand Pact）[2]，這是一項放棄武裝侵略的多邊政治承諾，但與國際聯盟沒有關聯，因此沒有執行機制[52]。

　　由於美國採取半參加、半不參加的方式，戰後秩序並沒有立即崩潰，而是蹣跚前進，直到被大蕭條推翻。從紐約迴盪的經濟震波將美國的特權金融地位變成了全球的負債。隨後，美國不斷上漲的關稅在整個國際體系中引發了以鄰為壑政策，讓近鄰貧窮化的螺旋式上升。在這個時間點上，美國才真正成為孤立主義者。

　　隨著 1930 年代的展開，威爾遜夢想的自由主義國際秩序崩潰，一個又一個多邊協議和機制被證明無能為力。《華盛頓海軍公約》未能限制日本的擴張兵力；《羅加諾公約》無法對抗德國的設想、保護歐洲的領土完整；《凱洛格─布萊恩公約》未能讓

1　譯註：羅加諾公約是 1925 年 10 月歐洲若干國家在瑞士羅加諾商議的七項協議，次年 9 月在日內瓦批准生效。一戰中的歐洲協約國與中歐、東歐一些新興國家藉這些協議確認戰後領土界線，並尋求與戰敗的德國恢復正常關係。羅加諾公約被認為是替 1924 年至 1930 年期間西歐各國關係改善提供了基礎。德國亦因公約在 1926 年加入國際聯盟；協約國軍在 1930 年完全撤出德國西部的萊茵蘭。

2　譯註：全名「廢棄戰爭做為國家政策工具的普遍公約」（General Treaty for Renounciation of War as an Instrument of National Policy），通稱「非戰公約」。1928 年 8 月 27 日在巴黎簽署的這項國際公約，規定放棄以戰爭做為國家政策的工具，只能以和平手段解決國際爭端。公約本身建立在理想主義的國際關係理論上，並沒有發揮實際作用，不過它是人類史上第一次宣示放棄戰爭做為國家的外交政策。會議由法國外交部長布萊恩（Aristide Briand）和美國國務卿凱洛格（Frank Billings Kellogg）於 1927 年發起，目的是美法聯手抑制德國的力量。凱洛格本人因此倡議而獲得 1929 年諾貝爾和平獎。而致力於德、法和解的布萊恩，已於 1926 年與威瑪共和的德國外交部長史特雷茨曼（Gustav Stresemann）共同獲得諾貝爾和平獎。

戰爭成為非法手段。與此同時，國際聯盟在沒有美國承諾的情況下，被證明無法解決國際衝突或嚇阻滿洲、或其他任何地方受到侵略，因此到了1930年代中期，它基本上已經完全停止運作[53]。

最終的結果是所有可能性中最糟糕的狀況——把哥特佛瑞德·威廉·萊布尼茨（Gottfried Wilhelm Leibniz）創造、經由伏爾泰（Voltaire）推廣而出名的這個詞語倒反過來說。自由主義國際秩序已經成為對修正型主義國家的威脅，鼓勵他們挑戰和推翻制度。然而，旨在捍衛這一秩序的民主社會過於分心和分裂，而且缺乏美國的領導力，無法產生協調一致的應對和必要的優勢力量來抵禦威脅[54]。圖茲寫道：「一戰見證了建立自由主義大國聯盟以管理現代世界龐大而笨拙的動態的第一次努力。」然而，這個聯盟瓦解了。「民主力量的失敗在1930年代初期打開了戰略機遇之窗。我們知道哪種惡夢般的力量會撕裂那扇窗戶。[55]」

世界變得太小了

作家菲利普·羅斯（Philip Roth）在他2004年的小說《反美陰謀》（*The Plot Against America*）中，設想出一套另類歷史的情節。在這本小說中，著名的飛行員、「榮譽勳章」得主，也是著名的反猶太主義者查爾斯·林白（Charles Lindbergh），在1940年的選舉中擊敗了爭取第三次任期的現任總統佛蘭克林·狄拉諾·羅斯福（Franklin Delano Roosevelt）。書中，林白打出孤立主義、反

戰的綱領進行競選，然後在上任後與納粹德國簽署條約，承諾不反對德國在歐洲的野心。這部小說的主角是羅斯一家人，這是一個位於紐澤西州紐瓦克，徹頭徹尾美國猶太人家庭，被迫與不斷上升的、日益制度化的反猶太主義和暴力進行鬥爭[56]。小說在2020年被製作成 HBO 限定劇，廣受好評。名人變身政客打出孤立主義、散播恐懼和仇外思想政綱贏得選舉的主題引起了新的共鳴，對於美國及後川普時代將會出現的滋長力量類型提出警告。

實際上，林白從來沒有當選成為總統。但他確實利用自己的名聲成為「美國優先委員會」（America First Committee）的首席發言人，這個委員會是 1940 年成立的著名反參戰組織。鼎盛時期，美國優先委員會號稱擁有 80 萬會員，其中包括許多著名的美國政客和名流。由於林白具有廣受歡迎的英雄地位，他被選為組織的代言人。1932 年他那二十個月大、猶在襁褓中的兒子小查爾斯被綁架、撕票（這個案子當時被稱為「世紀大罪案」），使他更加獲得民眾廣泛的同情。但他也是一個頗具爭議的問題人物。林白是一位白人至上主義者，曾經發表過反猶言論。他多次訪問德國，對希特勒在 1930 年代中期取得的成就表示欽佩。戰爭一開始，他就宣布納粹不可免必將獲勝。

縱使如此，林白的名聲使他在美國可能捲入戰爭的辯論中成為相當突出的人物。他在 1940 年 6 月的一次臭名昭著的廣播演講中向聽眾提問：「既然我們現在已經成為世界上最偉大的國家之一，……我們是否應該將我們的未來淹沒在舊世界無休無止的

戰爭之中？還是我們應該建立自己的國防，把歐洲的戰爭留給歐洲國家？我們應該繼續西方國家和白人種族之間的這種自殺式衝突，還是應該從歷史中汲取教訓？……一個文明不能靠民族之間的衝突來保存，不管他們的意識型態有多麼不同？[57]」當林白代表「美國優先委員會」訪問德國時，他將美國描繪成堅不可摧、不畏外國威脅的國家，只要美國在保衛西半球方面保持警惕，並置身於歐洲事務之外就行了。因此，軸心國家並不代表值得為他們甘冒戰爭風險。只要美國不介入外國衝突，它就會保持安全。他在1941年4月的一次演講中說：「有一項對這個國家開放的政策將獲致成功──這項政策讓我們可以自由地遵循自己的生活方式，發展我們自己的文明。它要求對獨立的美國命運抱有信心。這就是美國優先委員會今天的政策。」

辯論的另一邊是羅斯福總統，他在1940年6月向他的財政部長亨利‧摩根索（Henry Morgenthau）私下評論，聲稱他「絕對相信林白是個納粹分子。[59]」然而，在主張美國需要扮演與其大國地位相稱的國際主義角色時，羅斯福必須小心發言。可以理解的是，大蕭條加強了美國長期以來對西半球以外的事務保持冷漠的動力。在羅斯福尋求重建美國經濟的同時，他也不願意介入國外事務，以免刺激到國內的孤立主義遊說團體，使他們跳出來反對他的「新政」（New Deal）計畫[60]。他對美國大多數人民希望置身於外國衝突之外這一事很敏感。1936年競選連任期間，羅斯福談到了這種觀點。他8月份在紐約州雪托廓

（Chautauqua）對民眾說：「只要我們試圖將自己完全與戰爭隔離開來，我們就不是孤立主義者。」但他隨後就補充一句話：「但是我們必須記住，只要地球上存在戰爭，就會有一些危險，即使是最渴望和平的國家也可能被捲入戰爭。[61]」

當風暴烏雲在歐洲聚集時，羅斯福深知美國是不可能維持孤立的。因此，他轉向重新努力使美國的國家安全觀念國際化。羅斯福對美國人民論述的關鍵是，國家之間的相互依存意味著美國的命運與外國事務密不可分。他在 1939 年 9 月 3 日的爐邊談話中說：「對你我來說，聳聳肩說衝突發生在距美洲大陸千里之外的地方⋯⋯不會對美洲造成嚴重影響，而美國所要做的就是別理它們──很容易。雖然我們可能熱切渴望超脫（於外國事務之外），但我們不得不意識到，空中傳來的每一句話、海上航行的每一艘船、打的每一場戰鬥，都會影響到美國的未來。[62]」1940 年 6 月 10 日（也就是巴黎將被納粹占領的四天前），在聽到墨索里尼的義大利政府即將向法國宣戰的消息後，羅斯福向維吉尼亞大學法學院畢業生發表講話，放棄了美國將保持中立的虛偽。他說：「有些人確實仍然堅持現在已然顯現的錯覺⋯⋯認為可以放心地讓美國成為⋯⋯一個在實力哲理上主宰的世界中的孤島。這樣的島嶼可能是那些仍然以孤立主義者的身份說話和投票的人的夢想」，但是它「對我和當今絕大多數美國人來說，代表著沒有自由的人們的無助惡夢──一個被關押在監獄裡、飢餓、每天都被位於其他大陸蔑視他們、無情對待他們的主子透過鐵窗

餵飯的惡夢。[63]」

　　日本飛機於 1941 年 12 月 7 日轟炸珍珠港時，爭論就平息了。美國向軸心國宣戰。「美國優先委員會」解散。世界顯然變得太小了，這個強大而原本看似遙不可及的國家，無法將本身與發生在國境之外的國際秩序崩潰的危險區隔開來。

第三章

隨時會出亂子

　　當衝擊發生的時刻，與衝擊本身一樣重要。1914 年斐迪南大公遭到暗殺所引爆的全球戰爭，是基於歐洲是地緣政治的火藥庫。1963 年甘迺迪被暗殺，卻沒有引爆世界大戰，或許是因為美國和蘇聯在一年前的古巴飛彈危機中已經走到了戰爭邊緣，爾後又退了回來。1929 至 1933 年的大崩盤和金融危機，是發生在經濟學家和政府官員從根本上誤解了金融危機，且偏好相信那些使情況變得更糟的應對政策的時候。2008 至 2009 年，掌舵的決策者曾經研究大蕭條，並從中汲取了正確的教訓。換句話說，情境脈絡就是一切。

　　大流感發生在人們熟悉一戰大規模死亡的苦難和殘酷的時期。疫病的苦難、艱辛和孤立十分常見和痛苦，但它的影響往往被淹沒在一個深陷重圍的世界之中。在美國和其他地方，正如歷史學家克羅斯比所描述，它變成了一種「被遺忘的流行病」[1]。很少有關於兩次大戰之間時期，世界秩序崩潰的書籍對大流感有太多的著墨，不過，我們已經說過，它確實扮演了重要角色。病

毒可能加速德國在一戰中的失敗。威爾遜在不適當的時刻感染了流感，未能完全兌現他對新的自由主義國際秩序的願景，在國內努力建立對此一願景無異議的支持時也窒礙難行。更普遍來說，這場大流行病使原本已受到重創的經濟更加受到傷害，也加劇了全球的貧富不均，甚至造成社會動盪。這些發展的後果，常常被歷史學家所忽視，它們隨著時間的推移，以大大小小的方式產生了迴盪，導致國際混亂。也就是說，流感大流行並不是最終導致二戰的主要催化劑。其他因素也有推波助瀾的作用。就大流行病發生的作用而言，之所以如此，是因為它發生在一個國際環境中，這個環境已經成熟，隨時會因為種種其他原因，爆發國內不穩定、民族主義對抗和軍事衝突等事件。

國際間對一戰和上一次大流行病的反應，以致未能建立一個正常運作的全球秩序。經過兩次大戰之間時期相互交織的經濟、政治和地緣政治危機，最終才在更具破壞性的二戰實現了這一目標。但即使如此，也必須相當努力才能抓住重新思考和行動的機會。它需要全新的創意。它需要美國大膽而持續的領導，與自由世界的其他國家協同合作。

早在 1941 年，美國總統羅斯福和英國首相邱吉爾（Winston Churchill）就簽署了「大西洋憲章」（Atlantic Charter），列舉出建立以美國和其他自由民主國家為核心的一個政治和經濟開放、穩定、良好管理的戰後國際體系。這一新秩序在軸心國被擊敗後形成，建立了一系列多邊機構和民主聯盟，如聯合國、世界銀行、

國際貨幣基金、關稅暨貿易總協定（後來演變為世界貿易組織）、北大西洋公約組織和美日同盟。它還涉及雄心勃勃的建國工程，透過馬歇爾計畫重建歐洲經濟，並利用對西德和日本的占領，將法西斯和帝國主義國家改造成現代民主國家。歐洲國家啟動了長達數十年的整合過程，最終形成了歐洲聯盟。在美國的保護傘下，世界領先的民主國家邁過幾個世紀的軍事對抗，隨著冷戰的展開，找到共同目標對抗蘇聯[2]。

　　包含在這個多邊機構和協議網絡中的是一個新的全球公共衛生制度，旨在管理和協調對突發公共衛生事件的應對。它並不是一個全新的發展。19 世紀中葉，隨著鐵路和輪船將世界愈來愈多的各地連結起來，歐洲國家開始定期召開「國際衛生會議」（International Sanitary Conference）。第一份關於霍亂的條約於 1892 年敲定，隨後於 1903 三年制訂了涵蓋霍亂、鼠疫和黃熱病的綜合條約。新組織相繼成立，最著名的是 1902 年成立的「國際衛生局」（International Sanitary Bureau），它後來演變成為「泛美衛生組織」（Pan-American Health Organization）；以及 1907 年「國際公共衛生辦公室」（Office International d'Hygiène Publique, OIHP）。一戰後，「國際聯盟衛生組織」（League of Nations Health Organization）應運而生，國際公共衛生辦公室納入其下，並具備指導性質的地位。然而，儘管有了所有這些努力，抗擊傳染病的國際協調仍然有限。

　　1945 年在舊金山舉行的「聯合國國際組織會議」（United

Nations Conference on International Organization）起草聯合國憲章時，中華民國和巴西建議另外召開會議，籌建一個新的全球衛生組織，提案獲得通過。1948 年 4 月，國際聯盟衛生組織和國際公共衛生辦公室併入新的「世界衛生組織」（WHO），成為聯合國的一個專門機構。兩個月後，第一屆「世界衛生大會」（WHA），即世衛組織的決策機構，在日內瓦召開。1951 年，世界衛生組織將國際衛生會議的十幾個既有條約和公約合併為具有約束力的《國際衛生法規》（International Sanitary Regulations，1969 年更名為《國際衛生條例》，International Health Regulations），並於 1995 年和 2005 年再次予以加強。除了世衛組織之外，也出現許多新的全球衛生組織和倡議，包括 1994 年的「聯合國愛滋病聯合規畫署」（Joint United Nations Programme on HIV/AIDS，簡稱 UNAIDS）、2006 年的「聯合援助倡議」（UNITAID，投資於以防治愛滋病、結核病和瘧疾為主的革新工作），以及 2014 年的「全球衛生安全綱領」（Global Health Security Agenda）。另外還建立了重要的民間參與公共建設管道，最著名的是 2000 年的「全球疫苗免疫聯盟」（前身為「全球疫苗暨預防接種聯盟」），以及 2002 年的「抗擊愛滋病、結核病和瘧疾全球基金」（Global Fund to Fight AIDS, Tuberculosis, and Malaria），簡稱「全球基金」（Global Fund）[3]。

在 1990 年代後期，世衛組織受到愈來愈大的壓力，要求它發揮更加顯著的作用，並調整步伐趕上迅速加快的全球化。美國

特別促請世衛組織更加重視新出現的傳染病。這一舉措得到了回報。在二十一世紀的頭二十年，世衛組織在管理國際應對 2002 至 2004 年的 SARS 疫情、2009 年 H1N1 流感大流行和 2015 至 2016 年茲卡病毒疫情方面，發揮了重要作用，儘管它在很大程度上未能有效對付 2014 至 2016 年的伊波拉疫情[4]。但是我們將在本書第二部中提到，當 2020 年災難發生時，它的準備仍然不足。

新冠肺炎疫情前夕

到 2021 年 5 月初，當我們完成本書的撰寫時，全球已有 1 億 5200 萬人感染了新冠肺炎，全球死亡人數也已上升到至少 320 萬人[5]。在我們撰寫這幾頁時，無從知道在疫病結束之前最終會有多少人患病或死於此一病毒[1]。縱使如此，從絕對和相對角度來看，嚴峻的數字很可能比大流感造成的直接人命代價低得多，大流感估計造成 5000 萬人死亡。然而，矛盾的是，COVID-19 對人類和國際事務的影響可能會更大。我們在本書中反覆詳述，病毒及其震盪效應似乎可能會加速和擴大國家內部的不穩定——包括經濟邊緣化、國家脆弱化和民主倒退——並在未來幾年造成

1　編註：至本書中文版即將出版的時間點為止，全球確診人數達到 5 億 1100 萬人，死亡已達 623 萬人。

國家之間更大的摩擦。

即使 COVID-19 疫情害死的人數較少，認為它可能比大流感對國際秩序的影響更大這種違反直覺的觀點，來自於目前此一「百年一遇」大流行疫病發生的特定背景。譬如，生活在今天西方民主國家的大多數人，從未經歷過導致數十萬或數百萬同胞喪生的總體戰或其他重大災難。因此，新冠病毒大流行造成的死亡其影響程度似乎比一個世紀前的大流感來得更重大[(6)]。

更廣泛地說，在 COVID-19 疫情爆發前夕，四個關鍵因素傷害了國際社會的地緣政治免疫系統：高度全球化、貧富不均、民粹民族主義之勃興，以及日益升高的美中角力。由於這些趨勢，世界特別容易受到此一流行病所引發的跨國危機的影響。COVID-19 出現在世界日益混亂、國際舊秩序已瀕臨崩潰邊緣的年代[(7)]。

高度全球化的世界

全球化是一個模糊的概念，但它通常是指貿易、投資、技術、資訊和人員（工人、移民、遠行者和觀光客）跨境流動的數量和速度。從經濟面而言，全球化並不是一個新現象。在某些方面，它可以追溯到好幾個世紀前的絲綢之路，它把奢侈品從中國帶到歐亞大陸各地的顧客手中，然後又可以追溯到伊斯蘭世界的香料貿易。從十五世紀到十八世紀，隨著歐洲國家在他們的帝國

母國和被他們殘酷控制的遙遠殖民地之間建立供應鏈，全球化進一步擴大。然而，第一波現代全球化浪潮通常與十九世紀有關，尤其是 1870 年和一戰之間的時期，當時工業革命和英國在海上的霸權顯著擴大了全球貿易。一戰前夕，「貿易開放指數」（trade openness index，世界進出口總額除以 GDP）為 18%。但由於一戰的經濟混亂、流感大流行、1920 年代的貨幣政策、新的移民限制、經濟大蕭條、保護主義的螺旋式上升和另一場世界大戰的發生、國際體系「去全球化」，造成貿易開放指數在 1945 年降為 10.1%[8]。

在二戰之後的時代，從 1940 年代中期開始，在第二次工業革命和美國戰後倡導開放、基於規則的國際經濟體系的努力推動下，全球化進程逐漸恢復。到 1980 年，貿易開放指數已達到 39.5%。中國和印度的經濟自由化，隨著冷戰結束和蘇聯解體，引發了全球化的大規模加速進展。自由市場、自由貿易和資訊自由流動像火箭一樣起飛，愈來愈受到網路和其他新興數據科技的推動。2008 年，貿易開放指數為 61.1%。接下來，爆發次級房貸危機，隨之而來的全球金融危機造成了七十多年以來全球化的第一次逆轉。貿易流量占全球產出的比例開始下降，到 2017 年川普入主白宮橢圓形辦公室時，貿易開放指數已下降至 53.5%[9]。

當然，貿易只是全球化的一個衡量標準。但其他衡量標準也講述著相似的情況。2018 年，紐約大學史騰商學院（Stern School of Business）的三位學者根據貿易、資本、資訊和人員流動

的 300 萬個數據點編製了一個綜合「全球連通性指數」（global connectedness index）。綜合來說，這項研究發現全球化在 2017 年達到了歷史最高（這項研究的更新數據顯示第二年略有下降之勢）[10]。

談到流行病時，全球化會引發雙面刃的脆弱性。全球化的相關趨勢——包括開發中國家的快速城市化、人類大規模侵占自然棲息地、農業工業化、全球野生動物貿易，以及氣候變遷——增加了疾病從動物向人類傳播的可能性。同時，當前前所未有的相互聯結意味著傳染病在全球迅速蔓延的可能性，比起從前人類歷史上任何時候都要大得多。1918 至 1920 年的流感大流行在一個擁有 18 億人口的星球上蔓延，它主要是由參與一戰的軍人大規模動員和復員所帶動。今天，地球上 78 億人中的任何一個人都可以登上飛機，在不到一天的時間內（通常只需要幾個小時）飛往任何地方；每年有超過 10 億人次跨越國界。對於許多人來說，過去二十年廉價航空的興起意味著這些航班比以往任何時候都便宜實惠、人人負擔得起。世界已經從根本上重新連線；不再需要洲際戰爭來加速全球傳染病的蔓延[11]。

但是全球化與流行病之間的關係也朝著另一個方向發展。由於日益相互依存，流行病和其他重大跨國衝擊現在更有可能破壞現代經濟、社會和國際關係的根本。因此，無論是 COVID-19 或未來的任何大流行病都不需要像大流感那樣致命才能產生巨大的影響——這是一個既重要又令人不安的新現實。

美國情報界早已經認定將會有這麼一種可能。1979 年，美國政府成立「國家情報會議」（National Intelligence Council, NIC），作為情報界的長期戰略分析中心。自從 1997 年以來，國家情報會議定期發布報告，舉出可能影響未來幾十年國際事務的主要趨勢。2004 年 12 月，它發布了一份由其「2020 計畫」專案小組撰寫的報告，目標正是「繪製」我們剛剛經歷的這一年的「全球未來」景象。這個計畫涉及向來自美國和世界各地的政府和外部學術專家廣泛諮詢，包括在五大洲舉行會議。報告中有一項頗具先見之明的預測，認為中國將崛起成為一個主要的全球大國，「類似於十九世紀統一的德國，和二十世紀初強大的美國」。它還認定全球化將是「一種總體的『大趨勢』，一種無處不在的力量，它將在很大程度上影響 2020 年世界的所有其他主要趨勢。
(12)」然而，這項研究明確指出，朝著更大程度的國際整合邁進是可以逆轉的，全球化可能會變得脆弱。在名為「什麼事情會破壞全球化？」這一章節中，報告的結論是：「除了我們認為不太可能發生重大的全球衝突之外，我們認為可以阻止全球化的另一項大規模發展將是一場大型流行病。(13)」值得注意的是，這份報告是在現在被稱為「嚴重急性呼吸道症候群」的疾病爆發兩年後撰寫的，而此一疾病是由在中國出現、並從中國傳播的新型冠狀病毒 SARS-CoV 所引起。

2008 年發布的下一份全球趨勢報告中，國家情報會議重申這一警告，並指出大流行疫病可能導致「全球規模的經濟損

害」[14]。國家情報會議 2012 年的研究又將「一種容易傳播的新型呼吸道病原體」描述為潛在的「黑天鵝」事件，警告說這種嚴重的大流行疫病有可能是全球化世界中「最具破壞性的事件之一」[15]。2017 年川普上任之際，國家情報會議發布的全球趨勢報告設想了這樣一種情景：全球經濟增長長期緩慢或停滯不前的大環境中，發生了一些事件，其中的一項是疫病大流行，它大幅降低了全球貿易和生產力，導致世界更加分裂和動盪[16]。

國家情報會議絕非是唯一的主張者。2005 年 11 月，小布希總統（George W. Bush）在國家衛生研究院（National Institutes of Health, NIH）的一次演講中警告說，一種新的流感病毒株可能會引起毀滅性的國家安全威脅，這種流感病毒株很容易傳播，而且幾乎沒有或根本沒有自然免疫力。儘管在小布希總統發表上述論述時，全球還沒有如此致命的病毒，但是他說：「如果我們等待大流行疫病出現那時才要準備就為時已晚。[17]」小布希的繼任者也有同樣的擔憂。2014 年，在伊波拉疫情爆發期間，歐巴馬總統（Barack Obama）說：「我們很幸運（2009 至 2010 年的）H1N1（豬型流感）──並沒有更加致命。面對伊波拉，不能說我們很幸運，因為很明顯它在西非產生了毀滅性的影響，不過它並不是通過空氣傳染。」接下來他補充說：「我們可能會、而且很可能會，同時出現一種致命的、通過空氣傳播的疾病。[18]」日益增長的擔憂甚至滲透到流行文化中，譬如 2011 年好萊塢推出一部電影《全境擴散》（Contagion）[2]。在 COVID-19 疫情爆

發之前，川普政府官員包括國家情報總監、衛生和公共服務部長以及國家安全會議的一名高級官員，都公開談論了流行病的威脅[19]。然而，國家情報會議的分析不僅強調了像 SARS-CoV-2 這樣的新型病毒（新型冠狀肺炎是由這種病毒引起的）給人類帶來巨大災難的深邃潛力，而且還強調了這種傳染病可能傷害高度全球化的國際體系。

貧富不均

雖然高度全球化使世界更容易受到跨國衝擊的大規模破壞，但是第二個趨勢——伴隨全球化出現的極度貧富不均——確保了當衝擊到來時，數億人將特別容易受傷。

根據世界銀行統計，全世界所有國家的 GDP 總和，從 1960 年的大約 1 兆 4000 億美元（按現價美元計）增加到 2019 年的將近 88 兆美元，遠遠超過人口增長，並促進了全世界各國人均所得的上升[20]。但是全球化推動的經濟增長也產生了明顯的贏家和輸家。成就非常好的人中，收入最高的 1% 是世界上的富人。此外，隨著數億人擺脫貧困成為中國、印度、印尼、巴西和墨西哥等大型新興經濟體的新興中產階級，世界上的許多窮人也從中

2　譯註：2011 年 9 月上映的這部美國驚悚災難片，台灣譯名《全境擴散》，中國大陸直譯《傳染病》，香港譯名《世紀戰役》。

受益。1990 年，全球 36% 的人口，即 20 億人，生活在極端貧困中。到 2015 年，生活在極端貧困中的人數已減少到只占世界人口的 10%，即 7 億 3600 萬人[21]。因此，近幾十年來各國之間的所得不平等已經有下降之勢。

　　儘管如此，這些明顯的進展掩蓋了揮之不去的弱勢。是的，全世界的經濟進展相當可觀。但是全球仍有許多人被遠遠拋在後頭，或繼續生活在容易受到破壞的邊緣地帶。在先進的工業國家中，近幾十年來的經濟增長並沒有使許多勞動階級和中產階級受益，他們的工資停滯不前，並且面臨子女將過得比他們更不如的前景。由於創造性破壞（例如不斷的產品和流程創新）、市場效率、自動化、數據化和伴隨全球化而來的貿易已經取代了工作崗位、擾亂了社群，並產生停滯不前的工資，數百萬人被拋在後面[22]。與此同時，那些低收入和中等收入的經濟體，在 COVID-19 大流行前夕，仍有數億人生活在極端貧困中。此外，估計有 70% 的工人在非正式部門謀生，從事農業、建築、街頭販賣和其他日薪低、沒有就業保護、幾乎沒有社會安全網保障的工作。由於這些工作的性質，非正式部門工人面臨更大的陷入貧困之風險，面對對抗 COVID-19 疫情所引發的公共衛生和經濟衝擊幾乎得不到保護[23]。因此，儘管近幾十年來平均所得有所增加，但許多國家仍然存在相當明顯的貧富不均、或甚至更加惡化[24]。

　　就全球而言，在疫病大流行之前，最頂尖和最低層之間的差

距特別顯著，而且還在不斷惡化。

在過去的半個世紀，每年 1 月，全世界的金融、科技和政治菁英都會聚集在瑞士的阿爾卑斯山村達沃斯（Davos），參加「世界經濟論壇」。近年來，從事國際開發工作的慈善機構「樂施會」（Oxfam）不斷就貧富不均提出驚人的統計數據，讓他們顏面無光。在 2017 年達沃斯會議之前，樂施會報告稱，2016 年世界上最富有的 61 個人，他們的資產淨值與全世界最貧窮的一半人口（約 37 億人）的資產淨值總和相等；2017 年，世界前 43 名首富就足以媲美最貧窮的一半人口之資產；2018 年更只要 26 人就傲視群倫[25]。在 COVID-19 病毒肆虐之前，樂施會隨著達沃斯論壇舉行時發表的最後一份報告指出，2019 年世界上最富有的 1% 人口，他們擁有的財富是地球上其他 69 億人資產總和的兩倍多；全球 2153 位財富跨越 10 億美元門檻的富翁，他們擁有的財富超過 46 億人（占全球人口的 60%）資產之總和；世界上最富有的 22 個男性的財富，比生活在非洲大陸的所有女性的資產總和都多[26]。我們將在本書第三部提到，COVID-19 病毒危機暴露了所有這些脆弱性和不平等。

民粹民族主義

美國、巴西、印度、匈牙利、墨西哥、菲律賓、波蘭、土耳其和英國有什麼共同點？在 COVID-19 疫情之前，他們的官員全

都表現出第三個重要趨勢：民粹民族主義在全球各地急劇上升。雖然每位國家元首都針對各自環境施政，有些人成為徹底的威權主義者，而另一些人則仍然是民主主義者，但是民粹民族主義者都有他們自己版本的川普式「美國優先」的主張——堅信自己的國家之所以會失敗，是基於因為其他國家、全球菁英，以及他們國內的第五縱隊陰謀搞鬼的信念。在巴西，賈爾・波索納洛（Jair Bolsonaro）總統的信條是「巴西高於一切，上帝高於所有人」；在英國，脫歐派要求他們的國家「收回控制權」；在匈牙利，執政黨「青年民主主義者聯盟」（Fidesz）採用「為了我們前途，匈牙利優先」的主張；而在波蘭，法律與正義黨（Law and Justice Party）則了無新義、拾人牙慧，高舉「讓波蘭再次偉大」的旗幟。他們把國家主權放在首位。他們對國外的多邊組織和國內既有的建制派機構（川普所說的「深層國家」）持高度懷疑態度。他們認為主流媒體特別邪惡。他們聲稱代表普通人，通常反對移民和多元文化。執政時，民粹民族主義者往往對治理的象徵意義和激情的文化問題更感興趣，不重視提供公共服務、平凡瑣碎的工作。

分析人士對民粹民族主義死灰復燃的確切原因見解不一。有一種解釋說，這是對現代性的一種文化反彈——尤其是針對大規模移民、多元文化主義，以及同性婚姻等進步價值觀的傳播特別不能容忍。政治學家皮帕・諾里斯（Pippa Norris）和羅納德・英格哈特（Ronald Inglehart）認為：「文化政治的正交拉力在主流政黨內部產生了緊張和分裂，並為左右翼民粹主義領袖動員選舉

支持提供了新的機會。[27]」

　　第二種解釋從經濟角度出發。史丹福大教授佛蘭西斯・福山（Francis Fukuyama）認為，民粹民族主義是對強大的利益集團控制民主政治制度的一種反應，這種控制加劇了貧富不均和經濟停滯，特別是對美國和其他先進工業經濟體的勞動階級和中產階級而言[28]。《金融時報》專欄作家愛德華・魯斯（Edward Luce）在其著作《西方自由主義的撤退》（*The Retreat of Western Liberalism*）中主張，這是中產階級所得減少，以及菁英對那些針對社會現代化感到擔憂的選民的蔑視之結合[29]。在西方之外，貧富不均、公共服務提供不足、普遍腐敗的看法和脆弱的機構也為左右翼的民粹民族主義者提供了機會[30]。

　　文化和經濟力量不一定是相互排斥的解釋。事實上，在 2008 至 2009 年全球金融危機之後的十年中，兩者都可能促進民粹民族主義作為一種政治勢力的增長。我們不妨再考量一些其他因素。社群媒體允許意氣相投的人群繞過傳統的政治活動守門人（編輯、製作人和政黨）創建自己的運動。與此同時，某些外國行為者——最重要的是普丁的俄羅斯——透過破壞存在共同客觀真相的觀念，並且透過網路或透過新媒體傳播錯假訊息，故意煽動民主國家內部已經存在的分歧。

　　在西方，後冷戰時期第一個成功的民粹主義政治運動，發生在 2016 年 6 月，英國過半數選民投票決定退出歐盟。從幾個方面來說，這是相當重要的事件。它代表了對保守黨和工黨、媒體

和國家機構（如財政部和中央銀行）等建制機構的摒棄，它們都對退出歐盟的後果發出警告。當經濟的天空沒有立即崩塌時，許多擁護英國脫歐人士不免要問，他們為什麼一直在聽專家們的意見。時任英國司法大臣麥可・戈夫（Michael Gove）在 2016 年提出令人難忘的評語：「這個國家的人民已經受夠了專家……來自政府機關的人說，他們知道什麼是最好的，但總是錯的。[31]」它還代表了拒絕英國的歐洲夥伴的民族主義立場。英國人民認為歐洲妨礙他們的國家進展。他們從歐盟那裡學到的東西很少，也沒有什麼好處，所以他們要脫離歐盟。英國可以更加自力更生，放眼世界其他地方，包括那些民粹主義抬頭的地方。最後，英國脫歐是一項極其耗時費力的工作，需要一個世代或更長時間才能完全實施。它需要優先於所有其他問題。是的，這是破壞性的，但短期的痛苦是值得的，至少脫歐派的理論是這樣說的。這些因素都體現在鮑里斯・強生的崛起中，他於 2019 年 7 月出任首相，並於當年 12 月贏得大選。在他的外表和舉止上，強生不僅僅是與川普有許多相似之處——他也接受這種比較，儘管強生對國際合作和氣候變遷站在更宏觀的主流觀點[32]。

　　當然，第二個震驚是川普在 2016 年 11 月的美國總統大選中獲勝。川普甚至比英國脫歐更能代表對當權派和主流媒體的摒棄。他上台時有一套發自肺腑的核心信念，這套信念相當不滿，認為其他國家利用和美國的聯盟關係、自由貿易和國際協議來占美國的便宜。他將透過強硬對付所謂的美國朋友、和華府的「深

層國家」官僚來解決這個問題。結果，他削弱了美國在國內解決共同問題（例如流行病）和在海外領導應對危機的能力。川普對媒體和專業知識的無情攻擊，以及從他的白宮和推特推文不斷傳播錯假訊息，使人們對真相本身存在於他所宣傳的那些「另類事實」之外的想法提出質疑[33]。結果就是：他的支持者在國家最需要的時候，既缺乏對科學的信心，也缺乏對政府的信任。然而，更為凸顯的是，美國本身陷入了混亂，因為當 COVID-19 疫情爆發時，政府未能向美國民眾說明正在發生的事情或提供明確的國家計畫。

其他類似的衝擊也發生在世界各地。2018 年，被稱為「熱帶川普」的波索納洛就任巴西總統。這位前陸軍上尉缺乏主要政黨的支持，是巴西軍事獨裁和酷刑歷史的辯護者，擁護種族主義觀點，攻擊「性別意識型態」，並具有激進的政策立場，包括阻止巴西對抗氣候變遷的努力，和放寬槍支所有權以打擊犯罪[34]。波索納洛的政治命運和民粹主義主張，得益於席捲既有政黨的腐敗醜聞和導致 1300 萬人失業的嚴重經濟衰退。他利用福音派基督教的發展，和對巴西昔日專制政權某些方面仍揮之不去的尊重。波索納洛經常與法院和其他國內機構發生衝突。當歐洲各國政府嚴厲批評波索納洛在 2019 年亞馬遜地區發生毀滅性火災時，他的回應是侮辱法國總統的妻子，並拒絕 G7 集團提供的小額援助[35]。

美中角力

COVID-19 疫情爆發之前的第四個關鍵趨勢是大國競爭的復甦，尤其是美國和中國之間的角力較勁日益熾烈。在 1990 年代和 2000 年代，美國官員認為，中國和俄羅斯正在國際秩序的基本問題上與西方逐漸匯合。2005 年 9 月，美國副國務卿羅伯‧佐立克（Robert Zoellick）在美中關係全國委員會（National Committee on U.S.-China Relations）發表富有開創意義的演講，宣稱中國「雖然尚未民主」，但「並不認為自己處於全球反對民主充滿未知的衝突之中」，並且它也「不相信其未來取決於推翻國際體系的基本秩序。」佐立克表示，華府許多人都希望中國成為國際秩序中一個「負責任的利害關係人」[36]。美國歷屆政府都明白，雙方的道路絕對不會平順。但樂觀的是，可以找到共同點來對付共同的挑戰，同時可以避免過去舊式的地緣政治對抗。隨著時間的推移，融入美國主導的自由秩序甚至可能導致中國和其他專制國家內部漸進式的政治改革[37]。

過去十年的事實已經表明，這些期望被實際發生的狀況打得體無完膚。在習近平和普丁的領導下，中國和俄羅斯，與美國和歐洲的國際秩序觀念發生了分歧。中國尋求在南海和東海修改領土，而俄羅斯則在烏克蘭進行干預，作為它開拓軍事、政治和經濟優勢區域更廣泛成果的一部分。北京和莫斯科也變得更加直言不諱和作風強悍，高唱圍繞著領導人最高權力、在其國境之內和

影響範圍之內，隨心所欲行事，組建替代秩序。然而，就在他們為自己促進主權的同時，儘管方式不同，北京和莫斯科開始積極干預其他國家的政治。中國往往更加狡猾，非法操縱民主國家的政治以促進它喜好的政策，並且利用它的經濟影響力脅迫政界和商界領袖。在一個案例中，一名澳洲國會議員因為與中國共產黨有聯繫的香港捐助金主關係暴露，不得不辭職。這一事件和其他事件見證了澳洲政府出手重懲中國的政治干預[38]。俄羅斯偏愛網路駭客和散播錯假訊息的手段，2016 年對美國總統大選的干預達到空前高峰。然而，中國和俄羅斯的共同目標是為威權專制創造一個安全的世界。

與此同時，習近平政權在國內變得更加高壓。他將反貪腐運動當做武器，剷除他在中國共產黨內部的政治對手。習近平還擴大了中共的社會控制工具，將數百萬個安全攝影機與臉部識別、人工智慧領域的新科技創新結合起來，建立一個規模和野心驚人的國內監控系統。北京的數據威權主義新方法被用來監控新疆的穆斯林維吾爾人，多達一百萬維吾爾人被送進拘留營（官方美其名為「職業教育訓練中心」）。北京也升高對台灣的民族主義論調，同時採取激進的措施來破壞香港以「一國兩制」模式所維持的自由和自治[39]。

造成這種分歧的部分原因是習近平和普丁的信念，即自由主義的國際秩序本質上對他們的威權專制模式構成了生存威脅。他們的認知未必是錯的。許多西方政策制訂者將政治自由化視為中

國和俄羅斯融入美國領導的國際體系的一種可能——而且值得預見的結果。資訊透過社群媒體和網路其他部分的自由流動，有能力、也有意願調查中國和俄羅斯內部敏感故事的自由媒體，希望政府負責任的一些充滿活力的非政府組織，以及民主的持久吸引力，全都對獨裁者構成壓力。

最重要的是中國經濟有若流星般崛起，似乎使它躍居超級大國地位奠定基礎，而俄羅斯的軍事現代化，加上它龐大的能源資源，使普丁在俄羅斯人口和經濟停滯不前的情況下變得更加自信。北京和莫斯科將經濟、政治和軍事脅迫，與比較含糊的「灰色地帶」策略相結合，使美國及其民主盟友在亞洲和歐洲承受愈來愈大的壓力。在更遠的地方，中國大規模的「一帶一路」倡議為亞洲、中東、非洲、歐洲和拉丁美洲的基礎建設提供了數千億美元（通常是掠奪性的）貸款，俾便北京成為一個龐大的新經濟網絡的中心——俄羅斯介入中東局勢也加劇了熱度。西方官員愈來愈擔心科技創新可能會破壞軍事的均勢，以及依賴中國技術（例如電信領域的 5G 行動電信網路）的風險。

這一切都在 2015 年和 2016 年左右浮出水面。如果希拉蕊‧柯林頓（Hillary Clinton）當選總統，她很可能也會將美國帶向一個與中國更加競爭的方向。但在川普主政下，美中角力更加激烈。他更接近十九世紀或兩次大戰之間時期的民族主義者，而不是二戰後美國的國際主義傳統。川普對聯盟和開放的全球經濟抱持懷疑態度，他更喜歡重商主義的心態，即美國以零和的方式看待國

際經濟，利用它的實力將有利於自己的經濟條件強加予其他實力較弱的國家。川普認為自由貿易協定和多邊金融機構限制了美國的行動自由[40]。他沉醉於對華貿易逆差，強硬地追求彌補這種不滿情緒。川普上任後，以關稅、經濟威脅和單邊制裁為手段，不分盟友和敵手，照打不誤。

　　川普國家安全團隊中很少有人跟他一樣，抱持反對美國的同盟和全球領導角色的立場，但他們忌憚中國。因此，他們利用川普的世界觀作為對北京採取更強硬路線的許可證，不僅在貿易上，而且在地緣政治上也都強硬對付。2017 年 12 月，國安顧問麥馬斯特（H. R. McMaster）提出的「國家安全戰略報告」（National Security Strategy），將大國競爭作為美國外交政策理論的準則；五角大廈隨後在 2018 年修訂「美國國防戰略報告」（National Defense Strategy），強調類似的主題。川普政府深化與台灣的關係，自 1979 年以來首次派遣在任美國官員訪問台灣，並籌畫對台灣出售大量軍事武器。美國和中國在人工智慧和生物技術等改變優勢的科技，以及傳統武器和外太空領域展開競爭。川普政府推動關鍵技術部門與中國「脫鉤」，尤其是在 5G 通信技術方面；它也敦促美國盟友跟進這樣做，目的是削弱北京、並爭取更大程度地遠離北京的影響。它認為中國的間諜活動是重大的威脅，並開始將據信參與秘密活動的中國官員和平民驅逐出境。意識型態競爭也升高了。高層內閣成員，特別是國務卿龐培歐，開始經常譴責中國共產黨，強調它在新疆虐待維吾爾人的行

為[41]。

　　這裡頭也有副作用和曲折。在個人層面上，川普欽佩習近平的威權主義，對後者在香港的胡作妄為或新疆的拘留營毫不關心，據報導他甚至告訴習近平，設置拘留營是正確的做法[42]。人們對習近平在危機時期是否真的會站在美國盟友的這邊，一直都很懷疑。但是在 COVID-19 大流行前夕，美國和中國已經處於衝突螺旋的邊緣。在許多方面，美中競爭已經變成了是制度的較量：自由社會和死灰復燃的威權主義雙方較量。這對一切都有深刻的影響，從科技政策和經濟到人權、全球健康、環境和國家安全的各方面都遭受波及。COVID-19 大流行將以令人眼花撩亂的速度進入這個旋轉競爭的離心機。

　　不只是美國對中國提高戒心。直到 2019 年底，歐洲仍然致力於與中國接觸交往的政策，但它也在採取措施減少來自中國的影響力，同時保護自己免受北京在經濟方面實施的影響，並且統一發言口徑。歐盟 2019 年的文件《歐盟和中國：戰略展望》（The EU and China: A Strategy Outlook）描述了方法上的這種轉變，它指出：「中國同時處於不同的政策領域，它是一個合作夥伴，歐盟與它有密切一致的目標；它是一個談判夥伴，歐盟需要與它找出一個利益平衡點；它在追求技術領先方面是個經濟競爭者，在促進另類治理模式時又是制度上的對手。[43]」

位於臨界點

　　由於所有這些動態關係的演進，二戰後的國際秩序正走向懸崖，而 COVID-19 疫情大流行更把它推下深淵。高度全球化意味著相互依存的國際體系做為一個整體，比以往任何時候都更容易受到跨國重大衝擊的影響。嚴重的貧富不均意味著全世界數億人不僅極易受到病毒的影響，也極易受到病毒所帶來的經濟破壞的影響。民粹民族主義席捲全球，導致主要國家傾向於淡化病毒，忽視專業知識，反應遲緩，並且迴避與其他國家合作。至於美中角力競爭日益惡化，世界兩大權力中心更傾向於爭奪相對優勢，而不是尋找促進國際合作的方法。

　　與後冷戰時期其他所有重大危機不同的是，當 COVID-19 疫情來襲時，美國未能領導或尋求動員全球協同行動。隨著川普打破傳統，出現一個令人氣結的問題出現了：在沒有美國領導的情況下，其他國家是否會圍繞一個共同的目標聯手，自行組織起來以對抗共同的生存威脅？大多數情況下，這事並沒有發生。取而代之的是，這種空缺現在由各個國家「隨人顧性命」的方式填補上，每個國家的情況變得更加糟糕。美國著名的現代國際體系理論大師之一、普林斯頓大學教授約翰・伊肯伯里（G. John Ikenberry）觀察到：「自從 1930 年代以來，全世界還沒有像現在這樣喪失最起碼的合作。[44]」

　　1930 年代的案例很有說服力。甚至在疫病於 2019 年 12 月

爆發之前，兩次大戰之間時期的陰影——這是國際秩序最後一次崩潰、陷入混亂——就籠罩在世界各地[45]。而且，由於COVID-19 疫情及其引發的防疫政治學，聚積的暴風雲變得更黑了。

但必須如此演變嗎？

歷史學家卡爾（E. H. Carr）在他著名的研究《二十年危機》（*The Twenty Years' Crisis*）中，對兩次大戰之間時期在英國和美國某些領域中突出的自由國際主義的烏托邦式信仰，提出了尖銳的批評。卡爾舉出現實主義的觀點，即「歷史是一系列因果關係，其過程可以藉由智力的努力來分析和理解，但不能……由『想像力』引導。[46]」從這種宿命論的角度來看，COVID-19 大流行似乎代表著對國際秩序的不可逾越的挑戰，和不可抗拒的加速通往嚴峻的歷史力量[47]。

然而，卡爾也謹慎地警告不要只看到「純粹的現實主義」，因為它「沒有為有目的或有意義的行動提供任何基礎」，也因為它「只提供赤裸裸的權力鬥爭，使任何形式的國際社會都變得不可能。[48]」即使有令人信服的結構性條件向一個方向推動，人們仍能保持行動力——而爆發深層危機的時刻正是改變方向會出現的時候[49]。我們可以選擇讓糟糕的情況變得更糟，或者我們可以對抗看似棘手的現實，讓事情好轉。

在兩次大戰之間時期和二戰的災難之後出現的自由主義國際秩序——全球衛生制度是其中的一部分——一直都非常不完善。

但它也帶來了前所未有的經濟增長、貧困的大幅減少、自由的擴大、武裝衝突的減少，以及人類健康的變革性改善。

　　然而，我們在這本書中從頭到尾一直在說明，全球對 COVID-19 的應對暴露出舊秩序已經大為崩潰，在本世紀餘下的時間裡，它在處理可能出現在我們身邊的各種危機方面是多麼缺乏能力，要修復它，前路還有許多工作百廢待舉。當 COVID-19 在武漢出現時，國際社會未能團結起來，為保護公共衛生而設立的機構也無法勝任工作。中國共產黨缺乏透明度，向世界隱瞞了最初爆發的疫情。同時，中國在世衛組織的影響力日益增強，也妨礙了世衛的初步反應、傷害它的可信度。高度全球化使得病毒迅速蔓延，而國家內部和國家之間巨大的貧富不均，代表旨在遏制病毒的行動，以及可用於對付其連鎖效應的資源，在國際社會中有很大的差異。世衛試著為富國和窮國都提供一致的指導。與此同時，川普主義和其他地方民粹民族主義之興起，產生一種沒人料想到的情景：世界領袖竟然有很大的可能，極力試圖破壞針對流行疫病的應對措施。華府和北京之間不斷升高的競爭，扭曲了世界上兩個最重要國家的中央應對策略，同時使共同應付流行疫病及其震撼效應的國際努力陷入癱瘓。一位天賦異稟的美國總統很可能會抵擋這些趨勢，並在混亂中協調出合作的應對措施。一個正常的總統肯定會避免川普的許許多多非受迫、卻犯下的錯誤。但同樣不可否認的事實是，2020 年的困境不僅只是有狀況百出、荒腔走板的川普而已。總而言之，一個已經時機成熟、隨時

可以出亂子的體系，在最糟糕的時候失敗了。

第二部

國際的危機，
各國的應處

第四章

機密與謊言

　　2019 年 7 月，中國疾病預防控制中心舉辦 8200 名幹部培訓演練。演練的想定是：一名旅客帶有高度傳染性的病毒抵達中國。官員的任務：在傳染病蔓延之前提高警戒，並找到其他乘客。這是自從應付 SARS 疫情以來中國疾控中心最大規模的行動。

　　SARS 是一種由新型冠狀病毒引起的疾病，2002 年 11 月在中國南方首度出現，一般相信它起源於蝙蝠。它的症狀類似於流行性感冒，包括咳嗽、發燒和頭痛；然而，在某些情況下，這種疾病會導致嚴重的呼吸系統問題[1]。對 SARS 的應處也是碰上疫病大流行、如何不作為的典型教科書範例。疫情爆發始於廣東省；當局知道他們發生問題了，但一直密而不宣，因為他們不想在 2003 年 1 月農曆新年節慶期間擾亂旅遊旺季。當居民透過簡訊交換訊息時，當局指控 100 人造謠生事。當時還能夠以相對獨立的實體存在的中國媒體，被禁止報導疫情。不過，廣東的《南方都市報》不理會新聞審查，吹響了哨子[2]。

　　當病毒傳抵北京某一中國人民解放軍軍醫院時，軍方沒有公

開承認。然而，軍醫院的 73 歲軍醫蔣彥永，懷疑當局掩蓋真相，寫了一封信，指責政府低估了病毒造成的死亡人數。他首先將信發送給中國媒體，然後又發送給美國媒體，其中包括《華爾街日報》的一位名叫博明的年輕記者。博明將在十七年後，美國對付 COVID-19 危機中扮演重要角色。就在《華爾街日報》核實事實時，博明的獨家新聞在《時代》雜誌刊登出來。故事傳遍全世界，但是中國仍然拒絕與國際社會合作[3]。

　　當時，世界衛生組織的總幹事是一名醫生，曾經擔任過挪威總理的格羅‧哈萊姆‧布倫特蘭（Gro Harlem Brundtland）。當 SARS 的消息公諸於世時，她根據自己的職務竭力地要求中國政府的運作應該更加透明和合作。她沒有法律所賦予的執法地位，但是她果斷地提出主張。多年後在 COVID-19 疫情大流行期間接受採訪時，布倫特蘭回顧了當時的情況，她說：「中國當時的作法就是，一連幾天、幾週，拒絕接聽我給中國衛生部長的電話……然後我統統說出來，因為別無選擇，我沒有得到回應，所以我不得不公開對中國喊話，要求他們接聽我的電話，然後他們就接了。[4]」她也願意以其他方式堅持要求。2018 年，她告訴台灣聽眾，在 SARS 期間，「我有責任與台灣衛生當局合作，幫助防止病毒在台灣境內傳播、或從台灣傳播出去、或是傳播進入台灣。」她提到中國時說：「這樣子的話，最反對台灣加入聯合國體系的那個政府就不得不閉上嘴巴。[5]」[1]

布倫特蘭的行動產生了影響。經過好幾個星期的猶豫不決，北京終於坦白，承認問題的嚴重性，開始與世界衛生組織合作。在世衛 2003 年 7 月宣布病毒已經受到控制之前，SARS 已經在國際上肆虐，造成 8098 人感染，其中 774 人喪生。此後不久，中國頒布新的法規，以促進對付病毒方面更加坦誠。它建立「國家傳染病網絡直報系統」，旨在維持獨立作業，保護它不受政治干預。醫生會直接向北京的一個團隊報告病例，團隊的任務是儘早對付疫情爆發，以免真正造成嚴重傷害[6]。正如芝加哥大學教授楊大利後來所說：「在一個以官僚層級聞名的國家，這個資訊系統是為了提高注意和快速反應而設計的。[7]」

在 2009 年 H1N1 流感爆發和 2017 年禽流感病例激增期間，這個新系統的使用取得了相當大的成功。中國疾控中心主任高福曾在牛津大學進修，在 SARS 之後被說服回國服務、協助改革。他在 2019 年的一次演講中很有信心地宣示，傳染病隨時可能出現，但中國現在已經做好了更充分的準備。他說：「我有信心說，再也不會發生（類似 2003 年）『非典事件』。這是因為我們國家的傳染病監測網絡非常完善。當病毒出現時，我們可以阻止

1　譯註：布倫特蘭在 1998 年至 2003 年接任世界衛生組織總幹事之前，三度擔任挪威總理。1984 年，她被聯合國秘書長任命為聯合國環境與發展委員會主席，在職期間於 1987 年發表《我們共同的未來》報告，提出永續發展的願景。2014 年，她獲得以「東方諾貝爾獎」自許的台灣唐獎首屆永續發展獎；後來於 2018 年應邀到台北訪問。

它。[8]」改進後的制度在 2019 年 7 月的演練中全面展現出來。

中國在歷史上並不是全球公共衛生領域的一個特別重要的角色，但在 2010 年代，它開始尋找機會做出與其專業知識相符的貢獻。譬如，中國參與瘧疾預防計畫，中國科學家屠呦呦因開發出治療瘧疾的藥物青蒿素和雙氫青蒿素，獲得諾貝爾醫學獎。發生在 2014 至 2015 年的伊波拉疫情，是中國首次向國外派出一支高素質的團隊（由高福領隊），參與國際合作抗疫。然而，與其他國家相比，它的貢獻仍然微不足道。中國對世衛組織的資金捐助數目不大──2018 年排名第十六位，落後於科威特和瑞典等國家，甚至還不如幾個民間基金會[9]。

不過，真正重要的似乎是它的國家體系，顯得非常有能力對付這一類危機。從表面上看，中國似乎已經做好了準備──但再仔細觀察，卻發現令人不安的跡象。約翰霍普金斯大學（Johns Hopkins University）、核威脅倡議（Nuclear Threat Initiative）和經濟學人智庫（Economist Intelligence Unit）於 2019 年發布的全面健康安全評估報告，凸顯出中國衛生緊急應變體系的差距，特別是在政府與人民之間、以及公共衛生專業人員和醫院之間的溝通範疇[10]。甚且，在危機中，中國的國家衛生系統更是難題的一部分。各省和地方扮演關鍵角色，可是它們之間卻存在很大的差異。

在北京的美國衛生專家與中國同行在廣泛的主題上有著悠久的合作歷史，從對中國公共衛生官員進行實地流行病學培訓，

到在癌症研究方面的合作，再到對輸往美國的食品和醫療用品制訂安全規範，包羅萬象——但即使是這些以前積極的合作，在COVID-19 爆發前的幾年裡也開始出現裂痕。傅培睿（Adrienne Parrish Fuentes）是美國駐北京大使館的衛生專員。她受雇於美國衛生與公共服務部，領導著一個由數十名疾管中心、聯邦食品藥物管理局（FDA）和國家衛生研究院官員組成的團隊，他們都在美國大使館上班。她於 2016 年 10 月受聘出任這個職位，不久之後美國大選選出川普為總統。在 COVID-19 疫情之前，她最關注的政策問題之一是與中國交涉，分享一種名為 H7N9 的禽流感病毒的樣本。公共衛生專家認為，這種形式的流感（或某種變體）極有可能是下一次全球大流行病的來源。防止這種情況發生的現有工具之一是一個名為「世衛組織流感合作中心」（WHO Collaborating Centers for Influenza）的小型實驗室網絡（總共有六個實驗室：美國有兩個，英國、澳洲、日本和中國各有一個），負責進行研究和共享關注的流感病毒株樣本。這種跨國共享是一項相當複雜的任務，涉及國際協議和許多層級的國家特定官僚機構。各國衛生部通常將承諾「及時」分享這些病毒，視為全球公共衛生的重要議題。但在各國國家層級而言，批准釋放這些潛在致命病毒的決定必須由多個政府部會執行。在她派駐中國的頭兩年，在美國國安會的指示下，傅培睿與中國同行接觸，以更快的速度分享位於亞特蘭大的世衛組織合作中心所要求的 H7N9 樣本。白宮和美國衛生部生物醫學高級研究發展局（Biomedical

Advanced Research and Development Authority）的官員，對中國批准與世衛組織網絡共享病毒株的緩慢速度感到沮喪。美國高級官員在北京和世界衛生大會期間多次向中國對口單位提出這個問題。美國駐華大使泰瑞・布蘭斯塔德（Terry Branstad）甚至親自前往存放流感病毒株的研究機構進行溝通。美國官員不知道中方拖拖拉拉是因為官僚惰性、還是故意保密，但不管是什麼原因，中國繼續扣住某些樣本、不肯放出來。

2019 年春天，美國大使館舉辦了紀念美中建交四十週年的活動。紀念活動強調的一個關鍵主題是公共衛生合作，因為它被廣泛認為在時而動盪的美中雙邊關係中的成功範例。美國衛生部團隊曾計畫在活動中邀請中國疾控中心和曾接受美國國家衛生院贊助者出席致詞。中國國家衛生健康委員會（簡稱衛健委）也將派員出席。此時中美貿易緊張局勢一直在升高。在活動開始前二十四小時，中方所有衛生部門人員卻決定要缺席，讓美國團隊亂成一團，急急忙忙邀請其他人士致詞。這是即將發生狀況的不祥預兆。

掩飾真相

已知的第一個感染 COVID-19 的人於 2019 年 12 月 1 日在中國武漢出現症狀。我們對導致此一呼吸道疾病的新型冠狀病毒 SARS-CoV-2 的起源所知不多。COVID-19 短時間內顛覆全球，

據信它最初來自於蝙蝠。早些時候，武漢市一個出售各種活體動物的「生鮮市場」華南海鮮批發市場被懷疑是疫情的源頭，因為12月份的一些感染者與它有某種關聯。目前尚不清楚 COVID-19 是如何傳播到武漢的，但是許多科學家推測它可能是從中國南方的蝙蝠身上跳到另一種動物身上，然後這種動物再被運到華南市場，病毒又跳到了人類身上。

然而，在美國政府內部，一些國家安全分析員和官員將懷疑的目光集中在武漢病毒研究所上。武漢病毒研究所研究蝙蝠冠狀病毒，衛生界人士知道這裡的研究人員參與所謂的「功能獲得實驗」，實驗中故意修改病毒的基因體，賦予它新特性，譬如使它能夠感染新物種或更容易傳播。這種研究的目標不一定是出於邪惡的用心；事實上，美國大學和機構已經與武漢病毒研究所的中國同行合作進行功能獲得實驗，以便預測致命的病毒可能如何進化，俾能發展出反制措施。因此可以想像，SARS-CoV-2 是從武漢實驗室意外「洩漏」到附近社區的[11]。中國政府和在武漢病毒研究所工作的科學家們強烈否認這個實驗室設施是傳染源。北京後來提出了自己的論述，包括這種傳染病是通過從國外進口的冷凍食品傳播到中國的此一毫無根據的說法[12]。如果沒有中國當局充分參與以及合作，展開徹底的跨國調查，關於 SARS-CoV-2 起源的真相無從判別。

沒有爭議的一點是，到12月中旬，新型冠狀病毒已經在武漢傳播開來。病例開始不斷湧入，患者呈現出類似的症狀（不斷

咳嗽、呼吸急促和疲勞），但醫生們卻遲遲沒有注意到這種模式。聖誕節那天，醫務人員開始患上肺炎。武漢中心醫院的醫生從一個患者的肺部採集樣本，送到專門從事致病基因診斷服務的私營公司「廣州微遠基因科技」進行檢驗。報告於 12 月 26 日送回來，它指出：病毒的一個短基因序列表明它是「蝙蝠 SARS 樣冠狀病毒」。該公司也通報了中國疾控中心武漢辦事處 [13]。雖然當地政府官員開始私下提出警告武漢出現不明原因肺炎，但是沒有人向中央疾控中心北京總部報告，可能是因為他們不想向北京承認自己碰上了問題。中國疾控中心高福主任於 12 月 30 日從武漢官員洩露的報告中得知了疫情。他驚呆了，打電話給他們，卻發現病毒已經傳播了將近一個月。他在此之前卻完全不知情。SARS 事件後建立的監控系統破功了 [14]。此時，社群媒體上已經充斥著出現新型 SARS 的傳言。

同樣在 12 月 30 日當天，武漢中心醫院急診科主任艾芬，從一個病人的實驗室檢測報告中獲悉：這種神秘的疾病看起來像 SARS。她將這個病患肺部的影片發送給一位同事，也向她的上司報告。武漢中心醫院另一位醫生李文亮後來透過微信貼文告訴上百位同事：「華南水果海鮮市場確診了 SARS。」後來他又更新貼文說：「冠狀病毒感染確定了，正在進行病毒分型⋯⋯大家不要外傳，讓家人親人注意防範。[15]」

12 月 31 日，世衛組織北京辦事處向日內瓦總部通報武漢出現肺炎病例，正式成為世界發現疫情的時間點。當時武漢衛生官

員發表聲明說，有 27 人感染了肺炎，與海鮮市場有關。聲明接著說：「到目前為止調查未發現明顯人傳人現象，未發現醫務人員感染。……該病可防可控。[16]」在台北，台灣衛生福利部疾病管制署官員開始收到有關武漢出現類似 SARS 病毒的通報。他們立刻警覺，向世衛組織發送一封電子郵件，警告武漢出現「非典型肺炎」，這句話被理解為已出現人與人之間的傳播。但他們從未收到世衛組織回應[17]。當天晚上，中國疾控中心高福主任打電話給哥倫比亞大學流行病學教授伊恩・李普金（Ian Lipkin），並告訴李普金，他已將此一病毒確定為新型冠狀病毒，但「傳播性不高」[18]。

　　武漢疫情迅速成為美國大使館團隊的頭號優先任務；一週之內，它成為他們唯一要做的工作。美國官員聯繫了他們在中國衛健委以及在美國的相關官員。美國疾管中心也與中國疾控中心聯繫，但中方提供的訊息從來沒有超過官方報告中的內容。在這場迅速發展的危機中，美中雙方過去數十年在公共衛生領域的合作成效似乎毫無用處。可以傳達更機敏訊息的私下管道沒有發揮效果。事實上，在中國方面，所有這些溝通方式完全封閉。沒有人洩露任何內情。美國衛生部團隊一再催促他們的中國同行，要求取得有關人對人傳播，或醫護人員感染病毒的病例，或無症狀傳播的證據等等關鍵資訊，但是衛健委在 1 月份的大部分時間裡，都堅稱沒有證據顯示人傳人。不過，中國當局顯然很擔心，因為美國大使館的工作人員很快就知道，整個中國政府都在忙於應對

日益嚴重的武漢危機。美國大使館一位官員告訴我們，他們從未見過中國官員像在這段期間這麼「沒有自信、驚慌和緊張」。

武漢各醫院現在出現數十名新患者，全都呈現類似的症狀。1 月 2 日前後，最初七名患者中的六名，他們的樣本被送往武漢病毒研究所和其他一些中國實驗室。第二天，中國衛健委發布一道秘密命令，禁止實驗室公布他們的結果。他們還要求實驗室銷毀或交出病毒樣本。即使科學家們掌握了病毒的完整基因序列，也無法就這些訊息做任何事情。1 月 8 日，《華爾街日報》報導，中國科學家發現了一種新型冠狀病毒，將它命名為 SARS-CoV-2。兩天後，中國當局承認《華爾街日報》的報導是正確的。不過，他們還是不肯發表病毒的基因序列。

張永振（譯按：上海復旦大學教授）是繪製病毒基因序列圖的中國科學家之一。他與澳洲病毒學家愛德華・賀姆斯（Edward Holmes）合作進行這項工作。賀姆斯愈來愈擔心他們會被禁止與世界分享這一重要訊息。在《華爾街日報》報導和中國政府承認之後，賀姆斯再次向張永振施壓。張永振很矛盾，但同意：世界需要知道內情。1 月 11 日，賀姆斯將訊息通過電子郵件發送給位於蘇格蘭的網站 Virological.org，然後他很快就在推特上發布了報導的連結。第二天，也就是 1 月 12 日，真相已經掩飾不住，中國政府終於公布了他們對病毒基因體的發現。

根據美聯社報導，世衛組織私下感到震驚。美聯社記者在疫情蔓延成為大流行病幾個月後取得了大量世衛內部文件。1 月

6日那一週，在世衛任職的美國流行病學家瑪麗亞・范・柯可維
（Maria Van Kerkhove）在內部會議上說：「我們只掌握很少的訊
息……如果要做出妥當的規畫，這顯然是不夠的。」世衛派駐在
中國的最高官員高登・賈立亞博士（Dr. Gauden Galea）在另一
次會議上說：「我們目前處於這樣一個階段，是的，他們在（中
央電視台）播出前15分鐘才給我們。」世衛官員拿不到原始數
據，讓他們倍感挫折。世衛突發衛生事件規畫處（WHO Health
Emergencies Programme）執行長麥克・雷恩（Michael Ryan）說：
「這種事不會發生在剛果，過去也不曾發生在剛果和其他地方。」
他顯然指的是2018年在剛果爆發的伊波拉疫情。他又說：「我
們需要查看數據……在這一點上是絕對重要的。」世衛官員內部
就如何說服中國公布詳細的患者數據展開辯論。雷恩認為已經到
了應該「換檔」加速、並施加更大壓力的時候了。回顧世衛在
SARS期間與中國的搏鬥，他告訴同事：「這是完全相同的情況，
無休無止地試圖從中國獲得有關正在發生事件的最新消息……針
對華南疫情透明度出現的問題，世衛勉強才保住脖子完好無損。」
他想要像布倫特蘭在SARS期間那樣積極任事，因此呼籲北京合
作。

　　世衛官員還認為，華府完全了解他們私底下的商議。大約有
兩打來自美國疾管中心和衛生院人員派駐在世衛內部，就像其他
國家也有自己的代表在世衛一樣。一般普遍認為，其中有些人會
與本國政府甚至媒體分享訊息，美聯社記者不就是這樣取得世衛

內部文件嗎？有一位世衛官員對我們說：「美國人知道我們所知道的一切。」

所有這些挫折對外一概秘而不宣。在雷恩向他的同事警告中國事事保密後不久，世衛的賈立亞在中國的國營電視台上說：

顯然病例已經停止，在市場暫時關閉後新病例也停止了。我們可以看到，沒有明確的證據顯示持續的人對人傳播。中國的反應速度之快，醫院、市場關閉的效率，極其迅速的調查，在在顯示中國的能力有所提升[20]。

與 2003 年不同的是，現任世衛總幹事無意點名批判中國。譚德塞在 2017 年當選世衛總幹事之前，曾經擔任過衣索比亞衛生部長和外交部長。他認為，只有與中國進行建設性的合作，才能說服中國政府進行合作。他們正面臨著巨大的危機，在他看來，國際社會應該表現出一些同情和耐心。世衛高級官員還認為，習近平是不同類型的中國領導人——與他的前任相比，更獨裁，更不易接受外部壓力的影響。如果試圖批判他，習近平很可能會把他們完全拒之門外，結果是什麼事也做不了；習近平不會容忍類似布倫特蘭的策略。他們認為，與中國合作是阻止病毒傳播的最後也是最好的希望，如果這意味必須公開奉承北京政權，那麼這就是必須付出的代價。世衛官員將譚德塞視為一個完美的政治家，不負令譽——他不斷地與利害相關者協商，對問題採取非常

「靈活的手段」，摸索著解決問題的方法，並說服領導人為什麼他們需要配合與合作。對抗並不是他默許的立場；扮演和事佬才是他完成任務的方式。

有些公共衛生專家還認為，譚德塞的個人背景塑造了他的世界觀，對他領導世衛的作風產生重大影響。鑒於他們遭受殖民統治的經歷，許多非洲國家（包括衣索比亞在內），比美國人或歐洲人更懷疑西方的干預主義。衣索比亞本身並沒有遭遇殖民統治，但在 1930 年代與義大利發生戰爭後，它曾經被義大利占領了好幾年。在國際組織中，非洲成員國傾向於保護國家主權，正是出於這個原因：他們想要防止西方列強的過度擴張和過度干預。由於其中一些敏感性，譚德塞比歐洲人更接近中國的主權觀[21]。

美國駐北京大使館迅速進入危機模式，在 1 月中旬展開應急計畫。布蘭斯塔德大使曾任愛荷華州州長，他在 1985 年習近平訪問愛荷華州、進行農業考察時，初次結識習近平。現在，他開始召開類似市政廳會議的小型集會，向美僑社群彙報進展。他明確表示，當務之急是查明武漢究竟發生什麼狀況，以及保護在中國的美國人。大使館官員必須查明病毒傳播狀況究竟有多險峻，以及病毒的起源地是哪裡。美國在武漢設有總領事館，但領館並沒有衛生部官員進駐；衛生保健業務是由國務院的外交官員負責兼辦的。傅培睿和大使館衛生團隊，包括美國疾管中心的流行病學家，透過每天電話連線，為武漢的國務院官員進行流行病學惡補速成課程。他們被告知要尋找什麼、去哪裡尋找（包括在華南

海鮮市場和當地醫院）以及要問的正確問題。但是獲取訊息的機會非常有限。美國駐華使領館每天都會向華府上級呈報有關病例數、當地封城和當地醫院情況的最新消息。

1月14日，世衛承認「可能會有限度的人與人之間的傳播，尤其是家人之間可能相互傳染」。次日，中國疾控中心衛生應急中心主任李群聲稱：「經過仔細篩查和謹慎判斷，我們的最新結論是人傳人風險較低。(22)」武漢一家醫院的一名衛生工作者後來告訴美國公共廣播電視公司（PBS），此時，「每個人都知道這是人傳人。即使是傻瓜也會知道。那為什麼說沒有人傳人呢？這讓我們非常困惑。非常困惑，也非常生氣。(23)」

封城

到1月中旬，泰國和日本都通報出現 COVID-19 病例——而且全都涉及來自武漢的人。農曆新年是亞洲最繁忙的旅遊季節之一，很快就要到來，引發了人們擔心疫情會進一步傳染。不過並不是每個人都在外表上表現出擔憂。中國當局持續很少對外公開談話，讓鄰國一無所知。1月18日，武漢舉行大規模的新春晚會。在假期期間，有500萬人在沒有篩檢的情況下離開這座城市(24)。兩天後，中國官方媒體報導稱，習主席首次下令官員要控制住病毒。經過幾個星期的沉默、保密和誤導，這位中國領導人終於公開承認危機的嚴重性，並且親自開始監督危機管理。然而，習近

平當天發表的講話絲毫沒有提到人傳人。他的遺漏嚴重誤導了人們。幾個小時後，武漢市流行病學專家、武漢專案組負責人鍾南山證實，正在發生人傳人的疫病[25]。

屢獲殊榮的中國作家方方在疫情肆虐期間寫下的武漢生活日記《方方日記》中寫道：「我的第一反應是震驚，但後來變成了憤怒。這個新信息與我們之前看到和聽到的完全不一樣。官方媒體一直告訴我們，這種病毒『人不傳人，可控可防。』[26]」方方先前曾在新浪微博發消息說：「政府絕不會試圖隱瞞這麼大的事情。」後來她寫道：「我們對政府過於信任了。[27]」

日內瓦世衛組織總部的情況也好不到哪裡去。1月22日至23日，世衛組織突發事件委員會（WHO Emergency Committee）開會討論是否將COVID-19宣布為「國際關注公共衛生緊急事件」（public health emergency of international concern, PHEIC），對大流行病如此正式定調後，將使國際間的應對措施更升一級。2005年修訂的《國際衛生條例》授予總幹事有權力根據非國家行為者的訊息、不理會成員國的反對，宣布國際關注公共衛生緊急事件。這是在SARS事件之後，大國之間的關係不緊張之際，賦予世衛組織不尋常、又激進的權力。印第安納大學教授、外交關係協會（Council on Foreign Relations）國際衛生法專家戴維・費德勒（David Fidler）說：

宣布國際關注公共衛生緊急事件旨在提高公共衛生和政治警

覺，即需要加倍注意《國際衛生條例》的核心規定——進行監測、通報嚴重疾病事件、共享疫情和應對策略訊息、與世衛組織和其他國家合作，加強公共衛生能力，並實施有助於、而不是阻礙應對行動的貿易和旅行措施[28]。

　　然而，在譚德塞的領導下，世衛愈來愈懷疑宣布國際關注公共衛生緊急事件權力的好處。2019 年，突發事件委員會在三個不同的場合決定，不針對剛果民主共和國（DRC）發生的伊波拉疫情發布突發事件通報；每一次，譚德塞都贊同委員會的決定。這一延誤在全球衛生專家之間引發了相當大的爭議。在突發事件委員會於 2019 年 6 月第三次決定不對已於上一年 9 月開始的疫情發布突發事件通報後，醫學雜誌《刺胳針》（*The Lancet*）的社論指出，委員會已經決定「發布國際關注公共衛生緊急事件所帶來的經濟傷害將超過好處。」社論說，「這是政治決定、大過於技術決定」，也是「一個錯誤」。它的結論是：「委員會似乎更支持地方保護主義，而不是全球動員起來抗疫。[29]」世衛承受相當大的壓力，終於在一個月後的 2019 年 7 月發布突發事件通報，此時伊波拉病毒已經傳播到剛果民主共和國東部與盧安達接壤的城市戈馬（Goma），人們擔心它會蔓延到其他國家，成為國際流行疫病。然而，對於密切注意的觀察者來說，訊息很清楚：世衛不願使用它所具有的權力。

　　在 2020 年 1 月 22 日召開突發事件委員會會議，以處理日益

嚴重的 COVID-19 危機之前的幾天裡，中國官員強烈遊說委員會成員，反對發布突發事件通報，北京派駐世衛大使明確表示，這樣的行動將被視為對中國的不信任投票。他們遊說成功：委員會成員意見分歧、正反意見各半，最終要由譚德塞拍板決定。就像伊波拉疫情一樣，他選擇推遲發布突發事件通報。他沒有得到委員會的全力支持，但沒有跡象顯示他個人更傾向於發布通報。在他需要中國合作的時候，他也在權衡冒犯中國會有什麼風險。

譚德塞專注於要獲得許可、前往北京拜訪，屆時可以親自敦促習近平分享重要資訊。雷恩後來告訴媒體：「世衛組織不會介入相互辯論，或是公開批評我們的會員國。我們試圖做的是與我們的會員國建設性地合作，當我們認為他們的措施不夠充分、不夠積極或不夠全面時，就會向他們指出來。⁽³⁰⁾」當被問及為什麼不向中國政府施壓時，世衛官員會一遍又一遍地跳針重複這一句真言。

世衛高級官員還認為，2005 年對《國際衛生條例》的修改，已經取消了布倫特蘭原先在 SARS 期間能夠行使的自由裁量權。根據我們看到內部法律的分析，2005 年的改革阻止總幹事在會員國不遵守規則的情況下，駁斥會員國和公開事件原委。它非常清楚地規定了在出現分歧時應遵循的爭議解決機制。他們堅稱，自己的雙手被綁住了。基本上，世衛的立場是，在法律上它沒有選擇，但無論如何，世衛官員認為，他們不得不採取的立場也是最明智的。

我們訪談過的幾位國際公共衛生專家以及美國官員，強烈反對《國際衛生條例》的這種解釋。費德勒告訴我們：「《國際衛生條例》中沒有任何規定要求世衛在 COVID-19 肆虐期間針對中國做出回應時必須低聲下氣。事實上，《國際衛生條例》提供總幹事額外的權力——譬如，可以不顧爆發疫情的會員國的反對發布突發事件通報——這是布倫特蘭在 2003 年沒有的權力。」費德勒接著說，只有兩種選擇——布倫特蘭路徑和譚德塞所選擇的做法——的想法是錯誤的二分法。實際上，在兩者之間還有無數的選擇。譬如，譚德塞可以對中國的各方面回應保持沉默；菲德勒說，這就是「不言而喻」了。或者世衛可以將注意力集中在人傳人的風險上，儘管有相反的證據，但中國當局卻對這種風險輕描淡寫、刻意淡化[31]。

美國常駐世衛組織代表安德魯‧布倫博格（Andrew Bremberg），曾在川普政府期間的白宮擔任國內政策委員會（Domestic Policy Council）主任。大約在 1 月的第三週，當譚德塞試圖取得許可、前往北京時，布倫博格與他進行了交談。布倫博格告訴世衛組織總幹事：「美國百分之百支持你。如果你有任何需要，儘管拿起電話撥打即可。但是一開始時請務必小心，因為你想要先發制人，並且有要把病毒政治化之虞。」談到譚德塞對中國政府對付病毒的讚揚，他繼續說：「你說的，我們希望是真的，但我們擔心可能不是那麼一回事。請小心，你正在將個人和機構的聲譽置於危險之中。」

要理解為什麼世衛和美國在如何處理中國問題上發生衝突，首先從理解他們之間有怎樣的共識會有所幫助。他們都同意，中國的局勢很嚴峻，可能對世界其他地區構成威脅；中國政府正在掩蓋重要資訊，而且習近平政權的專制性質在管理疫情危機方面構成了獨特的挑戰。他們的分歧在於如何去進行。世衛認為，如果他們得罪北京，他們將無法運作。他們研究了川普在過去三年所採取、與北京對抗的方式，得出結論認為這並沒有讓北京更加合作。他們相信本身的方法會取得成效，儘管進展緩慢——中國當局正在與世衛駐北京辦事處負責人賈立亞合作，他們很快就會被允許前往中國訪問。他們也相當同情中國的困境，並且對中國的反應速度和規模印象深刻。從世衛角度來看，他們是孤獨的。沒有其他國家或組織有讓中國可以合作的替代計畫。在他們看來，沒有什麼能阻止美國聯合其他國家向中國施壓——儘管他們注意到當時川普也在讚美習近平——不過這不是他們的工作。根據世衛的評估，它並不孤單；譬如，英國官員覺得，美國的立場認為試圖從內部影響中國是一種愚蠢的遊戲，對於他們的政府來說，這並不是一個務實的選擇。一位英國官員告訴我們，英國駐北京大使館對中國拒絕分享訊息感到沮喪，但認為他們必須有建設性地與中方交涉。

另一方面，美國官員認為情況似曾相識。就像 2003 年時，中國政府正在掩蓋一場危機以拯救自己。時間至關重要。習近平是獨裁者，但他關心中國在世界上的地位。如果世衛憑藉其道德

權威，像在內部會議上所做的那樣，向世界準確描述北京政權的阻撓和拖延策略，可能會讓中國更加願意合作。畢竟，北京是在獨立自主的科學家發表之後，才承認他們對 SARS-CoV-2 基因體的發現。他們總是不見棺材不落淚，非逼不可。此外，放縱中國還意味著推遲行動，譬如發布突發事件通報或鼓勵旅行限制，這些行動本來可以動員全世界來遏制病毒散播。對美國國家安全官員來說，世衛不作聲的決定，不僅僅是在縱容中國；它也是一個有意識的決定，意味著錯失時間，對北京所期待的合作可能永遠不會到來。每天花在讚美中國上的時間，實際上就是世衛參與共謀、隱瞞人傳人的真相。根據我們訪談的多位川普政府消息人士透露，美國官員還認為，只要譚德塞繼續稱讚中國，歐洲人就會因為害怕玷污世衛的名譽、不肯冒險批評北京。華府對世衛感到失望還有另一個原因，這個充滿諷刺意味的原因是：美國官員不能指望川普總統對中國施加壓力，因為在 1 月份達成美中貿易協議之後，他仍在努力保持跟習近平攀好。因此，他們只能求助於國際多邊機構——正是川普政府通常喜歡批評和指責踐踏主權國家權利的那種機構。

與此同時，美國駐北京大使館因農曆新年假期正式關閉，許多工作人員按照慣例休假。布蘭斯塔德大使於 1 月 23 日前往紐西蘭度假，但每天與副館長柯有為（Bill Klein）保持聯繫。北京和上海的醫院通知大使館，如果館員感到不適，不要送去醫院求治。接下來，若是發生緊急事故，美國外交官可以後送撤退的新

加坡，也發了電文說，不要送人來。柯有為對布蘭斯塔德說：「我
的媽呀，中國正在封城。目前情勢的不確定性是每小時都在升高
中。我們不知道目前是否安全。」布蘭斯塔德和柯有為擔心中國
的社會系統正在崩潰。布蘭斯塔德縮短了假期、趕回任所。他知
道必須做出他任期內一些最重要的決定，包括以前所未見的規模
和速度緊急撤離美國外交官員。他於 1 月 28 日回到北京。

　　美國大使館館員很快就學會了要根據中國在當地採取的行
動，而不是當局的任何官方訊息來評估局勢。他們看到的是街頭
警察大量增加，軍隊調來，武漢市所在的湖北省實施了旅行限制。
傅培睿意識到：這就是了，現代史上全世界前所未見的大規模檢
疫隔離。它於 1 月 23 日星期四實施。

　　習近平下令武漢和其他三個城市封城，並在周圍設置警戒
線──這是一項非比尋常的舉措，將一億多人實施檢疫隔離。這
項公共衛生干預行動的規模和嚴厲程度前所未見。習近平接著又
宣布，對抗病毒的鬥爭是「一場人民戰爭」。禁止使用私家車。
除了允許前往雜貨店採買和醫院就診外，人們被限制、統統留在
家裡。全中國宣布進入最高級別的一級應急響應，將應急的責任
和權力移交到北京的國務院短短兩個星期內，武漢新建了兩家傳
染病醫院。體育場改造成臨時醫院，收容症狀較輕的人。來自
全國各地的近 43000 名醫生、護理人員和公共衛生專家抵達武
漢[32]。北京政府組織起大規模的行動，生產個人防護裝備，包
括口罩、手套、防護服和呼吸器，並在需要時從國外進口物資。

農曆新年落在宣布封城兩天後的 1 月 25 日星期六。前文提到，這個假期傳統上是一年中最繁忙的出遊時段，堪比美國的感恩節和聖誕節結合在一起。美國大使館擔心旅客可能會將病毒傳播到亞洲各地。武漢現在已經封鎖，但感染者可能已經出城、前往上海、北京──甚至任何地方，包括國外。但北京允許武漢以外的航班繼續正常運行。美國大使館衛生團隊對中國官員允許旅行不受限制感到沮喪，因為傳染的風險很高。

譚德塞一直力促中國官員允許他前往北京，終於在 1 月 28 日成行，由雷恩和世衛其他高階人員陪同。世衛官員告訴我們，代表團被他們親眼目睹的危機嚴重性所震撼，並對北京為遏制病毒傳播所採取的措施印象深刻。他們與習近平的會面非常客氣，但當他們會見中國外交部長王毅時，譚德塞開始力促中方進一步合作，語氣低調但相當堅持。雷恩和在場的其他人擔心這種方法會造成中方反彈。但譚德塞得到了他想要的：中方承諾允許一支國際團隊前來中國，等等。他認為這證明了世衛的做法是對的。

有了北京的承諾，譚德塞很高興對中國的應對措施大肆讚揚，宣稱這顯示了「中國的效率和中國制度的優勢」。譚德塞繼續說道：「習近平的親自指導和部署，展示了他偉大的領導能力。（33）」從中國返回後幾個小時即在日內瓦舉行的記者會上，雷恩在公開場合講的話，與世衛 1 月初在非公開會議的說詞截然不同。他說：「我們沒有看到顯著地缺乏透明度……我參與了 2002 年和 2003 年的 SARS 事件，從直接的作業經驗，我可以告

訴你們，中國當時的行動和現在的行動不能相比。⁽³⁴⁾」

公開的言論與北京政權的保密和掩蓋，以及世衛的私下評估大相徑庭，令美國官員感到錯愕。在對習近平個人的稱頌和對他政權的保密行徑刻意粉飾之下所丟失不見的部分，更令人駭然。在過去的疫病爆發中，世衛一向建議不要限制旅行和貿易，主要是因為它們對世界上最脆弱的人群會有影響。這一立場源自於他們在開發中國家抗擊病毒的經驗。世衛現在卻接受這些措施，這一事實顯示真實情況一定很糟糕。

美國駐北京大使館的注意力很快轉向保護美國僑民。他們在中國有成千上萬人員和家屬。有 35 名美國人被困在武漢的領事館裡，包括外交官、家屬和建築工人。武漢必須先處理，但沒有人知道如何著手。中國人被日益嚴重的危機分散了注意力，他們幾乎沒有興趣提供幫助，至少一開始是如此。大使館考慮過陸路疏散，但這太複雜了。華府國務院提供了一架有 201 個座位的飛機。中國在 1 月 28 日午夜和凌晨四點之間開放了一個時段，領事館的 35 名美國人與武漢的大約 160 名其他美國人一起離開。接下來幾天，大使館了解到他們在湖北省還有大約 1000 名美國人想要離開，其中包括 100 到 150 名在美國出生的嬰兒，他們與祖父母住在一起，而他們在中國出生的父母則在美國工作。中國政府堅持不允許非美國護照持有人出行，這意味著幼兒將無人陪伴登機。在混亂的一週裡，布蘭斯塔德和柯有為商議交涉讓他們出境，但直到最後一刻他們倆都不確定這是否可行。他們告訴祖

父母們，先到機場，我們來想辦法。這時候，遍布各個不同部門的中方官員都需要簽字核可，希望能幫助外國人盡快離開——這樣就少了一個問題。他們同意讓祖父母們離開。對大使館來說，這是一場雖小但意義重大的人道主義勝利。一週之內有五班飛機撤僑離開。但這只是湖北省一個省份而已。

1月30日，布蘭斯塔德向華府拍發電報，要求非必要人員自願撤離，尤其是家屬。1月31日，他們收到了答覆：人員撤離必須是強制性，不僅僅是自願的。所有家屬、21歲以下人員和無關緊要的外交官員都應該盡快離開。大使館必須努力將外交官的人數減少三分之二（最後只有20%的人員留下）。總共有1000多名美國人離開了——這是美國國務院歷史上最大的外交官緊急撤離。布蘭斯塔德尋求保持讓大使館工作人員返回任所的靈活性，但是國務院希望盡可能減少工作人員的數量。大使館認為，華府並沒有完全理解到在中國保持大量人員存在的價值，尤其是在公共衛生危機緩解之後。大使館就像一座核能發電廠，大使館官員認為——你不能把它關掉；你必須讓它持續運行。華府的警戒其實還有另一個務實的原因。在間諜活動領域，中、美是對手，這方面的防範措施很重要。華府的高級官員擔心，這種病毒可能會讓中國有理由將美國高級外交官隔離在醫院中，並迫使他們提供血液樣本。這是斷斷不可允許的；在任何情況下，美國官員都不能允許中國政府以治療為名扣住他們。他們必須回國。

在世衛的中國之行後的幾天裡，布倫博格要求譚德塞向中國

官員施壓，要他們提供最早的 COVID-19 病例樣本。美國科學家
迫切需要獲得這些樣本才能深入了解病毒可能如何進化。譚德塞
的確要求北京分享樣本，但採用的方式不會激怒任何人；換句話
說，他是在暗中進行。從幾天到幾週都過去了，中國仍沒有任何
回應。布倫博格變得愈來愈沮喪。到了不能再等的時候，他告訴
譚德塞，不得不對他們說了：「我們試過，但他們不合作。」世
衛官員除了在如何取得中國合作的問題上與美國存有不同看法之
外，他們還認為，美國人真心想要的是直接批評中國，即使這可
能會破壞與北京的任何合作前景也在所不惜，因為這將有助於另
外的目的，即支持川普的反華戰力。美國官員對此提出異議，聲
稱他們只要求世衛準確描述中國在做什麼或不做什麼，並沒有要
求他們直接批評中國，儘管其他人無疑會這樣做。2 月中旬，包
括兩名美國人在內的一個世衛專家小組確實獲得了訪問中國的許
可，但他們的訪問受到中國當局的嚴格控制。小組中只有一小部
分人被允許前往武漢，然後只在一天之內走訪兩家醫院。他們不
得前往被認為是第一個病例爆發地點的市場。事實上，小組必須
事先同意不調查病毒的起源或中國的一開始的應對作為。這個小
組的最終報告稱讚習近平主席「親自指揮和部署」對病毒的「防
止和控制」[35]。

　　封鎖一個月後，武漢的病毒似乎得到了控制。不尋常的圍堵
措施似乎奏效了[36]。進入春天，中國採取了在美國或其他民主
國家無法理解的其他行動。如果一個人檢測呈現陽性，政府就會

將全家分開，這項政策的對象包括嬰幼兒童在內。它成功地重新開放了大學，但是禁止學生離開校園，並通過調整臉部識別攝影機來執行此一規定，即使他們戴著口罩也能識別個人。與此同時，鑒於其人口密度，中國難以在教室或工作場所實施社交距離[37]。來自武漢的影像震驚了中國人。在社群媒體上，人們對政府的掩蓋和鎮壓發洩出他們的怒意，宣稱 COVID-19 為「中國的車諾比時刻」——將它與暴露共產主義政權謊言和無能的蘇聯核災相提並論。但北京堅持到底。到了 3 月，中國當局似乎在對付病毒上占據了上風。而且，在遏制了一個威脅後，他們很快就追殺其他敵人。

鎮壓異議人士

北京意識到，如果最初應對疫情拙劣的消息洩露出去，可能會傷害到中國共產黨。因此，習近平決心快速採取行動，對付中國國內質疑官方說法的任何異議聲音。他還大幅加強中國在國際上的宣傳力道，以攪亂人們理解中國在 COVID-19 危機中所扮演的角色。這樣做非常吻合他日益專制的治理作風。在大流行之前幾年，習近平已經打壓了言論自由，甚至思想自由。譬如，教授授課時，在他們的教室裡受到監控。人們根據他們的行為表現取得社會信用評分，而社會信用評分可以用來決定他們是否可以出國旅行、進入大學或被國家機關雇用。

　　雖然戰勝傳染病是一個重點，中國共產黨也監控了一些他們可以更直接控制的事情：他們試圖透過打擊任何試圖發出警報的人，來切斷有關疫情的訊息流通。醫生被列在第一優先。李文亮醫生透過微信發出警告後，遭到醫院當局的懲戒，並被警方逮捕。他在簽署了一份承認犯下「不法行為」的訓誡書後才被釋放，並被告知如果他再說話，將會再次被捕。但李文亮並沒有被嚇倒。他於 1 月 31 日和 2 月 1 日公開發布微博消息，警告全世界，也公開他遭到懲戒的文件，另外透露他已感染了 COVID-19。一週後，即 2 月 7 日，他死於這種疾病[38]。臨終前，他對一位記者說：「我認為在健康的社會中，不應該只有一種聲音，我不贊成使用公權力進行過度干預。」在他去世後的幾個小時內，超過 200 萬人分享了 #Iwantfreedomofspeech（我要言論自由）的標籤[39]。

　　12 月 30 日發現病毒的艾芬醫師，她在元旦那天向同事們發出警告，並告訴她的同事們要戴口罩。她很快就受到上司的訓斥，上司後來告訴她：

　　我們出去開會都抬不起頭，某某某主任批評我們醫院那個艾芬，作為武漢中心醫院急診科主任，你是專業人士，怎麼能夠沒有原則、沒有組織紀律、造謠生事[40]？

　　3 月初，艾芬接受中國《人物》雜誌的採訪，批評政府在病毒問題上撒謊。她說：「早知道有今天，我管他批評不批評我，『老

子』到處說，是不是？」中國當局迅速試圖從網路上刪除採訪，但網民透過火星文、表情符號、摩斯電碼等規避審查方式「接力」轉貼這篇文章[41]。澳洲新聞節目《六十分鐘》（*60 Minutes*）後來報導說，艾芬的朋友一連兩個多星期都無法聯繫到她，推定被失蹤了。在國際輿論一片嘩然之後，她在微博上發布一段影片，稱她可以在中國自由走動——但目前尚不清楚這段影片是否由政府策畫錄下[42]。中國網民給她取了個綽號「發哨人」。

雖然習近平領導下的政府以保密和自私自利的方式運作，但當地的許多老百姓卻不然。爆料的風險十分巨大，但這並沒有影響他們以一切必要的方式傳播真相的決心。武漢的服裝銷售員方斌從 1 月中旬開始發布影片來記錄疫情。2 月 1 日，他發布了一段 40 分鐘的影片，顯示在一家醫院外的一輛小型貨車旁邊，八具屍體裝在屍袋中。他感嘆道：「這死了這麼多啊。」這段影片迅速經人瘋傳。當晚，方斌住家遭到公安人員搜查，他也被帶走。幾天後方斌獲得釋放。2 月 9 日，他又發布了一段 13 秒的影片，宣稱：「全民反抗，還政於民。」公安再次來到他家門口，這次聲稱是關心他的健康。他拒絕讓他們進入，於是他們破門而入。此後他的音訊杳然[43]。

成為公民記者的人權律師陳秋實在報導香港抗議活動時練就一身本事。1 月底，他前往武漢察看醫院，採訪患者。他告訴他的 40 萬名 YouTube 訂閱者：「我會用我的鏡頭，來親自見證和記錄武漢這次防災檢疫過程當中，所發生的真實情況。……

我保證……不會掩蓋真相。[44]」2月7日，他失蹤了。這個時機絕非偶然。2月初，中央政治局常委開會討論疫情，呼籲「加強對互聯網的控制」[45]。春季晚些時候，當局逮捕端點星網站（Terminus2049）的中國程式人員，這個網站的宗旨，是阻止有關病毒初期階段的數位紀錄被刪除，包括艾芬接受的採訪[46]。到3月底，中國當局承認他們已經處罰了897人，因為他們「散布（有關病毒的）謠言」。人們認為實際受懲罰的人數還要高得多[47]。

　　北京政權的行動對象並不只限於中國記者、活躍分子和程式人員。2月，北京因外交政策分析員華德・羅素・米德（Walter Russell Mead）撰寫的一篇評論文章（「中國是真正的亞洲病夫」），將《華爾街日報》三名記者驅逐出境。作為回應，美國也減少了五家中國官方新聞機構允許在美國工作的中國公民人數。美方這項動作為北京加大控制訊息流通的力道，提供了一個可資利用的藉口：中國外交部發言人華春瑩在推特上寫道：「現在美國開始玩遊戲了，我們玩吧！[48]」中國旋即將《紐約時報》、《華盛頓郵報》和《華爾街日報》所有駐華記者驅逐出境。表面上，這場爭吵僅與COVID-19扯得上一些關係，但北京有更大的用意。

戰狼外交

　　隨著世界開始意識到一場災難正在中國上演，北京——擔心

被完全切斷的可能性──向其他國家施加相當大的壓力，以保持旅客在它們和中國之間的流動。有些國家，如越南和澳洲，無視北京的警告實施禁飛令。韓國和義大利等其他國家則允許繼續旅行。柬埔寨 67 歲的首相洪森（Hun Sen）拒絕實施旅行限制，宣稱這將破壞柬埔寨與中國的關係。他甚至提出要在 1 月份、病毒正在高峰期間飛往武漢。他顯然是在回報──中國在幫助洪森鞏固其權力上面扮演了十分重要的角色⁽⁴⁹⁾。

在危機開始時，歐盟謹慎地向中國提供人道主義援助，這個動作本身就很重要（如此謹慎是為了避免讓北京臉上掛不住）。法國總統馬克宏告訴一名幕僚，有一天中國政府會記住這一善意⁽⁵⁰⁾。到了 3 月，當疫情在歐洲肆虐時，中國似乎做出了回報、開始提供援助品──但是中國當局堅持要求受援國大張旗鼓地接受、並公開表示支持北京，使得整個事情看起來具有明確的交易性質。它也使得受援國常常不清楚中方供應的物品該視為援助、還是商品出口。有一個案例，義大利捐贈 30 噸設備給中國，中國後來把這批設備歸還，然後向義大利政府收取費用⁽⁵¹⁾。德國馬歇爾基金會（German Marshall Fund）的一項研究發現，比起與中國有密切、友好關係的國家，跟那些沒有密切、友好關係的國家，獲得的援助更多⁽⁵²⁾。其他某些案例，中國提供的物資有瑕疵：瑞典不得不退回 60 萬個中國製造的口罩，西班牙不得不丟棄 5 萬個中國製造的試劑⁽⁵³⁾。歐盟主管外交事務和安全政策的高級代表荷瑟·波瑞爾（Josep Borrell）警告說：「這裡面含有地

緣政治成分，包括透過宣傳和『慷慨政治』來爭取影響力。[54]」

2020 年，中國在全球舞台上變得更加有自信，以過去避免的明目張膽方式利用它的經濟和政治力量。有一部帶有濃厚沙文主義色彩的中國動作片《戰狼》極為賣座，因此中方的作法很快就被稱為「戰狼外交」。在電影中，一個名叫冷鋒的抗命軍人加入了解放軍特種部隊，與包括美國人在內的僱傭兵組織作戰。當他加入部隊時，他的指揮官讓士兵們說出為什麼宣誓儀式如此重要。他們大聲吼出：「我們戰狼中隊的人：老子天下第一。」然後指揮官問：「我們中隊的口號是什麼？」他們笑著說；「謙虛。[55]」

戰狼外交在歐洲特別嚴重。中國駐法國大使盧沙野在推特上發布陰謀論，暗示病毒起源於美國[56]。中國駐法國大使館在官方網站上發表五篇匿名文章，題為《還原被歪曲的事實：一名中國駐巴黎外交官的觀察》。他們指責法國政客具有種族主義偏見，又傳播病毒起源於美國的陰謀論，並指責歐洲的安養院工作人員，「一夜之間拋棄了自己的工作……讓病友們在飢餓和疾病中死去」[57]。法國外交部長樂德昂（Jean-Yves Le Drian）於 4 月 14 日召見盧沙野，譴責他的這些言論[58]。

另外也有令人擔憂的跡象顯示，歐盟可能會在中國的壓力下屈服。5 月初，歐盟全體 27 個成員國駐華大使在英文版《中國日報》上發表了一篇投書，呼籲歐盟與中國加強合作。這篇文章是全面性的積極正面言論。然而，很快就有消息傳出，中國政府

之所以同意刊登文章，是因為事先已刪除了文章中批評北京處理COVID-19的部分文字。中國共產黨也拒絕讓這篇文章——已經刪除了任何有問題的觀點——用中文發表。

儘管最初有所節制，歐洲人很快就轉為反對中國的行動。他們實施投資管制，以防止中資公司或國家支持的業者利用疫病大流行引起的經濟衰退，以低價收購歐洲資產。歐洲幾個政府開始將中國的電信巨擘華為，從其5G基礎設施中排除出去——這是遵循美國的要求所採取的行動，在此之前美方這項要求一直受到懷疑。歐洲政策制訂者第一次談到要使他們的國際關係多樣化，以減少歐盟對中國的依賴。他們開始更加自信地發言，反對中國的強悍態度，尤其是北京對香港學生抗議者的鎮壓，以及對新疆穆斯林維吾爾人的大規模鎮壓。

地球另一端的反應也差不多是這樣。當澳洲政府呼籲對COVID-19的起源進行國際調查時，中國駐堪培拉大使成競業在接受採訪時說：「正如我剛才所說，中國民眾對澳這種作法強烈不滿、深感失望。從長遠看，如果這種情緒繼續惡化，人們就會想，我們為何要去這樣一個對中國如此不友好的國家呢？」[59]他懷疑中國人民是否會繼續喝澳洲出口的紅酒和吃澳洲的牛肉。兩週內，中國對澳洲牛肉和大麥徵收關稅。此後不久，澳洲大部分的政治和民間機構遭受到持續大規模網路攻擊，澳洲總理將它歸咎於由「國家行為者」發動，人們普遍認為他影射的是中國[60]。

　　這一切都不是突然發生的。幾年前，中國已經將澳洲鎖定為目標，視為美國在太平洋地區的主要盟友。澳洲先前決定將華為排除在它的 5G 電信系統之外，並且努力阻止中國對其民主政治的非法干涉，為其他民主國家樹立效仿的榜樣，進一步激怒了北京。澳洲現在不會被嚇倒，並接受其作為中等強國的角色，越級挑戰北京。因此，堪培拉沒有退縮，反而繼續主張展開調查，到了 5 月中旬，世衛屈服於國際壓力，同意對大流行進行「全面評估」。然而，我們將在第十二章中提到，北京隨後使用各種策略來拖延和阻撓調查[61]。

　　4 月初，五名奈及利亞人在廣州檢測出 COVID-19 陽性反應，並且有大量報導指稱非洲人被強行從廣州市的住家中驅逐之後，中國在非洲也遇到強烈反對[62]。在設法壓制住病毒後，中國公民對外國人投下懷疑的目光。麥當勞在廣州的一家餐廳在門上張貼告示，宣布：「我們接獲通知，從現在開始，黑人不得進入本餐廳。」它立刻就對張貼此一「未經授權」的告示道歉[63]。一張種族主義漫畫在網上瘋傳，畫面顯示中國衛生人員根據外國人的膚色將他們分類丟入垃圾桶和回收箱[64]。非洲各國駐華大使寫信給外交部長說，他們對於中國「對非洲人的歧視和污名化感到震驚」，包括被驅逐出酒店和住宅、無故強行檢測、沒收護照、隔離一名成員是非洲人而另一名是中國人的家庭，以及當局的持續騷擾。他們要求立即「停止對非洲人進行強制篩檢、檢疫隔離和其他不人道的待遇」[65]。

　　過去十年，中國在非洲投資了數十億美元，將它視為一個可以取代美國、擴大北京影響力的地區。這包括優先獲取自然資源。雖然中國在此之前曾經提供醫療援助給許多非洲國家，以解決地方性衛生問題，並改善醫療照護，但北京對 COVID-19 的反應使這種援助陷入危險。中國處理非洲國家債務的方式也很快成為爭論的焦點。中國是世界上最大的債權國（甚至比世界銀行還大），疫情來襲時，中國持有非洲國家約 20% 的債權，遠高於它在全球其他國家常見的金額[66]。根據國際貨幣基金的數據，2020 年有 19 個非洲國家處於債務困境或面臨債務危機的高風險[67]。看起來並不意外，有許多國家呼籲中國豁免這些貸款，以刺激非洲和其他地方從疫情衝擊中恢復元氣。然而，中國官員的回應非常謹慎，只承諾免除這些債務的很小一部分[68]。

　　疫情並未損害中國在所有地方的聲譽和影響力。2020 年 1 月和 2 月，人們普遍認為 COVID-19 可能會在北京和莫斯科之間造成隔閡，而他們在過去十年在地緣政治上已經變得更加緊密。中俄兩國共有 2500 英里長的陸地邊界，俄羅斯普遍認為病毒很快就會跨越國境。總統普丁不出所料，於 1 月下旬關閉了邊境，並於 2 月中旬禁止所有中國公民入境[69]。這下子中國人炸鍋了。中國駐莫斯科大使館於 2 月 24 日發表公開信，批評對中國公民「無處不在的監控」。他們指出：「在任何國家都不會如此，即使在美國和西方國家也不會如此。[70]」然而，很不尋常的是，COVID-19 並沒有真正從中國傳播到俄羅斯。反倒是，它是從西

方——從歐洲——傳到俄羅斯的。挺諷刺的是，由於擔心俄羅斯是 COVID-19 病例的主要來源，尤其來自回國的中國公民，中國在 4 月中旬關閉了它與俄羅斯的邊境[71]。

然而，這些限制並沒有損害中俄關係。普丁和習近平在 2020 年冬春兩季保持密切聯繫，從不批評對方。中國駐莫斯科大使館在發出信函後的幾天內撤回了信件，聲稱有關歧視的報導是虛假的，它並開始為俄羅斯當局辯護[72]。隨著美國和中國的關係直線下降，莫斯科和北京的關係更加密切。雙方的高級官員都替對方遭受西方的攻擊辯護。中國失去一些朋友，可是俄羅斯成為更有價值的夥伴。隨著俄羅斯經濟因疫情和油價暴跌而迅速惡化，它也變得更加依賴中國的進口和投資[73]。

然而，總體而言，中國對病毒的初步反應在全球所造成的後果，在初春時變得清晰起來。中國的分析人員注意到，中國可能過分高估自己的地緣政治影響力。譬如，國家安全部（中國首要情報機構）2020 年 4 月的一份報告提出警告，宣稱全球反中情緒已經達到 1989 年天安門鎮壓事件以來的最高點。報告指出，這種日益上升的敵意甚至可能使中國和美國陷入徹底的對抗[74]。病毒起源於中國、並遭到掩蓋的事實是對北京政權聲譽的重大打擊。世界上大多數人都不是那麼關心地緣政治，但在這種情況下，由於發生在中國的事情，結果害得他們的生活徹底顛覆。世界各國政府都知道，不論是現在、或是將來，他們都不能相信來自北京的訊息。

散布錯假訊息

中國透過在全球啟動大規模散布錯假訊息運動來補強其所謂的「口罩外交」。這項運動的核心是要引發對病毒起源的懷疑。2月27日，中國傳染病專家鍾南山在記者會上說：「疫情首先出現在中國，不一定是發源在中國。[75]」3月8日，中國駐南非大使在推特貼文說：

雖然疫情首先在中國爆發，但未必代表病毒起源自中國，更談不上是「中國製造」[76]。

3月12日，北京外交部發言人趙立堅，一個十分傲慢和強悍的中國外交官，在推特上向他的30萬名粉絲發出一則推文：

美國疾管中心被當場抓包。美國零號病人是什麼時候開始的？有多少人被感染？醫院的名稱是什麼？可能是美軍把疫情帶到了武漢。透明！公開你的數據！美國欠我們一個解釋[77]！

當天稍晚，他又將一個親克里姆林宮網站上的一篇文章在推特上貼出，並表示贊同：

這篇文章對我們每個人都非常重要。請閱讀並轉發它。

COVID-19：進一步證據顯示病毒起源於美國[78]。

　　5 月，中國共產黨的英文喉舌《環球時報》發表社論，增強趙立堅的說法，它說：「新發現可能改變美國冠狀病毒爆發的時間軸，大量的 COVID-19 病例在冬天被錯誤分類為流感。作為一個感染和死亡人數最多、早期病例較多的國家，美國在冠狀病毒的起源和傳播中的角色為何，已經成為一個主要議題。[79]」與此同時，中國「環球電視網」製作了一個短片，部分是阿拉伯語，針對中東觀眾，向他們報導「新事實」，暗示可能是美軍到中國參加體育比賽，而將病毒帶到武漢[80]。美國聯合通訊社和大西洋理事會數據取證研究實驗室（Atlantic Council's Digital Forensic Research Lab）的調查報告發現，中國外交官和官方媒體精心策畫了一項重大工作，以散播和放大陰謀論，將病毒歸咎於美國[81]。

　　中國官員也直接針對美國對病毒的反應加以批評。中國外交部長王毅說：「除了新冠病毒的肆虐，還有一種『政治病毒』也正在美國擴散。這種『政治病毒』就是利用一切機會對中國進行攻擊抹黑。一些政客無視最基本的事實，針對中國編造了太多的謊言，策畫了太多的陰謀。[82]」川普總統在白宮記者會上被問到，是否可以注射消毒劑作為可能治療 COVID-19 的方法後，位於北京的中共中央對外聯絡部發言人[2]在推特上寫道：

2　編註：即胡兆明。

　　總統先生說得對。有些人確實需要注射#消毒劑，或者至少用它漱口。這樣他們就不會在談話時傳播病毒、謊言和仇恨。

　　外交部發言人華春瑩針對美國國務卿龐培歐在推特上發文稱：「停止說謊。」她指的是對方在福斯新聞（Fox News）上發表評論，指責北京浪費了「寶貴的日子」，並讓「數十萬人」離開武漢到其他國家出遊，包括義大利[83]。

　　北京似乎還試圖在美國國內散播不滿情緒。美國情報機關認為，2020 年 3 月中旬，中國積極推送錯假簡訊告訴美國人，有朋友的朋友，或親戚的朋友私下透露，一旦軍方做好執行的準備，聯邦政府即將封閉整個國家[84]。這促使美國國安會在推特上做出回應：「關於全國實施#檢疫隔離的訊息謠言是虛假的。沒有全國封城這回事。[85]」然而，川普似乎並不關心。當福斯新聞問及中國發動錯假訊息攻勢時，他說：「他們做，我們也做，我們用不同的名字稱呼它。每個國家都這樣做。[86]」

　　當時在德國馬歇爾基金會主持「保障民主聯盟計畫」（Alliance for Securing Democracy Project）的蘿拉・羅森伯格（Laura Rosenberger），描述中方散播錯假訊息戰略的目標是：「轉移對北京本身失敗的指責，並凸顯其他政府的失誤，將中國描繪成模範，是其他國家首選的合作夥伴。」她寫道，中國官員「測試了從俄羅斯更強調虛無主義訊息的行動手冊中汲取的策略」，旨在

破壞民眾對客觀事實和分享事實概念的信心[87]。中國在網路上的活動並非突如其來。譬如，推特的高階主管注意到，在 2019 年香港抗議活動之後，北京社群媒體的訊息量和策略的侵略性顯著增加。擁有推特帳號的中國官員數量呈現指數型增長，他們全都採取非常好鬥的語氣[88]。2020 年 6 月，推特刪除了 23750 個進行「廣泛操縱和協調活動」，以及「散播有利於中國共產黨的地緣政治言論」的帳號[89]。

　　歐洲對中國的錯假訊息活動的反應最初是冷熱不一，但隨著時間的推移變得更加強硬。譬如，在 2020 年 4 月，歐盟在北京「強烈反彈」之後淡化了一份關於錯假訊息的報告，刪除明白提及中國和中國運作的文字，包括它在法國的行動。在歐盟對外事務部（EU's External Action Service）工作的分析師莫妮卡・李希特（Monika Richter）在一封內部電子郵件中寫道：「這種姑息將開創一個可怕的先例，並在未來鼓勵類似的脅迫。」淡化報告的消息很快就傳開了，在隨之而來的政治騷動中，歐盟透過發布更新報告，恢復對中國的批評[90]。接下來在 6 月，歐盟的一份報告甚至更加直率地批評北京是散布 COVID-19 錯假訊息的販子[91]。

了解中國的反應

　　問題仍然存在：為什麼中國會在多個面向上做出這樣的回應？ SARS 之後，北京政權承認犯了錯誤，並採取措施使公共衛

生系統免受政治壓力。新系統在對付 H1N1 時效果很好，中國在 2014 至 2016 年間，各國應對伊波拉疫情中也扮演了建設性的角色。但是在 2020 年，這一切都無法發揮。不僅中國重演當年的 SARS 歷史，而且還報復性地重蹈覆轍。對醫生、活躍分子和記者的打壓比以前更嚴厲。芝加哥大學教授楊大利提供了一種解釋，將責任歸咎於武漢當地共黨當局，他們啟動系統緩慢，然後逼迫發出警訊的當地記者和醫生閉嘴。楊大利寫說：「傳染病哨兵系統，只有在醫院和地方衛生管理部門積極參與、並提供訊息的情況下才能發揮作用。在武漢，系統大大的失敗。失敗暴露了通報制度的內在緊張局勢，這也與省市共產黨領導在政治上重視什麼有關。[92]」

　　然而，這種解釋並不能完全令人信服。一方面，2019 年 12 月下旬，中國社群媒體上已經不斷有貼文。北京很可能已經注意到了。但更重要的是，一旦習近平控制了局勢──首先是在 1 月 7 日秘密地掌控，然後在 1 月 23 日公開宣示介入 ── 對訊息的戰略控制加強了。如果中國國家主席想要鼓勵醫生們發聲，他會獎勵那些吹哨者，而不是讓他們「失蹤」或邊緣化。甚且，如果官方沒有正式承認錯誤，或對 2020 年發生的事情負責，中國或各國的人們都不會相信中國未來官方的說詞，即使政府開始以更滿的信心和更高的透明度運作。習近平的行動發出一個明確的訊號，即政府不能容忍令人不快的真相。中國共產黨將決定在國內和國外能夠傳播什麼。記者賈爾斯・惠特爾（Giles Whittell）觀

察到，北京政權的行為「清楚地證明這個系統關心圍堵訊息大過於控制病毒。⁽⁹³⁾」

中國的一些人似乎看到國家的失誤，以及北京未能誠實對待這些失誤的內在危險。一個這樣的聲音是北京大學屢獲學術殊榮的經濟學家姚洋。他在威斯康辛大學麥迪遜分校獲得博士學位。他在接受採訪時預測：「疫情過後，西方對中國的政治體制恐怕會有一個重新的定位，西方世界很可能會聯合起來對中國的制度發起一個根本性的挑戰。」這並不是一個不尋常的觀點，但特別引人注目的是他接下來說的這一段話：

到今天為止，仍然有挽回的餘地。從我們國家的角度來說，我們應該對武漢疫情做一個全面的報告或者白皮書，在白皮書裡應該比較實事求是地說清楚從去年12月份到今年1月23號這一段時間，我們做了什麼，為什麼會有耽誤。我們應該說清楚，那段時間我們確實有猶豫，的確是在權衡，但是我們沒有刻意隱瞞疫情……要把這個過程說清楚。說清楚這個過程以及承認早期的延誤，相當於就給西方把梯子撤掉了，你再不接受，那就說不過去了⁽⁹⁴⁾。

但是這一觀點似乎並不是占主導地位的觀點。中國領導層顯然希望、並將繼續希望，它在國內遏制病毒的重大──而且顯然是成功的──成果，將忘卻早期犯下的錯誤和掩飾行徑，

尤其是與美國顯而易見的失敗相比。在許多方面來說，川普對 COVID-19 的大聲嚷叫和產生災難的處理，將不可避免地影響到各國際應對的看法。從中國共產黨的角度來看，中國的應對提供了一個具體的例子，說明它那種正字招牌的威權主義，如何在整體上勝過民主國家——更確切地說，它尤其優於美國模式。我們將在第六章說明，世界各地不同的政治制度與各國如何應對疫病大流行之間，幾乎沒有太多關連性。縱使如此，中國模式的表現是北京菁英們所堅持、相信和宣傳的。一位中國官員在 2020 年 6 月告訴我們：「美國正處於如此深重的困境中。它是失敗的。試想一下，如果中國有 300 萬個病例。當我們看到紐約時，我們就原諒了武漢，儘管它擁有當時我們所不知道的所有資訊，但它幾乎被打趴了。而我們起先根本不知道我們碰上了什麼問題。[95]」

這一事實意味著中國愈來愈懷著勝利感，大踏步地走上世界舞台。中國外交政策和知識菁英的著作和言論顯示，這是一個被廣泛認同的觀點。傅瑩具有一個聽起來頗具官威的頭銜——全國人大外事委員會主任委員，但她也是極少數的公共知識分子之一，被認為是習近平的親信智囊。她曾經擔任中國駐澳大利亞、英國和菲律賓的大使，任職期間她贏得了強硬派和強硬談判者的美譽。在 COVID-19 危機期間的一系列文章中，她將這場流行病置於由中國崛起和美國衰落所定義的權力動態變化此一更長過程的背景下。她在《經濟學人》中寫道，與 2001 年 9 月 11 日之後，或 2008 年金融危機之後不同，美國「既沒有表現出對團結與合

作的承諾，也沒有表現出承擔全球領導地位的意願或能力。[96]」在另一篇文章中，她寫道，由於美國的這種立場，「美國的霸權趨於收縮，它的『燈塔效應』開始消退。」她認為，中國的進步和美國的倒退，「反映了兩國在同一個全球體制內朝著相反方向演變。[97]」

呼應這些主題，中國現代國際關係研究院研究教授兼院長袁鵬在 2020 年夏天的兩篇文章中概述了他對新冠病毒的看法，稱它是「百年一遇」事件——美國主導的國際秩序的衰落和另一個新興大國在崛起——的一部分。他承認，這在 2020 年之前就已經開始了，但是 COVID-19 是一種催化劑。他寫說：「新冠疫情突發和氾濫，致全球哀鴻一片……其衝擊力和影響力不啻一場世界大戰。」他接著又說：

> 疫情下及疫情後的世界很像第一次世界大戰之後的世界。其時，大英帝國已力不從心，「日不落」已日薄西山，……如今，川普治下的美國在疫情期間不僅未擔起應有的世界領導責任，反而自私自保，又因政策失誤，成為全球疫情重災區……軟硬實力同時受挫，國際影響力大幅下滑[98]。

從北京的角度來看，一開始是對政權的生存極可能的挑戰，很快就變成為鞏固和加速中國崛起的大好機會。無論中國可能犯過或沒有犯過什麼錯誤，美國的失誤所帶來的實在是太誘人、不

容錯過機會。

第五章

錯失良機

　　2014年3月，西非（幾內亞、獅子山和賴比瑞亞）出現第一批伊波拉病例。這是一種通過體液傳播、相當難纏的病毒，從發燒、酸痛、疼痛和疲勞開始，然後發展成嚴重腹瀉、嘔吐、腹痛、出血，最後經常是死亡。到了初夏，情勢很明顯，這種疾病會迅速蔓延到其他非洲國家，然後再蔓延到世界各地。包括美國在內的國際社會最一開始的反應是遲緩。世衛似乎也不了解內情。它認為自己的工作主要是提供建議，而不是領頭應對。包括歐巴馬政府在內的世界各國政府，起先都希望當地的醫生扮演第一線應對人員，自行負責解決問題。幾內亞、獅子山和賴比瑞亞政府決定掩蓋他們所看到的情況。雖然國家受到直接影響，但他們擔心嚇跑外國投資者——可能會被官方的任何警訊嚇跑。然而，到了8月，公共衛生專家擔心病毒正在「演變成一場失控的危機」[1]。世衛於8月初開會，但幾乎沒有採取任何行動，或試圖改變當地局勢。聯合國秘書長潘基文對此憂心忡忡。他一直堅稱不想看到在他的主事下，爆發另一次盧安達事件（指的是1994年發生在

盧安達的種族滅絕慘劇）。可是，非洲的另一場大規模人道主義
危機正以逐步地在眼前登場。一週後，在巨大外界壓力之下，世
衛終於宣布伊波拉為「關注公共衛生緊急事件」，這一個重要的
定調宣示向世界發出了需要採取行動的訊號[2]。

　　但這只是空話，口惠而實不至。世衛仍然沒有採取任何行
動。一天比一天焦慮的潘基文，繼續施加壓力。隨著時間的流逝
以及對這將影響他的政績和名聲的擔憂，潘基文把注意力轉移到
9 月中旬舉行的聯合國大會——年度的世界領袖聚會，這是一個
激勵世界採取行動的機會。他在美國總統歐巴馬身上，找到了有
意願採取行動的領袖。

　　2014 年 9 月 10 日，歐巴馬的國安顧問蘇珊・萊斯（Susan
Rice）在白宮戰情室召集內閣成員和其他高級官員開會。儘管這
是 911 攻擊事件 13 週年的前一天，他們並沒有討論恐怖主義事
件，而是研商如何應對伊波拉危機的對策，它有可能構成更嚴重
的威脅。美國疾管中心主任湯姆・佛利登（Tom Frieden）展示了
一張「曲棍球棒」圖表，預計未來幾個月病例可能將會大幅增
加。佛利登解釋說，如果沒有採取重大干預措施，到 2015 年 1
月，西非地區和世界各地可能將有超過 100 萬人受到感染。數十
萬人可能會死亡。萊斯明確表示，歐巴馬現在將伊波拉視為「一
級」國家安全緊急狀態，這一名稱使它等同於伊拉克和敘利亞的
情況——恐怖組織 ISIS 最近占領了當地大片領土[3]。六天後，
歐巴馬前往喬治亞州亞特蘭大的疾管中心，揭櫫政府的戰略：美

國外交官將組建一個全球聯盟提供醫療援助。同時，美國的開發和衛生專業人員將前往西非，與數千名美國軍人一起投入控制病毒。在國內，政府將採取措施改進對前來美國的旅客進行篩檢，並準備好醫院，以防伊波拉病毒蔓延到美國。歐巴馬警告說，如果美國不採取積極行動，將有數千人死亡，整個國家也可能變得不穩定。其後果將產生遠遠超出非洲大陸的連鎖反應。歐巴馬強調，伊波拉「不僅是對地區安全的威脅。它是對全球安全的潛在威脅。[4]」

一週後，歐巴馬與潘基文、日本首相安倍晉三在聯合國大會上大力推動，成立了一個國際聯盟來對付危機，聯盟透過「聯合國伊波拉緊急應變小組」（UN Mission for Ebola Emergency Response, UNMEER）運作。各國派出大量軍事人員和衛生官員到西非對付這種疾病。即將出任聯合國伊波拉緊急應變小組組長的東尼・班布理（Tony Banbury）告訴我們：「在 2014 年 9 月之前幾乎沒有什麼合作可言，但從那時起，它是最佳實踐的典範。[5]」從 3 月份發現第一批伊波拉病例開始，到 2014 年全球動員起來，花了六個月的時間，相當於 COVID-19 危機從 2019 年 12 月爆發，至 2020 年 5 月才有國際間的行動。

在 60 天內，應變小組取得了重大進展，將這三個國家約 70% 的伊波拉感染者隔離。到了 2015 年 7 月，它已經完成抑制病毒的使命。歐巴馬政府從伊波拉疫情中汲取教訓，就像它從 2009 年 H1N1 流感爆發中汲取的教訓一樣。它在白宮國安會底

下設立「全球健康安全與生物防禦小組」（Directorate for Global Health Security and Biodefense）。歐巴馬政府甚至在 2017 年總統交接期間舉行了一場流行病兵棋推演，向即將上任的川普團隊大約 30 名成員簡報全球爆發流感的想定，設定的劇本是全國醫療照護系統不堪負荷，並導致頒布旅行禁令[6]。

川普政府上任後任命了一位經驗豐富的「全球健康安全與生物防禦小組」組長——一位名叫提摩西·齊默（Timothy Ziemer）的退役海軍少將。齊默是一位傳教士的兒子，在法屬印度支那（現在的越南）中部高地長大。越戰期間，他以海軍飛行員身份返回越南服役。齊默在服役 30 年後退役、離開海軍，進入開發領域，為「世界救濟組織」（World Relief）工作，這是宗教界支助的一個非政府組織，致力於小額信貸、糧食安全、愛滋病毒／愛滋病和瘧疾以及其他問題。從那時起，他開始投入全球公共衛生工作。2006 年，他應聘進入小布希政府，擔任「總統辦公室瘧疾計畫」主任（coordinator of the President's Malaria Initiative），他在歐巴馬政府繼續擔任這一職務[7]。

齊默這時在國安會為川普工作，給川普的第二任國安顧問麥馬斯特中將每週匯報季節性流感、伊波拉和其他傳染病的最新狀況（第一任國安顧問邁克·佛林（Michael Flynn）任職僅僅 24 天即被迫辭職）。齊默希望確保公共衛生和傳染病的威脅仍然是列在國家安全威脅清單上的優先事項。這並不容易。在他看來，麥馬斯特的世界觀圍繞著有意識的事件——國家和非國家行為者的

行動,而不是諸如流行病和氣候變遷之類的無意識事件。但他還是有所進展。每當他提供數據時,麥馬斯特都會拿出筆記本,記下數字。有一次,齊默被要求參加由情資單位和他的幾位國安會同事組成的「全球風險評估會議」。討論的重點是透過預計的死亡人數來衡量威脅的嚴重程度。注意力很快轉向恐怖主義或與另一個大國發生衝突。20 分鐘後,齊默插嘴說話:「如果我們根據傷亡人數和死亡人數來判斷風險,那麼我就是那個標的物了。疫病流行的風險和威脅將導致數十萬美國人死亡。」他覺得自己像野餐時的臭鼬,很討人厭,但他的立論占了上風[8]。後來,在2017 年 12 月,國安會發布「國家安全戰略報告」,認為大國競爭是美國的首要戰略挑戰,全球公共衛生也受到了明顯關注[9]。

齊默繼續作出貢獻。譬如,雖然川普政府反對譚德塞爭取領導世衛的候選資格,因為他們認為他不太可能改革世衛組織;但是當他於 2017 年當選總幹事時,齊默幫助他取得邀請、與川普會面。美國官員告訴譚德塞,在他任職期間,他們希望世衛做到三件事:加快世衛官僚機構的改革,全面透明化以吻合《國際衛生條例》規定,以及允許台灣成為觀察員。齊默對建議是否會被採納並不樂觀——譚德塞有中國的支持,他似乎不是那種會挑戰北京的官員。

齊默還參與了另一項決定,這項決定在幾年後會引起爭議。自 2000 年代初期以來,美國疾管中心已有數十名官員常駐北京,與中國疾病預防控制中心合作。這些人員常駐北京的經費來源是

「總統辦公室愛滋病緊急救援計畫」（President's Emergency Plan for AIDS Relief, PEPFAR），這項計畫是小布希總統的指標性倡議，被廣泛認為是美國歷史上最成功的全球公共衛生倡議。國會已經削減了 PEPFAR 在中國營運的經費，隨著計畫逐漸縮小，這些人員將轉移到其他更有需要的國家，包括 PEPFAR 從一開始就優先考慮的地方，例如烏干達。觀察家後來指出，調整衛生專家派駐地點使美國看不到中國境內發生的狀況。然而，當 COVID-19 襲擊武漢時，美國疾管中心仍有 11 至 13 名專家在北京從事傳染病防治工作。

對於齊默來說，不幸的是，麥馬斯特的任期不長。川普想要一位會按照他的吩咐去做事的國安顧問，但麥馬斯特不是這樣的人。相反的，他傾向於執行嚴謹的決策過程，在過程中不同的觀點可以表達出來，而且政策要經過正式的跨部會審查。這讓川普很不痛快。麥馬斯特也不是唯一惹惱總統的人。國務卿雷克斯・提勒森（Rex Tillerson）、國防部長吉姆・馬提斯（Jim Mattis）和國家經濟委員會主席蓋瑞・柯恩（Gary Cohn）都是所謂的「成人軸心」（Axis of Adults）的成員，被視為扼抑住川普在世界舞台上的暴衝。馬提斯是一位備受推崇的前海軍陸戰隊將領，因為他在國會共和黨人中廣受敬重，所以有一段時間地位穩固，川普無法更換他。但其他人就沒那麼幸運了。到了 4 月，麥馬斯特出局，柯恩和提勒森也相繼罷官。然後川普引進麥馬斯特的接替者：約翰・波頓（John Bolton），他經常在福斯新聞中看到波頓臧否

時事。波頓曾經公開主張對伊朗和北韓進行預防性攻擊，被普遍公認是華府的超級鷹派人物。他比麥馬斯特更堅信國家安全主要是關於有意識的威脅之觀點。他想要減少國安會的工作人員，他認為這些年來它的人數已經成長得太多了。因此，他裁撤掉國安會內處理全球健康安全與生物防禦的單位，將它併入處理反核子擴散和大規模毀滅性武器的辦公室。齊默被調走，改派到美國國際開發總署（U.S. Agency for International Development, USAID）上班，這是政府負責開發工作的機構；儘管他的團隊保住了他們的工作，但他在國安會內的職務由具有大規模毀滅性武器和軍備控制背景的官員所取代。波頓在 2020 年出版回憶錄《事發之室：白宮回憶錄》（*The Room Where It Happened*）中提到，他整合各單位以「減少重複和重疊」，符合「良好的管理」[10]。齊默並不反對精簡國安會的必要性，但他確實擔心不再有專責的全球衛生事務官員在必要時向國安顧問拍桌子、據理力爭。其他事情也開始瓦解。麥馬斯特會定期與負責美國國際開發總署的退役將領馬克・葛林（Mark Green）聯繫。這在波頓和他的繼任者羅伯・歐布萊恩的支持下也停止了。這是另一個關鍵性的溝通管道，也退場了。

　　儘管如此，至少還有一位國安會高級官員關注警告訊號。副國安顧問博明曾於 2003 年在《華爾街日報》擔任記者，在 SARS 肆虐期間從中國報導新聞。他寫了關於北京掩蓋真相的報導，後來離開中國時，深信中國共產黨十分邪惡。911 事件之後，博明

加入了海軍陸戰隊，與佛林一起在阿富汗服役。回到美國後，博明與佛林合作撰寫了一份有影響力的報告，探討在阿富汗蒐集情報的主題，兩人一直保持密切往來[11]。當川普在 2016 年意外贏得總統職位時，佛林延攬博明領導白宮的亞洲團隊。

博明以對中國有深入研究的鷹派著稱，他將美國的官方政策導向遏制北京的全球野心。在他看來，中國共產黨在意識型態上致力於顛覆國際秩序，想把它推向北京式的威權主義。值得注意的是，博明的妻子楊燕（Yen Duong，譯按：華裔越南人）曾美國在疾管中心擔任病毒學家，他的哥哥保羅‧波廷格（Paul Pottinger）專攻傳染病學。所有這一切都意味著，與典型的國家安全專家相比，他更了解大流行病的危險，尤其是來自中國的冠狀病毒[12]。

到 2019 年 12 月，川普已經任命了第四任國安顧問羅伯‧歐布萊恩。白宮很少有正式的作業流程。川普很容易受情緒波動的影響，不太注意細節。儘管如此，川普政府的國安團隊實際上是最先了解中國正在發生的狀況之嚴重性，及其構成全球威脅的人士。這主要是因為博明和他的努力，但歐布萊恩也是很早就在關注。相形之下，歐洲人落後了大約一個月才注意到。

但是政府認識到疫病威脅的確切原因——它對中國共產黨固有的不信任和恐懼——也意味著它對疫情的國際應對，將透過中國政策的反映和了解習近平政權的危險性來看待和規畫。美國國際開發總署被排除在外。川普政府的一位高級官員告訴我們，齊

默的離職意味著政府失去了一位在全球公共衛生領域「無可挑剔的正直」、「具有後勤作業天才」的人才。這位官員補充說：雖然「博明理解挑戰」，「但他有太多的事情要處理」。一位與川普政府密切合作的盟國高級官員同意這個說法，他告訴我們，「博明從中國和全球公共衛生這兩個角度都感到擔憂，但是到了那個階段，系統已經崩潰，因此他很難整合出政府的全面對策。他們（美國政府）專注於他們最熟悉的作法上。」

隨著政府開始制訂應對新出現的冠狀病毒疫病的對策，那些贊成在國內和國際上採取更全面方法的人，卻在關鍵時刻被排除在外或被邊緣化。這一來，造成川普政府更專注於要求中國政府負責任，並減少美國未來對北京的依賴，而不是著重在全球公共衛生政策的具體細節，或努力團結世界抗擊疫病。這將使美國與許多夥伴發生衝突。

警報響起

2019 年 12 月 30 日午夜前不久，佛羅里達州的部落客莎朗・桑德斯（Sharon Sanders）在一個名為「流感追蹤客」（Flu Trackers）的網站上——由世界各地的志願者提供 7/24 全天候服務的網站——讀到中國湖北省公共衛生官員一些令人震驚的聲明。她原本是一名財務差異分析師，受過「尋找不合理東西」的培訓，對追蹤中國傳染病已經有 14 年的經驗。在接下來的半天

裡，桑德斯和其他評論員發布十幾則貼文，推測一種新的神秘病毒出現了(13)。運用「流感追蹤客」，桑德斯和她的團隊是第一個注意到 COVID-19、並引起民眾關注的美國人。

第二天一大早，元旦前夕，疾管中心的科學家們也注意到網路上同樣的論壇，也開始互相發送電子郵件討論。有一個人問道：「你們有沒有人更了解這個『不明肺炎』?(14)」當天晚些時候，中國當局向世衛中國辦公室通報了一個罕見的肺炎病例。美國國家過敏和傳染病研究所（U.S. National Institute of Allergy and Infectious Diseases）所長安東尼・佛奇（Anthony Fauci）和疾管中心主任羅伯・雷德菲爾德（Robert Redfield）立即意識到了危險；也許這是一場新的 SARS。1 月 1 日，疾管中心發布了一份關於「中國不明病因肺炎」的情況報告，這是它針對後來被稱為 SARS-CoV-2 此一導致冠狀肺炎的新型冠狀病毒、首次發布的每日簡報。報告敘述當時了解到的基本狀況：病毒起源於武漢華南海鮮批發市場附近，疑似 SARS、但未確認，截至目前已知確診 27 例(15)。

1 月 3 日，雷德菲爾德聯繫了多年來與他密切合作的中國同行高福，提議「與中國政府就肺炎和呼吸道傳染病展開合作」。他提議派技術專家到中國協助，但出乎他的意料，高福沒有接受。美方後來的請求也得到相同的回應。有些事情已經出現變化。外國專家無法獲取相關資訊(16)。接下來十天，佛奇和雷德菲爾德警覺地注意到病毒在中國蔓延。中國科學家於 1 月 10 日公布病毒的基因體後，佛奇下令開始研製疫苗。但直到 1 月 13 日，

當泰國通報了第一個病例時，他們才意識到中國官員一直在病毒可人傳人這件事情上扯謊。根據調查記者鮑布・伍華德（Bob Woodward）在他的著書《憤怒》（*Rage*）中的說法，佛奇的反應是：「我的媽呀！他們沒有告訴我們真相。它確實在有效地傳染。[17]」

儘管佛奇和雷德菲爾德做出了努力，但當時他們並不知道，新型冠狀病毒已經在美國出現。流行病學家後來回頭在俄亥俄州檢測 13 個人，他們在 1 月份呈現出 COVID-19 的症狀。檢測結果顯示他們有病毒抗體，這意味著他們當時呈現陽性反應。第一個病例是一名四十多歲的婦女，她於 1 月 2 日生病。離美國官員**曉得**中國爆發疫情才僅僅幾天。他們幾乎不知道它已經跨越國界——事實上，它已經在美國國內蔓延。美國有更多病例發生在 1 月 7 日和 13 日之間，15 日發生了兩起，18 日發生了一起[18]。1 月 19 日，一名 35 歲的男子走進華盛頓州史諾霍米須縣（Snohomish County）的一家緊急護理診所，說他咳嗽和發燒已經持續了四天，而他從武漢探親歸來也正好是四天。第二天，檢測呈陽性，證實他得了 COVID-19[19]。美國移民官員於 1 月 17 日開始對來自武漢的旅客進行篩檢，但這卻抓不到重點；篩檢不包括來自中國其他地區或世界其他地區的旅客。換句話說，即使美國官員認為他們知道去哪裡尋找，病毒仍進出美國國境和在美國境內傳播，卻並未被發現。

博明的看法是，與中國疾控中心的合作根本無關緊要，因為

中國衛生機構完全被排除在外。直到 12 月 30 日在社群媒體上聽說了新冠病毒，高福才知情。身為中國流行病學頂尖的專家，他發現疫情的方式卻與部落客莎朗・桑德斯相同[20]。博明將這一切視為更大問題的一部分。他認為，美國公共衛生專家以為中國的行為會更加透明，因為它是《國際衛生條例》的簽署國，條例要求他們這樣做，但沒有強制執行的手段，承諾根本沒有意義。更糟糕的是，它造成了美國以為有防護欄存在的錯誤印象。博明現在有一種似曾相識的感覺——又像是 SARS 事件的重演。美國官員認為，因為他們資助了武漢病毒研究所，理應他們掌握住了狀況。但中國共產黨會做中國政權認為它必須做的事情來求生存——使用保密和控制的工具——就像它在 2003 年的 SARS 疫情虐肆時期一模一樣。

1 月中旬，隨著 COVID-19 威脅的加劇，國安會開始準備要讓美國人留在家裡、不上班的方案，並且打算必要時關閉整個城市作為因應[21]。但在政府中疫情很難引起任何人的注意。1 月份的前兩週，川普全神貫注於與中國的貿易談判。他希望 2020年是他與中國達成大交易的一年。他會證明自己是個頂尖的談判專家，為美國的利益努力奮鬥，從而否定民主黨對他外交政策的抨擊，同時也將在適當的時候兌現籌碼。他希望與伊朗、塔利班，可能還有俄羅斯達成協議，並與北韓再試一次。而中國將是這一切最明亮的成果。

與北京的所謂第一階段貿易協議於 1 月 15 日敲定。前幾年

川普藉由大聲抱怨中國的經濟手段贏得了總統選戰，並從上任的
第二年開始，就經常對中國課徵關稅，而且經常威脅還要再提升
稅率。因此，1月份的協議是與北京多年艱難談判的高潮。這項
協議並未解決美中貿易緊張局勢的大部分潛在根源——包括中國
的補貼和國有企業——但它確實要求中國購買 2000 億美元的美
國產品，為美國農業提供更多進入中國市場的機會，並且包括一
些保護企業機密的保障措施[22]。在接下來的幾個星期，即使他
自己的政府正在監控他們在武漢所看到的情況、並制訂戰略，川
普也不願意發表公開聲明來分散各界對他的成就之注意。因此，
儘管證據如山、顯示北京未能就 COVID-19 疫情向國際社會開誠
布公，川普繼續公開讚揚中國國家主席習近平，並對中國應對疫
情的措施表示信心。例如，2月7日，他在推特上說：

　　剛剛與中國習主席通過電話進行了長時間且非常良好的交
談。他堅強、敏銳、強力專注於領導對冠狀病毒的反擊。他覺得
他們做得很好，甚至在短短幾天內就建造了好幾所醫院……中國
正在實行嚴格的紀律，因為習主席強有力地領導了一場將會非常
成功的行動。我們正在與中國密切合作以提供幫助[23]！

　　直到2月中旬，白宮官員才發現，習近平從1月7日，即貿
易協議簽署前一個星期，就開始主持關於 COVID-19 的緊急會
議[24]。他們的結論是，習近平必定知道病毒會人傳人，但當中

國國務院副總理劉鶴和其他官員於 1 月 15 日來華府參加簽字儀式時，他們卻隻字未提這件事。

　　川普於 1 月 23 日首次聽取了關於 COVID-19 的簡報，也就是美國首例確診病例兩天之後（在那個階段，美國官員並不知道病毒自 1 月初以來就在美國境內傳播）。「總統每日簡報」（President's Daily Brief, PDB）是情報機關每天為總統準備、對國際事件和威脅的高度機密評估報告。據報導，它向川普提出警告，揭露正在出現的危險，但是川普沒有閱讀書面簡報，個人對流行病也不了解。因此，他只聽取「總統每日簡報」的口頭報告，而報告稱此一病毒「就像流感一樣」，不太可能成為全球大流行疫病[25]（值得注意的是，1 月 23 日也是習近平全面接管在中國抗擊病毒的日子）。歐布萊恩和博明對「總統每日簡報」的簡報官十分憤怒，認為情報機關嚴重低估了威脅。但是川普知道的全部狀況全都來自「總統每日簡報」──而且他不是那種根據實際書面報告對簡報內容再進行事實查核的人。總而言之，還需要某些更戲劇性的事情才能激起總統的關注，更不用說要促使他採取行動更加困難。1 月 28 日，在另一次「總統每日簡報」場合，歐布萊恩切切實實告訴川普，COVID-19 將是「你在總統任期內面臨的最大國家安全威脅」。博明支持歐布萊恩的說法，表示：「這將是另一次 1918 年（大流感）。」川普回答說，「我的媽呀！」川普後來否認有這一回事，但他確實告訴伍華德，他「在 1 月底」第一次開始「發現」冠狀病毒[26]。從國安會官員的角度來看，

美國情報機構在這個轉捩時刻完全睡著了，沒有將疫情大流行列為優先事項。實情就是如此，儘管我們在第三章中提到，國家情報會議長期以來一直警告，會有全球傳染病的潛在破壞性影響。面對相互競爭的情報規定，他們將責任推給了疾管中心，並且也沒有能力在中國境內蒐集攸關全球衛生事務的情報。他們甚至很遲緩才吸收和理解愈來愈多的公開來源資訊，這些訊息顯示了全球疫情爆發在即[27]。

1月29日，政府宣布成立冠狀病毒專案工作小組，由衛生部長亞歷克斯・阿扎爾（Alex Azar）擔任召集人。第二天，川普說：「我們正在與中國和其他國家密切合作，我們認為這對大家來說，會有一個很好的結局。[28]」1月31日，川普和佛奇、雷德菲爾德、歐布萊恩、博明和其他顧問會商。他們壓倒性的建議是關閉所有中、美兩國之間的旅行，只有一個例外：允許美國人回國。川普同意了。這是重要的一步，在接下來的幾個月，他會反覆提到這一點，儘管美國主要航空公司之一的聯合航空公司（United Airlines）在此之前已經宣布暫停從中國起飛的航班[29]。在此之後獲准從中國返回的四萬名美國旅客中，沒有人接受完整的檢測或必須檢疫隔離[30]。四天後，川普發表了長達6300多字的年度國情咨文演講。其中原文只有短短39個字關係到COVID-19疫情。他承諾說：「我們正在與中國政府協調，並就中國爆發的冠狀病毒疫情密切合作。我的政府將採取一切必要措施保護我們的公民不受這種威脅。[31]」

錯失了一個月時間

川普決定對中國實施旅行禁令，為在政府中兩派之間的激烈鬥爭擺下了擂台。第一派可以稱為「1918年派」，包括博明、歐布萊恩和貿易顧問彼得‧納瓦羅（Peter Navarro）。他們相信自己告訴總統的話：美國可能會重演一個世紀前的大流感。他們希望對歐洲實施旅行限制，不是全面禁止旅行，而是推出「三級警告」，建議人們不要旅行，並且針對性地取消特定路線。這一派還為醫療用品、治療方法、疫苗和診斷爭取大量經費。換句話說，他們想為即將到來的危機做好準備。第二派是「觀望派」，由白宮幕僚長米克‧穆瓦尼（Mick Mulvaney）、財政部長史蒂夫‧梅努欽（Steve Mnuchin）和副總統彭斯的幕僚長馬克‧蕭特（Marc Short）組成。他們擔心進一步實施旅行限制所產生的經濟後果，希望向人民提供資訊，但讓他們自己做決定。他們沒有積極反對增加經費儲存補給品，但也沒有積極反對要增加經費。整個2月，川普實際上都站在第二派這一邊。他覺得下達旅行禁令已經盡了責任，不願意再做出任何可能擾亂經濟的事情。

2月6日，川普與習近平通話，提議派遣技術專家到中國提供協助。但是習近平仍然不置可否。川普催促，但無濟於事，於是他轉向其他話題。幾乎沒有證據顯示川普有做更多的努力[32]。從川普與伍華德的談話中可以清楚看出，迅速蔓延的傳染病並不是他接下來幾週的首要任務，縱使2月15日發現了美國境內

的第一例社區傳播病例（一名美國婦女儘管沒有去過中國，或與任何去過中國的人有過密切接觸，但是她的檢驗結果呈現陽性反應）。伍華德在描述他 2 月 19 日與總統的電話通話時寫道：「冠狀病毒還不是（川普）關注的焦點。」他們反倒是談到了伊朗、司法部長比爾‧巴爾（Bill Barr），以及社群媒體的政治影響力(33)。那些在白宮權力走廊中的人也仍然不把疫情當一回事。西廂幾乎沒有人戴口罩，而位於白宮一條狹窄小巷對面的艾森豪行政辦公大樓內、國安會的那些工作人員，他們戴了口罩卻遭到核心同仁的嘲笑，或告訴他們，老闆可不喜歡這一套(34)。川普在 2 月 7 日向伍華德承認病毒「比流感更致命，可能是流感的五倍強」，但他在公開場合繼續淡化它（他向伍華德辯解，聲稱他不想製造恐慌）(35)。譬如，他在 2 月 27 日公開表示：「它會消失。總有一天——就像個奇蹟——它會消失。(36)」

　　隨著病毒開始在美國蔓延，卻發現初期的檢驗工作困難重重。2 月 8 日，疾管中心發現，因瑕疵而導致污染了他們開發的最初期冠狀病毒試劑——由於急於生產檢驗工具，他們便宜行事，生產出來的產品遭到病毒污染(37)。一位川普政府官員告訴我們，這是美國應對措施中真正的黑天鵝——專家們多年來一直廣泛預測會有疫病大流行，但是沒有人預料到在生產可靠的試劑時會出現災難性的早期錯誤。另外還有其他問題。當呼吸器和個人防護設備短缺時，政府試圖向各個州發送物資，但缺乏的卻是「雙向學習」——一種系統性的成果，既向各州提供有關如

何更有效抗擊病毒的建議，又能從他們各自的經驗汲取教訓，可以傳遞給其他人參考。疫情還揭示了美國衛生基礎設施的固有弱點——例如，公共衛生數據系統無法與一開始檢測到感染病例的醫院和實驗室中蒐集數據的系統進行交互流通。基礎資訊鏈斷裂，削弱了聯邦政府迅速因應和提供建議的能力[38]。

戴博拉・畢爾克斯（Deborah Birx）是美國全球愛滋病協調員和美國全球衛生外交特別代表。身為一名職業公務員，她自歐巴馬政府以來一直擔任這項職務。2 月份，她在南非參與愛滋病毒／愛滋病工作。每天晚上，她從 CNN 上看到美國官員簡報，聲稱病毒已獲得控制，她會對著電視大喊：「這將是一場大瘟疫！」她告訴哥倫比亞廣播公司新聞網（CBS News）的瑪格麗特・布倫南（Margaret Brennan），當時她心想：「世界就是這樣錯過了愛滋病毒——如果你只知尋找生病的人，你就會錯過很多發生在表面下的事情。」就冠狀病毒而言，社區傳播的可能性很大：「當我們詢問進入美國的旅客是否有症狀，而不是對每個人進行篩檢時，我才真正開始擔心。」1918 年派在目睹政府未能就旅行禁令作跟進一步、採取更多行動時，心裡感到愈來愈緊張。他們特別沮喪的是，政府沒有向國會爭取經費，為肯定即將到來的事件做好必要的準備。專案小組也無法有效地運作。FDA 局長史蒂芬・哈恩（Stephen Hahn）甚至不是小組成員。根據我們採訪過的一位川普政府高級官員說，這是「一個災難性的錯誤」。FDA 之所以有必要參與，是因為它具有緊急權力，也因為它具有檢測、治

療方面、疫苗開發等方面的專業知識。

博明在白宮需要一個可以助陣的人，既可以與那些主張謹慎行事的人作戰，也可以提供專業的公共衛生建議。整個 2 月份，他一再給畢爾克斯打電話，請她加入。他們彼此認識很多年了。兩人在 SARS 期間都曾在亞洲工作，並且在看待 COVID-19 威脅的觀點上是一致的。雖然她拒絕了「大約二十次」，可是一發現政府在應對措施中疏漏了包括檢測在內的這些重要部分以後，她終於改變了主意。畢爾克斯隨後成為白宮唯一一位專門致力於抗擊冠狀病毒的全職官員。這不是一份輕鬆的工作。她要求增加工作人員，遭到否決。但是她逐步設法從其他單位召募了一些志願者(39)。到 2 月底，1918 年派的一些人覺得為時已晚了。他們沒有辦法應付這麼大規模的疫情，木已成舟了。正如博明一個月前警告川普的那樣，這將是 1918 年疫病的重演。

2 月 26 日，當疾管中心國家免疫和呼吸系統疾病中心主任南西‧梅頌尼爾博士（Nancy Messonnier）在記者會上說，「這種新病毒代表著巨大的公共衛生威脅」時，白宮內對 COVID-19 政治化的操作達到了沸點。她呼籲家長們注意。她說：「我理解整個情況可能看起來勢不可擋，對日常生活的干擾可能很嚴重，」但是，「有些事情現在我們需要開始考慮了。今天早上我在吃早餐時與家人交談，我告訴孩子們，雖然我不認為他們目前處於危險之中，但是我們一家人需要為生活將受到重大干擾做好準備。(40)」股市在 2 月的最後一週暴跌，因為人們意識到這種流

行病可能會襲擊美國。

　　川普總統此時正在印度展開首次訪問，這是一次36小時的旋風式訪問，行程包括在泰姬瑪哈陵舉行十萬人群眾集會。回國途中，他對股市下跌非常憤怒，打電話給阿扎爾抱怨梅頌尼爾的發言[41]。第二天，川普指派副總統彭斯接管負責冠狀病毒的專案小組。據當時在彭斯屬下工作的奧莉維亞・特洛伊（Olivia Troye）說：「白宮的反應就像是『我們必須管控消息的流通』，所以你看到抱怨，而（副總統）出馬主持專案小組。[42]」特洛伊說，從那時起，川普轉而將專案小組的任務政治化，「在如此大規模的疫情危機期間，這是非常致命的，因為你現在一個非常關鍵的問題上，從根本上分裂了國家，使人民生命陷入危險之中。[43]」專案小組將校正訊息，使它與川普所說的一致，而像梅頌尼爾這樣的聲音被消音了。不過，彭斯確實糾正了一個錯誤：一位高級政府官員告訴我們，彭斯第一次主持會議時，環顧了會議室，問道：「FDA的負責人在哪裡？」[44]

　　川普繼續對病毒淡化處理，2月24日他在推特上宣布COVID-19「已經受到相當的控制」，然後又推文說，「在我看來，股市開始變得非常好」，不過他的一些幕僚私下的評估，可就不是那麼有信心[45]。在接下來的幾個月，白宮和阿扎爾致力於控制和管理疾管中心，指導企業和美國民眾如何更好地控制疫情努力。專案小組試圖修訂疾管中心的調查結果和建議，包括取消宗教集會的社交距離限制，也降低對酒吧和餐館的社交距離限制，

以及推遲禁止郵輪啟航的命令。白宮後來剝奪了疾管中心從醫院蒐集有關病毒數據的主導權[46]。

到 3 月初，情勢愈來愈嚴峻，必須採取重大行動。3 月 1日，已知的病例數為 66。兩週後，它呈現指數型的增長，暴增到1682 例[47]。這段期間，股市經歷了歷史上最大的損失，官方預測估計確診病例和死亡人數將會急劇上升，紐約和華盛頓州的企業開始歇業[48]。3 月 11 日，川普在橢圓形辦公室發表緊急講話，這是他總統任內第二次如此做。他宣布，禁止所有來自歐洲的旅客[49]。這項講話根本就是一場災難，給人的印象是美國公民將被困在旅途中，而且貿易也將停止。美國人民的絕望是顯而易見的。整個晚上，許多家庭都給正在歐洲旅行的親人打電話。有些人花費高達兩萬美元的票價，搶購一張回家的單程機票。《紐約時報》一位記者和他的妻子那個星期正在巴黎，他將那天晚上搶購機票的窘迫狀況形容為，「就像試圖抓住一隻螢火蟲，它就在你面前盤旋片刻，然後在你能抓住它之前，消失無蹤。[50]」白宮趕緊澄清他們的意思——禁令不適用於美國公民、綠卡持有者或商貿往來——但是，傷害已經造成：航班和機場擠滿了從歐洲回國的旅客。很顯然，他們如此慌張急急忙忙趕回國，繼續將病毒帶回到美國，股市再次暴跌。

3 月 15 日，在佛奇和畢爾克斯的建議下，川普同意下令關閉國境，並宣布採取行動，給全國 15 天時間來減緩病毒傳播速度。包括要求美國人居家自主隔離，避免十人以上的聚會，並保持社

交距離。川普的顧問們知道這還不夠，但這是他們所能爭取到的。他們在 4 月初要求延長限令、也獲得延期，但過不了幾天，川普變得煩躁不安，又開始蠢蠢欲動，想在復活節前全面重新開放。他會再次讓步，並接受需要延長一段時間，但隔不了多久又再次改變主意，贊成重新開放[51]。其實，某些規定並沒有實際意義。美國是聯邦制，各州擁有相當大的權力。從 3 月初開始，在川普全面鎖國之前，加利福尼亞、紐約和華盛頓等州已經採取強烈行動，關閉學校和非必要的商業活動，禁止大型集會，限制旅行。其他州，如阿肯色、愛荷華、內布拉斯加、北達科他和南達科他，拒絕在全州或全市範圍內實施任何居家隔離令[52]。換句話說，當川普將聯邦政府的訊息政治化時，各州也上行下效，採取同樣的作法。

從 4 月中旬開始，川普繼續加強力度，批評他的醫療顧問和州長們，淡化病毒的危險，並呼籲恢復正常。政府內部有一派人士同意他的主張：他們也想重新開放經濟，學習與疫病共存。川普總統的女婿兼高級顧問傑瑞德・庫什納（Jared Kushner）、財政部長梅努欽和經濟顧問拉里・庫德洛（Larry Kudlow）等人認為，讓科學家指揮政府行動，「就像讓學校護士試圖告訴校長如何管理學校」[53]。與此同時，美國人繼續生病，每天約有 3 萬個新確診病例和 2000 個死亡個案[54]。

在接下來的幾個月，川普失去對抗 COVID-19 的興致。他反覆質疑自己的科學專家，包括佛奇、雷德菲爾德和畢爾克斯。對

他來說，疫情與其說是一場公共衛生危機，還不如說是一場政治危機，因為他愈來愈關注經濟持續放緩對他 11 月的連任前景構成風險。他批評實施封鎖的各州，並敦促州長們重新開放。他一再宣布美國正在恢復正常，並試圖在 5 月初解散冠狀病毒專案小組；不過在各界強烈抗議後，他不得不改變自己的想法[55]。我們將在第十二章提到，他把所有的希望都寄託在疫苗上。川普的口沒遮攔產生寒蟬效應。早早表示支持全國採取強有力應對措施的共和黨人，例如參議員湯姆・柯頓（Tom Cotton），不再公開談論疫情。意識到疫病對其州構成威脅的州長們，發現自己遭到總統在推特上攻擊——4 月初，川普在推特上提出：「解放密西根」和「解放明尼蘇達」[56]。病毒已成為政治試金石，而川普在共和黨內及其基本盤中的力量太大，冒犯不得。

唯一的焦點

當川普政府看到災情如此慘重時，他們得出一個最主要的結論：這不是地震或海嘯之類的天災。這是敵人幹的勾當，是中國政府未能與國際社會合作所造成的災難。他們強烈懷疑病毒起源於實驗室，而不是海鮮市場。他們正確地看到，北京正在利用疫情作為在全世界建立地緣政治優勢的大好機會：利用口罩外交向需要援助的小國施壓，並恫嚇那些白目提出難堪問題的國家。北京也在香港鎮壓抗議學生，有效地結束了香港特區留下的政治自

治權力。這還不是全部——它還增強對台灣的壓力，並與印度發生致命的邊界衝突。川普政府將 COVID-19 的國際層面視為中國問題，而不是一項全球公共衛生危機，這一框架將對世界政治產生重大影響。

當川普起先成立專案小組時，把國際開發總署及其署長馬克‧葛林排除在外。這代表最初沒有人了解這場危機涵蓋全球範圍的性質、它會有什麼影響，以及如何發動全球合作有效應對。疾管中心、國務院與美國國際開發總署級別較低的官員之間有在接觸，但專案小組的最高層級，缺少政府在全球範圍內主導美國全球衛生計畫的領導機構的意見，也沒讓它領導對付這項海外人道主義危機。葛林對不能參與專案小組感到沮喪。他熱切相信，國際開發總署對付全球突發衛生事件的能力和以往的經驗，需要受到全面重用。他於 3 月份辭去政府職務。當時，他說這與如何對付 COVID-19 疫情無關，並告訴記者：「它們根本不相干。」然而，一位熟知他想法的人士告訴我們，他被排除在專案小組之外是他決定辭職的一個重要因素[57]。

川普政府裡有很多對華鷹派人物，但他們在如何看待這個問題上存在分歧。這與 2 月份希望動員全國對付疫病的 1918 年派，與希望提供民眾訊息、但避免代價高昂行動的觀望派之間的分歧類似，只不過兩派之間還另有一些不同主張。雖然川普經常批評中國，但他幾乎完全從貿易的角度看待問題。梅努欽、庫德洛和聯邦貿易代表鮑勃‧萊特希澤（Bob Lighthizer）等財經官員希望

在這方面取得進展，但他們基本上同意川普的觀點，即不值得推行更廣泛的圍堵戰略。另一群強硬派——包括龐培歐、博明、國防部長馬克・艾斯培（Mark Esper）和納瓦羅——認為美國正與中國展開更廣泛的長期競爭，試圖將美國政策重新導向到這個方向上。他們從根本上視中國共產黨為威脅，希望通過大規模的擴張軍事實力來對抗它，並且試圖使美國經濟與它在技術、供應鏈和金融方面對中國的依賴能夠脫鉤。

隨著病毒肆虐美國，總統對中國的政治盤算出現了變化，他轉向支持強硬派。總統在意識到危機的嚴重性，及它對他的政府和他的個人政治前途構成的威脅後，改變了立場。商務部長威爾伯・羅斯（Wilbur Ross）並非強硬派，在 11 月大選前不久接受《華爾街日報》記者的採訪時，回顧川普的思想轉變，他說：「這是一種演進……並不是突如其來的大爆炸。」但是一位不願透露姓名的官員告訴《華爾街日報》，中國外交部在 3 月中旬影射美國軍人將病毒帶到武漢時，可能是川普思想轉變的轉捩點[58]。兩位支持繼續與中國交往、並反對強硬派的川普政府官員告訴我們，在疫情之前，川普在某種程度上是對華政策的溫和力量，但對它危害到連任機會這件事卻非常氣憤，以至於他願意支持強硬派主張的一切。

無論直接原因是什麼，這種變化確確實實、一點都不假。一名強硬派官員在接受採訪時反映：「毫無疑問，疫情和中國利用此一流行病的作法，刺激美國（對中國）做出上下一致的回應。」

這位官員說，美國開始與盟友合作，「討論出一項更加激進、直接對付疫情和中國不合作的布局」。川普政府從亞洲開始，深化與所謂「四方安全對話」（Quad，包括美國、澳洲、印度和日本在內的集團）的其他三個國家的合作，多元化供應鏈和對抗中國的錯假訊息。他們很快就開始在其他方面也複製這一安排，包括歐洲，在那裡他們發現各國國家安全專家愈來愈願意接受美方的論點，因為他們相當不滿北京的戰狼外交方式。中國玩得太過火了。在國內，川普政府也緊盯住中國。它不顧美國駐華大使的建議，關閉中國駐休斯頓總領事館，對「字節跳動」（ByteDance）等中國科技公司施加限制，派衛生部長阿扎爾訪問台灣，同意對台灣進行新的軍售，並針對中國在香港違反「一國兩制」，在新疆大規模侵犯人權實施新的制裁。這位官員告訴我們：「如果沒有 COVID-19 疫情，我不認為這些事情必然會發生。從 2020 年春末開始，行動清單多到前所未見，超過了前三年的總和。」

即使博明和歐布萊恩是透過與中國的地緣政治競爭的視角來看待這一流行病，他們很早就在關注 COVID-19，推動在國內外更有系統地對付它的政策，包括增強篩檢和接觸者追蹤。然而，外交政策團隊的其他成員並沒有表現出這種興趣，他們更偏好利用這一危機作為打擊北京的巨棒。龐培歐就是最顯著的例子。他在川普時代迅速崛起，從眾議員被拔擢出任中央情報局局長，然後又接任國務卿。他成功的秘訣在於他在政治上駕馭川普的能力。他從未和川普鬧翻，和川普相處融洽本身就是一門藝術。有

一次，川普對一位記者說，龐培歐是他的內閣中唯一一個他從未
爭吵過的閣員。這使龐培歐不僅與最初的「成人軸心」（麥馬斯
特、馬提斯、提勒森和川普的第二任幕僚長約翰‧凱利）不同，
而且與波頓和艾斯培也不同，後者在政府任職期間偶爾會反抗川
普，一旦離職了，更是鬧得滿城風雨。兩位川普政府官員告訴
我們，他們相信龐培歐在 2018 年 10 月首次正式訪問中國後，
對中國轉而採取強硬態度。他去之前，希望與中國接觸，但是感
覺受到非常惡劣的對待，包括遭到中方訓話。這些官員相信，至
此之後，他把對華交涉視同個人恩怨。甚且，他們說，龐培歐是
內閣中最政治化的閣員，與川普一樣，將政府政治命運的逆轉歸
咎於中國。幾位與川普政府密切合作過的歐洲官員告訴我們，與
博明和歐布萊恩等其他對華鷹派人士相比，龐培歐對應付疫情的
公共衛生層面沒有太大興趣。他一再將病毒歸咎於中國，但他從
來沒有發表過一次講話，呼籲美國號召世界以其他方式對付冠狀
病毒，就像美國在伊波拉疫情期間所做的那樣。他沒有提醒要注
意疫情以極多元的方式破壞國際秩序。更準確地說，歐洲人認為
就龐培歐的角度，這只是反映出中國人的惡意。另外，也沒有證
據顯示龐培歐把在危機中推進公共衛生方面的合作視為個人優先
事務，這是在嚴重國際危機之際對這位美國首席外交官的明顯控
訴[59]。

　　我們在本書「導論」中已經說過，龐培歐在 3 月 26 日推翻
了 G7 部長級會議的全盤棋局，他堅持聯合公報中要使用「中國

病毒」這個名詞。這不是他唯一一次扮演破壞者的角色。4月份，法國試圖召集聯合國安理會五個常任理事國——美國、中國、俄羅斯、法國和英國——召開會議，討論疫情和大流行期間，全球各地所有衝突是否可能停火的協議。由於美中角力，沒有達成協議。川普政府想要一個指責中國的決議，而中國想要一個說它沒有責任的決議。法國與擔任安理會輪值主席的突尼西亞代表合作，花了好幾個星期時間尋找打破僵局的方法。5月7日，就在二戰歐洲戰場結束75週年的前一天，法國駐聯合國大使尼古拉斯・德・黎維埃（Nicolas de Rivière）在安理會所有15個成員國之間就一項決議文達成協議。曾經批評世衛與中國過於親近的美國，反對在決議文中提及世衛組織在衝突地區抗擊疫情的努力；中國則希望將它加進去。他們達成妥協，以「含含糊糊」的字眼提到「專業衛生機構」做出貢獻。黎維埃與美國駐聯合國大使凱莉・克拉夫特（Kelly Craft）同意了這些字眼，並將決議文置於「沉默狀態」（外交術語的意思是，除非成員國在72小時內提出反對，協商結果視同已經定案）。決議將於5月8日下午兩點自動生效。可是當天下午一點，美國出面提出一份大多數相關人士認為是由龐培歐起草、或是有人為龐培歐代筆撰寫的聲明，美國表示無法支持此一決議文。克拉夫特在最後一刻遭到否決。

據一位法國高級官員宣稱，巴黎簡直不敢相信會是如此，「氣壞了」——但是他們手上還是握有籌碼。美國和中國都不能「對阻止人道主義休戰、只想責怪對方的想法感到舒坦」。法國

持續對雙方施加壓力。6月，他們最終達成了妥協，主要採用迂迴說法：決議文不會提及世衛，但會確實引述聯合國大會決議提到它的部分。這沒什麼意義，但這是外交上有時候必須依賴的閃爍其詞。華府和北京都接受了，決議旋即生效。我們將在第九章看到，它並沒有終結全球的敵對行動，但確實允許聯合國向交戰各方施加某些壓力，可以讓它進入衝突地區執行人道援助任務。最重要的是，停火決議提醒人們，在美中角力不斷上升的情境下，想在國際上完成任何事情變得是有多麼的困難[60]。

　　川普政府還繼續推動對新冠病毒的起源展開全面調查，也表示懷疑病毒是中國的實驗室，在實驗工作中出了差錯才流竄出來的。美國官員指出，2018年美國駐北京大使館有一封電文，表達擔心武漢病毒研究所缺乏適當訓練的人員[61]。他們的說法並非單一個案。有些美國分析人士也對中國官方的說法表示嚴重懷疑——中方宣稱，病毒是從武漢華南市場的一隻動物傳染給人類的。美方提出大量的間接證據，諸如：華南市場並沒有販售蝙蝠，因此它必然是來自吃了受感染蝙蝠的某種動物；在遠離武漢的蝙蝠中發現了與 SARS-CoV-2 基因最相似的蝙蝠冠狀病毒；華南市場與研究蝙蝠冠狀病毒的實驗室相距只有幾條街；已知的武漢第一個 COVID-19 病例並不源自市場；美國大使館先前已經對實驗室的安全準則表示擔憂。在華府流傳的另一種推論，這是武漢病毒研究所的事故所造成[62]。川普政府中的一些人決心尋找和利用可以證明這些懷疑屬實的機密情報。譬如，在5月初，龐培歐

在美國廣播公司（ABC）星期日節目《本週》（*This Week*）中說，「有大量證據」顯示冠狀病毒來自實驗室。[63] 他後來在受到質疑後，收回這一說法[64]。川普也告訴媒體，他對病毒來自武漢病毒研究所的說法有「高度信心」，但當被要求詳細說明時，他說：「我不能告訴你。我沒有被允許告訴你這些。[65]」國安會官員承認他們沒有明確的證據，只有間接證據；他們指出，病毒源自「濕貨市場」的推論也是依賴間接證據、而不是確鑿的證據。隨著時間的推移，他們感覺到間接證據的天枰指向病毒源自實驗室的推論。在川普政府即將卸任之際，也就是 2020 年 12 月下旬，博明告訴英國國會議員，他現在認為這是最可信的解釋，但中國外交部對此一說法表達強烈抗議[66]。

傾向病毒源自實驗室論的情報分析員承認，他們永遠無法肯定斷言。一位從事生物安全工作的前任情報分析員告訴我們：「如果它確實從濕貨市場傳播，我們需要知道是如何傳播的，因為這可不是什麼好兆頭。病毒怎麼會那麼容易就從蝙蝠跳到另一隻動物身上，然後傳染給一個人，並在數週內引起全球大瘟疫。」另一方面，這位分析員表示：「如果是實驗室發生的事故，又會引發一系列不同的問題和挑戰。」這位前任分析員說，就某方面來講，如果是實驗室事故可能更容易理解，但是無論如何，了解真相最重要。與川普政府密切友好合作的某個美國盟友的高級國安官員告訴我們，在他們的政府看來，「川普政府押寶在某匹馬上面，的確做得有點過頭了。證據並不充分。龐培歐確實提出了

重要的問題，但我們從未覺得實驗室論的證據達到了它成為最有可能解釋的程度。我們始終堅持，判決尚未到可以做出決定的立場。」

對於世界上大部分國家來說，圍繞病毒起源的爭吵其實抓不到重點。美國似乎將資源投入到宣傳 SARS-CoV-2 起源的無關核心的論述上，而不是致力於與 COVID-19 的現實及其後果作鬥爭。總會有時間來回答病毒起源於哪裡的這些問題，但圍堵病毒是迫不及待的優先事項。然而，對川普政府來說，追究責任是一件更緊迫的事情。他們對延遲清算或任何試圖挑戰這種衝動的人都沒有耐心。這種作法使北京方面有理由將要求調查的呼籲視為出於政治動機而不予以理會。

世界衛生組織和未射出的箭

重大衝突將圍繞著世界衛生組織展開。川普在 4 月 14 日的記者會上宣布，他將暫停向世衛繳費（等待他的行政單位審查），因為它「在嚴重管理不善和掩蓋 COVID-19 傳播方面難掩其失」[67]。川普政府對世衛讓中國得以推卸責任非常憤怒。博明認為，世衛在 SARS 期間對中國施加壓力，讓北京感到羞恥，不得不承認發生的事情。可是，在 COVID-19 爆發之初，從白宮的角度來看，譚德塞的作法恰恰相反。對於川普國安團隊中的許多人來說，世衛看待眼前正在發生的事情，代表著一個更廣泛的

地緣政治趨勢：中國共產黨在世界舞台上的影響力愈來愈大。他們認為，這是必須立即處理的當務之急。

目前尚不清楚川普個人在多大程度上認為中國共產黨的居心叵測，是疫病背後的主要驅動因素。無疑，他責怪世衛對其所下達的旅行禁令態度冷漠。中國的角色也成了助燃劑，可以為川普要淡化病毒的威脅，以及他為習近平背書作保的錯誤推卸責任。但是川普政府對世衛的批評，與總統自己的政治動機相結合，毫無疑問就是美國政策的強大推動力。與川普的慣常行徑一致，一旦他陷入暴衝，政府官員就完全無法控制總統的所作所為。他很容易在沒有預先警告或與人商議的情況下，突然就採取戲劇性的行動。針對世衛也是如此。

美國計畫退出世衛的消息震驚了歐洲盟友，他們看到的是世衛在這種情況下已經竭盡所能[68]。是的，譚德塞不願點名批判中國，但他的處境艱難。畢竟，世衛需要得到會員國的同意才能運作，而中國是最強大的會員國。歐洲人認為，推動世衛的改革是完全合理的，但在一個世紀以來最嚴重流行疫病發生期間威脅退出，以迫使解決這個問題則是瘋狂的。問題可以擺到以後有時間再來處理。相對的，譚德塞並不擔心。他聯繫了美國常駐世衛代表安德魯・布倫博格，並提出若是他讚揚川普對疫情的應對，並公開表示總統受到媒體非常不公平的對待，那會有幫助嗎？譚德塞這麼問。布倫博格一聽，大為震驚。在他看來，這不證明了美國的說法有道理嗎？譚德塞矢口否認他不是無緣無故讚美習近

平之後，現在竟承諾也可以誇獎川普。但是在世衛官員看來，這可不一樣：譚德塞始終如一，他肯公開稱讚領導人，同時私底下敦促他們，以取得務實合作。

5月初，就部分恢復資金方面取得了一些進展，美國將與中國的付款相當。但在5月15日，福斯新聞主持人塔克・卡森（Tucker Carlson）宣稱，政府官員針對這項援助已經為川普準備好聲明草稿，但是他建議總統拒絕這麼做[69]。福斯財經新聞主持人、也是川普的知交好友路・杜布斯（Lou Dobbs）緊接著在推特上說：

> 白宮高層顧問究竟為誰工作？肯定不是為了我們開創歷史的總統或這個偉大的國家服務[70]。

川普也透過推特回應他：

> 路，這只是我們正在考慮的眾多主意之一，這個主意是，我們將支付多年來繳交金額的10%，與中國繳交、相當低的金額相符。尚未做出最終決定。所有資金仍被凍結。謝謝[71]！

一位川普政府高級官員告訴我們，提議將美國繳費金額與中國的繳費金額相等的信函之草稿，實際上是川普親自口授而寫的。根據這位官員的說法，白宮管理預算局的高級官員以及彼得・

納瓦羅都強烈反對恢復對世衛的繳費。總統口述的這封信落到塔克‧卡森的手中，對於那些試圖破壞繳費的人來說，它產生了預期的效果：川普完全撇清跟它有關。在日內瓦，世衛官員注意到龐培歐（他們認為是他策動這項提議，並且在這個問題上介入甚深）突然譴責恢復繳費的主張，並在福斯新聞報導後變得更嚴厲批評世衛。

5月18日，川普在世界衛生大會開幕時致函譚德塞，正式確定他的原有立場。信中細述川普抱怨的許多細節，並且警告說：「如果世界衛生組織不在未來30天內承諾進行重大實質改進，我將把凍結美國對世衛繳費的暫時性決定，改為永久性，並且重新考慮我們在此一組織中的會籍。[72]」世衛大會通過一項決議，敦促評估中國出了什麼問題，並呼籲對世衛進行改革。布倫博格認為，如果決議能夠導致採取行動，則是積極的一步，但到目前為止，世衛沒有表示願意做出任何讓步，以讓美國留在組織裡，它只提議稱讚川普。布倫博格最初不願意發布一份具體要求清單，以免這些要求太過苛刻而導致譚德塞無法接受。但是時間分秒流逝，他寫了一份備忘錄，與一些志同道合的國家會商，呼籲採取多項行動，包括對世衛在疫病流行期間的表現進行調查，要譚德塞呼籲中國分享病毒樣本，承認批評旅行限制是不當的，並且派遣團隊到台灣研究他們在遏制 COVID-19 疫情方面的成功。如果能在這些問題上取得進展，布倫博格相信可以說服川普做出妥協。

5月29日，也就是30天限期已經來到第11天，布倫博格正在與世衛組織官員進行談判，以尋找一種方式來滿足總統的要求，他將清單交給了他們。可是就在幾個小時後，川普在沒有通知布倫博格或他的任何官員的情況下發表談話，宣布他將推翻自己先前說的時間表，美國要立即退出世衛（73）。在白宮，資深顧問們感到驚訝但並不受挫。目前還不清楚究竟發生了什麼事。前一天晚上，德國總理梅克爾在氣氛緊繃的電話中告訴川普，她將不會參加於大衛營舉行的G7集團領袖峰會，這激怒了他——或許這讓總統的心情變壞了。許多位官員告訴我們，那天的演講主題原本應該是關於中國的，但川普對早上呈交給他的講稿不滿意。一位官員認為，川普添加退出世衛這段話，是為了讓它更聳動，但他從未打算真正退出。事後，川普與布倫博格通了電話。他說：「我已經給了你所有你可能想要的影響力，現在你去幫我搞定這件大事。」

布倫博格那個週末與譚德塞進行了兩次會談，並在接下來的星期六與他會面了四個小時，希望達成協議。他遵循一個以前成功過的案例。2018年，川普宣布他要退出萬國郵政聯盟（Universal Postal Union, UPU）。美國一直要求改革那個有利於中國公司而不是美國公司的浮動收費標準，但一直沒有結果。川普宣布退出，促使其他國家採取行動。布倫博格在讓川普關注萬國郵政聯盟問題和制訂談判策略方面發揮了關鍵作用。到了2019年底，聯盟提出一個與美國所倡導、非常相似的改革方案，無異議一致通過

了改革[74]。

但是川普 5 月 29 日宣布退出世衛，並沒有像他處理萬國郵政聯盟那樣產生同樣的效果。與世衛的談判拖延了一段時間，一直沒有任何進展。譚德塞和世衛從未做出讓步，或提出如何前進的路徑。其他國家也沒有介入推動世衛改革，以便挽留美國留在組織之內。部分原因是其他政府，包括美國的歐洲盟友，認為川普這次是吃了鐵砣、真的決心退出。畢竟，他不只一次宣布，而是宣布了兩次。而且他深陷連任苦戰，在競選中抨擊世衛和中國吻合他的政治利益。布倫博格認為批評者弄錯了。川普並不打算退出；他正在談判，就像與萬國郵政聯盟交涉一樣。但達成協議的時機已經錯失了。7 月 6 日，美國在毫無進展的情況下發出了正式的退會意向書。在世衛官員看來，在全球疫病如火如荼肆虐期間，將萬國郵政聯盟與世界衛生組織混為一談是荒謬的。他們覺得美國是在要求世衛無條件投降，拿簽字儀式當做選戰造勢工具。他們相信，不管他們提出什麼建議都不夠。即使他們真誠地進行談判，川普也很可能在最後關頭把整個事情搞砸。事實上，歐洲各國政府認為，川普在 2018 年宣布退出伊朗核協議時正是如此，儘管當時他的外交官即將與歐洲人談判達成妥協。因此，即使他們基本上是放棄了，世衛還是通過與川普政府協商的動議。

在布倫博格看來，他認為達成協議是可能的，但世衛官員從未真正嘗試提交給他任何建議可以轉達給川普。就在美國正式提

出退會意向書的三天之後，布倫博格沮喪地看到，譚德塞接受了
他原本拒絕接受的美方一項要求；譚德塞宣布成立「大流行防範
和應對獨立小組」，以評估各國對疫病的反應，他並承諾在 2020
年稍後發表一份臨時報告。如果世衛想和川普談判，他們原本可
以把這個宣布當作籌碼，但是世衛官員已經決定，他們並不想與
川普談判 (75)。

　　博明與其他人一樣，對川普總統以這種方式宣布美國退出世
衛組織感到不妥。但他也覺得這是迫使各國正視一個嚴肅問題的
必要作法——各國必須找到一個替代世衛的辦法。而他已經有了
腹案。博明與政府內部的其他人合作擬訂了一項計畫，名為「美
國對疫情的反應」（America's Response to Outbreaks, ARO，讀音「箭
頭」）的倡議。它以抗擊愛滋病毒／愛滋病相當成功的計畫「總
統辦公室愛滋病緊急救援計畫」（PEPFAR）為藍本，但具有強
大的多邊架構。它將包括 G7 集團國家以及澳洲、巴西、印度、
韓國和台灣。與 PEPFAR 一樣，它的想法是深化對新出現病原體
的監測，並使用公共衛生資金來鼓勵各國履行它對《國際衛生條
例》的承諾。這個新聯盟還可以對未能兌現這些承諾的國家集體
施加懲罰。ARO 倡議的概念，在官僚部門內產生激烈的辯論。白
宮希望交由國務院主持，但國際開發總署最初認為此一計畫應該
由它來管轄。管理預算局討厭它，認為它創造了一個昂貴的新官
僚機構。針對 ARO 倡議的跨部會討論持續了一整年。國安會認
為他們在 11 月大選後接近達成協議，當時他們宣布了一系列其

他外交政策舉措。但川普已經失去了所有興趣，轉而專注於推翻大選的結果。

購買力

隨著 2020 年的時間進展，川普允許他的團隊對中國採取強硬政策，但是總統的心思經常飄到別的地方，隨時迸出一個議題。與世界上其他大部分國家一樣，美國及其外交機構開始專注於確保美國取得所需關鍵醫療用品和藥品這種格局不大的任務。這場危機暴露了美國在個人防護裝備方面對中國的依賴程度太深——在向美國出口的所有個人防護裝備中，將近一半來自中國，政府意識到這是一個極其嚴重的戰略弱點[76]。從長遠來看，美國必須組國家隊、在國內生產個人防護裝備。從短期來看，它必須努力從世界各地取得供應。然而，即使是這種努力也反映出川普的個人直覺和奇思妙想。3 月中旬，他將抗瘧疾藥物奎寧吹捧為治療 COVID-19 的靈丹，是「逆轉勝的物品」和「上帝所賜的禮物」[77]。醫生們持懷疑態度。奎寧未被證實可用於治療 COVID-19，並且可能會產生嚴重的副作用。但是川普心意已決。奎寧的大部分供應來自世界上最大的仿製藥生產國印度。3 月 25 日，印度當局禁止出口此一藥物，除非是出於人道主義需求或為了履行先前的訂單。他們擔心川普的聲明會增加國際上的需求，危及印度國內供應[78]。4 月 4 日，他們更進一步全面禁止奎寧

出口。幾小時後，川普致電印度總理莫迪（Narendra Modi），敦促莫迪重新考慮。印度外交部發布的官方通話記錄沒有提及爭吵。反倒是，它聲稱兩位領袖討論了疫情對全球經濟的影響，以及「瑜伽和阿育吠陀（Ayurveda）醫術……在此一困難時期確保身心健康的重要性。[79]」兩天後，川普在記者會上宣布：

　　我不喜歡那個決定（禁止奎寧出口）……如果（莫迪）會發生（禁止進口），你知道，我會感到驚訝，因為印度與美國關係很好。多年來，他們一直在貿易上占美國便宜。所以，如果這是他的決定，我會感到驚訝……我打電話給他。我說，「我們會很感激你允許我們的貨品出口。」如果他不准出口，那也沒關係，但當然，可能會遭到報復。為什麼不會有呢[80]？

　　這給印度帶來了巨大壓力，幾天後它推翻了不准出口的決定。4月下旬，印度向美國出口了 5000 萬片奎寧，這將成為印度向另一個國家出口的最大量藥物[81]。川普在推特上回應：

　　非常時期朋友之間更需要更緊密的合作。感謝印度和印度人民對奎寧的決定。我們不會忘記的[82]！

　　幾週後，川普捐贈 200 台呼吸器給印度[83]。

　　這樣就出現了一個更為廣泛的模式。通常在應付國際危機

時，無論是 2004 年的印度洋南亞海嘯，或是 2014 年的伊波拉危機，美國都會提供國際援助，並且鼓勵其他國家也這麼做。然而，明尼蘇達大學政治學教授塔尼沙‧法札爾（Tanisha Fazal）觀察到，在 COVID-19 疫情期間，美國衛生外交的一個顯著面向是它**接受**其他國家的外來援助。提供這種援助主要不是出於人道主義原因，而是法札爾所說的，是出於「盼望加強與美國的關係、並討好川普政府」[84]。4 月下旬，土耳其派遣一架飛機載運 50 萬個口罩、面罩、護目鏡和消毒劑，飛到安德魯空軍基地[85]。即使北京也被要求幫忙。3 月 27 日，川普女婿庫什納聯繫中國駐美國大使崔天凱，以確保口罩供應無虞。他告訴崔天凱：

當我們走出這個局面時，將會有很多人對中國非常生氣。你們現在如何分配中國製造的大量物資，會受到美國和各國非常仔細的關注⋯⋯我將開始尋找（口罩的）供給，我想確保我在中國採購的供給不會受到任何限制[86]。

庫什納也向阿拉伯聯合大公國提出緊急請求，要求採購檢測設備。4 月份阿國交運 350 萬個試劑，但美國政府實驗室發現它們「受到污染、無法使用」[87]。這些雙邊努力並沒有具體成果，可能是基於由沒有國際採購經驗的人倉皇上陣主事的原因。到 5 月中旬，川普政府已經採購了 8500 萬個口罩，而相對之下法國政府已經為僅有美國五分之一的人口採購了 4 億個口罩[88]。

與此同時，美國各州只能自求多福。川普政府表示願意幫助州長們獲得所需的物資，但是它的提議被廣泛視為在政治上的人情。有些州長只好一肩挑起全部責任。馬里蘭州共和黨籍州長拉瑞・霍根（Larry Hogan）對白宮感到非常惱火，以至於他在韓裔妻子悠美（Yumi）的幫助下，與韓國政府自行協商。霍根取得國務院和 FDA 核准進口，但他仍然非常擔心這批貨物可能會被聯邦政府攔截，因此在貨物──50 萬個試劑──落地時，他派出馬里蘭州國民兵和警察到跑道上護駕保全。霍根說：「這對我們來說就像是諾克斯堡[1]，它將拯救本州成千上萬公民的生命。這對我們來說非常重要，我們希望確保那架飛機安全地從韓國起飛，安全地降落在美國這裡，並且我們保護貨物免受任何企圖在我們將它交付給需要的人之前的干擾。[89]」霍根的努力卻徒勞無功；這些試劑經證明是瑕疵品，一直沒有拿出來使用。

別指望美國

從國際角度來看，美國應對 COVID-19 的舉措荒腔走板則更為顯著。總體而言，在疫病流行的第一年，儘管美國人口僅占世界人口的 4%，但它一直占全球 COVID-19 死亡人數的近 20%[90]。哥倫比亞大學的一項研究發現，如果川普政府採取其他先

1　編註：美國國庫儲放黃金的重地。

進民主國家採用的措施，本可以避免 13 萬至 21 萬人的死亡[91]。
譬如，如果美國和德國一樣對付疫情得當，那麼到 11 月，它就
會只有 4 萬人死亡，而不是超過 22 萬 5000 人逝世[92]。我們將
在第十二章中說明，這種情況在 2020 年末和 2021 年初開始發生
變化，此時歐洲死亡人數大幅上升，美國在疫苗方面取得進展。
但不可否認的是，川普政府早期的失誤在世界各地塑造了美國的
負面形象。美國沒有全國性的戰略，對於保持社交距離或戴口罩
也沒有統一的規定和宣示。關鍵機構如疾管中心，受到白宮的微
觀管理和限制。聯邦和州政府都未能制訂妥當的檢測、接觸者追
蹤和檢疫隔離計畫。《大西洋雜誌》（ *The Atlantic* ）[2]的喬治・帕
克（George Packer）在 2020 年 6 月的一篇文章中直言不諱地說：「在
望不到盡頭的 3 月每個早上，美國人醒來總是發現自己是一個失
敗國家的公民。[93]」全世界都注意到這種窘態。澳洲前總理陸
克文（Kevin Rudd）在《外交事務》雜誌（ *Foreign Affairs* ）中寫道，
國際社會「已經看到了『美國優先』在實踐中的含義：在真正的
全球危機中別指望美國幫忙，因為它連自己都顧不了。[94]」

2　譯註：《大西洋》雜誌是 1857 年在波士頓成立的一份文化刊物，原名
　　《大西洋月刊》（ *The Atlantic Monthly* ），愛默生、朗費羅等著名作家
　　都經常在月刊上發表文章，蔣宋美齡亦長期訂閱。進入 21 世紀，媒體
　　生態改變，《大西洋月刊》陷入財務困難，幾度易主。它力圖轉型，除
　　出版實體雜誌外，亦積極開拓網頁，每天提供政治和國際時事、教育、
　　科學、健康等相關新聞與深度分析。它在 2007 年正式宣布改名，去掉
　　Monthly，成為《大西洋》雜誌。

美國大部分的失敗可說是川普個人的失敗。早些時候，儘管他的衛生事務顧問和國安幕僚發出警告，他都不屑一顧。畢爾克斯指出，在 3 月和 4 月，川普開始意識到情況的嚴重性，但隨著疫情持續蔓延，他只想把它拋在腦後[95]。他不斷淡化疫情的嚴重性，並將控制病毒的責任完全丟給各州。他沒有倚重畢爾克斯、佛奇或雷德菲爾德，而是賦予一組顧問權力，為他提供另類數據和訊息，表明情況比實情還更有利。川普也積極公開傳達錯假訊息，無論是病毒的起源、規模和範圍或是如何解決，一概避重就輕。有一個特別臭名昭著的例子，他建議注射消毒劑以防止感染。他還說病毒會自行消失。康乃爾大學科學聯盟（Alliance for Science at Cornell University）9 月份的一項研究發現，2020 年前五個月，英語媒體發表了超過 110 萬篇包含有關 COVID-19 錯假訊息的文章，約占所有報導的 3%。提及川普的篇數占 37.9%，作者因此得出結論：「美國總統可能是全球 COVID-19 疫情錯假訊息『訊息疫病』（infodemic）的最大驅動者。[96]」

對全球大部分國家而言，美國的回應就等於川普的回應。雖然沒有能有效抗擊病毒的靈丹妙藥，許多國家都陷入艱苦奮鬥，但有一件事似乎很清楚：千萬不要跟著美國人的腳步。

第六章

有好，有壞，有醜陋不堪

　　儘管收到相似的警告，歐洲人在理解 COVID-19 的嚴重性方面卻比美國人遲緩。總部設在斯德哥爾摩、在 SARS 爆發兩年後才成立的「歐洲疾病預防暨管制中心」（European Centre for Disease Control and Prevention, ECDC），在跨年夜察覺到來自武漢的神秘肺炎病例，因為世界衛生組織通知了全世界各相關機構。但是，儘管美國高級官員敲響警鐘，由副國安顧問接管案子，但歐洲疾管中心卻因缺乏權力而受到限制。作為歐盟的一個機構，它可以提供科學建議，卻沒有實質權力。歐盟於 1957 年成立，取名「歐洲經濟共同體」（European Economic Community），由六個成員組成共同市場；隨著時間的推移，它發展成為 28 個會員國（英國脫歐後剩下 27 個），它對會員國國內政策的幾乎所有層面都取得了正式的角色，包括貨幣、競爭法、教育和基礎設施，並且執行一個把會員國聯結起來的監理結構。歐盟愈來愈認為自己是一個一統的國家，以布魯塞爾作為它在危機時期的決策之都。歐盟會員國經常對應該怎麼處事有激烈的分歧——始於

2009 年的歐元危機，在後來的六年裡幾乎使歐盟分崩離析——但他們總是彼此坐下來作深入的討論。

然而，衛生事務是為數不多、仍然由各國政府獨自負責的問題之一。每個國家的政府都管理自己的醫院，採購醫療用品，決定何時宣布公共衛生緊急狀態，並且決定實施哪些限制。歐盟在這方面沒有太多權力或管轄權[1]。2020 年，這個盲點將產生一系列問題，既反映出歐盟作為一個會員國統一實體的獨特安排，也反映出疫情本身的災難性影響。

1 月 17 日，另一個歐盟機構——歐盟執行委員會衛生安全委員會（European Commission's Health Security Committee）——召開電話會議，向會員國簡要報告此一病毒。不到一半會員國（27 國中的 12 個）參加這個電話會議。義大利並沒有參加；羅馬當局不認為這是一個優先事項。但情況很快就改變了。1 月 30 日，兩名中國遊客在羅馬檢驗出陽性時，義大利政府立即採取行動，取消飛往中國的航班，並要求召開歐盟衛生部長緊急會議。緊急會議卻拖到 2 月 13 日才召開——擔任歐盟理事會（EU Council）輪值主席國的克羅埃西亞政府因國內爆發醜聞事件無暇召集會議——但沒有人認為延遲開會是一個大問題。沒什麼好急的嘛！此外，當時歐盟專注於處理更緊迫的問題（至少當時是這麼認為）。經過三年半的談判，具有 47 年會員國身份的英國，於 2020 年 1 月 31 日正式脫離歐盟。一個新的時代即將開始——儘管這不是他們所預期的時代[2]。

隨著武漢疫情惡化，歐盟派送 50 噸防護裝備給中國[3]。歐洲官員對此並未張揚，主要是出於對中國當局的尊重。據報導，法國總統馬克宏告訴一名幕僚，中國官員會記住歐洲的善意和援助的態度[4]。儘管義大利出現感染病例，但其他歐洲官員仍不認為冠狀病毒是一個大問題。2 月 7 日，歐盟對外關係高級代表荷瑟・波瑞爾（實際上即歐盟的外交部長）在就任新職後首次訪問華府，與國務卿龐培歐以及庫什納會面。他們談到了中東和平計畫、伊朗和非洲。他和他的美國同僚都沒有提到 COVID-19[5]。

　　2 月 14 日，中國派出一個小型代表團參加慕尼黑安全會議（Munich Security Conference），這是一年一度的歐洲和美國國家安全事務菁英一千多人的聚會。中國代表團由外交部長王毅和全國人大外事委員會主任委員傅瑩率領，傅瑩在北京政權與西方政策菁英的互動中也扮演領導角色。中國代表團在討論科技和中國「一帶一路」倡議的會議上，一再與美國由兩黨人士組成的代表團發生衝突，王毅和傅瑩分別與龐培歐和美國眾議院議長南希・裴洛西（Nancy Pelosi）唇槍舌劍、針鋒相對。歐洲人對美中分歧如此深刻十分震驚，這似乎蓋過了其他一切議程。冠狀病毒也不是主要討論重點。這個問題擺到在小組舉辦的健康安全專門會議去討論，上不了主要檯面。在 3 月份大西洋兩岸都實施封鎖措施之後，回想起來，美國與會代表不免忖想，他們參加會議是否冒了太大的風險。情況比他們知道的還要糟糕：在會議開始前幾天，病毒學家發現兩名受感染患者之間的病毒發生了微妙的突變，

這證明了1月下旬在慕尼黑的一家汽車工廠已經發生症狀前傳播[6]。病毒已經出現在慕尼黑。會議主辦單位與當局還有世衛有密切的合作，但純粹出於運氣，會議沒有變成超級傳播事件源頭，感染來自世界各地的領袖、國防部長和資深國會議員。

病毒很快開始在義大利最富裕、也擁有最先進醫療照護系統的倫巴第地區（Lombardy）蔓延開來。2月23日，發現130多起確診病例後，政府動員軍警封鎖了11個城鎮。兩週後，義大利政府又封鎖了整個國家，但封鎖計畫過早地洩露出去。結果，成千上萬的義大利人從感染集中的北部地區逃往南部地區[7]。同時，義大利人認為歐盟在幫助他們抗擊疫情和對付經濟影響方面做得太少。歐洲中央銀行總裁克里斯蒂娜‧拉加德（Christine Lagarde）[1]表示，「縮小利差」不是歐洲央行的職責，這個說法被視為是一個明確的信號，表明它不會出手解決義大利借貸成本不斷上升的問題。這下子義大利人炸鍋了，群情激昂[8]。義大利、西班牙和南部其他歐盟會員國對歐元危機抱有慘痛的回憶，當時德國和其他一些歐盟北部會員國，包括波羅的海國家和荷蘭，都實施了嚴格的財政緊縮措施，而南部各會員國則認為這是

1 譯註：出身美國貝克麥金錫律師事務所（Baker & McKenzie），1999年成為事務所第一個女性董事會主席，2005年從政，歷任法國外貿部長、農林漁業部長及經濟財政暨工業部長；2009年被《金融時報》譽為歐元區最佳財政部長。2011年，出任國際貨幣基金總裁；2019年11月出任歐洲中央銀行總裁迄今。

沒有道理、也不公平的作法。歐元危機使歐洲分化為債權國和債務國兩個陣營。隨著經濟恢復成長，緊張關係有所緩解，但它們仍然隱藏在表面之下，無論是在南方還是在北方，彼此都相互懷疑。拉加德發表評論後，義大利總統瑟吉奧‧馬塔雷拉（Sergio Mattarella）在電視台黃金時段向全國民眾發表講話，花了一點時間發出警告。在談到歐洲央行不願降低義大利的借貸成本時，他表示歐盟不應該設置障礙、阻礙義大利，他說：「我希望每個人都充分了解歐洲面臨威脅的嚴重性，以免為時已晚。[9]」

　　事實證明，整個歐洲大陸在 3 月份陷入一片混亂。歐盟嚴重缺乏口罩、呼吸器和其他關鍵物資，但它的領袖卻毫不警覺。一旦要掏錢採購，每個國家都爭先恐後，只管自己能否搶到貨。幾十年前，歐盟大多數會員國取消了它們之間的所有邊界，創建一個共同的旅行區，稱為申根區（Schengen Area）。現在各國又開始關閉邊界。德國政府是最早這樣做的國家之一。它還禁止醫療防護設備出口，只在極少數緊急援助狀況才不受此限[10]。柏林隨後積極阻止口罩通過德國運往奧地利和瑞士。一位德國高級官員告訴我們，外交部投入「一個巨大的領事事務」，試圖讓國民回國，同時就身在德國的歐盟公民返回本國的過境權進行談判。這等於是倒退回過去民族主義當道的時代。

　　3 月 3 日，馬克宏宣布他將「所有防護口罩的庫存和生產」國有化，以便分發給法國公民。但民眾大半都還渾然不覺。法國西北部小鎮朗岱諾（Landerneau）舉辦了一場活動，打破藍色小

精靈（Smurf）有史以來最大規模聚會的世界紀錄：3500 人身著藍色人體彩繪抵達，沿路載歌載舞、跳著康加舞。朗岱諾市長派垂克‧勒克萊爾（Patrick Leclerc）告訴法新社：「我們不能停止生活。這是個宣示我們還活著的良機。」據報導，一位與會者說：「沒有危險啊，我們是藍色小精靈。是的，我們要將冠狀病毒化為藍色小精靈。」[11]一天後，法國禁止所有超過 1000 人的集會。到了 3 月 14 日，包括餐館和咖啡館在內的所有非必要生意全都關閉。

　　口罩生產國有化是未來即將發生狀況的預兆。3 月和 4 月，歐洲各國家相互競爭爭取基本設備和原料。歐盟約有 20% 的外科手術使用瑞典默恩呂克醫療用品公司（Mölnlycke）從亞洲進口的防護設備。默恩呂克公司供應南歐、比利時和荷蘭的發貨中心位於法國第二大城市里昂（Lyon）。法國政府奉馬克宏的指令，扣押里昂發貨中心全部 600 萬個口罩，這些口罩本來要運往義大利、西班牙、瑞士、比利時、葡萄牙、荷蘭和法國本土。這個動作惹惱了瑞典，瑞典採取一套自己的新方法來對付疫情，透過尋求群體免疫來避免封城或其他限制措施。瑞典總理史蒂方‧勒文（Stefan Löfven）直接找馬克宏交涉。一位瑞典官員告訴《愛爾蘭時報》（*Irish Times*）：「法國人經常高唱歐盟內部的團結。歐盟內部商品自由流動的真正基本原則卻被它推翻了。[12]」

　　瑞典人並不是唯一感到憤憤不平的人。我們在第四章提到，中國以經過協調一致的作法，利用抗疫援助來增加它在歐洲的影響力，相較之下，有些政府發現歐盟在這方面有所欠缺。塞爾

維亞正在談判要加入歐盟，亞歷山大‧武契奇總統（Aleksandar Vučić）在一場情緒激動的記者會上，痛批限制措施，他說：「唯一可以幫助我們的國家是中國……到現在為止，你們都明白歐洲的團結根本不存在。那只是寫在紙上的童話故事。我相信我的好兄弟、好朋友習近平，我相信中國的幫助。[13]」

　　為了對付歐洲爆發疫情的第一個熱點，義大利官員也對歐盟心存怨恨，對中國抱持正面態度。義大利外交部長路易吉‧迪馬友（Luigi Di Maio）發布一段短片，歡迎中國飛機載運援助物資抵達，這動作被視為是責怪歐盟[14]。義大利駐歐盟常任代表在報紙輿論版投書寫道：「義大利已經要求啟動歐盟公民保護機制（European Union Mechanism of Civil Protection），提供醫療設備保護個人。但不幸的是，沒有一個歐盟國家響應歐盟執委會的呼籲。只有中國做出了雙邊回應。當然，這不是歐洲團結的好現象。[15]」

　　在義大利人看來，危機正在蔓延，可是歐盟似乎對幫助義大利漠不關心。民意調查機構泰克尼（Tecnè）3 月份進行的一項調查發現，67% 的義大利人認為加入歐盟是沒有好處的，高於 2018 年的 47%[16]。負責疫情危機管理的歐盟執委會委員詹尼斯‧連納齊克（Janez Lenarčič）[2] 後來告訴《衛報》（*The Guardian*）：

2　譯註：斯洛維尼亞外交官，2019 年派赴歐盟執委會，在烏蘇拉‧馮‧德萊恩主持的執委會擔任本國的委員代表。2020 年 3 月初，馮‧德萊恩指派他負責 COVID-19 疫情危機處理。

「沒有一個會員國回應義大利的請求和執委會的求助呼籲……這意味著，不僅義大利沒有準備……也沒有任何國家做好準備……對義大利的要求沒有回應與其說是不團結，不如說是器材設備不足。[17]」

3月16日，馬克宏向法國民眾發表講話。他告訴他們，「我們正在與一個看不見、難以捉摸的敵人交戰。」法國人只有在必要的情況下才被允許離開家門，並且在警方查問時必須出示帶有時間戳記和簽名許可的文件。馬克宏在2017年與他所屬的社會黨決裂，成立自己的政黨，高舉毫不含糊的親歐盟政綱競選，進而贏得總統大位。在他之前的兩位總統都未能連任成功，2020年2月馬克宏的個人支持率也一直徘徊在30%出頭的低水位[18]。部分是因為這個原因，部分是因為他懷抱一個征服一切的年輕人的信心和野心，馬克宏充滿了使命感──自認為他有責任和歷史義務把歐盟轉變成一個真正的超級大國。COVID-19大流行從根本上威脅到這一願景。3月間，馬克宏環顧四周，驚恐地發現一個又一個歐盟會員國走自己的路，絲毫不在乎他們的決定會如何影響到其他國家。即使是德國總理梅克爾，在她針對疫情對德國構成的挑戰向全國發表、令人動容的講話中，也沒有提到歐盟[19]。

不僅僅是義大利和法國。歐洲在疫病大流行的頭兩個月普遍受到重創。在西班牙，經過3月初的一系列群眾集會後，全國病例暴增；到了月底，西班牙死於新冠病毒的人數超過了義大

利[20]。

　　然而，並非所有歐盟會員國都將 COVID-19 視為嚴重威脅。瑞典政府遵循公共衛生機構「公共衛生署」（Folkhälsomyndigheten, FHM, Public Health Agency of Sweden）的建議，從一開始就採取了實質上的群體免疫策略。瑞典公共衛生署反對經濟封鎖，維持酒吧、夜店、餐館和健身房的開放。瑞典公共衛生官員甚至拒絕採取最微弱的措施來遏制病毒散布。瑞典是世界上唯一沒有在 2020 年全年強制或要求有限度佩戴口罩的民主國家。與此同時，政府也沒有建立與其他富裕國家類似、強大的接觸者追蹤或篩檢制度。這項實驗似乎失敗了：到 8 月中旬，20%（最多）的人口產生抗體——與達到群體免疫所需的 70% 相去甚遠。6 月中旬，瑞典的死亡人數占總人口的比例在世界上排名第五，死亡人數超過 5000 人[21]。這樣做也沒有明顯的經濟效益。瑞典的經濟在 2020 年第二季下降了 8.7%，是其周邊地區降幅最大的（丹麥下降 7.4%，挪威下降大約 7%，芬蘭下降 3.2%）[22]。

　　中歐和東歐的大部分國家——包括捷克共和國、匈牙利、波蘭和斯洛伐克——起先大多逃過一劫，因為它們比起西歐更快關閉學校和非必要的商業活動[23]。然而，我們將在第十二章提到，他們的運氣不會持久——其中一些國家將在六個月後的第二波疫情肆虐中受到最嚴重的打擊。

　　然而，第一波疫情中至少有一個傑出的成功故事：德國。歐盟人口最多的這個國家和最大的經濟體，似乎已經控制住局

勢，並且能夠拉平曲線。德國政府設置一個全面的跟蹤和追蹤系統，自各行各業召募來數千人，組成一支名為「圍堵偵察員」（containment scouts）的小型單位追蹤接觸者的足跡。任何人只要在距離感染者六英尺範圍內超過 15 分鐘，都將安置於國家規定的檢疫隔離區，追蹤者每天都會與受追蹤者聯繫，必要時並安排將日常生活必需品送到府上。6 月份啟動的接觸者追蹤應用程序在一個月內被下載了 1600 萬次。德國是測試篩檢的先行者，執行量遠遠超過其他歐洲主要國家，不過這些國家稍後也追趕上來。由於經過這些努力，德國成功地拉平了曲線。到 6 月，德國每 10 萬居民中有 10.3 人死亡，而法國為 43.0 人，義大利為 55.4 人，英國為 57.9 人。新感染人數在 4 月份達到每天 5595 人的高峰（七天滾動平均值），到了 7 月份已下降到 344 人[24]。

在歐洲的其他地方，很大一部分問題出在，我們已經提過的，醫療照護是歐盟幾乎毫不參與的少數政策議題之一——它完全由各國政府自行負責。儘管歐盟會員國在結合主權和合作方面具有豐富的經驗，但它們在衛生方面幾乎沒有這種經驗。不過，他們很快就學會了。危機發生幾週後，德國意識到法國阿爾薩斯地區（Alsace）的居民更接近於德國醫院、而非法國醫院。他們提議由德國萊茵蘭－普法茨州（Rhineland-Palatinate）、巴登－符騰堡州（Baden-Württemberg）和薩爾州（Saarland）收治 COVID-19 患者。這一姿態具有真正的象徵價值。這表明歐洲人

可以共同對抗疫病[25]。

　　歐洲領導者意識到 COVID-19 可能會摧毀他們自近三十年前歐盟成立以來所得到的一切成果。歐盟執行委員會主席烏蘇拉・馮・德萊恩（Ursula von der Leyen）[3] 承認「我們已經要陷入深淵」[26]。歐元集團（Eurogroup）主席馬里歐・申特諾（Mario Centeno）[4] 警告說，歐元區[5] 面臨解體的風險。德國總理梅克爾承認，「歐盟正面臨它成立以來最大的考驗」[27]。她說，挑戰「將證明我們已經準備好保衛我們的歐洲，並強化它」[28]。西班牙總理佩德羅・桑切斯（Pedro Sánchez）警告說，如果歐盟不能對付冠狀病毒的挑戰，「我們作為一個聯盟將會失敗」[29]。他寫道：「我們已經到了一個關鍵時刻，即使像西班牙這樣最熱情支持歐洲的國家和政府，也需要證明它是真正的承諾。[30]」馬克宏告訴《金融時報》，「我們正處於關鍵時刻，要決定歐盟究竟是政治實體還是市場組織。我認為它是一個政治實體……我們需要資

3　譯註：德國總理梅克爾倚重至深的副手，曾任德國第一位女性國防部長，也是基督教民主聯盟黨副黨魁，一度呼聲極高將接棒在梅克爾之後出任德國總理。不過，她在 2019 年獲選為歐盟執委會主席。

4　譯註：曾任葡萄牙財政部長（2015 年 11 月至 2020 年 6 月），並兼任歐元集團主席（2018 年至 2020 年），在 2020 年 7 月卸下歐元集團主席後，出任葡萄牙中央銀行總裁。

5　譯註：歐盟在英國退出後有 27 個會員國，其中 19 個國家採用歐元為官方貨幣，形成所謂的「歐元區」。歐元集團是這 19 個國家財政部長的集合體，負責掌控歐元。

金轉移和團結,唯有如此,歐洲才能夠堅持下去。[31]」就在 4 月的這個時刻,法國和德國開始認真規畫歐盟的共同應對。至關重要的是,許多以前持懷疑態度的德國人明白,義大利、西班牙和其他受疫情嚴重影響的國家並沒有錯——這與 2008 至 2009 年的金融危機形成鮮明對比,當時德國人傾向於責怪負債國家害他們陷入困境[32]。

我們將在第七章說明,歐洲中央銀行以類似美國聯準會的方式,透過購買私人資產,在支撐歐洲經濟方面扮演重要角色。但在 5 月初,即使是這一策略也處於危險之中,德國憲法法院有一項極其重要的判決實際上限制了德國聯邦銀行(Bundesbank)、即德國中央銀行購買債券的能力——連帶影響到歐洲央行的購買能力[33]。訊息很明確:不要指望歐洲央行挽救局面;政客也需要採取行動。5 月中旬,梅克爾和馬克宏聯合出面,推動設立 5000 億歐元的復甦基金,基金將由歐盟執委會在債券市場借款籌集。這是真正跨越盧比孔河(Rubicon)的時刻,德國人現在接受了他們長期以來反對的東西——即歐盟需要有自己的共同債務。它被稱為「漢密爾頓時刻」(Hamiltonian moment),美國第一任財政部長亞歷山大·漢密爾頓(後來成為一部轟動一時的音樂劇的主角人物),他安排新立的國家承擔美國各個州的債務,以換取共同化債務(換句話說,他創造了國債)——這項意義重大的行動,將年輕的合眾國變成了一個實實在在結合在一起的國家。愛爾蘭財政部長巴斯嘉·杜諾荷(Paschal Donohoe)[6] 將歐洲

的這項行動描述為「一個由必要性驅動的想像時刻」（34）。

這項協議並沒有在各方面都符合各個國家的期望。債務共同化不適用於未償債務，而且它只是臨時的措施——只限於危機期間。歐盟也無權對其公民徵稅。儘管如此，這是向前邁出的重要一步。

如果英國仍然是歐盟的會員國，法國和德國消除過去的分歧、並邁向漢密爾頓時刻的努力，或許是不可能成功的。英國過去曾否決過類似的條約，包括在 2011 年，當時的英國首相大衛·卡麥隆（David Cameron）孤軍奮鬥，反對一項拯救歐元的條約。但是英國現在退出歐盟，卻又出現新的反對者，其中包括一個被稱為「節儉四國」（Frugal Four）的團體——荷蘭、奧地利、丹麥和瑞典——唯有復甦基金以貸款的形式出現時，他們才肯接受它。經過漫長而艱難的談判，他們終於被說服接受妥協方案，保留債務共同化這個核心理念不變。

協議達成後，前景突然變得光明起來。歐洲大陸似乎即將度過疫病最嚴重的階段。歐洲人在夏天都回到工作崗位，回到咖啡館和餐館，並且休假。疫情熱點仍然存在——西班牙北部新爆發疫情，東南歐部分地區（克羅埃西亞、保加利亞、馬其頓和塞爾維亞）也爆發疫情——但這些似乎是例外，而不是常態。CNN

---

6 譯註：於 2017 年擔任愛爾蘭財政部長，並自 2020 年 7 月起接替馬里歐·申特諾兼任歐元集團主席。

的一篇旅行報導提到：「現在到希臘許多地方旅遊，幾乎就像到
一個從未發生過 COVID-19 的國家旅遊一樣。[35]」這種情況與
確診病例持續上升的美國形成鮮明對比。歐洲人對此有一種解
釋。羅伯·柯赫研究所（Robert Koch Institute）是德國相當於美
國疾管中心的機構。它的所長洛塔爾·維勒（Lothar Wieler）教
授表示，情況有所改善，「我們許多公民改變了他們的行為模式，
阻止了第一波疫情。[36]」然而，我們也將在第十二章中說明，
這種成功不會比歐洲的夏天持續更久。

東亞的成功

　　台灣距離中國只有 110 英里，但它設法阻止了 COVID-19 在
島上立足。台灣外交部長吳釗燮將台灣在 2020 年能夠有效對付
疫情，歸功於他們在 2003 年對付 SARS 的寶貴經驗，當年有 668
個確診病例和 181 人死亡。他回憶說：「我們受到重創，但是我
們汲取了教訓。[37]」新機構隨後建立起來。台灣疾病管制署是
全世界唯一一個在 12 月就監測到中國網路上謠言紛飛的衛生機
構，得出結論認為武漢所爆發的疫情可能是一種新的流行病。這
就是為什麼台灣在 12 月 31 日向世衛發送電子郵件，警告「非典
型肺炎」重現。不幸的是，沒有人理會台北的警告，包括美國在
內（美國官員後來對此表示遺憾）。

　　即使在這麼早期，台灣政府也開始變得非常緊張。1 月 11 日

全國大選臨近，估計會有數萬人參加選前各種造勢集會。但是當局認為，他們可以透過對來自武漢的旅客進行篩檢來遏制威脅，而北京無意中讓這項工作變得更容易。2019 年，為增強對台灣的壓力，中國停止發放中國公民赴台灣自由行的旅遊簽證。台灣的選舉順利進行。台灣隨後於 1 月 12 日至 15 日派公共衛生專家前往武漢，這些專家都受過美國疾管中心的訓練。但是他們對無法進入現場深感沮喪。更糟糕的是，當他們試圖將所知情況轉達給世衛組織時，後者卻因為害怕得罪中國，拒絕承認或發布這些警告⁽³⁸⁾。

到了農曆新年，1 月 25 日，台北已經高度警戒。政府各部門動員起來，統一應對疫情。衛生部長每天都會進行一次新聞簡報，這更增強了民眾已經高度的信任。台灣迅速創造科技工具，使它能夠避免全面封鎖。台灣政府與行動電話營運商合作，以 GPS 為基礎的智慧電子圍欄系統，每十分鐘對所有被隔離人員的位置進行三角定位。如果有人脫離隔離區或在連續兩個時間段（20 分鐘）內無法找到，系統會自動向此人、警方和地方政府發送協尋通知⁽³⁹⁾。

隨著武漢危機的規模逐漸明朗，有些國家禁止台灣和中國大陸旅客前往旅行，理由是承認中國對台灣具有主權。與此同時，北京發動一場錯假訊息宣傳運動，聲稱台灣將病死者胡亂集體下葬和焚燒屍體，政府掩蓋真相。但是台灣以前也經歷過北京方面祭出這樣的伎倆，能夠將它們擊退。他們開始以雙邊方式與其他

國家接觸，提供幫助和建議，向海外發送的口罩比中國還多——而且沒有任何附加條件。台灣外交部在網上使用 #TaiwanCanHelp 的標籤[40]。

韓國是另一個初期處理成功的案例。1 月 20 日，美國和韓國都通報了首例 COVID-19 確診病例。一個月後，韓國成為中國以外確診人數最多的國家，韓國總統文在寅公開為韓國口罩短缺道歉。當病毒在世界各地蔓延時，韓國開始啟動應對方案。韓國在 2015 年經歷過中東呼吸症候群（MERS），這是一種在中東從駱駝傳染給人類的人畜共患病毒。除了沙烏地阿拉伯以外，韓國的病例數比任何國家都多，有 36 人死亡。因此，政府修訂公共衛生法律，並實施了全面立法，採用「檢測、追蹤和隔離」方式來對付未來的流行病。《華爾街日報》後來將韓國在圍堵 COVID-19 方面的成功歸因於「對失敗懷抱持續的恐懼感」[41]。

隨著新型冠狀病毒威脅的加劇，韓國迅速將這些計畫轉化為行動。在第一例 COVID-19 確診病例發生後不到一星期，衛生官員即與 20 家醫療和製藥公司人員開會，啟動試劑的生產和通過核准。大約兩星期後的 2 月 4 日，政府批准並分發了能夠在六小時內有結果的試劑。危機爆發僅一個月後，韓國就開始了免下車篩檢，後來成立了數十個站點。到了 3 月初，韓國已有 600 個篩檢中心，對 14 萬 5000 多人進行了篩檢，通常使用只需十分鐘的快篩。幾週內，韓國就有能力每天篩檢兩萬人，使它成為世界上最積極、最成功的篩檢策略。首爾還實施了一項非常積極的接觸

者追蹤計畫——每個去酒吧、夜店或電影院的人都必須在進入時掃描手機，以便當局知道在疫情爆發時如何跟蹤[42]。韓國的每一位確診患者，無論是否出現症狀，都被隔離在醫院或政府收容所接受治療。戴口罩也幾乎是全民普遍落實。

總而言之，這些措施使韓國能夠有效地阻止新冠病毒散布，避免全國封城和隨之而來的經濟影響。整個春季和初夏，韓國的生活開始正常化。許多學校重新開放。公共游泳池、藝術畫廊和海灘也開放，不過防疫規定並不放鬆。4 月份，2900 萬韓國人在全國選舉中投票——這是三十年來最高的投票率——卻沒有出現任何一個 COVID-19 傳播病例。11 月，成千上萬的球迷擠滿了全國的棒球場，觀賞季後賽[43]。

韓國的疫情控制與美國的經驗形成鮮明對比。從 4 月到 9 月，韓國平均每天只有 77 個新病例，而美國同一時期每天平均為 38000 例；即使考慮到韓國人口是美國人口的六分之一，這兩個同時遭受疫情衝擊的國家之間的差異也非常顯著。2020 年，美國的 COVID-19 死亡率是韓國的五百多倍。雖然美國出現巨大衰退——經濟在 2020 年萎縮了 3.5%——但是韓國經濟估計萎縮不到 1%[44]。

雖然台灣和韓國在危機一開始就設法控制住病毒，但日本在 COVID-19 方面的初期經驗卻讓它在全世界人面前丟人現眼。1 月 20 日，載有日本、阿根廷、澳洲、加拿大和英國觀光客的英國郵輪「鑽石公主號」（*Diamond Princess*）駛離日本橫濱港。

一名來自香港的乘客後來經過檢測對 COVID-19 產生陽性反應。
他的感染引爆疫情——624 名乘客和船員（約占船上所有人員的
20%）在三週內感染了病毒——導致郵輪返回橫濱，並進行檢疫
隔離。船上情況陷入一片混亂。健康的人和病人之間沒有適當的
分隔。兩週後，日本當局允許篩檢陰性反應的 1000 名乘客離開。
問題是檢測結果並不可靠——潛伏期至少為五天——所以乘客可
能在船上被感染，但在下船後才呈現陽性反應。日本的決定受到
美國和香港官員的譴責[45]。

　　由於國際法中一個鮮為人知的漏洞，「鑽石公主號」是在
眾多郵輪中，第一艘竟滯留在海上、無法靠岸的船隻：上了船的
旅客已經跨出國界，如果他們患上傳染病，各國政府可以拒絕他
們入境。在此期間，另一艘郵輪「威斯特丹號」（Westerdam）也
在南海各地徘徊，被日本、菲律賓和泰國拒絕入境。最後，它被
允許在柬埔寨停泊，並且受到總理親自歡迎——這一舉動被世衛
稱讚為代表國際團結的行為（儘管乘客受歡迎上了岸並沒有戴口
罩，也沒有遵守社交距離）。其中至少有一名乘客後來前往馬來
西亞，在那裡她出現症狀，並檢測出陽性結果。

　　鑽石公主號的災難倒是給日本帶來了一線希望：它確保了在
疫情散布的初期階段全國對病毒的高度關注，而日本的專家也利
用他們接觸這艘船的機會更深入了解病毒。早期的這一接觸帶來
了回報。日本借鑒對鑽石公主號事件的研究，採取了所謂的「三
C 戰略」，敦促民眾避免封閉空間（closed spaces）、擁擠場所

（crowded places）和近距離接觸的環境（close-contact settings）。
這種方法，再加上全民戴口罩，日本於 4 月 7 日實施自願全國封
鎖，以及九天後宣布全國進入緊急狀態，有助於防止日本出現嚴
重的第一波疫情[46]。

　　日本最初針對疫情的反應——以及它的相對成功（先不談鑽
石公主號事件）是不正常的。與韓國不同，日本實質上並沒有實
施篩檢的基礎設施。到 5 月，它僅對 0.185% 的人口進行了測試。
而且與中國不同的是，由於擔心重現過去日本帝國時代的高壓統
治，日本政府在法律上很難下令實施全國封鎖。因此，日本對
COVID-19 的反應是高度自律的——人們之所以遵守，是因為這
是正確的作法，是因為他們的鄰居也都遵守。在疫情肆虐的最初
幾個月，由於民眾嚴格遵守政府所建議的保持社交距離，面對面
的人際社交互動下降了 70 至 80%。5 月 26 日，安倍晉三首相解
除了全國緊急狀態，幾週後又得意洋洋地向美國公共電視廣播網
「新聞時段」（PBS NewsHour）表示，日本已經「控制住（病毒
的）傳播」[47]。

　　安倍的話說得太早、太滿了。隨著生活恢復正常，相撲比賽
和棒球比賽紛紛上陣，病例再度開始攀升。事實證明，政府的重
新開放策略不當，以及特別著重振興國內經濟，代價高昂。矛盾
的訊息傳遞也是一個問題。初夏，日本政府發起「旅行去吧」（Go
to Travel）運動，鼓勵國內旅遊，以期提振日本觀光旅遊產業。
這項計畫於 12 月中止，因為它帶動 COVID-19 感染增加。到了

8月，日本重重陷入第二波疫情之中，雖然沒有第一波那麼嚴重。不久，安倍首相因健康不佳突然辭職，日本頓失領導中樞（安倍是日本在任時間最長的首相）。安倍首相針對 COVID-19 成立的專家諮詢小組負責人尾身茂[7] 在夏天時向《金融時報》承認，韓國和台灣的應對比日本好，因為它們曾經受到 SARS 和中東呼吸症候群的影響，更加警覺。他說，日本已經做好了準備，但沒有像台韓準備得那麼好[(48)]。

亞洲地區也有其他的成功案例。譬如，越南在1月下旬果斷而迅速地因應，關閉學校，暫停飛往中國的航班（儘管面臨壓力要求它不要禁航），並且開發了早期有效的診斷測試。這些措施在幾個月後被其他國家採用，而其中許多措施越南在1月中旬召開對付 COVID-19 的戰略會議中進行了辯論。越南也運用政府權力採取預防措施，強調大規模的接觸者追蹤、嚴格的封鎖和隔離設施（從1月下旬到5月收容了20萬人），而不是採行更昂貴的大規模篩檢制度（如韓國），因為後者需要的基礎設施和費用超出越南的能力。在2月和3月的22天期間，越南沒有記錄到任何一宗 COVID-19 的新感染病例。儘管越南人口超過9500萬，並且與中國地理位置非常接近（越南與中國有800英里的共同邊界），但直到2020年7月31日，越南才首次出現死於

7　譯註：長期在世衛任職，曾任世衛西太平洋地區總監，2006年被推荐進入世衛總幹事候選人決選名單之列，但最後以一票之差由陳馮富珍勝出。

COVID-19 的病例。與韓國和台灣一樣，先前的經驗很重要。河內的反應是越南於 2003 年抗擊 SARS 所得來的經驗[49]。

遙遠的島國紐西蘭直到 2020 年 2 月 28 日才記錄了第一起 COVID-19 案例，但政府於 2 月 2 日就開始制訂和實施全國冠狀病毒應對措施，時間就在世衛將病毒視為全球衛生緊急情況幾天之後。紐西蘭政府嚴格遵守世衛關於檢測、接觸者追蹤和隔離的建議。雖然方法有時候很嚴厲——紐西蘭在 3 月下旬實施全國封鎖，當時確診病例數低於 100——但是紐西蘭的「早早啟動、強硬對付」戰略證明是世界上最有效的戰略之一。紐西蘭擁有 500 萬人口，在 2020 年 2 月至 2021 年 1 月期間僅有 25 人死於 COVID-19。它還能夠在夏季重新開放經濟，並且締造連續 102 天內沒有出現任何病例的「+0」紀錄。紐西蘭成功的原因有很多，首先是它持續不斷關注對緊急事件的管理。雖然紐西蘭在緊急事件管理方面的背景是源於自然災害（野火和地震），而不是疾病，但是紐西蘭長期以來一直致力於成為一個「具有抗災能力的國家」。當政府要求公民「作為一個 500 萬人的團隊團結起來」、抗擊 COVID-19 時，它可以借鑑遵守緊急規範和採取集體行動的強大傳統[50]。

在大多數情況下，亞洲和大洋洲的國家比世界其他地區國家更高明地對付這一流行病，但它們也表現出明顯的落差。值得注意的是，大多數國家在沒有實施全國封鎖的情況下成功控制住疫情（紐西蘭是一個例外），它們偏好將廣泛的篩檢與積極的接觸

者追蹤計畫結合起來，並且有針對性地進行檢疫隔離、將感染者隔離。幾乎所有國家都採取極端的旅行設限政策，即使他們的病例數非常少，也將他們的國家與世界其他地方（當然是受感染的地區）隔離開來。最重要的是，先前在疾病方面面臨危機和失敗的經驗，意味著他們已經經歷了必要的政治改革過程。世界其他地區理論上已經做好準備，而亞洲的成功國家則在不同程度上已經做好了心理上的準備。

民族主義者

全球在過去十年變得更加傾向於民族主義，許多民族主義領導人往往被相提並論。可以肯定的是，他們之間有相似之處：他們往往對菁英持懷疑態度；他們全力維護國家主權；許多人是氣候變遷懷疑論者；他們都與川普政府關係良好。但是 COVID-19 也揭示了一些重要的差異。他們幾乎全都陷入掙扎，儘管方式不同。有些人，例如巴西總統波索納洛，仿效川普的作法，淡化病毒的嚴重性，為緩慢、不一致和不協調的政府應對創造了條件。其他人，例如印度總理莫迪，早早就採取自信的行動，沒有諮詢專家的意見或制訂連貫的計畫。在以色列，本雅明・納坦雅胡總理（Benjamin Netanyahu）也早早採取果斷的行動，但隨後過早地鬆開了油門，並且對由此產生的疫情激增，管理嚴重失當。英國首相強生與波索納洛、川普一樣，最初也對這種病毒掉以輕

心，在英國的應對措施慘遭失敗以及他本人感染 COVID-19 之後，他才轉向更加積極的態度。澳洲總理史考特・莫里森（Scott Morrison）是一位因為與川普關係密切，有時候被列入民族主義者之列的領袖，他實際上積極迎戰，擁有各國最好的表現成績之一。

　　巴西於 2 月 26 日確認了拉丁美洲第一個 COVID-19 病例（患者是一名從義大利回國的巴西男子）。幸運的是，狂歡節嘉年華慶祝活動最近才結束，當時數以百萬計的人聚集在街頭和酒吧。在所有拉丁美洲國家中，巴西在應付流行疫病方面似乎處於獨特的有利地位。它有一個全民醫療照護系統，包括一個強大的以社區為基礎的初級保健計畫，這項計畫也覆蓋原住民社區。巴西官員在處理其他傳染病方面表現不惡，特別是影響未出生嬰兒的茲卡病毒和愛滋病毒／愛滋病。他們甚至還有一位精力充沛、十分能幹的衛生部長路易斯・恩里克・曼德塔（Luiz Henrique Mandetta）[51]。他們只有一個問題：那就是波索納洛總統。

　　這位巴西總統於 3 月初前往佛羅里達與川普會面。幾天後，巴西代表團的幾名成員被檢驗出對新冠病毒呈陽性反應，其中包括他的新聞秘書。波索納洛稱這種致命病毒是「一種幻想」和「微不足道的感冒」，不值得實施經濟封鎖[52]。與美國的情況一樣，巴西的全國因應措施實際上委託給 27 個州的州長，將公共衛生措施交由地方處理。各州發布居家隔離令，波索納洛卻指斥它們是「焦土」政策，將會摧毀仍在從 2015 至 2016 年金融危機中復

甦的巴西經濟。整個 3 月和 4 月,波索納洛破壞疫情因應措施的努力似乎無休無止。他發布了一項行政命令,剝奪各州限制行動自由的權利(這道命令失敗)。波索納洛因為曼德塔批評他回應措施不足而將這位衛生部長免職,使得衛生部群龍無首。到了 3 月下旬,巴西城市居民開始抗議波索納洛政府對流行病的應對無方,每天晚上八點三十分左右在窗戶外敲鍋打碗以示抗議。隨著巴西的死亡人數飆升,這種情況持續了好幾個月[53]。

巴西很快就成為區域疫情震央。到 5 月,它有超過十萬個確診病例和一萬人死亡。可是波索納洛依然鼓勵他的支持者不理睬居家隔離令——他們擠滿了巴士,參加他召集的群眾集會。後來,波索納洛本人在 7 月中旬感染了 COVID-19,但這還不足以讓總統感到羞恥,迫使他遵守世衛的指導方針。雖然受到感染,有人發現波索納洛沒有戴口罩,與其他人交談。到了 10 月,巴西確診病例超過 500 萬大關,死亡人數達到 15 萬人,僅次於美國,居世界第二位。波索納洛並沒有被嚇倒,反而變本加厲呼籲巴西人「不要再當個娘娘腔的國家」[54]。他說,畢竟,「總有一天,我們都會死的嘛。[55]」

儘管如此,他在民眾心目中受歡迎的程度並沒有受到影響。這一年年底波索納洛締造他個人有史以來最高的支持率:37% 的巴西人認為他的表現傑出或良好,33% 的人則認為他的表現不好或很糟糕,28% 的人則表示普通。超過一半的巴西人(52%)認為他不應為 COVID-19 的病患死亡負責。乍一看,波索納洛

受支持的數字似乎令人費解。但是美洲協會（Americas Society）[8] 和美洲理事會（Council of the Americas）[9] 的布萊恩‧溫特（Brian Winter）指出，波索納洛實際上利用這場危機：每月提供 115 美元補貼給全國半數人民，使得每天生活在 2 美元或以下的公民人數減少了一半。寬鬆的封鎖措施也意味著經濟萎縮——根據國際貨幣基金的數據，巴西經濟在 2020 年萎縮了 4.5%——比阿根廷和秘魯等其他拉丁美洲國家要溫和。與美國一樣，許多工人階級公民認為封鎖使特權階層受益，後者可以在家工作[(56)]。

在地球的另一端，印度起初似乎相對不受疫病的影響，到 3 月的最後一週，這個擁有近 14 億人口的國家僅有 500 個確診病例。然後，在 3 月 24 日，莫迪總理宣布了全世界最嚴格的全國封城措施——只提前四個小時通知民眾做好準備。這下子天下大

8　譯註：1965 年由大衛‧洛克斐勒（David Rockefeller）成立，是一個促進對拉丁美洲、加勒比海和加拿大所面臨的經濟、政治和社會問題作了解的文教組織。

9　譯註：1963 年大衛‧洛克斐勒應甘迺迪總統之請成立的組織，原名「拉丁美洲企業團體」（Business Group for Latin America），做為企業界對抗卡斯楚在拉丁美洲影響力的工具。1965 年改名為「拉丁美洲理事會」（Council for Latin America）後，會員成長到逾 200 家藍籌公司，代表美國民間企業在拉丁美洲的投資。今天的美洲理事會主張自由市場和私營企業是達成區域經濟成長最有效的工具。它一向支持自由貿易，對促成北美自由貿易協定（North American free Trade Agreement, NAFTA）和中美洲自由貿易協定（Central American Free Trade Agreement, CAFTA），出力甚大。

亂。數以千萬計的低工資農民工被困在印度的城市裡，回不了家。政府並沒有提供失業救濟金或食物，因此4億工人陷入貧困窘境。政府缺乏檢測或進行接觸者追蹤的能力。經濟活動實際上停止了，但對公共衛生幾乎沒有正面影響。儘管COVID-19病例穩步上升，但莫迪於6月1日又過早地宣布分階段結束封鎖，導致病毒不受控制地暴增。6月，確診病例數徘徊在20萬左右；一個月後，它幾乎增為四倍，達到72萬例。到了9月底，印度的病例數僅次於美國——超過600萬印度人感染了病毒（美國的確診病例數略低於700萬）。許多公共衛生專家認為，由於印度醫療照護系統的檢測能力有限，官方對COVID-19病患及死亡人數的估計僅占實際人數的一小部分（57）。

印度荒腔走板、混亂的反應完全吻合莫迪高度個人化的領導作風。所有與COVID-19相關的法令都由莫迪親自宣布，而不是由內閣閣員或執政黨其他官員宣布。疫情替從4月至9月期間停止舉行記者會和國會辯論提供有利的藉口。印度人民沒有空間質疑莫迪對疫情的處理，或是提出不同的見解。莫迪透過加強國家機關對報導全國疫情危機的記者施加恐嚇和審查的手段，來補強他的措施（58）。同時，莫迪試圖提高他在中上階層支持者中的地位，可是卻讓最弱勢的印度人在隨後的經濟衰退中陷入窘境。莫迪號稱撥出10%的GDP來激勵經濟——實際上只占GDP的1至2%——透過推進商業開採煤炭、提高外國人直接投資（FDI）在國防製造業的限額，將六座機場開放給民間參與公共建設競

標，以此加速公共資產的私有化。與此同時，東部比哈爾邦（Bihar state）是由莫迪的印度人民黨（Bharatiya Janata Party, BJP）執政，它承諾提供免費的 COVID-19 疫苗注射，但前提是人民黨要贏得選戰、連任執政[59]。

占印度全國人口 14% 的穆斯林成為 COVID-19 流行的替罪羔羊。對穆斯林社區的抹黑始於 4 月初，政府一名發言人將全國 COVID-19 病例增高，歸咎於 3 月中旬穆斯林傳教組織「傳道社」（Tablighi Jamaat）[10] 舉行了一場 8000 人的集會。「新型冠狀病毒聖戰」（CoronaJihad）這個主題標籤幾乎立刻在印度推特上瘋傳，有關穆斯林故意要讓印度教徒感染疫病的報導猛增。臉書、推特和 WhatsApp 群組瘋傳錯假新聞，這些報導聲稱穆斯林在食物中吐痰，在供水系統中下毒，或用舌舔餐具以散布新冠病毒。莫迪領導的人民黨政客也煽動陰謀論，聲稱傳道社事件是「塔利班式的犯罪」。這些報導反過來又引發了各界廣泛呼籲針對穆斯林經營的企業，進行社會和經濟抵制。禁止穆斯林進入印度教徒社區的海報不斷湧現，清真寺遭到襲擊變得司空見慣。有一段短片流傳，穆斯林男子因為在克里希納河（Krishna River）捕魚而遭到踢打和羞辱，襲擊者指控他們「散播疾病」。受新冠病毒啟發的「伊斯蘭恐懼症」（Islamophobia）不僅傷害了印度境內已經被邊

---

10 譯註：Tablighi Jamaat 直譯英文是 Society of Preachers，是一個伊斯蘭遜尼派的跨國宗教組織，號稱在全世界 150 個以上國家共有 1200 萬至 8000 萬信徒，被視為 20 世紀最有影響力的伊斯蘭組織之一。

緣化的穆斯林社區在物質上和經濟上的福祉，而且還阻礙了疫病
的防治工作，因為穆斯林害怕會受到虐待而躲開檢測站⁽⁶⁰⁾。

在以色列，另一位過於自信的國家元首也在拚命要做出有效
的回應。新冠病毒襲擊以色列的時候，以色列正陷入長期的政治
不穩定。3 月 2 日舉行了一年中的第三次選舉，以色列政壇仍然
在總理納坦雅胡的「聯合黨」（Likud Party）與前將領本尼‧甘
茨（Benny Gantz）領導的反對派「藍白聯盟」（Blue and White
bloc）之間僵持不下。隨著對疫情的恐懼日益加劇，納坦雅胡抓
住時機，以證明他在掌控全局，宣示在這個關頭更換領導者可說
是不能想像的敗筆。他描繪一幅可怕的圖畫，讓人想起「黑死病、
霍亂和西班牙流感」的恐怖情景。他在 3 月份的一次演講中說：
「我們的人民經頂住了猛烈的風暴。我們從法老王的統治下倖存
下來。雖然這場戰鬥將是艱苦和嚴酷的，但我們也將在新冠疫情
中倖存下來。」高級官員認為，這種立場觸及了以色列國民內心
深處的某種情愫——以色列人願意相信壞事可能會突然發生。作
為因應，以色列擁有一些天然優勢。它是一個小國，陸地邊界受
到嚴密的監控；95% 的旅客由同一個機場出入。以色列有先進的
醫療照護系統，首屈一指的後勤系統和全民強制性兵役制度⁽⁶¹⁾。

與此同時，以色列人並沒有一致支持實施嚴厲的封鎖。一個
與政府往來、有影響力的團體，包括大學校長和企業經營主管，
主張實行群體免疫政策，後來又以經濟為理由要求放寬限制。但
是，在確診病例數量相對於其他國家而言仍然較低的時候，納坦

雅胡採取了大膽的措施——關閉國家邊界，停止國際旅行，關閉非必要的商業活動，並實施嚴格的居家隔離令。來自美國的航班是更加棘手的問題。政府受到來自川普政府的壓力，要求以色列不要停止飛航班機。因此，以色列 50% 的新感染病例都來自美國。但是隔不了多久，這些航班也關閉了。以色列也成為第一個動員情報機關以進行國內病患追蹤的民主國家。由以色列國內安全局「辛貝特」（Shin Bet）主持的這項工作，利用反恐技術和儲存在名為「工具」（the Tool）的最高機密資料庫中的大量情報數據執行任務[62]。

初期的這些措施非常有效，以至於以色列幾乎沒有什麼曲線要拉平[63]。以色列的 COVID-19 病例數字仍然很低。到 3 月底，納坦雅胡的支持率達到 60%，這使他比競爭對手甘茨（現在是國防部長，並且根據權力分享協議成為「候任」總理）具有巨大優勢。納坦雅胡的政治利益和國家利益一開始幾乎是一致的。然而，它們很快就分道揚鑣了。納坦雅胡堅持由自己負責主持應對措施。他習慣於與情報和軍事機構打交道，這些機構迅速而準確地服從他的命令。他不太習慣召集無法迅速做出反應的文官機關。專家被他拒之門外或邊緣化。譬如，依靠安全部門的監控技術——可發送簡訊給與感染者距離過近的個人——意味著政府沒有開發一個文官負責的接觸者追蹤系統，這種系統使用受過培訓的人員在地方上爆發疫情時加以抑制。以色列一位衛生官員告訴我們：「科技只是全局的一部分。它提供了大約 30% 你所需要的

通知功能。你必須具備高效率的人員接觸追蹤能力。而且你必需非常快……我們從 3 月到 6 月浪費了三個月的時間，卻沒有開發出這種能力。」與此同時，以色列政府諮詢了台灣、韓國和亞洲其他國家對付疫情的官員。但他們並沒有按照建議採取行動[64]。

5 月下旬，納坦雅胡慶祝以色列的成功，敦促公民可以「喝杯咖啡或啤酒」，「放輕鬆、開心一下」[65]。學校重新開放，也允許大規模集會。從 6 月 15 日到 6 月 25 日，以色列各地舉行了兩千多場婚禮。但是這個國家的運氣很快就變了。到 7 月初，病例激增，以色列每日人均新病例率在全球居冠。納坦雅胡承認重新開放得太快，他說：「回想起來，作為試錯的一部分，可以說這個最後階段推出得太早了。」他考慮實施第二次全國大規模封閉，但直到 9 月底才實施。屆時，以色列已經達到了案件量的高峰──每天新增 9000 多個病例。《國土報》（Haaretz）政治分析員安謝爾·普費佛（Anshel Pfeffer）在 7 月寫道：「在這一點上，以色列的失敗在很大程度上似乎完全違反了它在應對危機方面所掌握的所有優勢。[66]」

如果你想了解為什麼由民族主義領導者帶領的一些國家，會比同樣由民族主義領導者帶領的其他國家表現得更好，英國和澳洲之間的對比特別具有啟發意義。這兩個國家都是島國，因此比起內陸國家更能控制自己的邊界。英國首相強生和澳洲總理莫里森都是中間偏右領導者，與川普關係友好，也不諱言他們的民族主義傾向。當然，強生領導英國退出歐盟，並對那些警告英國脫

歐的專家斥為推銷「恐懼計畫」。就莫里森而言，他是氣候變遷懷疑論者，喜歡抨擊「全球主義者」。然而，這兩個領導者以及他們的國家在因應疫情的方式上卻截然不同。在確診病例數和死亡人數方面，英國是世界上表現最差勁的國家之一。澳洲則是名列前茅的資優生。

2月，強生在英國脫歐下聲望極高，可是英國的醫學專家對他們戰勝病毒的能力和採取漸進式方法的風險，卻出奇的悲觀。自從 1 月 22 日中國當局承認國內疫情嚴重以來，英國醫學專家透過緊急狀況科學諮詢小組（Scientific Advisory Group for Emergencies, SAGE）和一些相關委員會，一直在針對 COVID-19 舉行會議，研商對策。然而，他們不斷拒絕採行中國實施的大膽行動，甚至拒絕佛奇和雷德菲爾德等美國衛生官員推動、卻得不到川普支持的措施。他們擔心為阻止第一波疫情採取大張旗鼓動作的付出，可能會減低英國在應對更巨大的第二波疫情的能力。他們拒絕了諸如禁止群眾集會之類的措施，理由是人們會聚集在較小的場所（奇怪的是，他們從來沒有考慮過當局也可以關閉這些地方）。

川普政府官員尤其震驚地看到英國淡化病毒的嚴重性，並認為群體免疫是一種可行的選擇。一位官員告訴我們：「我們認為他們瘋了。我們告訴他們，這將是應付疫情絕對毀滅性的方法。我們認為他們發神經，而他們認為我們才是神經病。最後，事實證明，我們比他們稍為正確一些。」

強生在 3 月 2 日才真正參與對付 COVID-19 的決策，他不願意採取可能會侵犯個人自由的行動。他過去曾經說過一段著名的調皮話：「《大白鯊》（*Jaws*）這部電影中真正的英雄是那位市長。一條巨大的鯊魚正在吃掉你所有的選民，他還決定維持海灘開放。」在疫病肆虐期間，這句調皮話又流傳開來，成為了解他人生哲學的參考[67]。結果是，英國在實施限制方面比其他歐洲國家慢得多。

到 3 月中旬，英國政府建議有症狀的人民待在家裡一個星期，老年人不要上郵輪。其他方面，變化不大。3 月 10 日至 13 日，15 萬人參加了喬汀翰賽馬活動（Cheltenham Race Festival），3000 名「馬德里競技隊」（Atlético Madrid）足球迷前往利物浦觀看歐洲盃足球冠軍聯賽。當時，馬德里已經處於部分封城狀態。喬汀翰和利物浦聯賽後來都被認為是超級傳播事件。在 3 月 12 日的記者會上，強生的首席科學顧問宣布一項全國「延緩」戰略，旨在實現漸進的群體免疫；英國首席醫療官員預測死亡率低於 1%。方案推出才一個週末就破功了。英國的頂尖大學預測，強生的延緩戰略可能會導致 25 萬人喪生，而且對減輕醫院的負擔無濟於事。3 月 16 日，強生改變主意，呼籲加強檢測，並且呼籲民眾避免去酒吧、餐館和不必要的旅行。一週後，英國進入全國封鎖狀態[68]。

封鎖才四天，強生本人的病毒檢測呈陽性反應。他後來住院並在加護病房住了幾天。與此同時，英國的緩慢應對仍在持續。

大規模的檢驗不足使英國遠遠落後於其他已開發國家及其歐洲盟國。路透社在 4 月初進行的一項調查發現，首相的首席科學和醫療顧問直到 3 月中旬才研究嚴格的封鎖措施，對委員會會議的審查發現，「幾乎沒有注意到要準備大規模檢測計畫」[69]。

到 4 月下旬，強生聲稱英國已經「過了病毒高峰」[70]。政府於 5 月推出分階段重新開放計畫，學校於 6 月開放。儘管人們擔心疫情會捲土重來，但英國的夏季重新開放還是成功了。確診病例數字保持平穩，牛津大學研究人員在開發 COVID-19 疫苗方面也取得了重大進展[71]。然而，我們將在第十二章說明，英國的好運就像歐盟一樣，不會持續下去。

與澳洲做個對比。2019 年 12 月中旬，接近南半球盛夏的時候，澳洲總理莫里森前往夏威夷度過一個計畫已久的假期。澳洲人口最多的新南威爾斯省（New South Wales）爆發森林大火，已經造成好幾個人死亡。很快地，推特上開始瘋傳，「史考蒂在哪兒」（#wheresScotty）和「你究竟神隱到何方」（#Wherethebloodyhellareyou）。澳洲人對總理在日益嚴重的危機期間竟然出國度假感到憤怒。氣溫達到華氏 107 度（攝氏 41.7 度），似乎在第一時間就打臉莫里森對氣候變遷的長期懷疑。他提前從夏威夷回國，但他仍然因為做得不夠而備受譏笑。到危機結束時，森林大火已經摧毀了 4600 萬英畝土地，燒毀了 3500 棟房屋，並導致 33 人死亡。此外，還有 400 人死於與吸入濃煙有關的呼吸系統疾病[72]。

　　思想保守和信教虔誠的莫里森經常被人與川普、強生和波索納洛列為同類。但是，森林大火帶來的政治痛苦，以及在一個受創的國家，普遍認為他反應遲鈍，將對莫里森產生變革性影響，在處理 COVID-19 疫情上不敢掉以輕心。疫情在大火得到控制之後僅幾週就接踵而至爆發開來。他決心不再被點名批判。澳洲小說家理查‧佛拉納根（Richard Flanagan）稱它為莫里森的「大馬士革時刻」（Damascene moment），從此之後，「原本被認為是奇幻的事物變得司空見慣」(73) 11。

　　莫里森從政之前是旅遊業的高階經營主管，一向重視數據，因此他開始盡可能大量吸收資料，並且與許多民粹主義領導者不同，他願意以所見所聞做為施政根據。3 月 13 日，他召集反對黨（他之前曾嘲笑他們為社會主義者）組成二戰以來澳洲第一個全民內閣，他宣布：「今天與意識型態無關。我們在門口就把它放下。」強生和其他右翼領導者思考採取群體免疫的作法，甚至接受它，莫里森則稱之為「死刑判決」，改為信任科學家的建議(74)。澳洲政府推出大規模激勵措施，為百萬個家庭提供免費托兒服務，並將失業救濟金增加一倍(75)。

　　初期不免有一些失誤。3 月 19 日，即使「紅寶石公主號」（Ruby Princess）郵輪上已出現 COVID-19 確診病患，2700 名乘

---

11 譯註：聖經使徒行傳記載，保羅原本迫害基督徒甚力，有一次前往大馬士革卻被強光擊倒、短暫失明數天，此時受到天啟，皈依基督，成為耶穌使徒。一般將大馬士革時刻引喻為思想大幅轉變。

客仍獲准在雪梨下船，不受任何限制。這是澳洲第一波病例和死亡人數的最大單一來源。但澳洲迅速採取強硬措施，嚴厲壓制 COVID-19。澳洲各省紛紛實施旅行限制。與此同時，堪培拉的中央政府推出了「新冠安全」（COVIDSafe）應用程式，以幫助追蹤接觸者，對外國人關閉國境，並禁止澳洲人離開國門，除非他們獲得豁免。他們還要求從國外回國的澳洲公民自費接受強制性和嚴格執行的兩週隔離。由於隔離房間有限，旅客必須根據需要申請核定。結果，數以千計的澳洲公民無法回國。但是結果令人吃驚。到 6 月，擁有 2500 萬人口的澳洲每天只有 20 個確診病例，從 3 月底每天 400 例已經相當溫和的高峰再降下來。民意調查顯示，54% 的澳洲人表示他們信任聯邦政府（高於 2019 年的 25%）和澳洲的公共服務（高於 2018 年的 38%）。另外，有 69% 的澳洲人表示，莫里森處理疫情可圈可點[76]。

分歧的決定因素

2020 年，COVID-19 肆虐全球，可是各國卻各行其是。有些國家表現不錯；其他許多國家則陷入艱苦作戰。而且，我們將在第十二章中提到，即使是一些設法儘早控制病毒的國家，在秋季和冬季的第二波感染中也遇到了麻煩。

我們退一步來看看更廣闊的景象，是什麼導致各國表現優劣互異？中國官員會讓你相信關鍵變數是政權的類型。中國共產

黨一在國內控制住了病毒，他們就傾向於認為「中國具有制度優勢」的論述——即清清楚楚、明明白白的從上而下的指示和鐵腕控制——是它控制成效的關鍵。這與世界主要民主國家，尤其是美國，所採取的緩慢而無序的應對形成鮮明對比。但實際情況要複雜得多。誠然，中國、盧安達、新加坡、泰國和越南的威權政府在壓制 COVID-19 方面表現良好，而包括義大利、西班牙、英國和美國在內的民主國家卻在苦苦掙扎。但是伊朗、俄羅斯和委內瑞拉等威權國家並未能好好地控制住病毒，而澳洲、加拿大、哥斯大黎加、德國、日本、紐西蘭、韓國和台灣等民主國家則表現良好——至少初期成績斐然。因此，專制與民主的二分法並沒有多大幫助[77]。

其他幾個因素似乎在解釋跨國差異方面更為重要。首先是速度。主動採取行動（或在檢測到初始病例後行動就非常迅速）的政府，在遏制初期的 COVID-19 疫情方面更有效。這些措施包括實施檢測、追蹤和隔離程序。這意味著鼓勵戴口罩和保持手部衛生。它還需要實施邊境和旅行限制、公共集會限制、學校和工作場所關閉以及其他社交距離要求。相比之下，在公共衛生干預的步伐落後於感染率的情況下，政府難以跟上病毒的指數型傳播，並且在許多情況下，政府被迫迅速升級到更加嚴厲的封城措施，以努力「拉平曲線」[78]。

各國快速有效行動的能力與冠狀病毒爆發之前的機構能力和基本的社會經濟條件有關，但不是一種確定性的方式。2005 年，

《國際衛生條例》經過修訂，以便更好地對付新的和再度出現的傳染病，提高透明度，並要求各國「加強和保持監測和應對的核心公共衛生能力」，以預防流行病和大型疫情。世衛 194 個成員國在發展這些能力方面進展緩慢，促使歐巴馬政府於 2014 年啟動「全球衛生安全綱領」，希望提高對《國際衛生條例》的遵守情況並提供援助建置能力。然而，在 COVID-19 爆發的前夕，沒有一個國家做好了充分的準備，而且許多似乎準備得比較好的國家無論如何都應對無方。2019 年，約翰霍普金斯大學、核威脅倡議和經濟學人智庫發布「全球衛生安全指數」（Global Health Security Index）。這項指數以 140 個問題為基礎，分為與防範疫情相關的六個類別，即：預防病原體的出現或釋放；發現和報告可能引起國際關注的流行病；快速反應的能力；國家衛生照護系統的穩健性；遵守國際衛生規範並致力於弭平差距；以及國家的整體風險環境和對生物威脅的脆弱性。這項指數令人印象深刻，但最後證明它並非是很好的預測指標，不能預測各國在危機開始時是否迅速和認真地做出反應。

一些指數得分較高的國家──澳洲（第四名）、加拿大（第五名）、泰國（第六名）、丹麥（第八名）、韓國（第九名）和芬蘭（第十名）──迅速做出妥善的因應。但名列前茅的其他國家──包括美國（第一名）、英國（第二名）、荷蘭（第三名）和瑞典（第七名）──則未能迅速做出適切的回應[79]。

縱使如此，在那些初期**就有**採取果斷行動的國家中，證據顯

示，在政府機構有能力、中央和地方當局之間有明確的協調機制，以及有足夠資源來執行疫情應對措施和為被隔離的公民提供救濟的國家，干預行動最有效。缺乏這些優勢的國家則困難重重。我們將在第八章中看到，許多低所得和中等所得國家即使在早期採取行動時也陷入困境，因為它們的檢測和追蹤能力有限，而且社交距離和封鎖要求通常也不切實際、且難以落實[80]。

有些學者認為，文化差異至少可以解釋結果的部分落差。尤其是，東亞的「集體主義」文化可能更遵從權威——因此比起「個人主義」強大的西方國家，對公共衛生的強制規定遵守程度更高[81]。但事實證明，這種廣泛的概括不如其他兩個因素所說明的內容充分。

第一是對政府的信任程度。有一項分析使用「世界價值觀調查」（World Values Survey）的衡量標準，它發現，在控制人口年齡結構以及疫情的規模和時間等其他變數的情況下，對政府信任度低的國家在第一波疫情中，因 COVID-19 死亡的人數最多。另一項研究使用對 23 個國家的國際調查數據，它的結論是，那些對政府信任度較高的國家，對於經常洗手、避免大型聚會和檢疫隔離要求等公共衛生措施的遵守率較高。反過來說，如果政府被認為組織良好、能夠對 COVID-19 發布明確的訊息和知識，並且也被視為正當地執行公共衛生措施，這種信任就會更為加強[82]。

在缺乏近期應對先前傳染病經驗的國家，信任可能尤其重要。外交關係協會（Council on Foreign Relations）的湯瑪斯·波利

基（Thomas J. Bollyky）和莎曼瑟‧姬爾南（Samantha Kiernan），
以及華盛頓大學的數據分析師沙耶爾‧柯羅斯比（Sawyer
Crosby）認為：「當威脅對不認為自己是脆弱的人群來說是新威
脅時，對政府的信任就發揮了巨大的作用。[83]」在近期沒有流
行病和重大疫情經歷的環境中，「只有當公共衛生官員和政府領
導者提高民眾對風險的認識，以及預防措施的必要性和有效性，
人民才可能採取保護行為，如戴口罩、保持社交距離等。政府必
須贏得並維持民眾的信任，才能使這些努力取得成功。[84]」

　　信任也可能被視為是一把雙刃劍。譬如，在美國，一項針
對傾向共和黨和傾向民主黨的各郡之差異所做的研究表明，後者
對居家隔離令的遵守程度比較高（民主黨人往往對專家和官僚
比較有信心），而在前者則較低（共和黨人對專業知識和政府
的信任度較低）。然而，在可信賴的官員或社區的普遍態度對
COVID-19 表示懷疑的情況下，高度信任也會出現**低度**遵從，實
際上**不鼓勵**遵守公共衛生措施[85]。換句話說，領導者很重要。
在領導者不受信任或濫用信任的國家，結果更糟。在某些國家，
尤其是那些拒絕認真對待冠狀病毒、或更廣泛地拒絕科學建議的
民粹主義領導者的國家，領導層的失敗被證明會肇致災難。

　　甚且，信任也不足以保證在遏制病毒方面能夠持久成功。以
色列和德國等國家，人民對政府的信任度很高，但它們重新開放
過早，遭受到第二波疫情嚴重衝擊。似乎使大多數經久不衰的成
功故事與眾不同的是，這些國家最近有過應對危機**失敗**的經驗，

通常它涉及到另一種流行病或重大疫情。加拿大、中國、香港、日本、新加坡、韓國、台灣、泰國和越南等國家和地區，曾經對抗過 SARS、H1N1 或中東呼吸症候群，它們發展出體制建設能力和社會習慣，有助他們在 2020 年快速、嚴正的做出反應[86]。我們將在第十一章中說明，盧安達也是如此，它經歷過愛滋病毒／愛滋病和伊波拉病毒的侵襲。就澳洲而言，我們已經看到，總理先前未能妥善應對森林大火的災難，使他嘗到重大教訓。失敗的經驗，再加上害怕再度出現災情，卻鼓勵了這些國家堅持走上正確的路線。

第三部

新一輪的世界性失序

第七章

全球大封鎖

　　雖然世界各地的政治領袖和數十億人都專注於公共衛生所面臨的即時威脅和日常生活遭到的全面干擾，但流行疫病產生的震盪向外蔓延，為更多危機創造了條件——在金融方面，在開發中國家，在衝突地區，以及民主政治的未來和科技的運用，無不受到影響。即時性難題出現在金融市場上。全世界上一次經歷金融危機是在 2008 年。當時，原因似乎很神秘；雖然觸發因素是次級抵押貸款的失敗，但後來事態顯示，由於金融部門放鬆管制、複雜的金融工具發展出來，以及風險廣泛分布卻沒有得到正確的了解，市場上的脆弱性已經存在了一段時間。而 2020 年，原因很明顯——疫病大流行和經濟被迫關門——但它的影響仍然十分複雜和令人驚訝。

　　2020 年 2 月 19 日星期三，美國和歐洲的證券交易創下歷史新高。市場當然知道新型冠狀病毒像烏雲一樣籠罩在頭頂上，但是中國當局似乎已經控制了它在武漢的擴散，隨著道瓊工業指數有史以來首次收盤於三萬點，《華爾街日報》刊登了一篇報導，

指出基金經理人購買標有「DOW40K」（道瓊四萬點）的虛華汽
車牌照。《華爾街日報》報導說：「沒有什麼比寶馬汽車這塊虛
華的車牌更能凸顯股市牛市沖天了。[1]」第二天，義大利當局
宣布對義大利北部的幾個城鎮進行檢疫隔離。過了週末，多雲的
天空轉變成一場暴雨。道瓊指數在 2 月 24 日暴跌一千點，次日
又暴跌八百點。道瓊指數歷史上十大跌幅中的八次發生在 2020
年 2 月至 2020 年 6 月之間。到了 3 月中旬，被稱為華爾街「恐
懼指標」的 VIX 指數（Cboe Volatility Index）收於有史以來的最
高水位[2]。

　　隨著全球 GDP 下降 3.5%，這場流行疫病造成現代歷史上全
球經濟規模最大、跌勢最深的萎縮。在 2020 年的大部分時間裡，
預計的收縮似乎更加惡劣[3]。經濟衰退的獨特之處在於它同時
降低了了需求和供應。國際貨幣基金形容它是「全球大封鎖」
（The Great Lockdown），關閉了大部分的經濟相關部門，擾亂
了供應鏈，而失業、減薪和迫在眉睫的厄運感影響到消費者的支
出[4]。它的影響更像是戰爭的爆發，而不是正常的經濟危機。
一般而言，戰時需求通常意味著生產轉向武器、彈藥和其他必要
的軍事產品，但目前的狀況是，這將是自經濟大蕭條以來第一次，
先進經濟體、新興市場和開發中國家同時陷入衰退。

　　封鎖這個機制本身就是前所未有，而且相當直接。到 3 月中
旬，幾乎所有主要經濟體都意識到，為了保護生命並減緩病毒的
傳播，他們需要防止人群大量聚集。一夜之間，經濟的很大一部

分——餐館、娛樂、旅遊觀光、零售和相當一部分製造業——全都凍結了，而其他行業，尤其是服務業，則轉向線上。政府鼓勵民眾保持社交距離——美國疾管中心建議人與人之間保持六英尺的距離，以避免病毒傳染。各國將以不同的方式處理大封鎖所造成的經濟混亂。美國國會通過 2 兆 2000 億美元的《關懷法案」》（CARES Act）[1]，將每週的失業救濟金增加了 600 美元，並向年收入低於 75000 美元的每個成年人分派 1200 美元的支票[5]。歐洲國家付錢給雇主，讓工人保住他們的工作。有些國家實行輕度封鎖——在美國，人們被鼓勵待在家裡——但其他國家，比如法國，採取嚴厲的措施，要求任何需要踏出家門的人都必須備妥詳細的文件。

　　這場流行疫病將使美國金融體系在 12 年來第二次接近崩潰，需要中央銀行級的專家，特別是美國聯準會主席傑羅米・鮑爾（Jerome Powell）的特別干預。雖然許多人盼望快速出現 V 型復甦，有些人卻擔心可能會是 U 型（長期低迷）、L 型（新的經濟蕭條）或 W 型（短暫的復甦，然後又第二次落入低谷）。後來，它將看起來像 K 型，國家內部和國家之間的某些商業和社會階層蓬勃發展或迅速反彈，而其他商業和社會階層則深受打擊，可能

1　譯註：即《冠狀病毒援助、救濟和經濟安全法》（The Coronavirus Aid, Relief and Economic Security Act），經美國國會通過撥出 2 兆 2000 億美元，川普總統於 2020 年 3 月 27 日簽署生效，用以對付疫情在美國產生的經濟衝擊。

會陷入多年掙扎，才能回到過去 2019 年底的狀態——如果那可能做到的話。在全球經濟陷入昏迷之後，能源需求枯竭。沙烏地阿拉伯和俄羅斯在是否試圖支撐油價的問題上發生過爭執，莫斯科希望利用這場危機迫使美國頁岩油產業破產。在所有這些混亂中，油價首次出現負值。隨著各國關閉邊境和供應鏈崩潰，《經濟學人》週刊問道：「COVID-19 是否扼殺了全球化？[6]」

「核心即將爆炸」

整個 2 月份，美國聯準會都注意到新型冠狀病毒正在蔓延，但大致上將它視為是對其他經濟體的威脅，而不是對美國構成生存威脅。臨近 2 月底，美國聯準會高級官員在海外出席會議。鮑爾出席在沙烏地阿拉伯首都利雅德舉行的 G20 集團財政部長會議，而擔任聯準會理事的萊爾・布蘭納德（Lael Brainard）則參加了在荷蘭阿姆斯特丹舉行的金融穩定委員會會議。兩人都得出相同的結論：這可能是一個系統性事件。鮑爾 2 月 28 日發表的每月聲明維持聯準會一個月前使用的措辭——「冠狀病毒對經濟活動構成不斷演變的風險」——並承諾密切關注事態發展，但現在聯準會正在為最壞的情況做準備。到了 3 月初，官員們意識到市場已經凍結——市場不再將美國國庫證券視為避風港。

美國國庫證券是世界上最安全、流動性最強的資產，也是其他所有證券定價的基準。理想情況下，股票市場和國債市場應該

是倒過來的──隨著股票價格上漲，國庫證券殖利率就下降，而股票價格下跌，國庫券殖利率就上升。在最基本的層面上，當情況看起來很糟糕時，投資者會改變他們的市場頭寸，開始購買美國國庫券，這是所有政府公債中最安全的；當情況看起來不錯時，就出現相反的情況。在 COVID-19 危機的最初期階段，投資人做出前者動作，「奔向安全」。但這根本不是平常的危機，這種趨勢並沒有持續太久。很快地，「追趕現金」變得愈來愈普遍，投資者開始完全避開金融資產，即使它們是低風險的，他們改為追求現金。外國銀行和中央銀行最先拋售美國國庫券，因為它們需要籌集美元來捍衛自己的貨幣。他們籌集的現金大部分都留在俗語所謂的「床墊底下」──靜置在帳戶裡。國內機構同時也在拋售國庫券。在典型的危機中，他們會購買美國國庫券作為避險的一部分，但現在他們也大量出售。一個可能的原因是，他們的投資組合中需要維持一定的產品平衡──譬如，70% 的股票，其餘則是債券。隨著股價下跌，他們不得不嘗試重新平衡他們的投資組合。與此同時，資產管理行業──包括貝萊德（BlackRock）等華爾街巨頭──以前所未有的程度清算了他們持有的國庫券。許多人希望這些共同基金可以在其他人不會購買資產的情況下、透過購買資產來幫助系統消化衝擊，不料他們卻加入了恐慌拋售、擴大了壓力。這些基金面臨著「流動性缺口」──比預期更多的基金投資者想要回收他們的資金，而由於這些基金無法夠快地清算其他資產，他們不得不出售投資組合中的國庫券。由於對沖基

金在市場上的許多頭寸隨著每日的大幅下跌而變得撐不住，這些實體也以前所未有的程度拋售美國國庫券。

聯準會有傳統和非傳統的方式來應對類似這樣的經濟危機。傳統的方式是控制借貸成本的能力。要這麼做的話，聯準會可以降低利率以刺激經濟（或提高利率以使經濟放緩）。但是自從2008年以來，聯準會經常使用這項工具，利率在過去十年一直保持在相當低的水準。但是，它在2020年初還是有一點點降低利率的空間，因此它將利率降低了半個百分點[7]。紐西蘭、日本、韓國、澳洲等國家中央銀行紛紛跟進也降低利率[8]。但這還遠遠不夠。中央銀行必須創新，就像12年前金融危機期間必須做的那樣。隨著經濟陷入停滯，保持信貸流動絕對至關重要。

這讓我們想到了「美國聯邦準備法」（Federal Reserve Act）第十三條第三項規定的聯準會危機管理權的非傳統方法，這項條款允許聯準會以金融穩定的名義行使緊急權力，以在信貸市場陷入困境時提供融資[9]。聯準會可以直接向銀行、企業和家庭提供融資，包括購買私營公司資產。在3月和4月，聯準會大規模採用這種辦法，在此過程中，它變得不像中央銀行，而更像普通的商業銀行。

關鍵時刻出現在3月15日星期日。聯準會宣布將降息，並將購買7000億美元的債券。不幸的是，這一行動嚇壞了市場，透露疫情可能對經濟造成的損害不小。星期一早上開盤時，幾乎沒有買家。這時候，聯準會才意識到國庫券市場及其底層的管

道——無縫的市場流動性——面臨風險。企業難以進入他們賴以支付薪資的短期貸款市場。這一天,道瓊指數下跌了十三個百分點——這是歷史上第二大單日跌幅。一位聯準會官員告訴我們:「出現了一個無法自我糾正的巨大金融問題⋯⋯核心即將爆炸。我們正要陷入深淵。」聯準會將不得不採取另一條路線,一條更為戲劇化的路線。

3 月 23 日,聯準會承諾無限量購買美國國庫券[10]。它將直接向美國企業放貸,大量購買公司債券和風險較高的垃圾債券,提供緊急措施以支持信貸市場,並與外國央行合作以維持全球流動性。聯準會以前曾經大量購買美國國庫券;但是這次真正獨特的是擴大購買範圍,以包括更廣泛的私人資產類型。在短短六個星期內,從 3 月初到 4 月中旬,聯準會向美國經濟注入了二兆美元,幾乎是 2008 年雷曼兄弟(Lehman Brothers)倒閉後六星期內的兩倍[11]。鮑爾在 3 月 26 日表示:「在這項借貸下,我們不會用完彈藥。[12]」聯準會還採取了一系列行動,讓其他國家更容易持有美國國庫券,這可以有助於穩定國際金融體系。

然而,作家塞巴斯蒂安・馬拉比(Sebastian Mallaby)指出,2020 年的因應在很多方面都是聯準會在 2008 至 2009 年作法的延伸。馬拉比寫道,我們生活在「魔法貨幣的時代」,在這個時代,聯準會和少數富裕國家可以想像出任何必要的彈藥來拯救系統。他們之所以能夠這樣做,是因為長期以來一直限制中央銀行發行新貨幣能力的通脹幽靈幾乎消失了,「中央銀行不僅可以容忍預

算赤字,還可以為它們提供便利。[13]」

有些人覺得,聯準會拯救體系的行動產生了意想不到的後果,增強了兩級經濟(two-tier economy)。拉斐爾‧夏佩(Raphaële Chappe)和馬克‧布萊斯(Mark Blyth)在《外交事務》雜誌中發表文章提到:

> 美國似乎陷入一種貨幣政策體制,它解開經濟菁英命運的枷鎖,使他們與一般老百姓脫鉤;前者的大部分收入來自國家保護的金融資產,而後者則依賴低而不穩定的工資。這種制度為那些從金融資產中獲得高收入的人提供永久保護;其他人在危機時期只能得到臨時幫助[14]。

《金融時報》專欄作家愛德華‧魯斯指出,問題在於美國過度依賴聯準會這個已經用鈍了的工具。他寫道,這「收緊了一個厄運循環,在這個循環中,美國最高當局最終必須考慮到它所承擔、不斷擴大的風險等級。[15]」富有的資產階級和大公司蓬勃發展,而沒有股票和債券的家庭和個人則被拋在後面。

「我們不是來縮小利差的」

歐洲央行對始於 2009 年的歐元金融危機反應遲緩。2012 年歐元區瀕臨崩潰,當時的歐洲央行總裁馬里奧‧德拉吉(Mario

Draghi）承諾竭盡全力拯救。他啟動一項名為「直接貨幣交易」
（Outright Monetary Transactions）的計畫，允許歐洲央行從與該
銀行有公開信用額度的國家購買資產。這個計畫從未使用過，但
它發送出一個迫切需要的訊息。2020 年 2 月底，在曾任國際貨幣
基金總裁及法國財政部長的拉加德領導下的歐洲央行，看到另一
場風暴正在醞釀中。義大利陷入病毒包圍之中，而倫巴第的醫療
照護系統已經崩潰。拉加德敦促歐洲領導者採取財政應對措施，
但時間至關重要。隨著市場暴跌，歐洲央行決定採取行動。

　　3 月 12 日，他們宣布一項重大的長期融資，有針對性地增加
流動性，並且將在整個歐元區購買 1200 億歐元的債券。在開會
的同時，他們的手機亮起一條新聞快訊，世衛剛剛將冠狀病毒宣
布為大流行病。雖然歐洲央行的行動略有幫助，但它們對義大利
來說幾乎毫無意義，義大利的借貸成本正在節節上升，這是對歐
元危機懷抱擔憂的迴響。我們在第六章已經提過，在說明這項決
定的簡報中，拉加德表示，歐洲央行「不是來縮小利差的」——
她所謂的利差，指的是指歐元區各員國之間借貸成本的差異[16]。
拉加德在接受 CNBC 商業頻道專訪時立即收回這句話，但對義大
利人來說，訊息很明確——他們必須靠自己自救。

　　那天是星期四。3 月 16 日星期一，隨著美國聯準會最初宣
布後，美國市場暴跌，義大利的借貸成本開始再次上升。在接下
來的兩天裡，它從 1.8% 飆升至 2.37%[17]。這看起來像是更令人
不安事件的開端。歐洲股市下跌 11 個百分點。義大利總理朱塞

佩・孔戴（Giuseppe Conte）表示，央行「不應該阻礙，而應該提供便利」[18]。法國總統馬克宏也公開批評歐洲央行。局勢繼續惡化。

自從歐洲央行開會以來的六天裡，歐洲各國政府紛紛宣布封城，市場大為動盪，各方普遍感覺世界正在面臨大災難。3 月 18日星期三，歐洲央行又召開緊急會議重新商議對策。一位歐洲央行高級官員告訴我們：「我們對金融危機的恐懼程度沒有美國那麼高。對我們來說，這更像是一個宏觀問題——將會出現一場巨大的衰退，我們該如何應對？」原因是歐洲貨幣市場的規模大約只有美國貨幣市場的十分之一，因此美國國庫券若是崩潰，在美國人看來、比起歐洲人，問題嚴重多了[19]。

然而，就像美國一樣，舊工具是不夠的。他們不得不發明一些新東西。希臘中央銀行總裁亞尼斯・施圖納拉斯（Yannis Stournaras）說：「有一種感覺，認為也許我們應該為未來保留一些武器。我們所不知道的是，未來會來得如此之快。[20]」歐洲央行理事會一致同意進行一項 7500 億歐元的債券購買計畫，並取消每個國家可以購買的債券上限。在午夜前不久的一份聲明中，拉加德宣布歐洲央行的行動「沒有限制」。她回到了德拉吉原本的立場。會議紀錄顯示有三位理事提出強烈反對。幾週後接受《巴黎人報》（Le Parisien）訪問時，拉加德回憶說：「在 3 月之前，人們對我說，『工具箱是空的，你什麼都沒有了，你不能使用貨幣武器』——然後我們卻這樣做了！[21]」

其他國家也採取了行動，即使它們最初有所保留。3月初，英格蘭銀行（Bank of England）副總裁喬恩‧康利夫（Jon Cunliffe）表示，由於疫病造成「純粹的供應衝擊，我們對此無能為力」[22]。但是英格蘭銀行很快就採取行動，推出「規模最大、速度最快的」資產購買計畫，買進「2000億英鎊的國債和公司債券，相當於英國 GDP 的十分之一左右」[23]。日本在新年伊始就已經處於衰退的邊緣——新的消費稅已經導致 2020 年第四季 GDP 急劇下降（換算成年比例為下降 6.3%）——並且正在考慮推出財政刺激方案[24]。由於利率很低，再降利率的空間很小，日本銀行很早就宣布將通過購買無限量的政府債券和向銀行提供零利率融資，以便它們可以貸款給企業界，藉此向經濟注入流動性[25]。然而，疫情確實對日本央行遏制通貨緊縮的長期目標產生負面影響——隨著需求下降、油價低迷以及政府開展對觀光旅遊業補貼，物價以十年來最快的速度下跌[26]。

總而言之，包括聯準會在內的 G7 集團經濟體的中央銀行，在短短八個月內增加了 7 兆美元的資產——是 2008 年雷曼兄弟倒閉後一年資產增加量的兩倍之多。他們個別採取行動，與 2008 年不同，彼此之間並沒有太多的協調[27]。造成這種情況的一個原因是，美國沒有施壓、要求 G7 集團或 G20 集團做出集體因應。但是一位歐洲央行高級官員告訴我們，這可能不如 2008 年那麼關鍵。這位官員指出，「情勢非常很明顯，每個國家都必須全力以赴，已經無需協調了。你不需要考慮其他國家怎麼做，無論如

何你需要拿出全部力量」來拯救自己。

. 當然，並非所有國家都能像美國、歐元區、英國和日本那樣做，它們只是增加資產負債表上的數字。我們將會看到，較貧窮的國家並沒有活在「魔法貨幣」的時代。他們很難借到錢，並且可能在未來幾年面臨緊縮、企業破產，甚至主權債務危機的時代。即使是少數的幸運兒，美國似乎也必須自求多福。然而，世界上一些最富有國家的央行總裁能夠、並願意進行如此大規模和非傳統方式的干預這一事實，就是一個極其重要的事件，可能阻止了「全球大封鎖」引爆一場更具災難性的金融危機。從這方面來說，在全球疫情肆虐期間的政治，雖然在許多方面被證明是一場災難，但是主要國家做出的經濟決策確實提供了一些保護，並在危機持續期間留住一線樂觀希望。

債務海嘯

然而，新興市場和開發中經濟體並沒有富裕國家具有的優勢。由於貧困揮之不去、貧富不均嚴重、龐大的非正規經濟部門幾乎沒有社會安全網可言，醫療基礎設施有限，以及仰賴外債度日，它們的經濟在疫病大流行前夕已經很脆弱。與 G7 集團成員國的金融中心不同，如果它們的中央銀行印製更多鈔票，它們的貨幣就會走弱，對它們國家進口和償還債務的能力產生負面影響，可能會耗盡它們的貨幣準備金。疫情使得壓力倍增。僅

在 3 月份，投資人就從新興市場撤回了超過 830 億美元的證券。其中一些被美國和歐洲向本國公司注入流動性的努力所抵消，因為這也使在開發中國家經營的企業受益。可是這都不足以避免財政緊縮。隨著來自貿易、商品價格、觀光旅遊和海外僑民匯款的收入都大幅下降，開發中國家的政府眼睜睜看著它們的經濟模式崩潰。僅僅在 2020 年頭九個月，全球債務就增加了 15 兆美元。新興市場的負擔尤其沉重，它們的債務膨脹了 26%，接近 GDP 的 250%。為了幫助對抗由此產生的「債務海嘯」（debt tsunami），主要國際金融機構——包括世界銀行、國際貨幣基金和區域開發銀行——批准了約 2370 億美元的緊急援助和信貸額度。但是其中只有 116 億美元（占總額的 5%）流向低收入國家[28]。

在 2008 至 2009 年的金融危機期間，全球透過 G20 集團迅速採取行動。這次卻沒有這樣的回應。沙烏地阿拉伯在 2020 年輪值擔任 G20 集團的主席，但是在年初並沒有積極的布局。沙烏地王儲穆罕默德・本・薩爾曼（Mohammed bin Salman）一般人稱呼他是 MbS，他被普遍認為是 2018 年《華盛頓郵報》專欄作家賈馬爾・卡紹基（Jamal Khashoggi）遭到殘忍殺害的幕後指使者（卡紹基被一群沙烏地特務引誘進入沙烏地駐土耳其伊斯坦堡總領事館，予以殺害。美國情報部門調查得出結論，這項行動事先得到 MbS 批准）。3 月 26 日，G20 集團透過視訊召開高峰會議，各國領袖呼籲「團結」和「以聯合戰線對抗這項共同威脅」，但

他們只是坐而言、並沒有太大的實際行動[29]。4 月份，G20 集團同意允許世界上 73 個最貧窮的國家在年底前暫停償還官方雙邊貸款，目標是騰出財政空間來投資於醫療照護、緊急刺激和援助給窮人。但這僅占 2020 年新借貸成本的不到 10%[30]。2009 年國際金融危機期間領導 G20 集團的前任英國首相戈登‧布朗（Gordon Brown），在 6 月寫道，G20 集團已經「背棄職守——沒有提供貸款就缺席——沒有計畫在未來六個月內的任何時候召開會議，無論是透過網路或是其他方式開會。這不僅僅是背棄職責；它可能就是對世界上最貧窮的人做出死刑判決。[31]」

到 G20 集團於 11 月再次召開會議（視訊會議）時，也就是美國總統大選過後幾週，儘管它與新冠病毒疫情危機是否有關並不清楚，已經有厄瓜多爾、黎巴嫩、貝里斯、蘇利南、阿根廷和尚比亞等六個國家債務違約[32]。川普總統參加了開幕式，隨後跳過其餘大部分議程，包括專門討論如何應對疫情的會議，跑去打高爾夫球。不過，峰會還是有一些有意義的進展：G20 集團宣布，疫情最嚴重的國家或許至少可在 2021 年中期之前獲得償債期限展延，甚且在最嚴重的情況下，可能有資格獲得債務一筆勾銷。但是，除了減輕雙邊政府貸款的短期債務外，目前還不清楚私營部門債權人（他們擁有 2020 年必須償付的債務成本的近 20%）將涉入到什麼程度。受困國家必須自行與私營貸方接洽，以協商更好的條件，許多國家因為擔心信用評等受到影響而不願這樣做。中國——許多開發中國家的單一最大債權國，包括通過

「一帶一路」倡議——在參與債務減免方面也不是很好打交道的對象。到 2020 年底，G20 集團債務暫停倡議僅向 46 個符合條件的國家提供了約 57 億美元的紓困。根據布魯金斯研究院的分析師研究結果，鑒於 2021 年到期的公共和公共擔保債務的償債額為 3560 億美元，2022 年到期的還有 3290 億美元，這些安排可謂杯水車薪、根本不夠[33]。12 月，國際貨幣基金總裁克里斯塔莉娜·吉歐季耶娃（Kristalina Georgieva）在談到新興市場時，她警告說：「我們知道，我們必須迅速採取行動改造他們的債務……才不會外溢到世界其他地方。[34]」2021 年初，世界銀行評估稱，這些歷史高位的債務水準使「全球經濟特別容易受到金融市場壓力的影響」[35]。即使迫在眉睫的債務危機沒有成為事實，新興市場和開發中國家因疫病大流行所造成的財政負擔在未來幾年可能還是會很大，從而限制了它們復甦的能力。

兩級經濟

全世界有數十億人十分關心基本需求：他們可能已經失去工作或經歷工資遭到削減；他們可能已經為了照顧子女而辭掉工作；他們的子女可能不在學校上課，或無法利用網路遠距參與學校授課。對這些人來說，全球大封鎖遠比全球金融危機更加嚴重。經濟學家卡門·萊因哈特（Carmen Reinhart）和文森·萊因哈特（Vincent Reinhart）在《外交事務》雜誌發表文章說：「這

個情況是如此的嚴峻，它應該被稱為『蕭條』——一場疫病流行所致的蕭條（pandemic depression）。不幸的是，『大蕭條』的記憶阻止了經濟學家和其他人使用這個名詞，因為 1930 年代的衰退在深度和長度上都是那麼沉重，令人不敢相信它會歷史重演。[36]」

主要的民主國家看到它們的經濟在 2020 年遭受前所未有的打擊。美國經濟第二季下滑 31.4%，第三季增長 33.4%，全年則下滑 3.5%，創下大蕭條以來最差的年度表現。2020 年歐元區經濟下滑 6.8%；英國下降了 9.9%，是自 1709 年的「大霜凍」（Great Frost）——至今仍保持著歐洲過去五百年來最酷冷冬天的記錄——以來的最大年度降幅。日本經濟下挫 4.8%，而南非也下降了 7%。由於下半年的強勁增長，澳洲幾乎避免了下降，跌幅僅有 1.1%。雖然這些下降幅度很大，但光看數字也有失偏頗，大部分的痛苦發生在疫病大流行宣布後的頭六個月，但在 2020 年稍晚時段經濟出現強勁增長[37]。

政府採取行動試圖減輕痛苦。根據國際貨幣基金的數據，2020 年，全球用於應付新冠病毒對經濟影響的財政支援總額為 14 兆美元，使得全球公共債務高達 GDP 總值的 98%[38]。大約一半是額外支出或減稅，另一半是提供流動性支持，例如貸款、擔保和公共部門購買股權。在美國，總額 2 兆 2000 億美元的《關懷法案》創建「薪資保護計畫」（Paycheck Protection Program），這是一項可免償還的貸款計畫，旨在幫助公司生存、並讓員工保

有工作，不會遭到裁員；此外還向許多美國人民提供直接紓困款和提高失業救濟金。《紐約時報》報導說，從 3 月到 11 月，「這九個月的員工總薪酬僅下降了 0.5%」。部分原因是雜貨店等一些行業業績良好，儘管其他行業倒閉。但這也是因為《關懷法案》支付紓困款的功勞。失業保險在這九個月內也支付了 4990 億美元，是 2019 年同期的 25 倍。然而，隨著時間的推移，華府對《關懷法案》的跟進進展緩慢。另一個拖延已久且直接付款僅為 600 美元的一攬子計畫將在 12 月達成一致協議，並通過成為法律[39]。

全美國，經歷初期衝擊之後，白領階級一般表現良好——他們能夠改成在家工作，而且在許多行業，他們在 2020 年的表現實際上比以前更好。這些人往往花費更少、而儲蓄更多。他們還買了更大、更貴的房子，因為 COVID-19 大流行，他們會在家裡待更長的時間；這一來推高了房價。網路房地產經紀公司雷德芬（Redfin）的一份報告發現，對第二筆房地產的需求比前一年加了一倍，其中太浩湖（Lake Tahoe）、鱈魚角（Cape Cod）、棕櫚泉（Palm Springs）和澤西海岸（Jersey Shore）等度假勝地尤其搶手[40]。相形之下，在餐館、零售、辦公室養護和製造業工作的人，要麼因為無法保持社交距離而無法工作，要麼看到對他們工作的需求消失了。美國大約有 11 萬家餐廳永久或長期關閉，占總數的六分之一。知名零售百貨業者包括布洛克兄弟（Brooks Brothers）、J. Crew、傑西·潘尼（JCPenney）、歐舒丹（L'Occitane）

和尼曼‧馬可斯（Neiman Marcus）[2] 紛紛申請破產保護[41]。

美國低學歷工人受到的打擊比起其他人高出許多。2020 年 4 月，高中以下學歷的工人失業率達到 21.2%，而高中畢業工人的失業率為 17.3%，擁有學士學位的工人失業率為 8.4%。在 COVID-19 大流行期間，將近一半的低收入工人支付帳單都有困難，而只有不到四分之一的人有足夠的積蓄來支付三個月的開支。這些指標大約是中等收入工人處境困難的兩倍。與此同時，59% 的低收入戶父母表示，孩子的學校已轉為遠距教學，而他們的孩子面臨數位障礙，例如無法上網或無法使用電腦——上述的父母幾乎是中等收入父母人數的兩倍。芝加哥大學、聖母大學和浙江大學的研究人員進行的一項研究發現，儘管失業率在同一時期下降了 40%，但從 2020 年 6 月到 11 月，美國的貧困人口每月都在增加。種族也是一個因素。在疫病大流行開始時，不到五分之一的美國黑人和六分之一的拉丁裔美國人能夠遠距上班，而 2020 年底的失業率為黑人 9.9% 和拉丁裔 9.3%，而白人只有 6%[42]。

其他富裕經濟體也出現貧富不均的後果。歐洲麥肯錫全球研究所（McKinsey Global Institute）的一項研究發現，短期內易

---

2 譯註：布洛克兄弟 1818 年在紐約曼哈頓開業，是美國最老字號的服飾品牌之一。J. Crew 是美國多品牌、多行銷管道的一家時尚服裝連鎖販售店。傑西‧潘尼是美國最大的連鎖百貨業者之一，名列全球五百大企業排行榜。歐舒丹是專門產銷個人保養品的國際著名零售業者，總部在法國。尼曼‧馬可斯是一家專門販售奢華商品的百貨公司。

受 COVID-19 影響的工作，與長期易受自動化影響的工作之間，
存在很大重疊，尤其是在客戶服務和銷售、食品服務以及營建行
業[43]。即使歐洲經濟迅速復甦，這些工人也可能永遠無法重新
找到工作，因為雇主藉此重新啟動的機會加速已經在進行的變革。

　　但是到了 2020 年底，也很明顯，許多大公司不僅避免了倒
閉，反而蓬勃發展。正如耐奇體育用品（Nike）執行長約翰・唐
納荷（John Donahoe）在電話中談到他的公司從封鎖初期受衝擊、
旋即強勁反彈，他說：「現在是強者可以變得更強大的時候。[44]」
華爾街巨擘高盛（Goldman Sachs）迎來了十年來獲利最好的一
年[45]。到了 2020 年底，星巴克的股價比年初高出 20%，主要
是因為它填補 2000 多家小咖啡店關門留下的真空，這些小咖啡
店因為美國的疫情大流行而不得不永久關閉[46]。

　　在 2008 至 2009 年金融危機之後的十年中，美國和其他民主
國家因經濟不平等和政治上左右翼的民粹主義加劇而陷入困境，
人們普遍認為全球化體系受到操縱有利於菁英階層，而普通老百
姓被拋在後頭。現在，COVID-19 和全球大封鎖造成的破壞和落
差，可能更加劇這些緊張局勢。

他們送不走原油

　　加利福尼亞州長堤（Long Beach）的景色通常是純樸而清晰
的，但是 2020 年 4 月，長堤外海密密麻麻停泊許多超級油輪，

總共運載 2000 萬桶的原油。墨西哥灣沿岸的巨大鹽穴，是美國「戰略石油儲備」計畫（Strategic Petroleum Reserve）用來儲存石油的地點，已經接近容量上限[47]。2020 年 1 月 2 日，每桶石油價格為 61.18 美元。2 月 6 日，它跌至 50.95 美元。到了 3 月 2 日，它又下跌了 20%，而且似乎注定還會更進一步暴跌。沒有人知道底部在哪裡。分析師發現一個不尋常的問題：如果產油國繼續向全球經濟注入石油，很快就會無處可以存放[48]。

德克薩斯州庫欣市（Cushing）人口 7800 人，是支持西德州中等原油期貨（West Texas Intermediate crude oil futures，在市場上稱為 WTI 合約）的石油之主要儲存地點。西德州中等原油與北海布蘭特原油（Brent North Sea Crude）一樣，是全球石油價格的基準，被金融市場用作各種交易的參考價格[49]。購買西德州中等原油期貨的人承諾，在找不到買家的情況下，在某一特定日期要儲存那一桶石油。4 月 20 日，需求完全枯竭。任何持有第二天到期的石油期貨的人，要麼必須支付費用在庫欣儲存——可是庫欣已經滿倉、沒有位置儲存了；要麼花錢請其他人從他們手中接走原油。結果，西德州中等原油期貨價格跌破零，並且繼續探底，直到每桶石油價格為負 37.63 美元。從某種意義上說，這並不令人意外——為了避免被數千桶無處存放的石油困住，交易員願意支付溢價脫手。但是，石油的價格會是負值，這個想法震驚了全世界，這是對已經搖搖欲墜的全球經濟的又一次打擊。

全球大封鎖意味著人們不再移動：他們不再需要通勤上班，

他們不再搭乘飛機出差或度假，許多人甚至不會親自購物，而更喜歡使用網路商店。石油需求的急劇下降將產生重大的地緣政治後果。

對於石油產業來說，大流行疫病跟在動盪的十年之後接踵而至。從 2011 年到 2014 年 9 月，石油交易價格約為每桶 100 美元，大約是 2000 年代初期價格的五倍。對沙烏地阿拉伯等產油國家來說，這是非常有利的，但是 2014 年之後石油價格開始下跌，原因是美國頁岩油上線（壓裂技術出現的結果），以及亞洲的需求放緩。石油輸出國家組織（Organization of Petroleum Exporting Countries, OPEC）是產油國家組成的卡特爾，它不再能夠像過去那樣呼風喚雨，決定油價高低。2012 年，OPEC 的營收為 1 兆 2000 億美元；2015 年，它的收入還不到這個數字的一半[50]。俄羅斯、美國等新興能源大國不是 OPEC 會員國，而一些會員國家（委內瑞拉、利比亞和奈及利亞）的石油產量也因國內動盪和內戰等多種原因而崩潰。

為了施加影響，OPEC 需要與當時世界上最大的產油國俄羅斯合作。但是俄羅斯人無意聯手。油價進一步下跌，到 2016 年跌至每桶 30 美元以下。由於所有產油國都面臨財務壓力，俄羅斯總統普丁和當時的沙烏地阿拉伯副王儲薩爾曼，趁 2016 年 G20 集團會議在中國杭州開會之便另行商議，同意雙方需要互相配合。幾個月後，OPEC 的 10 個國家與以俄羅斯為首的 11 個非 OPEC 會員國達成協議，以削減石油產量。它後來被稱為

「OPEC+」或以達成協議的城市命名「維也納聯盟」（Vienna Alliance）。它被普遍視為利雅德和莫斯科之間新興的夥伴關係——這兩個威權國家都擁有雄心勃勃，但缺乏安全感的領導人，他們擔心美國和民主革命。沙烏地能源部長哈立德‧法利赫（Khalid al-Falih）後來稱讚這個聯盟，說它會持續「幾十年和好幾個世代」[51]。

沙烏地與俄羅斯的這個石油聯盟只維持三年多，直到 2020 年新冠病毒疫情席捲全球。隨著 3 月份石油價格暴跌，OPEC 會員國愈來愈擔心。沙烏地阿拉伯必須將油價維持在每桶 80 美元左右才能在它的年度預算中達成收支平衡[52]。OPEC 提議每天減產 150 萬桶，但俄羅斯不同意[53]。莫斯科有它本身的動機——低油價將有助於削弱美國頁岩油產業，這個產業已經使美國在 2008 年和 2009 年成為世界上最大的原油生產國。美國的原油產量在 2010 年至 2019 年期間增加一倍多，達到每天 1300 萬桶的高峰[54]。莫斯科對美國向俄羅斯能源巨頭「俄羅斯石油公司」（Rosneft），和擬議中的從俄羅斯到德國的「北溪天然氣二號線」（Nord Stream 2）[3]，這條天然氣管道實施新制裁感到沮喪。擁有 1700 億美元的國家財富基金負責緩衝價格戰的打擊，莫斯科覺得它可以冒險一搏。

3　譯註：2022 年 2 月 22 日，因為俄烏局勢急劇惡化，德國政府宣布中止北溪二號輸氣管道的啟用審核程序。

沙烏地阿拉伯人的回應是徹底掉頭翻轉方向：他們沒有減產，反而是增加產量，實質上對俄羅斯發動價格戰。3月9日市場開盤後的幾分鐘內，油價暴跌30%。俄羅斯石油公司的一位發言人表示，維也納聯盟毫無意義，認為美國頁岩油已經取代了2016年之後的任何減產[55]。俄羅斯主要國家通訊社[4]主管德米崔・基謝廖夫（Dmitry Kiselyov）在社群媒體上貼文稱：「現在，我們不僅有機會根據我們的需要生產和銷售盡可能多的產品，而且有機會將美國頁岩油扔到海裡。與（沙烏地）王國不一樣，我們的預算比沙烏地阿拉伯穩定得多，並且已經為低油價做好準備。[56]」

川普總統最初歡迎價格戰，認為它對汽車駕駛人有利，但當它明確將打擊到北達科他州、賓夕法尼亞州和德克薩斯州等擁有強大共和黨選民基礎州的美國能源產業時，他很快就改變了態度[57]。共和黨籍北達科他州參議員凱文・克萊默（Kevin Cramer）在表達對沙烏地的怒火時，總結了華府的氛圍：「上個月，他們一直在向美國石油生產商發動戰爭，而我們卻在捍衛他們的石油生產商。這不是朋友對待朋友的方式。坦白講，我認為他們的行為是不可原諒的，這些不會輕易或很快被遺忘。[58]」川普很快就拿起電話，和普丁及薩爾曼通話，強調美國石油工

4　譯註：普丁在2013年將「俄羅斯新聞社」和「俄羅斯之聲」兩大國營媒體合併，組成「今日俄羅斯國際新聞通訊社」（Rossiya Segodnya，即Russia Today，簡稱RT）

業「受到價格戰的圍攻」[59]。幾個星期後，各方達成一項將全球石油供應削減近一成的協議。川普發揮了作用，最終依靠墨西哥民粹主義總統安德烈‧曼努爾‧洛佩斯‧歐布拉多（Andrés Manuel López Obrador）加入才達成協議[60]。歐布拉多原先一直很堅持立場，希望在墨西哥不必減產的情況下達成協議[61]。

即使在達成協議之後，「OPEC+」內的緊張局勢仍然很高。4月份的協議被視為有利於俄羅斯和沙烏地阿拉伯，而阿拉伯聯合大公國、伊拉克和科威特則是最大的輸家[62]。俄羅斯不斷超出生產配額，利雅德聽任油價下滑。但當阿聯過度生產時，沙烏地卻變得「憤怒，並召見阿聯能源部長蘇海爾‧馬茲洛耶（Suhail Al-Mazrouei）到利雅德公開訓斥」[63]。阿聯與它在石油生產方面的長期盟友沙烏地阿拉伯變得更加疏遠，並逐漸靠向俄羅斯的立場。

隨著中國經濟復甦、歐洲放鬆封鎖，以及美國就業人數超出預期，油價在夏季稍有回升。但是，第二波病毒使油價在這一年餘下的時間裡仍維持在相對低檔。

即使全球經濟反彈，疫情對美國石油產業的影響也可能是深遠的。諮詢公司德勤（Deloitte）2020年6月的一份報告發現，以每桶35美元的價格水準計算，大約一半的美國頁岩油公司要麼資不抵債，要麼就陷入「財務困境」[64]。事實上，許多公司確實在2020年秋季破產。這使得康納可菲力浦石油公司（ConocoPhillips）和雪佛龍石油公司（Chevron）能夠進行重大

的頁岩油投資，整合美國頁岩油產業的一些最大業者[65]。9月份的一項產業調查顯示，石油價格需要達到每桶50美元才能恢復頁岩油開採[66]。OPEC國家需要每桶60美元左右的油價才能達成收支平衡——在這個價格下，頁岩油應該會強勢回歸[67]。

到了2020年底，油價飆升至九個月來的新高點，略低於每桶50美元，到2021年3月底又挺升至每桶60美元。對於「OPEC+」來說，挑戰很明顯：將油價提高以增加營收、可又不讓價格上漲到足以讓美國頁岩油產業復甦——並且在此過程中要壓制住內部競爭派系。在2021年的頭幾個月，他們在維持供應限制，和因預期經濟強勁增長而增加供應之間徘徊[68]。然而，即使油價最終維持在每桶60美元或更高的水準，對於美國頁岩油來說可能仍然不夠。投資者可能仍對將資金投入剛剛遭受經濟颶風的此一行業持謹慎態度，特別是有鑒於疫病大流行前幾年的波動性那麼大，經濟復甦的前景不確定，以及「OPEC+」再次壓低價格的能力和意願。

我們所熟悉的全球化即將終結了嗎？

2020年3月2日，川普總統、彭斯副總統等美國高級官員會見了德國醫療公司CureVac的負責人丹尼爾·梅尼切拉（Daniel Menichella）。CureVac公司總部位於德國圖賓根市（Tübingen），在波士頓也設立業務據點，處於開發COVID-19疫苗的早期階

段[69]。會後不久，德國報紙《世界報》（*Die Welt*）報導，川普政府已向 CureVac 公司提供十億美元要獨家取得它的研究成果[70]。德國民眾大為震驚。他們預計這種行為會來自中國——中國公司「美的集團」（Midea）在 2016 年曾經不顧有爭議、收購德國工業機器人公司庫卡（KUKA）——但不是從他們最親密的盟友那裡出現搶購行為。

德國內政部長霍斯特·謝霍夫（Horst Seehofer）表示，擬議中的這筆交易涉及「國家安全問題」。他說，德國政府必須保障「我們的醫療產品和藥品」以及國家邊境的安全。在隨後的騷動中，梅尼切拉辭職下台。事件發生後不久，CureVac 宣布將於 7 月份舉行股票公開上市掛牌。德國政府收購 CureVac 了 23% 的股份，為它提供財務保障。德國經濟部長彼得·阿特邁爾（Peter Altmaier）告訴媒體：「對我和聯邦政府來說，從工業角度來看，我們維持和加強德國的關鍵工業是最基本的。德國不賣。我們不賣我們的家產。[71]」

在許多方面來說，COVID-19 大流行是冷戰結束以來第一個真正意義上的全球性事件：一種病毒從中國城市出現，蔓延到全球，在短短幾個月內擾亂了數十億人的生活。但它似乎也標誌著全球化時代的結束——每個人都被迫就地避難，酒店關閉，航班停飛，曾經熙熙攘攘的城市陷入沉寂。《經濟學人》週刊警告說：「大流行病將使旅行和移民政治化，並加深偏向自求多福。這種向內看的跌勢將削弱復甦，使經濟變得脆弱、並且波及到地緣政

治的不穩定。[72]」

不過，《經濟學人》有一件事情說錯了。各國政府並沒有**選
擇**將全球化政治化。他們真的很害怕。我們在第六章看到，歐洲
國家禁止醫療用品出口。美國也如此做。美國買家在上海機場攔
截了一批即將飛往法國的口罩，出價法國人的三倍要攔胡[73]。
在另一起事件中，曼谷一家 3M 工廠要運往德國的 20 萬個口罩
最後卻運往美國[74]。各國政府都擔心無法完成政府最基本的任
務——保護本國公民。

歐盟執委會副主席薇拉・朱洛娃（Věra Jourová，譯按：捷克
人）說，對於歐洲人來說，「這場危機（COVID-19）暴露出我
們在藥品方面對中國和印度的病態性依賴。[75]」馬克宏告訴《金
融時報》，疫病「將改變全球化的性質，而我們過去 40 年來一
直生活在全球化之中，」他表示：「很明顯，這種全球化正在接
近其周期的終點。[76]」日本設立一項 22 億美元的專案基金，預
備協助企業將生產設施遷出中國[77]。3 月，加拿大向國內業者
採購 0.2% 的個人防護設備；到 9 月，這個數字增加了 250 倍，
占其所有個人防護設備採購量的一半[78]。

疫情的影響最明顯地體現在人們原本的輕鬆流動方面，全
球許多地方原本認為來去自如是現代生活中不可改變的事實。現
在，國內和國際旅行突然統統停止。到 4 月中旬，全球平均每
天的商業航班數量從一年前的 11 萬 1000 班次，下降至略高於
28000 班次。國際航班數量重挫 66%，9 月份恢復到與去年同期

比下降 48%（79）。即使這樣也大大低估了崩潰的頹勢：許多定期航班實際上是空的——它們被記錄在冊，只是為了保持機師飛行時數，俾便維持執照所要求的飛行時數。換句話說，每班空盪的航班都代表沒有出差的商務人士、沒有回家的家人、沒有去度假的觀光旅客，以及沒有學生返校上課。到 5 月中旬，聯合國世界旅遊組織（UN World Tourism Organization）調查的旅行目的地中，有 70% 已經對觀光客完全關閉了邊界（80）。

然而，隨著時間的推移，很明顯，危機的獨特性意味著全球化將有如潮起潮落跌宕變化，而不是完全瓦解。到 2020 年 9 月，全球貿易僅比冠狀病毒爆發前的水準低 2%（全年仍將下降約 9%）（81）。到 11 月，對外國人關閉的國家數量下降到 27%，有 75% 的國家放寬了限制（82）。與此同時，隨著企業界開始盡可能採用 Zoom 和其他視訊會議平台，工作愈來愈透過網路進行。由物流公司 DHL[5] 和紐約大學史騰商學院聯合發布的《DHL 全球聯結指數》（*DHL Global Connectedness Index*）報告，調查疫病對人員、貿易、資本和訊息這四大領域流動的影響，發現全球化程度不太可能低於 2008 至 2009 年全球金融危機期間的水準（83）。

甚且，某些國家的全球化程度比其他國家下降得更多。在大多數情況下，先進工業化國家受到的打擊最為嚴重。與 2019 年相比，2020 年上半年全球外人直接投資（foreign direct investment,

---

5　譯註：DHL 三十多年前在台灣由港商營運時，取名「洋基通運」。

FDI）流量重挫 49%。已開發經濟體的下降幅度最大，下降幅度高達 75%，而開發中經濟體（包括中國）僅下降了 16%。值得注意的是，在此期間，流向亞洲開發中國家（中國、越南和其他國家）的外人直接投資幾乎占全球外人直接投資的一半[84]。貿易復甦主要是由中國和拉丁美洲推動的。新的國際學生的入學人數在美國下降了 43%，在澳洲下降了 50%，但在英國不減反增，實際上增加了 9%，也許是因為比較容易取得英國的留學生簽證[85]。

2020 年對全球化的真正打擊，不是如何在發生另一場疫病大流行時提高抵禦能力的機制，而是美國和中國之間的關係不斷惡化和競爭日益激烈。我們在第四章和第五章看到，美、中兩國已經陷於一場重大的地緣政治衝突之中，並且正在採取措施使彼此的經濟「脫鉤」。當時在外交關係協會任職的朱利安・葛維茨（Julian Gerwitz）指出，中國國家主席習近平擴大了國家安全的定義，將依賴美國和其他民主國家的風險也包括在內[86]。這在川普成為總統之前就已經開始了，但在川普上任期間加速，北京面臨著一再使用關稅和制裁手段的美國政府。譬如，中國的銀行考慮放棄 SWIFT 支付系統[6]——這是全球銀行業者彼此之間轉移資金和通信的系統——以抵銷美國制裁的風險[87]。與此同時，

6　譯註：全名環球銀行同業金融電信協會（Society for Worldwide Interbank Financial Telecommunication），全球 200 個國家和地區上萬家銀行透過這個電子訊息系統進行通匯業務。

華府愈來愈擔心與中國的各種相互依存關係，特別是在科技領域。中國利用進入美國市場的機會，在人工智慧等具有重要戰略意義的關鍵技術方面取得了重大進展。新冠病毒疫情大流行以及隨之而來的對中國的普遍憤怒也起到了催化劑作用：美國發起了一系列行動，預備使美國與中國脫鉤[88]。

　　大約 25 年來，全世界在經濟理性上顯得已經整合、並且變得更加相互聯繫。公司建立了複雜的供應鏈，大學走向全球，訊息豐富而廉價，資本流向任何會有回報的地方。這是基於如下一個假設：即除極少數情況外，各國建立的聯繫不會因地緣政治原因而被利用，而且通常會得到更廣泛的國際社會的支持。現在，隨著大國競爭的加劇，世界似乎愈來愈趨向於分裂成兩個集團——一個主要圍繞美國組織起來，另一個圍繞著中國組織起來。這兩個集團各自具有經濟、技術、軍事和意識型態的面向，儘管某些領域（例如 5G 行動通訊技術）的分界線通常是模糊的。與冷戰不同，兩個集團有互動，甚至重疊。譬如，澳洲是美國的堅定盟友，但它也在經濟上與中國往來、以後也將會繼續與中國往來。但在 2020 年，這兩種模式之間的界限變得更加清晰。世界正走向一種截然不同的、更加分化的全球化。

中國崛起

　　「咆哮的 1920 年代」（Roaring Twenties）緊隨大流感和一戰

的痛苦之後接踵而至。同樣的情況還會再發生嗎？到了 2021 年初春，全球經濟似乎已經隨時可以反彈──但問題依然存在。一旦緊急情況過去，COVID-19 會不會有個長尾巴，持續抑制旅行，並讓政府在壓力下削減開支和提高稅率？人們是否會節儉──外出用餐、旅行和消費娛樂放緩下來──在這種情況下，餐飲、旅遊和娛樂行業可能需要數年時間才能完全恢復，並對就業和貧富不均產生連鎖反應？或者，由於強制儲蓄被壓抑的需求，和恢復正常的願望，產生所謂報復性消費心理，這些行業會迅速反彈嗎？事實是，沒有人知道。即使經濟迅速復甦，全球也很可能會在 2022 年的某個時候回到 2019 年的水準，這仍然遠遠落後於沒有發生疫病之前的情況。

全球主要經濟體也許在 2020 年普遍受到影響，但有一個很大的例外：中國。它以 2% 的預期增長率在年底收尾，按照它的標準計算，這是相當低的增長率，但相對它的競爭對手還是相當強勁。到 2020 年底，中國的航空客運量比 2019 年底高出 8%，而美國和歐洲的客運量分別下降了 41% 和 68%[89]。「經濟與商業研究中心」（Centre for Economics and Business Research）的一項研究發現，由於新冠病毒疫情的結果，中國將在 2028 年、而不是 2033 年，提前五年超過美國成為世界上最大的經濟體[90]。2020 年跨年前夕，成千上萬的人在武漢的街頭、酒吧和夜店聚會狂歡，而紐約時報廣場則是 1907 年以來的第一次跨年前夕空無一人，寂靜無聲[91]。中國將被世界大部分地區指責為未能儘早

採取行動阻止病毒的傳播。北京強硬的外交政策和對香港的殘酷鎮壓將疏遠歐洲人，並強化美國對它的懷疑態度。但就從最根本的經濟而言，中國將擺脫影響世界其他地區的大部分不安因素。在某些方面，它甚至可能還從中受惠。

第八章

脆弱的國家，脆弱的人民

　　如果你打開你的衣櫥，拿出一件 Gap 的 T 恤、一件 H&M 的襯衫、一件 Levi's 的牛仔褲、一件 Marks & Spencer 的連衣裙或一件 Zara 的毛衣，有很大的機會標籤上寫著「孟加拉製造」。這個南亞國家是世界第二大成衣出口國家（第一大是中國），成衣業占孟加拉全國出口收入的 80%，令人咋舌。它雇用了大約 400 萬個孟加拉人——其中大部分是女子裁縫工——她們靠薪水生活，每月收入約 110 美元，拿微薄薪資勉強養家糊口。因此，當 COVID-19 顛覆全球貿易和供應鏈、關閉零售商，並癱瘓消費者需求時，全球經濟的毀滅有可能使孟加拉的成衣業和許多孟加拉國民跟著它陷入困境[1]。2020 年 3 月被解僱後，首都達卡（Dkaha）的成衣工人法特瑪・阿克瑟（Fatema Akther）說：「我的家人靠我一個人的收入生活。我不知道我的家人將如何活下去。[2]」法特瑪的困境說明了一場將在全國上演的悲劇，因為 COVID-19 使數以百萬計的孟加拉人民的生活和生計都處於危險之中。

　　疫情爆發前夕，孟加拉的人口狀況和殘破的衛生系統已經使它極易受到新型傳染病的影響。孟加拉面積與美國愛荷華州一樣大，但卻擁有 1 億 6500 萬人口——是愛荷華州人口的 52 倍以上——每平方公里人口密度 1240 人（相形之下，印度為 455 人，巴基斯坦 275 人，中國 148 人，美國 36 人）。由於人滿為患，社交距離等措施幾乎不可能執行。以首都達卡為例：這座城市本身有超過 1000 萬居民，2150 萬人居住在大達卡地區，使它成為地球上人口最稠密的城市之一。大約 400 萬人居住在分散於此一超大城市周圍的 5000 多個貧民窟，其中約 75% 的家庭局促在一個房間裡。在這些龐大的棚戶區，衛生條件極差，傳染病的傳播司空見慣——這是致命病毒快速傳播的完美環境[3]。

　　孟加拉的醫療照護系統也無法應付重大疫情。2019 年，孟加拉在「全球衛生安全指數」的 190 個國家中排名第 113 位。孟加拉每千人只有 0.8 張病床（美國為 2.9 張，中國為 4.3 張），整個衛生系統只有 1169 張加護病房病床（公立醫院 432 張，私立醫院有 737 張）。使問題更加複雜化的是，孟加拉的醫師／病患比率是南亞地區最糟糕的[4]。

　　情況雖然如此，COVID-19 的威脅一出現，孟加拉政府迅速採取行動殊為不易。2020 年 1 月 31 日，政府派一架飛機接回滯留在武漢的 341 名孟加拉公民，當時武漢已經封城。五個星期後，即 3 月 7 日，孟加拉報告了首例確診的 COVID-19 病例。從 3 月 17 日開始，所有學校全都奉命關閉。謝赫‧哈西娜總理（Sheikh

Hasina）的政府很快就實施更嚴格的管制措施。飛往十個國家的國際航班暫停（部分飛往中國、香港、泰國和美國的航班繼續飛行）。3 月 26 日，政府實施全國大規模封閉，關閉了所有私營企業和公家機關，但緊急服務除外。它禁止所有國內航空、水路和鐵路旅行。人們被要求待在家裡，在公共場合保持社交距離，並避免大型聚會。數十萬名最近從國外返回的孟加拉僑民被告知要自我隔離兩個星期。軍隊奉命出動協助執行限制措施，並使人們遠離街頭。全國大規模封閉原本計畫持續兩個星期，但大部分的規定卻延長至 5 月底[5]。

　　然而，打從一開始，孟加拉當局就很不容易執行公共衛生措施。在 3 月中旬發出避開人群的警告後，不到幾天，25000 人參加了在孟加拉南部羅基布爾地區賴布林鎮（Raipur, Lakshimpur）的宗教集會，唱誦「治癒經文」（Khatme Shifa，古蘭經的治癒詩句），期盼抵禦冠狀病毒[6]。在整個封鎖期間，大量人聚集在傳統市場和救濟品配發中心，國內遊子——在突然失業之下——從達卡湧出、回到他們的村莊[7]。儘管當局發出警告，穆斯林占多數的這個國家的著名宗教領袖還繼續鼓勵信眾上清真寺[8]。有時候，還會有人們集體違背封鎖令。4 月中旬有一個臭名昭著的例子，在達卡以東約 62 英里的貝托拉村（Bertola），成千上萬的孟加拉人民不顧居家隔離令指示，參加了一位聲望很高的伊斯蘭阿米爾（emir）穆拉南・朱拜爾・哈密德・安沙里（Maulana Jubayer Ahmed Ansari）的葬禮[9]。政府似乎缺乏取締這一類集會

的能力或政治意願。

孟加拉的經濟結構也促成封鎖措施必須付出很高的代價。在過去的幾十年，孟加拉已經成為受惠於全球化的典範。穩定的經濟進步使數千萬孟加拉人擺脫了貧困。從 2000 年代初開始，融入全球服飾業的價值鏈，創造了 300 多萬個就業機會，被廣泛認為是國家經濟持續增長和顯著脫貧的催化劑。根據孟加拉政府統計局的數據，全國貧困水平從 2000 年的近 49%，下降到 2018 年的約 22%。2010 年至 2016 年期間，孟加拉的年均經濟成長率為 6.5%。孟加拉曾經是世界上最貧苦的國家之一，2015 年躋身低度中等所得國家行列（世界銀行目前的定義為人均所得在 1036 美元至 4045 美元之間的國家）[10]。

然而，它的進步是脆弱的，它掩蓋了相當大的挑戰。儘管經濟收入增加，但持續的貧困和缺乏儲蓄仍然是數以百萬計孟加拉人日常生活的特徵。在疫病大流行之前，超過五分之一的人口生活在貧困線以下，其中大約 14.5% 處於極端貧困（即每天生活所資不到 1.90 美元）。甚且，孟加拉大約 89% 的勞動力受雇於非正規經濟部門，從事日薪勞動、個體戶經營者、論件計酬工人（無論他花多長時間製作、只能論件計酬）、其他僱用勞動和無償的家庭勞動。在達卡等城市，非正規經濟的特點就是大量人力車和拉車工、搬運工、建築工人、理髮師、鞋匠、垃圾收集工、廢物回收商，以及蔬菜、水果和肉類的街頭小販。這些工作很少有足夠的工資、良好的工作條件或社會保障。整體而言，全國只

有15%的人口每天收入超過500塔卡（taka）（相當於5.90美元）。只有13%的人可以上網，即使在上網的人口中，遠距工作的選擇也很少見[11]。

由於這些根本性的脆弱，疫病大流行引起的全球衰退，和國內疫病控制政策，使孟加拉人的生活必須付出沉痛的代價。由於進口國主要零售百貨業取消或推遲了數十億美元的訂單，孟加拉成衣的銷售受到嚴重打擊[12]。根據國際貨幣基金的數據，孟加拉4月份的整體成衣出口比去年同期下降了83%[13]。3至5月，服裝出口累計下降將近55%[14]。

到4月初，有100萬製衣工人（四分之一）被解僱或放無薪假，其中72%的休假工人遭到無薪遣送回家[15]。經濟無法停擺過長，政府開始允許達卡郊區工業地帶的數百家服裝工廠恢復營運，以避免失去更多來自美國和歐洲品牌的業務。孟加拉全國針織品製造暨出口協會副主席穆罕默德‧哈特姆（Mohammad Hatem）認為：「我們必須接受冠狀病毒是生活的一部分。如果我們工廠不開放接單，就會出現經濟危機。」許多工人覺得他們別無選擇，只能重返工作崗位。達卡郊區阿舒利亞（Ashulia）的工廠工人莫法扎爾‧侯賽因（Mofazzal Hossain）告訴法新社記者說：「對冠狀病毒還是會害怕的。但是我現在更擔心的是失去工作、工資和福利。[16]」達卡居民桑帕‧阿克特（Sampa Akter）靠著縫製運往世界各地購物中心發售的牛仔褲維生，她也呼應同樣的觀點。她說：「我非常害怕和脆弱。不僅僅是我。我所有的

同事都處於相同的處境。[17]」

即使工廠開始復工，但疫情繼續抑制全球需求，時尚大品牌不斷取消訂單，導致許多工廠開工率只略高於產能的一半[18]。紡織工人阿布都・拉辛（Abdur Rahim）在 5 月抱怨道：「我們過去三個月沒有拿到工資。我們真的快餓死了。[19]」直到 9 月份，訂單才真正開始回升，到 2020 年底，大約 90% 的取消訂單恢復了。但是，即使如此，全球服裝零售商降價求售，以及他們對發貨商品要求大幅折價，使得出口利潤大幅減少[20]。

孟加拉全國龐大的非正規部門的工人也看到工作和收入蒸發。伊姆蘭・侯賽因（Imran Hossain）是一名日薪工人，從事修理工作，通常每天能掙 300 至 500 塔卡（折合 3.50 至 5.90 美元），他在 6 月份說：「冠狀病毒在這裡無所不在、到處傳播。人們很害怕，不再找我做任何工作。[21]」

與此同時，居住在海外的孟加拉僑民匯回國內的僑匯也已經枯竭。在疫病大流行之前，估計約有 1000 萬個孟加拉國民在國外生活和工作[22]。他們寄回家的錢為貧困家庭提供了至關重要的生命線，占全國 2019 年 GDP 的 6% 左右[23]。居住在海外的孟加拉移工中有 70% 以上居住在波斯灣石油出口國家，例如沙烏地阿拉伯和阿拉伯聯合大公國。平均而言，這些移民工每年向孟加拉的家人寄回約 1100 美元[24]。但隨著油價突然下跌和波斯灣國家進入封鎖狀態，許多移工失去了工作、並被迫回家。3 月份僑匯下降 12%，4 月份下降 23%，5 月份下降 13%，然後才

開始反彈[25]（到年底，由於政府對透過正規管道匯入的錢提供現金激勵，和擴大網路銀行服務，官方統計的僑匯總額實際上增加了。但這種明顯增加也有部分是由於與疫病流行訂下旅行限制有關，從非正式網絡進行的匯款交易，有一部分涉及帶著現金跨國境帶回，現在卻通過正式的銀行轉帳，這只是計帳方式不同而已[26]）。

　　為提振經濟，政府批准了數十億美元的振興方案，旨在鼓勵受影響的行業，尤其是出口導向型行業。他們還為低收入工人和貧困家庭派發數億美元的現金援助，並加大力道以低於市場的價格，向極端貧困人口提供大米，從而避免日益嚴重的糧食不安全狀況。然而，由於政府無法準確識別需要幫助的人、當地救濟分配存在問題，以及普遍的貪腐環境，貧困的孟加拉國民難以獲得大部分援助[27]。

　　這些事態的發展對窮人的影響可說是毀滅性的。一項針對達卡郊區魯普加尼縣（Rupganj County）農村地區 2000 多名隨機選擇的母親進行的調查發現，在居家隔離令實施的頭八週內，家庭月收入中位數從 212 美元下降到 59 美元，極端貧困家庭的數字從 0.2% 增加到 47.3%。研究發現，在疫情大流行之前，5.6% 的人面臨中度的糧食不安全，另外 2.7% 的人面臨嚴重的糧食不安全；到 6 月中旬，這一數字分別增加到 36.5% 和 15.3%[28]。另一項研究發現，在全國範圍內，在 3 月至 5 月底的封鎖期間，孟加拉的平均家庭收入下降了約 74%[29]。截至 2020 年 6 月，

總部位於達卡的研究組織「南亞經濟模型網絡」（South Asian Network of Economic Modelling）的分析估計，由於疫情影響，孟加拉的全國貧困率已從 2019 年的 20.5% 增加了一倍，達到 41% 左右，實質抹殺掉過去十五年的經濟進步成績[30]。總而言之，聯合國估計孟加拉的經濟成長率在 2020 年下降至 0.5%，而 2019 年的成長率則為 8.4%。因此，數以千萬計的孟加拉國民重新陷入貧困[31]。

隨著經濟問題惡化，政府在 5 月又採取措施，逐步重新開放經濟活動，並允許在穆斯林齋戒月期間舉行祈禱活動。6 月下旬，孟加拉恢復了國際航班[32]。這些舉措在經濟上是必不可少的，在文化上是可以理解的——但它們也導致了 COVID-19 病例激增。截至 2020 年 5 月 1 日，孟加拉共報告確診病例約 8200 件，死亡 170 人；一個月後，隨著限制放寬，總數接近五萬個病例，死亡人數 672 人[33]。到 12 月下旬，確診病例總數已超過 50 萬人，記錄在案的死亡人數約為 7600 人。排在印度之後，孟加拉是南亞受疫情影響第二大的國家[34]。然而，鑑於其人口密度，每十萬人的確診死亡人數出奇的低，病死率（確診病例的確實死亡人數）徘徊在 1.5% 左右，遠低於高所得國家常見水準[35]。有人猜測，人口中的青年人居多（2019 年孟加拉全國只有 5.2% 的人口年齡在 65 歲或以上）、習慣於對抗 COVID-19 以外一系列疾病、更有彈性的免疫系統的某種組合，以及一種較弱的冠狀病毒株等因素，可能可以解釋了這種差異[36]。

　　但事實上，疫情的真正嚴重程度是不可能知道的：有限的檢測意味著官方統計可能大大低估了真實的感染率和死亡人數。這個問題在 6 月下旬變得更加複雜，當時政府開始收費做 COVID-19 測試，貧困的孟加拉國民哪裡負擔得起。結果，接受測試的人數從 6 月底的每天 18000 多人，下降到秋季只剩每天 12000 至 15000 人。在首都達卡以外的地方進行檢測更是罕見。因此，差異開始出現也就不足為奇了：到 9 月份，由於缺乏全國性檢測，陽性率為 12%，明顯高於公共衛生官員所追求的 7% 至 8% 區間的陽性率。與此同時，來自達卡地區墓地管理人員的報告事證表明，死亡人數可能比有案可稽的記錄高出四倍以上[37]。

　　然後，就在事情已經糟到無以復加的時候，福無雙至、禍不單行。5 月，孟加拉遭遇 20 年來最嚴重的天災「安潘氣旋風暴」（Cyclone Amphan），摧毀了沿海村莊，使得 50 萬人無家可歸。緊隨其後的是從 6 月開始的異常季風暴雨，造成了十年來最嚴重的洪水。到了 7 月底，估計孟加拉全國 24% 至 37% 的陸地被大水淹沒，近 100 萬戶房屋變成水鄉澤國，470 萬孟加拉國民受到影響。季風季節（通常是 6 月到 9 月）一向帶來傾盆大雨；它對南亞國家的農業至關重要。但是近年來，隨著氣候變遷的加速，季風季節愈來愈多地帶來氣旋風暴和災難性的洪水。雖然很難將任何特定風暴歸咎於人為引起的全球暖化，但數據清楚表明，日益嚴重的全球氣候危機與更嚴重、更頻繁的孟加拉河流洪水氾濫，兩者之間存在連帶關係。2020 年的情況就是如此[38]。

許多最容易受到疫情影響的人，突然發現自己又陷入環境災難的最前線。它造成了惡性循環：COVID-19 的困境和洪水問題相互強化。後者使得遵守社交距離和頻繁洗手等公共衛生措施變得更具挑戰，同時也給已經因失業率上升和匯款減少而瀕臨絕境的人們，增加了更多的社會經濟壓力。反過來，疫情也使得孟加拉國民更難應付洪水。在 COVID-19 之前，許多孟加拉農村人口為適應季節性的洪水，轉到城市去工作直到水退為止。疫病大流行和封城改變了這種模式，迫使許多居住在城市地區的人返回容易遭受洪水侵襲的村莊[39]。其中一個人是 22 歲的穆罕默德‧舒蒙（Mohammad Sumon）。4 月，穆罕默德和他的妻子丟掉了在達卡一家製衣廠的工作，「因為工廠表示，由於冠狀病毒，他們沒有接到訂單。」於是這對夫婦回到了距離首都約 100 英里的穆罕默德的家鄉賈馬爾普爾（Jamalpur），他希望能夠兼差從事機械維修員的工作來支撐全家生活。但這也變得不可能了，他說：「因為水位上升了，我無法走出去。我不知道我們將如何過日子。[40]」

躲過初期災難的波及？

我們通常將傳染病爆發和流行病，與從開發中國家出現並傳播到更開發國家的危險聯繫起來。然而，在冠狀病毒危機一開始時，這場大流行疫病似乎對低度收入和中等收入國家造成的傷

亡較小。為什麼南半球幾乎沒有受到對中國和西方更大的初期衝擊之影響？某些科學家早期的推測認為，熱帶和亞熱帶國家更溫暖、更潮濕的溫度，以及更年輕的人口可能阻止了病毒的傳播。而且疾病的初期階段，傳染病確實集中在溫帶國家。疫病最初的重災區是中國，然後是義大利，再來是美國。開發中國家通報的病例少得很[41]。

但在 3 月下半月，疫情在全球各地升溫。儘管大多數國家採取嚴格的封城和行動限制措施，但到 4 月，COVID-19 終於在許多較貧窮的國家紮根。隨著春天變成夏天，南半球也籠罩在這項全球性的大災難下[42]。為什麼？

疫情最初沒有波及南半球，似乎是與全球經濟體系的連結程度較低的關係——我們透過航線來說明。進出中國航班較多的國家首當其衝。如果你仔細看一張國際航線圖，你就會看到疫病紮根、散布和傳播的多個目的地：從連接較多的目的地傳播到連結較少的目的地，從中國到歐洲和美國——然後，再擴散到其他地區[43]。

然而，一旦病毒在較貧窮的國家登陸，迅速傳播的條件就成熟了。孟加拉的情況在其他地方也很常見。許多發開中國家人口稠密的城市和貧困的貧民窟，使保持社交距離成為不切實際的口號，擁擠的農村家庭和公共生活條件也是如此。衛生條件差和衛生照護系統不足，使得遏制病毒的工作更加複雜。然後是衛生基礎設施不足。2017 年，世界銀行和世界衛生組織估計，世界上至

少有一半的人無法獲得基本的衛生服務[44]。無論是從醫務人員、病床、關鍵醫療設備，或是醫生和護士的數量來衡量，南半球的許多國家都沒有為 COVID-19 做好準備。譬如，世衛在 4 月份報告說，非洲 41 國家的公立醫院只有不到 2000 台堪用的呼吸器，為數億人提供服務。非洲有十個國家連一台呼吸器都沒有[45]。

由於缺乏大範圍的檢測，我們很難準確地量化 COVID-19 疫情對南半球的真實影響。貧窮國家的大多數病例和死亡人數，可能都沒有被計算在內。縱使如此，現有證據顯示，開發中國家每十萬人的死亡人數往往低於富裕國家。雖然這可能是沒有良好記錄所導致的結果，但差異似乎至少有一部分是由於許多開發中國家的人口更年輕和肥胖率較低的緣故（這是冠狀病患者的主要危險因子）[46]。

經濟脆弱不堪

4 月 9 日，國際貨幣基金總裁吉歐季耶娃直言：「正如（COVID-19）衛生危機對脆弱人群的打擊最嚴重一樣，經濟危機對脆弱國家的打擊也最嚴重。[47]」隨著病毒席捲全球，一些較貧窮的國家在最初避免遭到疫情最嚴重打擊所可能享有的任何優勢，很快就被其他因素大大抵消，這些因素使它們更容易受到災難性的第二波、第三波經濟和人道後果的沉重打擊。勞動力的整體結構尤其令人擔憂。在疫病大流行之前，新興市場和開發中

經濟體中有 70% 的工人靠非正規部門謀生，因此很少有家庭擁有抵禦冠狀病毒風暴的經濟緩衝能力[48]。隨著各國開始封鎖經濟，街頭小販、季節性建築工人、農業工人、拾荒者和家庭傭工，不可能繼續維持生計。由於沒有透過數位科技上班或遠距工作的替代方案，整個行業很快就被淘汰了。躲在家裡意味著收入的損失。對於那些選擇出外去工作以養家糊口的人來說，這意味著暴露在病毒傳染的風險下。但他們有什麼選擇呢？

對於生活在最微薄邊緣的數百萬人來說，這場危機造成的痛苦困境深不可測。1990 年，全球 36% 的人口生活在極端貧困中。到 2015 年，這個數字已經下降至 10%，即 7 億 3600 萬人[49]。儘管有這些進展，它仍然意味著當 COVID-19 肆虐時，還有數億人活在有一頓、沒一頓的貧困中。任何中斷——更不用說一輩子才一次的疫病大流行帶來的全面封鎖——等於是被宣判死刑。

全球經濟危機帶來的外部衝擊，讓整個開發中世界都感受到了強烈的震盪。貿易和供應鏈中斷襲擊了墨西哥、泰國、突尼西亞和越南等國家。觀光旅遊業重挫，打擊了衣索比亞、馬爾地夫、模里西斯、尼泊爾、塞席爾、斯里蘭卡、泰國和加勒比海小國等國家。在較富裕國家工作並在正常情況下，移工匯回國金額顯著減少。隨著這些匯款枯竭，薩爾瓦多、甘比亞、瓜地馬拉、海地、宏都拉斯、賴索托、尼加拉瓜、尼泊爾和委內瑞拉等不同國家的家庭都感受到影響。而油價暴跌威脅到安哥拉、亞塞拜然、玻利維亞、加彭、伊拉克、伊朗、哈薩克、利比亞、奈及利亞、南蘇丹、

蘇丹和委內瑞拉等國家。與此同時，隨著全球需求重挫，大宗商品價格下跌導致剛果民主共和國、莫三比克和秘魯等國家的出口收入減少[50]。雪上加霜的是，資本實際上流出了這些開發中經濟體，因為投資者注視著不斷升級的災難，變得更加不安和厭惡風險。結果是，在各國需要歷史性高支出來對付危機的這一關鍵時刻，融資減少，借貸成本增加。許多貧窮國家發現自己陷入難以解脫的財政困境[51]。

在國內，已被證明可以有效地為富裕國家爭取時間以拉平曲線的公共衛生措施——居家隔離令、企業關閉、檢疫隔離和其他規定——對許多開發中國家的影響有限。低度收入和中等收入國家的大多政府缺乏能力利用封鎖的時間，來快速加強新冠病毒檢測、接觸者追蹤（這需要大量的醫療照護勞動力）和可行的隔離策略。他們也無法迅速建立醫療照護基礎設施和購買所需的設備[52]。全世界欠缺試劑，和全球爭搶個人防護設備，意味著較貧窮的國家排在隊伍最後才能獲得必需品[53]。

結果是，南半球出現一個特別殘酷的事實，初步的遏制措施已經證明不足以控制病毒，但對已經因疫病流行引起的全球衰退而遭受重創的脆弱人民和經濟，造成更加嚴重的傷害。因此，情況證明，維持遏制措施是不可能、也做不到的。由於數百萬人的生計岌岌可危，關閉商業活動、強迫人們長時間待在室內是不可行、不人道，也難以執行的[54]。譬如，南非在6月份發表一份撒哈拉沙漠以南非洲地區衛生服務和收入中斷的影響之研究。它

估計，延長封鎖措施所可能造成的死亡人數會比疾病本身害死的人數多得多[55]。

這些國家的人民也很難獲得足夠的社會安全救助，譬如政府發放振興支票，或延長失業救濟金。譬如，到了秋季，G20集團國家提出了平均占GDP的22%振興資金計畫，以造福本國公民、鞏固部分經濟部門。相比之下，撒哈拉沙漠以南非洲國家平均僅能撥出GDP的3%做為振興基金。就援助最貧困的公民而言，世界銀行估計已開發經濟體的人均支出為695美元，而開發中國家每人只有4美元[56]。

當世衛試圖提供指導時，它顯然是與開發中國家所面臨的嚴峻公共衛生和經濟困境作鬥爭。但它的訊息常常是前後不一致的。1月23日，世衛駐北京代表將中國對武漢1100萬居民的封鎖描述為「遏制疫情散布的一個非常重要的指標」，同時稱它是「公共衛生史上前所未有的舉措」，並指出它「肯定不是世衛提出的建議」[57]。一個月後，世衛的一名助理總幹事稱讚中國的嚴厲行動，聲稱他們「改變了病毒的發展」。其他國家被建議「考慮是否採取某些措施，不一定是封鎖，而是同樣嚴格的作法」[58]。2020年3月11日，即世衛宣布COVID-19為大流行病的那一天，總幹事譚德塞呼籲各國採取「緊急和積極的行動」來抑制和控制冠狀病毒[59]。兩個星期後，在世衛駐達卡代表與達卡南區市長賽義德・郭孔（Sayeed Khokon）會面後，市長聲稱世衛已經建議孟加拉全國進入封鎖狀態——世衛組織立即否認了

這一說法，宣稱它只是「提出了好幾種選擇方案」供參考[60]。

然後，在4月14日，世衛更新了它對COVID-19的指示，似乎是提醒開發中國家不要採取最嚴厲的措施。它說：

在社區傳播導致疫情以近乎指數型增長的許多國家中，他們已經全國性地實行實質距離措施和行動限制以減緩傳播，並制訂其他控制措施。實質距離措施和行動限制，通常被稱為「關閉」和「封鎖」，可以透過限制人與人之間的接觸來減緩COVID-19的傳播。然而，這些措施會使社會和經濟生活幾乎停止，從而對個人、社區和社會產生深遠的負面影響。這一類措施對弱勢族群將產生超乎比例的嚴重影響，包括貧困者、遊子、境內流離失所者和難民，他們通常生活在過度擁擠和資源匱乏的環境中，而且要依靠日常勞動維持生計[61]。

然而，就在同一天，世衛東南亞區域主任稱讚印度在全國「嚴格而及時」的關閉，稱這「將大大有助於阻止病毒傳播」[62]。在春末和夏季，世衛敦促開發中國家在取消居家令時要謹慎，以免導致冠狀病毒不受控制的傳播。世衛非洲區域主任麥希蒂索・莫耶蒂（Matshidiso Moeti）在5月間承認：「這些行動付出了巨大的社會和經濟代價，尤其是對最弱勢的族群而言。在實施這些措施的同時，呼籲迅速取消這些措施也是可以理解的。」但是，她補充說，「世衛敦促各國採取循序漸進的方法」重新開放[63]。

隨著限制的放寬和冠狀病毒病例不可避免地升高，世衛敦促各國政府考慮重新實施間歇性的封鎖以遏制病毒散布開來[64]。

換句話說，世衛遭遇困難，不知要如何調和遏制病毒呈指數型增長所需的緊急公共衛生措施，與絕大部分開發中國家出現嚴峻的經濟現實之間的內在緊張關係。2020年10月8日，世衛COVID-19問題特使大衛‧納巴羅（David Nabarro）試圖讓指導方針更清楚明確，他說：「我們認為封鎖是唯一合理換來的時間，是為你爭取時間來重新組織、重新整合和重新平衡你的資源，保護你疲憊不堪的衛生工作者。但是總體來說，我們寧願不要這樣做。[65]」悲慘的現實是，許多實施嚴格封鎖的較貧窮國家，根本無法利用以如此高昂的成本買到的時間。

2021年1月，世界銀行估計新興市場和開發中經濟體在2020年萎縮了2.6%，這是開發中世界至少自1960年（有可用總數據的最早年份）以來最差的經濟表現。不包括中國，經濟下滑預計將高達5%。超過80%的新興市場和開發中經濟體都經歷了衰退，反映出比2008至2009年金融危機期間遭受災情的比例都還更高。疫病大流行導致90%以上的新興市場和開發中經濟體人均所得下降；在這些國家中，超過一半的國家，五年或更長時間的經濟成就完全一筆勾銷，四分之一以上的國家人均成果至少倒退十年[66]。

因此，開發中世界的貧困率在2020年上升，這是1998年以來首次出現的現象[67]。「健康指標和評估研究所」（Institute for Health Metrics and Evaluation）估計，僅在這次危機的頭六個月期間，全球的極端貧困已經增加了 7%，使世界上最貧窮的人數增加了 3700 萬人[68]。總而言之，世界銀行預計到 2021 年底將有 1 億 1000 萬至 1 億 5000 萬人加入極度貧困人口之列，這是自開始跟蹤數據以來的最大預計增幅，而聯合國開發計畫署（UN Development Programme）估計疫情可能使目前的赤貧人數增加 2 億 700 萬人。聯合國還評估說，疫情可能迫使 4 億 9000 萬人陷入更廣泛定義的貧困情境，包括那些無法獲得乾淨的水、充足的食物或住所的人[69]。甚且，即使世界經濟繼續從全球大封鎖中彈升，貧困的加深可能會持續數年之久。布魯金斯研究院高級研究員霍米·卡拉斯（Homi Kharas）計算出，預期增加的極端貧困人數有一半可能會永久淪於赤貧、不得翻身[70]。在沒有採取重大行動的情況下，聯合國警告說，到 2030 年，全球貧困率仍可能高達 7%，而疫病大流行之前的預測只有 3%[71]。

兒童教育、營養、食用水、衛生和其他疾病疫苗接種的中斷對經濟開發和貧富不均的長期連鎖反應，也可能極為深遠。聯合國兒童基金會（UNICEF）2020 年 11 月的一份報告發現，由於疫病大流行，到 2020 年中期生活在「多層面貧困」中的兒童人數──定義為無法獲得教育、健康、住房、營養、衛生或食用水的兒童──已經增加了 15%（代表增加了 1 億 5000 萬個兒童）。報告又說，「還有更多隱藏的影響」，包括「喪失未來就業的潛力、增加暴力傾向、貧困加劇、心理健康問題，以及營養不

良或已經脆弱的兒童又因涉及冠狀病毒出現長期發病率」[72]。
12 月，聯合國人道事務協調處（UN Office for the Coordination of
Humanitarian Affairs）估計與疫情相關的基本衛生服務的中斷，
可能會使 20 年來在抗擊愛滋病毒／愛滋病、肺結核和瘧疾方面
取得的進展化為泡影，使得因這些疾病每年死亡人數可能**增加一
倍**[73]。

　　綜合以上所述，COVID-19 引發的經濟災難的規模似乎幾近
無法想像。可是，國際社會在幫助那些最深陷危機的人們方面實
在做得太少。在疫病大流行之前，主要捐助者已經變得愈來愈
吝嗇。2019 年，全世界的國際人道援助金額下降了 16 億美元，
來到不足 300 億美元的地步──這是自 2012 年以來首次出現下
降──儘管人道需求大為增加[74]。接下來，隨著疫情造成嚴重
破壞，大多數富裕國家只顧忙著處理本國的危機。旨在幫助世界
上最貧窮的國家和人民的合作很少。2020 年 3 月，聯合國宣布「新
冠病毒肺炎全球人道應急計畫」（COVID-19 Global Humanitarian
Response Plan, GHRP），旨在解決世界上 60 個最脆弱國家的短
期需求。這項計畫將由聯合國機構與國際非政府組織合作推動，
最初呼籲募集 20 億美元資金；5 月份和 7 月份資金目標分別增加
到 67 億美元和 103 億美元[75]。結合其他的人道籲求，聯合國在
2020 年要求會員國提供有史以來最大的捐款，總額為 390 億美
元。但是到 11 月，只有 170 億美元捐助到位。與此同時，聯合
國預計 2021 年將有創紀錄的 2 億 3500 萬人需要人道援助──比

2020 年需要援助的 1 億 6800 萬人增加 40%[76]。

秘魯的假性進步

受到疫情衝擊的國家並不僅限於世界最貧窮的國家。許多迅速崛起的國家也沒有好到哪裡去。沒有哪個國家比秘魯更能體現這一點。

在 COVID-19 出現之前的幾十年裡，秘魯是拉丁美洲真正的成功案例之一——這個國家已經走出叛亂和獨裁統治，成為拉丁美洲地區最具活力的經濟體之一。在自由市場改革、財政紀律以及強勁的礦產和農產品出口的推動下，秘魯經濟在 2002 年至 2013 年間，每年增長 6.1%，超過該地區其他大多數國家。秘魯一躍登上中等收入國家的上層（世界銀行定義為人均收入在 4046 美元至 12535 美元之間）。隨著人均收入的增加，它的貧困減少，中產階級擴大[77]。

秘魯於 3 月 6 日通報了首例冠狀病毒確診病例，一名曾經前往西班牙、法國和捷克的 25 歲青年男子檢測呈現陽性反應[78]。這是很典型的情況：最初 COVID-19 是通過最近出國旅行的富裕公民帶回拉丁美洲[79]。但很快，這種傳染變得不分貧富貴賤，最嚴重的影響落在了窮人和邊緣化群體頭上。到 5 月，COVID-19 在整個拉丁美洲蔓延開來，以至世衛宣布它是新的全球大流行中心[80]。

與拉丁美洲區域大國巴西和墨西哥不同，秘魯從一開始就十分認真對待疫情。世衛於 3 月 11 日正式宣布 COVID-19 為全球大流行病的同一天，秘魯就取消了全國公私立學校的所有課程。四天後，當秘魯只有 71 個確診病例，而且無死亡病例時，總統馬丁・畢斯卡拉（Martín Vizcarra）就宣布全國進入緊急狀態，積極採取行動以封鎖邊界、限制國內旅行，並禁止非必要的企業營運。這是拉丁美洲最早和最嚴格的封鎖之一。秘魯全國警察和軍隊動員起來幫助執行遏制措施，拘留了數千名違反規定的人。直到 7 月，政府才開始逐步重新開放經濟。這似乎使秘魯處於有利的地位：早早就關閉國境使它爭取到時間，儲備呼吸器，並在全國增設數百張新的加護病房床數。政府執行的人均檢測率也高於拉丁美洲其他任何國家[81]。

在經歷了將近 20 年令人印象深刻的經濟成長之後，秘魯擁有鄰國所沒有的資源，它迅速推出拉丁美洲地區最大的經濟救助計畫之一。援助的目標不僅是維持企業運轉和人民不被解雇，而且還將現金發放給窮人和非正規經濟中的工人。在封鎖期間，政府最初提供了約 70 億索爾（soles）（占 GDP 的 1.1%）的直接轉帳支持弱勢家庭，另外又於 7 月下旬再度追加批准了 64 億索爾（占 GDP 的 0.9%）的紓困金[82]。

換句話說，秘魯似乎做對了很多事，可是這還是不夠。到 7 月，當公共衛生限制放寬時，這個人口 3300 萬的國家，確診病例已經超過 28 萬 8000 個，其中 9860 人死亡。秘魯的病例數飆

升為拉丁美洲第二高（僅次於巴西），它成為全球最嚴重的冠狀病毒熱點之一。8 月中旬，隨著疫情失控，政府被迫重新實施一些限制措施。到 12 月下旬，病例數已攀升至 100 萬以上，死亡人數超過 37000 人。當時，這是世界上每 10 萬人死亡人數比例第六高[83]。秘魯的命運似乎與拉丁美洲其他中等收入國家的命運相似，包括阿根廷、玻利維亞、巴西、哥倫比亞、厄瓜多爾和墨西哥，所有這些國家的人均死亡人數和病死率都非常高。甚且，針對秘魯特別高死亡人數的分析顯示，實際死亡人數可能是報告數字的兩倍[84]。

這是怎麼發生的？簡單講，秘魯遏制病毒的行動不足以克服它與其他許多開發中國家一樣面臨的深層結構性挑戰：城市人口稠密、醫療照護系統資源不足、貧富不均十分嚴重、非正規工人人數眾多，和國家十分貧窮。在整個拉丁美洲，將近五分之一的人口生活在保持社交距離有如天方夜譚的環境；在疫情爆發之前的秘魯，超過三分之一的城市人口居住在首都利馬（Lima）和其他城市擁擠的貧民窟。這些以木頭、廢金屬和磚頭搭建的棚屋為特徵的貧困社區，通常也缺乏足夠的衛生設施和乾淨的水源，並且獲得醫療照護的機會有限[85]。秘魯研究機構 GRADE 的雨果・諾波（Hugo Ñopo）在 6 月間說：「他們要我們勤洗手，但貧困家庭（只有）三分之一才有自來水。[86]」

幾十年來，秘魯也是拉丁美洲醫療照護公共投資水準最低的國家之一。結果就是一個破敗的系統，病患收容量低、基本用品

短缺，以及獲得照護的機會非常不平等。雖然政府劍及履及，迅速採取行動，但處於問題核心是系統性的脆弱漏洞太深，無法克服。

經濟差異懸殊是另一個關鍵因素。2018 年，秘魯的基尼係數（衡量貧富不均的常用指標）為 0.43（整個拉丁美洲和加勒比海地區的平均數值為 0.46）。基尼係數為零表示完全平等，而係數為一表示貧富不均的程度最大。相比之下，2018 年高所得國家的平均係數為 0.32。秘魯的貧富不均象徵著拉丁美洲是世界上第二大貧富不均地區（僅次於撒哈拉沙漠以南非洲）的處境[87]。因此，儘管有了多年的經濟增長，貧困仍然是一個重大挑戰。2018 年，仍有 16.8% 的秘魯人生活在貧困線以下，極端貧困人口比例為 3.7%[88]。一個致力於照顧非正規工人福祉的國際非政府組織駐秘魯顧問在 6 月份說，疫情「暴露了一個事實，即仍然有很多我們以前沒有見過的貧困人口。他們在艱難的條件下工作，有一頓、沒一頓地活著。[89]」

甚且，許多在技術上不被視為貧困者的秘魯人，仍然在非常不穩定的環境中工作。在整個拉丁美洲和加勒比海地區，大約 54% 的勞動力從事街頭小販、小型零售店、兼職建築、家政工作和非正規經濟中的其他工作。在疫情來襲之前的秘魯，這一數字接近 70%[90]。利馬的「政府和公共管理研究所」（Institute of Government and Public Management）學術主任伊凡‧伊達爾戈‧羅梅洛（Iván Hidalgo Romero）觀察到：「政府的（封鎖）戰略

適用於 30% 的秘魯正規領域就業人口，這些領域的經濟一直在增長。但還有另外 70% 的秘魯勞工是在非正規領域工作的，他們無法獲得基本的衛生、教育、營養服務，也無法獲得養老金和財務安全網的保障。[91]」這種組合意味著數以百萬計的秘魯人對疫情和封鎖的雙重衝擊，幾乎沒有緩衝能力可以保護自己。經濟快速進展的表相掩蓋了這些潛在的現實——但 COVID-19 暴露了它們的不足。

政府提供的經濟援助的確有所幫助，但危機的規模壓倒了這些努力。缺乏足夠的、最新的貧困家庭訊息，使得政府試圖幫助最需要幫助的人的美意受挫。隨著數以萬計的秘魯人逃離城市返回家鄉，紓困努力變得更加困難，使得要把他們迫切需要的救濟金如何送達，變得更加複雜。秘魯人只有 43% 擁有銀行帳戶，這一事實使得現金轉帳難以執行。而地方政府的腐敗更進一步削弱了援助計畫的效果；到 6 月，反貪腐檢察官已展開五百多件調查，調查有關官員將發放給窮人的救助金轉移到自己口袋的報告[92]。

社會經濟狀況也加劇了政府疫情遏制戰略上的規劃缺陷。利馬街頭小販路易斯・大衛・阿里亞斯・古鐵雷斯（Luis David Arias Gutiérrez）在 6 月表示：「當你面臨餓死或希望這種疾病不會傳染給你的兩難選擇時，你當然會選擇突破檢疫隔離，試圖養活你的家人。[93]」封鎖的嚴格性導致人群在特定時間聚集在市場和銀行，這一來助長了病毒的傳播。由於超過 40% 的秘魯家

庭沒有冰箱，因此每天去市場採買是生活的一部分。這總是會讓許多秘魯人難以待在家裡。但是，政府限制人們購買食物的時間和天數，禁止送貨服務和關閉餐館，甚至外賣，這些限制措施導致大量人群在營業時間內急於去商店採買。畢斯卡拉總統承認，秘魯的市場因此成為「傳染的主要來源」。他告訴英國廣播公司（BBC）說：「我們的市場有40%、50%、80%的商家遭到感染……你去買東西，你會被感染，你會帶著病毒回家，然後你會把它傳播給全家人。」[94] 同樣，老百姓普遍缺乏銀行帳戶，導致銀行外的人群不斷膨脹，因為絕望的人們等待著能夠拿到實質現金，可以幫助他們度過危機[95]。

隨著病毒從這些缺口中散播出去，秘魯經濟實際上被打垮。4月份，即封鎖的第一個完整月份，總體經濟活動下降了40%以上，然後在第二季萎縮了創紀錄的72%。10月，國際貨幣基金估計秘魯的經濟在2020年將下降13.9%。12月，國際勞工組織（International Labour Organization）估計秘魯2020年的失業總數將達到150萬人[96]。這反映了整個拉丁美洲和加勒比海地區的災情慘重，國際貨幣基金計算得出，2020年由疫病大流行引起的經濟萎縮率為7.4%，是拉丁美洲地區有史以來最嚴重的衰退[97]。

所有這一切都有可能將秘魯的成就抹殺掉。據估計，到2020年底，秘魯人生活在貧困處境的人數將增加到25.8%，比上一年增加約九個百分點，而極端貧困人口的人數預計將增加一倍多，從3.7%增加到7.6%[98]。利馬太平洋大學的經濟學家巴勃羅·

拉瓦多（Pablo Lavado）在 6 月份告訴《紐約時報》說：「在這裡，我們自己祝賀秘魯開始成為一個中產階級國家。但事實證明，我們的中產階級非常脆弱，非常脆弱。[99]」整個拉丁美洲也同樣如此。2005 年至 2020 年擔任美洲開發銀行（Inter-American Development Bank）總裁的路易斯・阿爾貝托・莫雷諾（Luis Alberto Moreno）觀察到：

拉丁美洲的 COVID-19 危機完全就是一場貧富不均的危機。在世界各地，病毒對弱勢族群和社會經濟群體的打擊最為嚴重，暴露出在獲得教育、醫療照護和其他資源方面存在巨大的不平等……這是一場醞釀了數十年的危機，是醫療方法或疫苗接種無法解決的危機[100]。

比傳染病還更糟

聯合國負責人道暨緊急救濟事務的副秘書長馬克・洛科克（Mark Lowcock）在 2020 年 12 月寫道：「一段時間以來，已經很明顯，在脆弱國家造成最大傷害的並不是病毒本身，而是隨後的封鎖和全球經濟衰退造成的第二波衝擊。」甚且，洛科克觀察到，雖然冠狀病毒「對許多國家來說……具有破壞性；除了曠日持久的衝突、氣候變遷的影響以及一個世代以來最嚴重的蝗災之外，這又是另一層艱鉅打擊。[101]」

　　以肯亞的情況為例來說。2020 年初，數億隻沙漠蝗蟲席捲東非洲。以農作物為食的這些害蟲吞噬了沿途的一切。這是七十年來最嚴重的蟲害，由於印度洋偶極在前一年秋天造成的異常暴雨使情況更加惡化，氣候變遷導致印度洋暖化，將這種現象變得更糟。令人不安的是，這又加速了蝗蟲的繁殖能力。姆維卡莉・恩佐卡（Mwikali Nzoka）2 月份在肯亞東部小鎮馬塞基（Maseki）觀察她那八英畝的農場時說：「它們到處亂飛，無處不在。這裡一片綠油油。它可能很快就會變成沙漠。[102]」

　　在 COVID-19 肆虐之前的五年中，肯亞的經濟平均每年增長 5.7%，使它成為撒哈拉沙漠以南非洲地區增長最快的國家之一[103]。然而，肯亞 4600 萬人口中有超過三分之一仍處於極端貧困狀態，1450 萬人處於某種程度的糧食不安全狀態。在一個四分之三人口的全部或部分收入來自農業的國家，蝗蟲和氣候變遷的影響已經構成了巨大的挑戰。接著，疫病降臨了[104]。

　　到 3 月底，雖然 COVID-19 確診病例相對較少，總統烏胡魯・肯雅塔（Uhuru Kenyatta）的政府採取行動，暫停大部分航空旅行、加強邊境管制、關閉學校、教堂和清真寺、限制民眾集會、嚴格限制國內行動，並在城市地區實施宵禁[105]。但鑒於只有 23% 的肯亞家庭擁有網路，而且將近 84% 的勞動力是非正規勞動力，這些措施的價值有限。正如我們在孟加拉和秘魯看到的那樣，對於生活在內羅畢（Nairobi）、蒙巴薩（Mombasa）和其他城市貧民窟的大量肯亞人來說，保持社交距離根本就是幻想。

人們走出家門賺取生活所資生計。好幾次，肯亞警察被指控過度使用武力來實施封鎖，開槍射擊和毆打在市場上購物或下班走上街頭的人，引發了抗議和進一步的衝突[106]。

與其他許多國家一樣，全球經濟危機將肯亞推向了災難的邊緣。肯亞的出口、旅遊收入和僑匯流量都受到影響，個人所得下降。肯亞財政部長估計，COVID-19 將導致肯亞曾經令人驚艷的經濟成長率在 2020 年下降到 0.6% 左右——這根本不足以跟上肯亞人口快速增長的步伐[107]。

隨著經濟邊緣化的加深，一場爭奪富裕國家許多人認為理所當然的物資的鬥爭開始了：食物。隨著需求增長和跨國境貿易中斷，封鎖導致首都內羅畢和其他地方的玉米和豆類價格短期飆升[108]。4 月份，數以千計的饑民急切地尋求幫助，在肯亞最大的貧民窟、內羅畢的基貝拉街區（Kibera）搶奪糧食援助車輛。許多人受傷，兩人喪生。男人用棍棒打人，警察發射催淚瓦斯[109]。同月，一段短片在網上瘋傳，蒙巴薩的一個寡婦曾經幫人洗衣服，但現在很難找到工作。影片顯示她為八個孩子煮石頭，希望他們能在意識到沒有食物可吃之前睡著[110]。

充足的降雨有助於肯亞的農業保持高產量。但收入下降意味著許多肯亞人負擔得起食物的能力正在下降。譬如，國際紅十字總會 6 月份在拉穆地區（Lamu）進行一項調查，85% 的受訪者表示當地市場的食品價格上漲，而 82% 的受訪者表示疫病大流行降低了他們的收入，因而降低了他們購買食物的能力[111]。總

而言之，在非洲現行的衝突地區之外，肯亞被列為非洲大陸最需要人道救濟的國家之一，有 360 萬人面臨飢餓[112]。肯亞的許多鄰國——包括衣索比亞、南蘇丹、蘇丹和索馬利亞——的情況更糟。

日益嚴重的困境迫使肯亞的經濟在 4 月底逐步重新開放，7 月初又取消了其他許多限制。儘管感染率上升，但遏制措施還是放寬：確診病例從 7 月初的約 6700 例（其中 149 人死亡）增加到 9 月的 34000 例（其中 577 人死亡），到年底又增加到約 96000 例（其中 1670 人死亡）。然而，有意思的是，病死率似乎非常的低（截至 12 月約為 1.7%，遠低於全球平均水準），這可能是 COVID-19 最猖獗的內羅畢和蒙巴薩人口結構年輕的關係[113]。肯亞在這方面並非獨一無二。9 月，世衛觀察到，整個撒哈拉沙漠以南非洲地區死於 COVID-19 的人數仍然相對較低。事實上，儘管在秋季和冬季出現第二波疫情，但到 12 月，非洲大陸 54 個國家中幾乎每個國家每天的總死亡人數都少於美國[114]。在一個殘酷的轉折中，以整個非洲而言，疫病大流行以及遏制疫情的措施所引發的經濟邊緣化和糧食不安全，比疾病本身要嚴重得多。

飢饉成為流行病

就全球而言，從 1990 年到 2015 年，面臨長期飢餓的人數

下降了大約四分之一。但到 2020 年，這一數字已從 7 億 9600 萬
人增加到 8 億 2100 萬人，遭受嚴重飢餓的人數更增加了 70%，
達到 1 億 3500 萬人[115]。飢餓甚至困擾著農業盛產地區，譬
如拉丁美洲。聯合國糧食暨農業組織（UN Food and Agriculture
Organization, FAO）2019 年的一份報告指出，儘管拉丁美洲和加
勒比海地區生產了全球農業和漁業出口量的 23%，但是該地區每
三人中就有一人卻遭遇糧食不安全[116]。就全世界而言，促成這
一趨勢的最大因素是各地武裝衝突不斷、氣候變遷和既有的經濟
脆弱性。疫情與這些既有趨勢交互影響，放大了它們的衝擊。阿
富汗、布吉納法索、中非共和國、查德、剛果民主共和國、衣索
比亞、瓜地馬拉、海地、宏都拉斯、肯亞、黎巴嫩、賴索托、緬甸、
尼日、巴勒斯坦、巴基斯坦、索馬利亞、南蘇丹、蘇丹、烏干達、
葉門和其他地方的糧食不安全現象日趨嚴重。

　　在冠狀病毒危機一開始就有人擔心它可能會導致全球糧食
供應總量減少。譬如，在英國，非營利組織警告說，如果冠狀病
毒導致移工勞動力短缺，農民將被迫放棄三分之一的收成[117]。
在某些開發中國家，畜牧業區無法將動物牲口移動到季節性的食
物和生水源頭，因而損害到動物的健康，也降低牲口的銷售價
值[118]。然而，就全球而言，稻米、小麥和玉米等消費最廣泛的
三種主要作物，雖然碰上疫情肆虐，生產水準仍保持或接近歷史
高位的產量[119]。

　　COVID-19 造成的全球食品貿易中斷也沒有最初擔心的那麼

嚴重。到 2020 年 4 月下旬，已有 17 個國家宣布或實施了對食品的臨時出口限制，其中包括世界最大的小麥出口國俄羅斯[120]。在鼎盛時期，出口限制的總量約占全球貿易食品卡洛里熱量值的 5%[121]。這給嚴重依賴穀物進口來彌補當地糧食生產短缺的撒哈拉沙漠以南非洲地區尤其帶來了風險[122]。但事實證明，這些限制中的大多數都是短暫的（截至 9 月，只有吉爾吉斯仍舊施行食品出口限制），一般來說，全球食品貿易表現得比整體貿易更具彈性[123]。

然而，值得注意的是，飢餓危機很少源於供給總量出現問題。它們往往源自於供應鏈中斷，導致食物無法到達需要的人手中。飢餓也受到經濟環境突然變化的影響——譬如食品價格飆升或所得下降——限制了窮人取得食物的機會。而正是在這方面，疫情對糧食不安全的影響最為嚴重。

到 2020 年 12 月，世界糧農組織報告說，世界糧食價格連續七個月上漲，穀物、油籽、乳製品、肉類和糖類指數創下近六年來的新高；世界銀行的另一項估計發現，2020 年全球食品價格上漲了 14%，而所得降低卻使許多人更難以負擔得起購買食品[124]。某些地區的價格上漲更為凶猛。在敘利亞，每月的糧食成本飆升 240%，在蘇丹，主食作物的價格上漲一倍[125]。在很大程度上，局部波動是為遏制疫病流行、採取的限制措施的結果。涉及到農業和食品供應鏈的農民、貿易商和工人，通常不受封鎖和行動限制的影響。但是宵禁限制了農民和商人將食物送到市場的工作。

有些街道和露天市場關閉。隨著通行限制的擴大,地方食品成本飆升。簡而言之,在收入下降、價格又上漲的時候,開發中國家數以百萬計的人民無法獲得他們所需的基本食品[126]。與此同時,大宗商品出口價格下跌、觀光旅遊業下滑和其他經濟困境來源,剝奪了開發中國家滿足日益增長的人道需求所需的現金。隨著國際捐助國家本身遭受經濟危機並轉而向內,提供必要援助的收入和政治意願就無法達成了。

2020 年 8 月,美國農業部預測,來自 COVID-19 的收入衝擊,將使低度收入和中等收入國家的 8350 萬人加入全球長期飢餓人口行列[127]。與此同時,「聯合國世界糧食計畫署」(UN World Food Programme, WFP)估計,在它執行業務的國家,約有 2 億 7200 萬人因 COVID-19 處於嚴重糧食不安全或面臨糧食不安全的風險,這是 2019 年總數的兩倍。這個聯合國機構得出結論,如果沒有協調一致的國際行動,這場疫病最後可能會在高達 35 個國家造成飢荒[128]。慈善組織樂施會也呼應這些擔憂,它指出 COVID-19「與衝突、不斷加劇的貧富不均、和不斷升高的氣候危機的影響相結合,從根本上動搖已經破碎的全球糧食系統,使得數百萬人陷入餓死邊緣。[129]」

2020 年 10 月 9 日,世界糧食計畫署因為它在疫情中對抗日益上升的全球飢餓問題的貢獻,榮獲諾貝爾和平獎。雖然諾貝爾委員會注意到世界糧食計畫署增加援助的努力,但頒發這項大獎似乎主要是希望引起人們對 COVID-19 造成糧食危機節節升高要

多加關注。在消息宣布之後，世界糧食計畫署署長大衛・比斯利（David Beasley）立即向國際社會——尤其是世界上的許多億萬富翁——發出緊急呼籲，要求提高善款，再提供 50 億美元的援助款。比斯利預測，在缺乏更多資源的情況下，「世界上有十幾、二十個地方，如果我們得不到他們需要的援助……將會出現聖經上所描述的大飢荒。」他還警告說，由疫情引發的糧食危機可能會加劇不穩定、衝突和大規模的流離失所，從而導致惡性循環，有可能使世界上數百萬人陷入困境[130]。比斯利在 12 月預測，2021 年可能是超過七十多年前「聯合國成立以來最嚴重的人道主義危機年」[131]。

第九章

衝突與傳染病

2020 年 2 月 24 日，伊朗伊斯蘭共和國政府發言人阿里・拉比耶（Ali Rabiei）走上講台。他的目標很簡單：讓伊朗人民放心，宣示政府已經控制住 COVID-19 疫情。站在他旁邊的是伊朗衛生部副部長、負責抗擊疫情的官員伊拉吉・哈里奇（Iraj Harirchi）。兩人都給出了充滿自信和安慰的話，但記者會的影片卻敘說著一個不同的故事。在整個簡報過程中，哈里奇一直咳嗽，擦臉和擦眼睛，大汗淋漓。一天後，民眾得知哈里奇感染了 COVID-19，這表明此一傳染病實際上並未得到控制[1]。病毒不僅在整個伊朗蔓延，而且已經滲透到伊朗政府的核心內部。

病毒似乎是通過到聖城庫姆（Qom）參觀神學院的中國學生或工人傳播到伊朗的。雖然伊朗政府於 2 月 19 日通報首例確診死亡病例，但是 COVID-19 其實已在聖城肆意傳播好幾個星期了。由於庫姆是伊朗神職人員的精神中心，宗教朝聖者和官方訪客絡繹不絕，因此庫姆市疫情爆發立即將病毒向外輻射到其他的人口中心，也促使它在菁英圈子中散布開來。政府很快就無法掩

蓋日益嚴重的危機。社群媒體上廣泛分享的一段影片顯示，庫姆墓地堆積著屍袋，衛星圖象顯示庫姆市正在挖掘萬人坑[2]。到3月中旬，數萬名伊朗人遭到感染，其中包括數十名政府官員和知名宗教人士。當時，世界衛生組織估計，伊朗官方公布的數以千計的死亡人數可能低報了五倍之多[3]。

拒絕向伊朗人民坦白承認庫姆發生的真實狀況，顯示政府當局的反應舉措失當。早些時候，當疫情在武漢蔓延時，伊朗政府由於擔心會得罪它最大的貿易夥伴和伊朗石油剩下的唯一買家，不願下令停止前往中國的旅行。早期的可疑病例都被駁斥，伊朗政府未能為國家的醫療照護系統做好準備[4]。然後，當德黑蘭終於在2月初宣布禁止來自中國的航班時，由政府的禁衛軍「伊斯蘭革命衛隊」（Islamic Revolutionary Guard Corps, IRGC）經營的私人航空公司馬漢航空公司（Mahan Air），繼續秘密地飛行往返中國各城市的航線[5]。為進一步維持常態的表象，伊朗官員於2月11日鼓勵大規模遊行慶祝伊朗革命41週年，並繼續原定於2月21日舉行的議會選舉——這些決定無疑又助長了病毒的傳播。

革命衛隊在規避官方遏制COVID-19的努力之同時，它也試圖將疫病政治化，把責任歸咎到伊朗的敵人身上，並將伊斯蘭革命衛隊定位為民族英雄。革命衛隊官員將病毒描述為「美國人搞的生物入侵」和「猶太復國主義的生物恐怖攻擊」。伊斯蘭革命衛隊經營的巴奇亞塔拉醫科大學（Baqiyatallah University of Medical

Sciences）的一位教授在伊朗國家電視台上宣稱，這種傳染病是美國人和以色列人專門針對伊朗人 DNA 製造的「種族生物武器」。伊朗最高領袖阿里・哈梅尼（Ali Khamenei）也呼應這些陰謀論[6]。與此同時，革命衛隊自稱是國家的健康救星，隨時準備幫助肩負抗疫重責大任的醫生和護士。3 月初，伊朗當局宣布，來自伊斯蘭革命衛隊的三十萬部隊及其巴斯基（Basij）民兵（譯按：意即「動員」）將部署到全國各地，以幫助對公共場所進行消毒、引導交通，以及篩檢和治療患病者[7]。

隨著 COVID-19 疫情擴散，伊朗發現自己陷入了經濟漩渦。2015 年，伊朗與歐巴馬政府以及中國、法國、德國、俄羅斯和英國達成協議，限制伊朗的核子活動以換取美國解除經濟制裁。但是政府腐敗和管理不善使得伊朗無法實現全面經濟利益。然後，在 2018 年 5 月，川普總統拋棄此一核協議——他在 2016 年競選總統期間，把它形容為「災難」和「有史以來談判出來最糟糕的協議」——並且重新對德黑蘭實施全面經濟懲罰。美國的制裁切斷了伊朗與全球金融體系的聯繫，削弱了它出售石油的能力。在這樣做時，川普保證他發動的「最大壓力」將迫使德黑蘭政府屈服，接受更嚴格的核協議，也將馴服伊朗對中東地區恐怖主義和激進主義的支持。不料，情況卻背道而馳。伊朗恢復了核協議所禁止的核子活動，並且加大了它在中東地區的挑釁力度：瞄準波斯灣的航運，對沙烏地的石油基礎設施發動無人機和飛彈攻擊，並批准伊朗支持的什葉派民兵向駐伊拉克美軍發射火箭攻

擊。縱使如此，川普的制裁**確實**成功地摧毀了伊朗的經濟。石油出口——占伊朗整體經濟活動的很大一部分，尤其是在重新實施制裁之前更是政府主要收入來源——從 2018 年的每天約 250 萬桶，暴跌至 2020 年初每天只剩下幾十萬桶。通貨膨脹一飛沖天，伊朗貨幣貶值，失業率也飆升。伊朗的經濟在 2019 年下降了 7%以上，甚至在疫病大流行之前，伊朗就心裡有數，已經準備好迎接 2020 年的慘淡局面[8]。美國的制裁也使伊朗控制冠狀病毒的能力複雜化。儘管人道主義和醫療援助在技術上可以豁免，但川普的「最大壓力」行動的廣泛性，使得外國實體對在疫病期間提供這一類援助顯得忐忑不安——當美國於 2020 年 10 月將伊朗的整個銀行系統完全列入黑名單時，問題變得更加嚴重[9]。

伊朗的經濟早已吊點滴。由於 COVID-19 摧毀了全球對石油的需求，俄羅斯和沙烏地阿拉伯又拒絕減產，伊朗更是深受打擊。油價急劇下跌對所有產油國家都造成沉重打擊——但伊朗遭受的損失大得不成比例，因為制裁迫使它以低於市場價格出售石油[10]。甚且，固然德黑蘭政府從未實施過全面封鎖，但它為遏制 COVID-19 傳播而採取的措施——包括從 2 月下旬到 3 月中旬逐步加大對公共和宗教集會、學校和企業的限制——進一步惡化了原本已經夠糟糕的經濟形勢。數以百萬計的伊朗人失業或工資和工時遭到削減。由於企業關閉和持續制裁導致稅收減少，使得政府無力提供足夠的安全網協助老百姓[11]。總而言之，國際貨幣基金估計伊朗經濟在 2020 年將再下降 5%[12]。

　　伊朗想方設法試圖擺脫經濟死亡螺旋之際，它愈來愈靠向中國。在川普重新祭出制裁措施之後，伊、中兩國之間的貿易關係已經日益深化。伊朗外交部長賈瓦德・扎里夫（Javad Zarif）2019年8月訪問北京期間，中國外交部長王毅形容兩國的關係為「全面戰略夥伴」。疫情為實現這一目標更提供了誘因。7月份，一份洩露的文件顯示，伊朗和中國正朝著一項旨在深化貿易、政治、文化和軍事關係，效期25年的戰略協定邁進。協議於2021年3月簽署，可能為中國在25年內對伊朗基礎設施投資高達4000億美元，以及將伊朗納入中國的「一帶一路」倡議鋪平道路。據報導，作為交換，北京對伊朗石油將享有優先購買權[13]。

　　為了挽救經濟，伊朗總統哈桑・魯哈尼（Hassan Rouhani）也不得不被迫放寬在國內實施的限制。在疫情爆發之前的幾個月裡，經濟狀況和對政權的不滿已經造成全國各地到處出現示威活動。2019年11月，估計有20萬伊朗人在100多個城鎮走上街頭示威。示威活動引發了大規模逮捕，伊斯蘭革命衛隊和其他安全部隊開槍擊殺了數百人。這是自革命以來對政治動盪最致命的反擊，甚至超過了政府在2009年遭遇「綠色運動」（Green Movement）抗議期間所部署的暴力行動[14]。然後，COVID-19爆發，政權面臨著全新的生存挑戰。到2020年4月上旬，情況變得十分嚴峻，以至於50位經濟學家聯名上書魯哈尼總統，警告說疫病大流行和相關的經濟形勢可能引發社會動盪節節升高。稍後不久，魯哈尼讓企業和政府實體重新上線，並宣稱這是「國

家之所需」⁽¹⁵⁾。

在病毒得到控制之前放鬆限制的這項決定，可以預見得到，將會導致第二波毀滅性的感染浪潮。4月解除封鎖時，伊朗官方報告，出現大約七萬個COVID-19確診病例，其中4400人死亡。到7月，確診病例飆升至將近23萬人，死亡人數將近11000人，是中東地區截至當時為止最高的數字。而這只是官方公布的數據；實際數字很可能還要高出許多⁽¹⁶⁾。魯哈尼說溜了嘴，提到血清檢測顯示，多達2500萬伊朗人（全國總人口為8300萬人）可能已經暴露在病毒之中⁽¹⁷⁾。從10月開始，政府別無選擇，只能在首都和其他城市重新實施幾個月前放鬆的一些遏制措施，再度關閉公共場所，取消活動，並且關閉學校、清真寺、電影院、博物館、婚禮場所、美容院、健身房、咖啡館、動物園和游泳池⁽¹⁸⁾。到年底，伊朗記錄了超過120萬個COVID-19確診病例和55000人死亡（換言之，短短六個月內分別增加了426%和404%）。儘管這些數字已經令人瞠目結舌，但是衛生官員坦承，實際病例數可能是官方數字的兩倍，伊朗最高醫學委員會（Supreme Medical Council）的一名高級成員表示，死亡人數可能比官方數字高出三到四倍⁽¹⁹⁾。

疫情外溢蔓延

伊朗第一波疫情爆發後的幾個星期內，超過13萬名在這個

鄰國尋求避難和工作的阿富汗人也返回了阿富汗。伊、阿兩國共
有 500 英里的邊界，許多阿富汗人早在幾年前就來到伊朗以躲避
戰爭、走私毒品和經濟貧困。現在他們倒轉過來要回老家。在伊
朗邊境赫拉特省（Herat）一個營地的一名年輕阿富汗工人告訴
《衛報》說：「（伊朗的）情況每天都在惡化之中。因為檢疫隔
離，我再也不能工作了。我很害怕冠狀病毒。[20]」在大規模的
回鄉潮中，回鄉者很少遇到邊境管制，也沒有人為他們進行醫療
篩檢——因此他們帶著沒有被檢查和監控的病毒回到阿富汗。2
月 25 日，阿富汗在赫拉特通報了第一例 COVID-19 病例，赫拉
特將成為阿富汗疫病的震央[21]。伊朗的疫情自此蔓延到境外。

　　阿富汗政府很快就開始採取行動遏制病毒，關閉學校，禁
止大型集會和慶祝活動。到 3 月下旬，首都喀布爾和其他省會的
政府辦公室和所有非必要的企業活動都被下令關閉，國內航空
公司停飛，公路通行受到限制。這樣做的必要性很明確：鑒於
阿富汗醫療照護系統的不足和脆弱性，這個國家沒有能力應付
COVID-19 疫情的全面衝擊。疫情蔓延到阿富汗幾個月後，全國
3500 萬人口仍然只有區區幾百台呼吸器可供使用。

　　與許多低度收入國家的情況一樣，大多數阿富汗人在非正
規部門工作，並且生活在貧困線以下，這意味著保持社交距離既
不可行也執行不了，尤其是考慮到政府的能力和影響力有限。
衛生保健知識不足，口罩短缺，以及對洗手方法的認識有限，
使得情況更加棘手。宗教信仰也是如此——包括在清真寺的聚

會——以及數十年來災難頻仍，阿富汗人心目中已經建立相當程度的文化宿命論。加上漏洞百出的邊界和持續的戰爭，以致遏制COVID-19 的困難被證明是無法克服的。有鑑於此，初期的遏制措施大多數在 6 月份就被捨棄[22]。到年底，官方的公共衛生建議成為笑話，許多阿富汗人避開戴口罩，也不保持社交距離。喀布爾一位年輕的二手鞋賣家告訴《紐約時報》：「沒有冠狀病毒這一回事，這是政府瞎扯的謊言。[23]」

鑑於阿富汗的檢測能力有限，根本無從確切了解這個國家受到的打擊有多大。3 月至 12 月期間，全國僅進行了 18 萬人次的檢測[24]。4 月，公共衛生部估計，最後將有 2500 萬個阿富汗人感染冠狀病毒，其中 11 萬人將會死亡——超過了 2001 年美國入侵以來，在阿富汗喪生的平民總數[25]。四個月後，根據世衛和約翰霍普金斯大學對阿富汗全國大約 9500 人進行的抗體測試，阿富汗衛生部長估計，全國 31.5% 的人口和喀布爾近 500 萬居民中的 53% 已經被感染。雖然當時的官方統計只有 37000 個確診病例和大約 1300 人死亡，但實際數字顯然要高出許多。由於無休無止的疾病和衝突，醫療照護系統難以區分由 COVID-19 引起的死亡和由其他原因引起的死亡[26]。

疫情也給阿富汗脆弱的經濟帶來更多的壓力。2019 年 1 月至 2020 年 4 月初擔任赫拉特省省長的阿卜杜勒・卡尤姆・拉希米（Abdul Qayum Rahimi）告訴《紐約時報》說：「戰爭對經濟造成了打擊，但儘管有戰鬥，貿易仍繼續進行。」相比之下，「病

毒，卻阻止了一切。(27)」7月，世界銀行報告稱，阿富汗經濟在2019年增長2.9%，可是2020年上半年急劇萎縮。世銀還估計，由於店舖經營、街道和市場銷售以及建築、農業和個人服務的日常勞動力中斷，貧困率將上升到61%至72%之間（從最後一次評量的年份2017年的55%往上攀升）(28)。而且，在一個已經習慣於糧食嚴重短缺的國家，加上流行病相關的糧食價格飆升，更進一步威脅到人口中的弱勢群體。「糧食安全綜合階段分類」倡議（Integrated Food Security Phase Classification initiative, IPC）估計，遭受嚴重糧食不安全影響的阿富汗人，數目從2020年初的1200萬人，增加到11月份的1315萬人，另外還有1056萬人處於邊緣。整體來說，阿富汗一半以上的人口需要生計援助或糧食援助(29)。

對於一個試圖從數十年的戰爭中解脫的國家來說，COVID-19的爆發正好碰上一個特別危疑震盪的時刻。阿富汗出現首例確診病例的一個星期之後，川普政府和塔利班（Taliban）武裝分子在卡達的多哈（Doha, Qatar）達成了一項脆弱的和平協議。協議要求美軍在十四個月內撤軍，換取塔利班與蓋達組織（Al Qaeda）斷絕關係，確保阿富汗不會成為其他國際恐怖分子的安全港，並與阿富汗政府進行談判。但隨後原定於3月舉行的和談被推遲到9月，因為雙方為如何釋放囚犯爭吵不休。與此同時，即使在阿富汗的美軍人數從1萬3000人減少到8600人，但在整個春季和夏季，針對阿富汗安全部隊的暴力行為仍然不斷。到11月，川普政府宣布美軍人數將進一步減少，到2021年

1 月將下降至僅剩 2500 名軍事人員[30]。隨著美國駐軍的減少，COVID-19 卻對阿富汗安全部隊造成沉重打擊。6 月，來自戰火激烈的楠格哈爾省（Nangahar）、加茲尼省（Ghazni）、洛加爾省（Logar）和昆都士省（Kunduz）的政府安全官員告訴《華盛頓郵報》，他們的部隊有 60% 到 90% 感染了 COVID-19。由於擔心病毒進一步擴散，美國和北約部隊向阿富汗軍方提議，在全國範圍內暫停部隊大部分沒有社交距離的訓練[31]。

這些挑戰匯集在一起──有些是疾病所帶來，有些是國家長期陷於戰亂所致──為塔利班提供機會，增強它的談判地位[32]。塔利班也表示他們願意協助遏制病毒，填補阿富汗政府留下的空檔。3 月，塔利班發言人在推特上貼文說，他們「通過其衛生委員會向所有國際衛生組織和世衛保證，塔利班已經準備好與他們合作和協調抗擊冠狀病毒。[33]」然而，實際上，塔利班幾乎在他們占領的地區沒有採取太多措施來落實公共衛生[34]。另外還有報導傳出，塔利班高層染患嚴重疾病，有人死因與冠狀病毒有關，甚至還有未經證實的報導聲稱塔利班的最高領導人已被感染，這為支持和平談判的派系和那些主張更強硬路線的派系之間的權力平衡，產生不確定性[35]。

伊斯蘭國有隙可乘

伊拉克位於伊朗之西，它最初運氣比較好。伊拉克比阿富汗

早一天出現第一例確診病例，它最初爆發疫情同樣與來自伊朗的入境者有關。伊拉克與伊朗的社會、宗教和經濟有高度聯繫，似乎使它處於特別危險的境地。意識到這些弱點，也知道本身破爛不堪的醫療照護系統很容易不勝負擔，伊拉克當局迅速採取行動實施 24 小時宵禁，限制國內旅行，取消宗教慶典，並關閉邊境、機場、學校和企業。這些措施使病毒在整個初春階段受到控制。但 4 月下旬齋戒月期間對各項活動的限制有所放鬆。隨著民眾對冠狀病毒相關措施的抗議不斷上升，以及占伊拉克政府收入 90% 的石油價格暴跌，當局被迫放鬆經濟限制和邊境管制。雖然當局鼓勵民眾保持社交距離、落實適當的衛生和配戴口罩，但是許多伊拉克人——包括那些再也負擔不起待在家裡、不出外工作的人——不理睬這一指示[36]。

　　穆斯塔法・卡迪米（Mustafa al-Kadhimi）總理領導的伊拉克新政府上台之際，疫情暴增。5 月初，確診病例僅有 2100 多件，死亡人數不到 100 人。到 6 月，確診病例已達到 6900 件左右，另有 215 人死亡。到 7 月，這些數字分別增加到 51000 個確診病例和 2050 人死亡，並且幾乎每月增加一倍。到年底，伊拉克累計近 60 萬個確診病例和 13000 人死亡[37]。由於多年的戰爭和經濟困境而嚴重不足的醫療照護系統已經不堪重負。聯合國駐伊拉克特使在 8 月估計，疫情使伊拉克的貧困率增加 10%，並指出伊拉克三分之一的人口現在處於貧困線以下，300 萬伊拉克人（全國人口為 4000 萬人）可能買不起食物[38]。

疫情還分散了對在伊拉克和敘利亞猖獗的 ISIS 恐怖組織施加壓力的行動。伊拉克安全部隊不得不應付部隊內傳染的可能性，他們也轉向放下反恐任務，以支援政府對付 COVID-19，包括執行宵禁和限制車輛移動[39]。他們這麼做的時候，支援伊拉克軍事行動的美國軍隊和其他聯軍也撤退了。由於與伊朗的緊張局勢升高，美軍已經整合進駐到較少的基地。在川普決定核准於 1 月 3 日對伊斯蘭革命衛隊聖城旅（IRGC–Quds Force，伊朗的菁英秘密行動部隊）領導人卡西姆・蘇萊曼尼將軍（Qasem Soleimani），以無人機展開襲擊之後，緊張局勢更是一觸即發。這項攻擊是為了報復伊朗支持的民兵對美軍基地發動火箭襲擊，以及親民兵團體圍攻美國駐巴格達大使館，目標是「恢復嚇阻作用」[40]。不過，顯然沒有達成目標。雖然 COVID-19 和相關的行動限制，使得伊朗扶植伊拉克民兵部隊替它作戰的後勤和財政支援變得困難，但是伊朗政府察覺到了美國的潛在弱點，試圖善為利用。與此同時，伊朗政府透過渲染「大撒旦」（Great Satan）的威脅，轉移外界對它應對疫情無方、處置不當的注意力[41]。因此，德黑蘭政府批准民兵增加針對美軍和承包商車隊的火箭攻擊和 IED 炸彈襲擊。美國的回應方式是，縮小美軍在伊拉克全境的活動足跡以保護其部隊安全[42]。

隨著 COVID-19 疫情的惡化，反伊斯蘭國聯盟中的幾個國家──包括加拿大、捷克、法國、紐西蘭、葡萄牙、西班牙和英國──也都撤軍作為因應。美國對 ISIS 武裝分子的追剿行動仍在

繼續，但與伊拉克政府軍的互動大幅減少，實質接觸、諮詢和訓練工作都轉移到透過網路進行[43]。卡迪米政府因為與伊朗的緊張局勢加劇，遭受壓力、要求限制美國的駐軍人數；8 月下旬，川普政府和卡迪米政府達成協議，將美國在伊拉克的駐軍人數從 5200 人減少到 3000 人上下，減少約三分之一。達成協議後，川普政府又宣布進一步撤軍，承諾將部隊人數再減少到 2500 人。然後，在 9 月，國務卿龐培歐威脅要關閉美國駐巴格達大使館，除非卡迪米政府採取措施結束伊朗支持的民兵不斷升高的襲擊[44]。

雖然川普在 2018 年宣布戰勝 ISIS，實情是 ISIS 只是被削弱，並沒有被摧毀——它現在突然看到了捲土重來的機會。到 2017 年底，經過三年多的殘酷戰鬥，ISIS 已經失去了它在伊拉克和敘利亞控制的大部分領土。但隨著美軍愈來愈轉向保護自己以免遭受伊朗代理人的侵襲，從 2019 年年中開始，ISIS 發動襲擊的次數和複雜程度大幅上升[45]。疫情迫使美國進一步收縮，更加速了這一趨勢。

ISIS 領導人阿布·易卜拉欣·庫拉希（Abu Ibrahim al-Qurashi）5 月在網路上發文稱：「你現在所看到的只是本地區發生重大變化的跡象，這些變化將提供我們比過去十年更多的機會。[46]」ISIS 呼籲支持者要散布冠狀病毒，並加強攻擊[47]。整個 2020 年夏天，美軍指揮官注意到 ISIS 活動激增，將襲擊事件的增加歸因於「對各種因素的投機利用」，包括伊拉克安全部隊「分心去專

注於」遏制 COVID-19 的措施[48]。ISIS 還尋求在網路上利用新機會。由於社群媒體平台將注意力從打擊聖戰內容，轉向打擊與疫情相關的錯假訊息，ISIS 趁勢擴大在網路空間的宣傳和召募武裝人員的力道。它甚至試圖利用危機籌集現金，建立一個網站來銷售假冒的「經 FDA 核准」、供醫院、療養院和消防部門使用的 N95 口罩和其他個人防護設備[49]。

病毒的猖獗和戰爭的愚蠢

聯合國秘書長安東尼奧・古特雷斯（António Guterres）在 3 月 23 日表示：「我們的世界面臨一個共同的敵人，那就是 COVID-19。」注意到衝突地區的弱勢族群——包括婦女和兒童、殘障人士、邊緣人、國內流離失所者和難民——也面臨來自疫情的最大風險，古特雷斯呼籲全球立即停止戰火。古特雷斯宣稱：「病毒的猖獗說明了戰爭的愚蠢。請大家結束戰爭這場疾病，與肆虐我們世界的疾病作戰。[50]」六天後，教宗方濟各（Pope Francis）也聲援聯合國秘書長的籲求。由於義大利實施封鎖，教宗不在聖彼得廣場（St. Peter's Square），改在梵蒂岡使徒圖書館（Vatican Apostolic Library）舉行每週一次的祈福；他宣稱，必須「透過停止一切形式的敵對行動、鼓勵建立人道援助走廊、對外交持開放態度，並關注那些處於弱勢地位的人。願我們共同抗擊疫情……啟發新的承諾，以克服國家領袖和有關各方之間的角

力。[51]」

這些呼籲出現在疫病泛濫之較早階段——當時 COVID-19 主要仍集中在中國和西方——有識之士就預計到一旦疫情不可避免地在擁有大量弱勢人口和醫療照護系統破敗的戰禍地區爆發時，將會帶來災難性的傷害。然而，面對共同的外部敵人，訴諸共同人性的努力卻失敗了。世界各地的一些交戰各方承認對這個想法持開放態度。但是在 2020 年被世界銀行列為進行「高強度」衝突的四個國家（阿富汗、利比亞、索馬利亞和敘利亞）中，以及被世界銀行列為「中等強度」衝突的 13 個國家（布吉納法索、喀麥隆、中非共和國、查德、剛果民主共和國、伊拉克、馬利、莫三比克、緬甸、尼日、奈及利亞、南蘇丹和葉門），沒有任何一個停止衝突[52]。在其他發生某種程度的叛亂、分裂活動或有組織的極端主義和犯罪暴力的國家（包括孟加拉、哥倫比亞、埃及、衣索比亞、印度、墨西哥、巴基斯坦、菲律賓、蘇丹、泰國、土耳其、烏克蘭和委內瑞拉），戰鬥也依然持續不斷。

即使有一方支持基於人道將作戰降級的衝突地區，其他的戰鬥人員也態度不明，戰鬥又全面恢復。譬如，在哥倫比亞，左翼的民族解放軍（National Liberation Army, ELN）叛亂分子在 4 月宣布單方面停火，不料波哥大政府當局卻猶豫不前[53]。同樣，在喀麥隆，喀麥隆南部國防軍（Southern Cameroons Defense Forces）這一個著名的英語分離主義團體，支持全球停火兩個星期，允許醫療援助進入它所控制的地區，但是最大的英語反叛組

織安巴佐尼亞國防軍（Ambazonia Defense Forces）卻不肯退讓，由法語族裔控制的政府也拒絕宣布停火。由於敵對行動持續不斷，交戰各方都以援助人員為襲擊目標，在喀麥隆正在經受非洲COVID-19 感染率最高的艱困時候，搗亂了人道主義救援物資的運輸[54]。

其他地方，在聯合國呼籲全球停火之後，暴力實際上不降反升，立即升高。到 6 月，根據「武裝衝突地點和事件數據項目」（Armed Conflict Location and Event Data Project）的統計，自從疫情爆發以來，43 個國家的政治暴力事件有所增加，並在另外 45 個國家／地區穩定地持續[55]。

譬如，在利比亞，聯合國支持的民族團結政府（Government of National Accord, GNA）及其對手利比亞國民軍（Libyan National Army, LNA），都聲稱在聯合國呼籲之前就支持基於人道主義停火，以對付 COVID-19 疫情。可是，雙方後來都拒絕正式停火。反過來，外部支持者提供的武器不斷地流入——從土耳其和卡達流向民族團結政府，從阿拉伯聯合大公國、埃及、法國和俄羅斯流向利比亞國民軍。對利比亞首都的黎波里社區的砲擊也不斷升高，首都平民被命令就地避難，而針對應付疫病至關重要的醫院的襲擊也沒有中止。9 月，聯合國負責利比亞事務的高級官員史蒂芬妮‧威廉斯（Stephanie Williams）警告說，由於戰爭和COVID-19 同步的衝擊，局勢已達到「決定性的轉折點」，她指出局勢顯然即將「失控」[56]。疫情猖獗給那些尋求斡旋和維持

衝突下降的人士帶來相當大的挑戰，迫使聯合國策畫的會議要在嚴格的公共衛生限制下或透過網路方式舉行。一位西方外交官對卡內基國際和平基金會的佛雷德里克・韋雷（Frederic Wehrey）說：「你無法透過 Zoom 進行真正的政治對話。[57]」縱使如此，在10 月下旬，戰場上的僵局促成了在聯合國斡旋下，於日內瓦簽署的正式停火協議使局勢稍為平靜下來。民族團結政府和利比亞國民軍，承諾制訂政治路線藍圖並舉行選舉。2021 年 2 月，談判產生了一個新的全民團結政府[58]。

在飽受戰爭蹂躪的葉門，衝突也更加惡化。在聯合國呼籲停火之後的幾個星期內，以沙烏地阿拉伯為首的同盟將空襲行動增加了 30%，而伊朗所支持的同盟之對手葉門青年運動組織（Houthi）則控制了首都沙那（Sanaa）和葉門北部的大部分地區。葉門青年運動組織對葉門中部盛產石油的馬里布省（Marib）發動大規模攻擊。4 月初，沙烏地宣布為期兩個星期的單方面停火，然後延長至整個齋戒月期間，表面理由是為了集中精力對付病毒。但是戰鬥仍在繼續，雙方都指控對方不守停火規定。隨著沙烏地阿拉伯和阿拉伯聯合大公國愈來愈將精力轉向國內對抗病毒，以及處理油價暴跌所帶來的經濟影響——另外沙烏地阿拉伯也被迫取消利潤豐厚的、每年數百萬名穆斯林到麥加的朝聖——他們在當地支持的反抗葉門青年運動組織的葉門各派系之同盟也瓦解了。由阿聯大公國支持的南方分離主義分子在港口城市亞丁（Aden）另立政府，取代由沙烏地支持、並經國際承認的阿卜杜

拉布‧曼蘇爾‧哈迪（Abdrabbuh Mansur Hadi）政府，製造出一場新的「戰爭中的戰爭」。交戰各方利用對付 COVID-19 的公共衛生措施（例如限制行動自由）來爭奪領土控制權，並阻止提供人道主義援助[59]。

隨著葉門的戰火不停，葉門在 4 月份出現了首例 COVID-19 確診病例，不過由於缺乏篩檢，因此無從知道病毒已經傳播多廣或最終會傳播多遠。在葉門青年運動組織控制的地區，醫療團隊也遭受壓力要隱瞞有關疫情嚴重程度的訊息[60]。但是很明顯，在一個已經遭受最嚴重的人為戰禍影響的國家，人道主義緊急情況已經發生，其後果將極為可怕。聯合國人道事務協調廳（UN's Office for the Coordination of Humanitarian Affairs, OCHA）負責人莉斯‧葛蘭德（Lise Grande）當時警告說，葉門全國人口 2800 萬人，其中 1600 萬人十分脆弱，最終將會受到感染——在這個衛生系統飽受戰爭蹂躪的國家，只有 700 個加護病房床位（包括 60 張兒童床位），和 500 台呼吸器供全國使用[61]。到 7 月，至少有 97 名葉門衛生照護工作者已經死於冠狀病毒，更增加了其餘醫務人員與 COVID-19 以外的一大堆危機（從營養不良到白喉和登革熱等等）應對的壓力[62]。葛蘭德在 6 月提到：「最壞的情況——也就是我們現在面臨的情況——意味著病毒造成的死亡人數可能超過過去五年（在葉門）的戰爭、疾病和飢餓造成的死亡人數，[63]」住在首都沙那的 28 歲自由撰稿記者阿邁爾‧曼蘇爾（Amal Mansoor）也在 6 月份說：「對我們來說，死亡已經司空

見慣，但我仍然害怕冠狀病毒。[64]」9 月，聯合國宣布，由於國際社會未能提供足夠的資金，它被迫要削減對葉門各地 300 個醫療中心的重大援助。到年底，川普政府、沙烏地和阿聯削減經費，使得 400 萬葉門人無法獲得迫切需要的人道援助，造成全國重新陷入飢荒[65]。

我們把目光放得更遠一點來看，全球呼籲戰鬥人員放下武器、共同抗擊病毒的呼聲未能得到重視是有幾個原因的。首先，幾乎所有在歷史上推動內部武裝衝突的潛在條件，都因 COVID-19 而更加惡化[66]。政治學家認為，內戰通常是由國家失敗——即政府沒有能力提供基本服務和安全——與經濟、社會和政治不滿，或趁機作亂的反叛團體與政府菁英的掠奪的某種結合所造成。研究一致確定了與國家脆弱性和內亂程度較高相關的若干指標，它們包括衛生狀況不佳、人均所得太低、依賴石油和其他自然資源造成的經濟脆弱性、國際貿易水準低、政府歧視、民主倒退，以及鄰國局勢不穩定——而所有這些都因 COVID-19 大流行而加劇。譬如，7 月份，丹佛大學柯貝爾國際研究學院（Korbel School of International Studies）的一組研究衝突問題的人員，更新了內戰的統計模型，將 COVID-19 的可能影響也拉了進來。他們的統計模擬——其中包含廣泛的人類和社會發展指標——預測，在疫病大流行之前，世界各地的武裝衝突數量將從 2020 年開始趨於穩定、甚至下降，並在接下來的十年中繼續沿著這條路徑前進。然而，當他們更新模型以計入 COVID-19

和可能有關的阻撓影響時，使用國際貨幣基金的經濟預測，並對 COVID-19 的大流行和死亡率做出某些假設，他們的分析產生了截然不同的結果。模型現在預測，到 2022 年，將有**另外** 13 個國家面臨陷入內戰的風險，這可能會導致三十多年來最高程度的不穩定，而不是先前所預測暴力會逐漸減少[67]。

其次，情勢很明顯，全球各地許多交戰當事者要麼不相信因疫病而停火的呼籲，要麼更具諷刺地，他們看到有機會利用危機，改變成對他們有利的局面。在某些國家，叛亂分子和恐怖分子利用安全部隊的注意力轉移和國際部隊的撤退，譬如塔利班在阿富汗和 ISIS 在伊拉克就借機坐大。同樣，在墨西哥，販毒集團利用警察染疫患病造成的真空、安全部隊轉移到看守醫療中心，以及需要將軍營改造成 COVID-19 的診療場所而乘勢猖獗[68]。

在其他的衝突地區，政府試圖利用病毒使當地的動態朝向對自己有利的方向傾斜。在敘利亞，COVID-19 來襲的時候，正是阿薩德總統（Bashar al-Assad）的政府認為自己從處於長達九年之久的全國殘酷衝突中、即將勝利之際。儘管政府的官方統計數字聲稱敘利亞的病例不多，但疫情對首都大馬士革（Damascus）和其他由政府控制的地區造成了沉重打擊[69]。伊朗的經濟困難，也減少了它經由阿薩德政權提供援助的阿富汗和巴基斯坦武裝人員的財務支持，同時疫情也促成伊朗支持的其他民兵組織返回伊拉克和黎巴嫩。此舉為僅存的武裝反抗組織創造出喘息的空間，這些團體盤據在敘利亞西北部的伊德利卜省（Idlib），當地

有 400 萬敘利亞人，醫療基礎設施卻已被炸毀無遺。在為了減輕人道苦難而勉強暫停戰鬥的情境下，為阿薩德撐腰的俄羅斯和中國，於 7 月在聯合國安理會遊說，把准許進入敘利亞的過境地點限制為一個（必須經過土耳其），並且確保所有跨越國內壁壘分明的人道援助都必須由阿薩德政權經手。反過來，阿薩德政權減少了對伊德利卜省的人道援助，以確保 COVID-19 對反抗軍最後剩下的據點產生最嚴重的打擊。從夏末到冬季，伊德利卜省的病例激增，數十萬流離失所的敘利亞人居住在難民營中，無法保持社交距離，也無法使用適當的衛生設施[70]。

最後，即使在有可能停火的地方，也沒有國際支援系統來執行這一類的安排。為遏制 COVID-19 而實施的旅行和行動限制，局限了國際調解人員與戰鬥人員接觸的可能，使得交戰各方很難聚在一起協商[71]。疫情破壞了聯合國維持和平的任務，凍結了部隊的輪調，也大幅減少了與當地民眾的互動[72]。在聯合國安理會上的爭吵又進一步打擊了追求和平的努力。美國和俄羅斯透過堅持允許他們繼續進行反恐行動，把呼籲全球停火的初期努力統統捆綁在一起。華府和北京隨後就是否把讚許世衛抗擊疫病的努力列入決議文發生衝突；川普政府在 5 月阻止了一項得到安理會其他 14 個理事國支持的決議，因為它包含了一小段、間接提及世衛的文字[73]。法國人意識到恐怕很難達成決議，但他們希望安理會常任理事國還是能夠進行對話、釐清規則。法國的努力失敗了，巴黎指責美國、中國和俄羅斯對和平不感興趣[74]。後

來安理會終於在 7 月 1 日批准了呼籲全球停火的決議——離古特雷斯的緊急籲求已經超過三個多月——但收效甚微。

至少有一個例子，疫病造成的國際失和與分心，似乎為長期沉寂的武裝衝突之重新出現提供了機會。9 月 27 日，亞塞拜然軍隊向鬧分裂的納戈爾諾—卡拉巴赫地區（Nagorno-Karabakh）發動攻擊，納戈爾諾—卡拉巴赫是亞美尼亞族裔占多數的地區，雖然國際上承認它是亞塞拜然的一部分，但它長期以來一直是一個實質獨立的國家。1990 年代初期，亞塞拜然和亞美尼亞為該地區的地位問題發生衝突，這場戰爭導致數千人死亡。從那以後，「歐洲安全與合作組織明斯克小組」（Organization for Security and Cooperation in Europe Minsk Group，由法國、俄羅斯和美國擔任主席）一直尋求維持停火。可是，自 2020 年 1 月以來，這些共同主席一直無法與亞美尼亞和亞塞拜然的外交部長面對面開會；4 月，歐安組織明斯克小組受到疫情的影響，被迫停止對分隔亞美尼亞和亞塞拜然軍隊的控制線之停火進行實地監控。7 月間雙方部隊發生衝突，造成數十人死亡，國際社會也未能將雙方兜在一起共商解決方案。就在 9 月發動攻勢前兩天，亞塞拜然總統伊利哈姆・阿利耶夫（Ilham Aliyev）向聯合國大會抱怨解決爭端缺乏進展。而且，面對談判進程停滯不前、世界大國又分散注意力，阿利耶夫似乎盤算，他有機會利用武力贏得談判桌上沒有取得的成果[75]。

結果就是亞塞拜然與亞美尼亞的軍事衝突急劇升高，並有可

能發生更大規模的跨國衝突。土耳其與亞塞拜然有共同的族裔和文化聯繫，它支持阿利耶夫，認為這場衝突是擴大安卡拉影響力的機會。與此同時，俄羅斯試圖斡旋緩和局勢，但傾向於偏袒亞美尼亞，因為莫斯科與亞美尼亞有集體安全協議。疫情大流行使得國際上促成停止戰鬥的努力都倍加困難。《經濟學人》週刊指出，「在過去，現場一定到處都是來自各個和平組織和相關國家形形色色的談判代表，努力想要建立本地和區域的信心。」然而，COVID-19「使世界各地衝突地區的這種外交斡旋變得更加困難。(76)」隨著戰鬥升高，數千人喪生。接下來，在 11 月，亞塞拜然軍隊擊落了一架俄羅斯直升機，引發了莫斯科直接軍事干預的威脅。在巨大壓力下，各方終於同意結束流血衝突，並接受俄羅斯派出的維和部隊(77)。

擱淺

　　希臘萊斯博斯島（Lesbos）位於土耳其海岸附近，多年來一直是難民試圖從中亞和中東的戰爭地區前往歐洲的中繼站。9 月 2 日，當局在島上的莫里亞營地（Moria camp）通報了第一例 COVID-19 確診病例。莫里亞是建來收容 3000 名難民，但它成了來自阿富汗、伊拉克、敘利亞和其他地方，大約 13000 名流離失所者的家園，它是歐洲最大的難民收容所。營地的居民擠在帳篷裡，廁所、淋浴或醫療照護十分有限。為防止病毒傳入莫

里亞，希臘當局於 2 月實施嚴格的行動限制，所有新抵達的難民如果檢測呈陽性，則立刻再接受篩檢和檢疫隔離。這些措施使 COVID-19 一連好幾個月進不了營地。但從 8 月中旬開始，距離難民營不遠的島上首府米蒂利尼（Mytilene）的病例數量迭有增加，病毒開始散布開來[78]。擔心傳染病迅速蔓延的條件已然成熟，當局立即採取壓制措施。

9 月 8 日，在至少 35 名難民的 COVID-19 檢測呈陽性反應後，難民營住民抗議當局實施的新隔離措施。某些絕望而憤怒的難民縱火——引發了快速蔓延的大火，迅速燒毀了大部分營帳[79]。突然間，因戰爭和經濟困難而流離失所的難民發現自己再次流落街頭，被迫睡在路邊或附近的超市停車場、加油站和墓地。與此同時，35 名檢測呈陽性的難民營住民竟然失蹤了，引發島上居民擔心難民會將病毒傳播到整個萊斯博斯島。現在無家可歸的難民要求允許他們離開萊斯博斯島前往歐洲，但是希臘移民事務部部長辦公室主任康斯坦丁諾斯·柯斯塔科斯（Konstantinos Kostakos）明確表示：「希臘政府不會接受勒索。所發生的狀況——這種『放火就走』的策略——不會被容許。[80]」新的抗議爆發，鎮暴警察用催淚瓦斯回應。難民和移民被重新安置到卡拉特佩（Kara Tepe），這是在附近倉促建造的一個營地，比莫里亞更加骯髒和不適合居住[81]。

根據聯合國的統計，從 2000 年到 2019 年，全球國際移民人數從 1 億 7400 萬人增加到 2 億 7200 萬人[82]。這些移民中的

許多人離開家園到別處尋找更大的經濟機會，而其他人則是逃離內戰、國家崩潰、可怕的犯罪暴力、迫害和環境災難。2020 年初，聯合國難民事務高級專員估計，全球有將近 8000 萬流離失所者，其中包括將近 4600 萬境內流離失所者、約 3000 萬難民，以及大約 400 萬人在等待申請庇護的結果。這個令人咋舌的統計數據——超過世界人口的 1%——代表了自二戰以來流離失所的最高程度。其中大約三分之二來自五個國家：敘利亞、委內瑞拉、阿富汗、南蘇丹和緬甸。大約 85% 的難民被收容在開發中國家，通常是與他們逃離的母國相鄰的國家[83]。

隨著 COVID-19 在整個開發中世界蔓延開來，國際社會準備迎接殘酷的結果。大多數人預計，一旦它們在難民營內找到立足點，就無法控制這種傳染病。畢竟，即使在正常時期，大多數收容難民的低度收入和中等收入國家也難以提供基本服務。甚且，很大一部分難民住在擁擠的營地，衛生條件有限，幾乎無法獲得肥皂或乾淨的水——條件已經成熟，隨時會一觸即發[84]。4 月，國際救援委員會（International Rescue Committee, IRC）執行長兼會長大衛・米勒班（David Miliband）預測，「死亡規模絕對令人震驚」[85]。

到 2020 年秋季，世界各地數十個收容難民和國內流離失所者的營地都檢測到 COVID-19 案例，其中包括孟加拉的科克斯巴扎爾營地（Cox's Bazar，它收容了 74 萬 5000 個來自緬甸的羅興亞難民），以及位於希臘、伊拉克、約旦、肯亞、黎巴嫩、巴勒

斯坦地區、敘利亞和其他地方的難民營。然而，在整個秋季和冬季，通報的確診病例和死亡人數仍然不多。世界上最大的難民營都沒有通報 COVID-19 大規模爆發，可能是由於這些難民營與世隔絕所致[86]。有些人推測，數字低是由於缺乏檢測，而這種眼睛看不見的病毒迅速傳播只是時間遲早的問題。「關懷南蘇丹」（Care in South Sudan）的副駐地主任梅西‧雷克（Mercy Laker）於 9 月表示：「人們一致的共識是，社區傳播已經發生，但我們不知道人們被感染的程度。因此這絕對是一顆定時炸彈。[87]」無論如何，就目前而言，沒有傳出發生重大疫情，似乎代表在黯淡的環境中這是一個好消息。

這並不意味著流離失所者就可以倖免——絕對不是如此。難民的生活條件已經岌岌可危，不斷惡化，許多尋求庇護者的申請更是遭到拒絕。在疫情鬧得最凶的時候，168 個國家關閉了邊境，其中 90 個國家拒絕為尋求庇護的人們開恩[88]。在對付疫病和經濟影響時，地主國通常都將難民排除在保護弱勢群體的援助計畫之外。難民的工作和收入也蒸發了。難民通常是在非正規部門找到工作，是他們設法餬口之所在。我們在前一章看到，這些正是受 COVID-19 危機威脅最大的工作類型，有一項研究估計，難民從事受疫病和經濟衰退嚴重影響的工作的可能性比其他人高出 60%[89]。9 月，「挪威難民委員會」（Norwegian Refugee Council）對 14 個國家境內流離失所者和難民進行的一項調查發現，自 2020 年 3 月以來，77% 的人失去了工作或收入，71% 的

人難以負擔房租或住房，70% 的人被迫減少他們家庭的用餐次數
[90]。譬如，在土耳其，經濟困難導致許多敘利亞難民失去工作
和微薄的收入，同時迫使另一些人接受其他人因感染 COVID-19
的風險較高而拒絕從事的工作[91]。在區域範圍內，聯合國估計
敘利亞難民的極端貧困率從疫情前的 55% 上升到 9 月的 75%[92]。

　　隨著脆弱國家和高危險人群面臨的壓力愈來愈大，聯合國
機構、非政府組織及其合作夥伴為加強對弱勢難民人群的援助所
做的努力面臨重大挑戰。疫病導致的旅行限制和封鎖，打亂了
向難民營運送的援助物資[93]。一些非政府組織被迫減少進入營
地的工作人員人數，以減少散布病毒的風險[94]。譬如，孟加拉
國內羅興亞人難民營的人道工作人員減少了 80%，以幫助控制
COVID-19 的傳播——這種權衡取捨基本上取消了這類人員所提
供的支援[95]。雖然難民營內通報的病例數仍然很少，但人們假
定，對在過度擁擠的環境內傳染上升可能會發生的狀況感到十分
擔心。國際紅十字總會駐孟加拉國代表團團長帕布羅・佩塞爾西
（Pablo Percelsi）於 9 月表示：「難民營的規模和疫情的結合是全
新的問題。援助機構和國家都面臨挑戰。如果出現問題，可能會
導致非常可怕的後果。[96]」

　　再者，旅行設限和邊境關閉暫時凍結了全球大部分地區的移
民，使許多可能的移民被困住、無法動彈[97]。出於同樣的原因，
隨著各國封鎖國門和聯合國暫停所有難民重新安置的旅行，尋求
庇護者發現自己愈來愈陷入困境。1990 年代，平均每年有 150 萬

個難民返回母國。在過去十年中，這個數字已經下降到大約 38 萬 5000 人。川普上任後，美國採取行動大幅減少它受理的申請庇護案件數量，為其他國家樹立了一個設限的榜樣。疫病大流行使這個日益黯淡的局勢更加惡化[98]。

這些問題不太可能很快就消退。由於病毒在許多衝突地區和較貧窮的國家徘徊不去，而經濟後遺症在全球各地造成更高的失業率，因此將出現相當大的政治壓力，繼續將移民和難民拒之門外。因此，對於許多逃離苦難和暴力的移民和難民來說，在未來幾年內要找到安全港，倘若不是不可能的話，恐怕也是相當地困難。

第十章

煽動家和民主國家

　　當新型冠狀病毒於 2020 年 3 月降臨崇山峻嶺的南美國家玻利維亞時，玻利維亞正處於政治轉型之中。或者看起來它是在政治轉型過程中。

　　2019 年 11 月，玻利維亞社會主義派總統埃沃·莫拉萊斯（Evo Morales）在當家執政十四年後逃亡出國。莫拉萊斯是一位富有魅力的左翼民粹主義者，也是玻利維亞第一位原住民總統，在他長期任職期間，因為關注玻利維亞盤根的貧富不均和不公正現象贏得廣泛讚譽。他的政策幫助將生活在極端貧困中的玻利維亞人數減少了一半以上，改善了數百萬人的生活，其中包括許許多多長期以來被玻利維亞白人菁英邊緣化的原住民[1]。但是莫拉萊斯無論是在國內，還是在拉丁美洲強烈的左右意識型態分歧中，也是一個極度兩極化的人物。他在任的時間愈長，遭到貪腐和濫用權力的指控就愈多——包括迫害反對派新聞媒體、騷擾記者和侵蝕司法獨立性的醜聞——一直圍繞著他。

　　莫拉萊斯流亡出國前幾週，才剛宣布一場低空掠過的勝選，

獲得史無前例（而且在憲法上頗有爭議）的第四個任期。然而，美洲國家組織（Organization of American States, OAS）的觀察員得出的結論是，選舉充斥著種種違規和欺詐行為，增加了他可能操縱用於計票的電腦資料庫以維持執政地位的可能性[2]。全國爆發抗議活動，在玻利維亞最大的幾個城市引發罷工和引起混亂的路障，支持和反對莫拉萊斯的雙方示威者在街頭發生激烈衝突。隨後玻利維亞安全部隊發生兵變：警察加入抗議活動，玻利維亞軍隊和國家警察的指揮官介入，「建議」總統辭職。11 月 10 日，莫拉萊斯辭職，因為擔心自己的生命安全，躲到位於中部地區查帕雷（Chapare）古柯葉種植區、他的農村強大據點避難。第二天，他搭乘墨西哥總統、左傾民粹主義者歐布拉多派來的私人飛機逃往墨西哥。12 月，莫拉萊斯獲得阿根廷的政治庇護。

在一個具有 190 次革命和軍事政變歷史的國家，莫拉萊斯的支持者將他的下台視為對民主的又一次軍事篡奪行動。然而，從批評他的人士眼光來看，它代表著從悄悄孳生的社會主義專制中解放出來[3]。國家似乎處於轉捩點——但未來仍然高度不確定。

隨著莫拉萊斯的出亡，接下來的三位依序可以繼任總統的高階官員——全都是莫拉萊斯的「社會主義運動黨」（Movement Toward Socialism, MAS）的成員——也都辭職，參議院第二副議長珍妮・艾尼茨（Jeanine Áñez）成為玻利維亞臨時總統。艾尼茨是一名鮮為人知的極右翼參議員，承諾將管理看守政府，團結全國，並尊重預定 2020 年 5 月舉行、新的自由和公平選舉的決定。

她還承諾自己不會競選總統，一旦選出新總統，她就退居一旁。

話雖如此，艾尼茨卻立即開始玩弄手法冀圖繼續掌權，把國家機器武裝化以攻擊她的對手「社會主義運動黨」。她批准動用武力鎮壓支持莫拉萊斯的抗議者，讓安全部隊可以放手重新建立秩序。他們不虞遭受懲罰因此全力去做，據稱殺害了 23 名反政府的原住民示威者[4]。在政府內部，艾尼茨派任許多保守派部長進入她的內閣，雖然憲法將玻利維亞定義為一個世俗國家，她很快就將天主教精神融入政府規定。這一動作讓玻利維亞的保守宗教團體團結在她身邊，可是在占多數的原住民人口中引起相當大的焦慮[5]。當她第一次大步踏進總統府時，當著右翼盟友和媒體的面前，艾尼茨大膽地將一冊皮革裝訂大本聖經高舉過頭頂，宣布：「聖經回到了總統府。[6]」

她還迅速採取其他行動來摒棄莫拉萊斯在拉丁美洲地區的左翼地緣政治盟友。700 名在玻利維亞提供公共醫療照護的古巴醫生被驅逐出境，另外她恢復與美國和以色列的全面外交關係，也支持川普政府向委內瑞拉的尼古拉斯·馬杜羅（Nicolás Maduro）政權施壓的努力。莫拉萊斯的政治遺緒一一遭到清除。

2020 年 1 月 24 日，在就任臨時總統僅兩個月後，艾尼茨改變了她早先的承諾，宣布將參加即將到來的大選。接下來，COVID-19 出現，為艾尼茨繼續她的權力遊戲創造方便之門[7]。3 月 17 日，在玻利維亞確認頭兩例病例後不久，她頒布嚴格的全國檢疫隔離措施，暫停公共交通，並實施居家隔離令（每戶限一

人每週出門一次）。一個星期後，她以疫情爆發為由，宣布將無限期推遲原定 5 月舉行的大選。然後，她發布了「第 4200 號最高命令」，再次以對抗疫病為幌子，可對任何「煽動不遵守規定的個人」或「誤導或給民眾造成不確定性的個人」，提起刑事控訴（包括最高刑期十年監禁）[8]。「錯假訊息」的定罪範圍後來又擴大，允許政府對在任何媒體（包括印刷、網路和藝術表達）中發布被政府認為會產生不確定性或將公共衛生陷入危險之中的訊息，都列入懲治對象[9]。

隨著冠狀病毒在全國蔓延，政府似乎更專注於針對反對者，而不是對付疫情。在第 4200 號最高命令頒布後的一個月內，67 名「政治活躍人士」遭到逮捕[10]。4 月下旬，身著防暴裝備的警察突襲了一名「社會主義運動黨」參議員候選人的住家，逮捕了她和其他幾名違反檢疫隔離令的人[11]。與此同時，政府檢察官受到壓力，將 100 多名「社會主義運動黨」前任官員和支持者以貪腐、煽動叛亂和恐怖主義罪名提出告訴。「社會主義運動黨」占多數的國會也受到高級軍事將領的恐嚇，要求他們服從臨時總統的命令[12]。

4 月 30 日，玻利維亞國會通過一項法律，要求在九十天內舉行總統大選。艾尼茨立即指責「社會主義運動黨」反對派為了重新掌控國家政權，枉顧玻利維亞人民的生命安全[13]。儘管有這項立法規定，臨時總統還是設法繼續阻擋大選。

然而，諷刺的是，雖然艾尼茨試圖藉由 COVID-19 來鞏固她

的權力，但政府對不斷惡化的疫情處置無方，反而威脅到政府。在封鎖期間，政府幾乎沒有採取任何措施來幫助在玻利維亞非正規部門勞動的數百萬沒有經濟安全網保護的人民，這些人估計占全國勞動力的 83% 左右[14]。這不僅削弱了對她的政府的支持，而且還確保許多陷入困境的玻利維亞人不理居家隔離令、逕自出外謀生。到 5 月初，玻利維亞記錄的 COVID-19 確診病例已增加到 1200 件左右，其中 66 人死亡。6 月，為了緩解嚴重的經濟壓力，政府被迫放鬆一些公共衛生限制。可以預想得到，感染人數立刻飆升。在放寬限制之前，玻利維亞已記錄了 10500 多個確診病例和 343 人死亡。放寬限令一個月後，躍升為 34000 個確診病例和 1200 人死亡。

隨著疫情失控，各式各樣靈丹妙藥的謠言四起。政客和有名氣的公眾人物宣揚，號稱飲用二氧化氯（一種通常用於清潔游泳池和地板的消毒劑）可以阻止病毒傳播。無法就醫、絕望的玻利維亞人大排長龍，爭相購買這個偏方靈丹[15]。到 8 月，COVID-19 感染人數暴增至將近 79000 例，死亡人數超過 3000 人。在一個只有 1150 萬人口的國家，這個死亡人數是世界上人均死亡率最高的國家之一。由於玻利維亞資金不足，而且陷入困境的衛生系統不堪重負，殯儀館和墓地也被淹沒，實際數字無從查核。《紐約時報》對 3 月至 8 月間超額死亡人數的分析顯示，實際死亡人數可能比官方數字高出近五倍[16]。經濟影響也很殘酷，世界銀行估計玻利維亞經濟在 2020 年下降 7.3%，而貧困率增加將

近九個百分點（從 22% 上升到 31%）[17]。

人們普遍認為，艾尼茨的政治野心破壞了玻利維亞團結一致對疫情採取適當應對措施的努力。賓夕法尼亞州狄金森學院（Dickinson College）政治學和拉丁美洲研究教授聖地亞哥·安里亞（Santiago Anria）對《紐約時報》說：「她沒有被承認為合法的領導者，這使得協調應對疫病大流行所需的複雜措施變得極其困難。[18]」官員貪瀆腐敗更進一步削弱政府的公信力。5 月，艾尼茨派任的衛生部長馬塞洛·納瓦哈斯（Marcelo Navajas）被捕，罪名是利用國際捐助者的善款，以高出兩倍的價格採購醫院呼吸器[19]。

與其他一些世界領導者一樣，7 月初，艾尼茨及她半數的內閣成員（包括新任衛生部長瑪麗亞·艾迪·羅卡〔María Eidy Roca〕）被測出對新冠病毒呈陽性反應。傳染病蔓延到權力走廊，使得全國瀰漫玻利維亞已被疫情淹沒的感覺[20]。雖然艾尼茨從冠狀病毒中康復，但是她的政治前景卻繼續下沉。

同月，玻利維亞選舉法庭再次將大選從 9 月 6 日推遲到 10 月 18 日，這被外界視為艾尼茨企圖鞏固權力的又一次嘗試[21]。各方的反應迅速而激烈。將近 15 萬名工會成員、礦工、古柯葉農民、原住民活躍分子，和其他的「社會主義運動黨」支持者走上街頭。他們用沙袋、成堆的木頭和燃燒的輪胎在這個多山的國家設置了數十個路障，使玻利維亞已經疲軟的經濟陷入癱瘓。擾亂行為還阻塞了救護車，切斷一些患者取得關鍵醫療用品的機

會——因此，至少有 30 名患者因缺乏氧氣和其他設備不足而死亡[22]。

示威者認為這一切都是必要的。古柯葉農民組織的執行長謝甘蒂娜·歐瑞拉納（Segundina Orellana）告訴《華盛頓郵報》說：「我們處於獨裁統治之下，我們走上街頭是因為我們希望恢復民主。」她又說，艾尼茨「以疫情為藉口緊握權力。我們希望立即舉行選舉。我們在這個國家居於大多數，我們不會允許他們這樣對待我們。[23]」

早在 4 月，艾尼茨就在八名候選人中處於領先地位，69% 的玻利維亞人贊同她對病毒危機的管理。但是隨著死亡人數攀升，她的領先優勢逐漸消失[24]。抗議活動開始後，艾尼茨的民意調查明顯落後於保守派的領先者卡洛斯·梅薩（Carlos Mesa）和「社會主義運動黨」候選人路易斯·阿爾塞（Luis Arce），後者是前總統莫拉萊斯內閣的財政部長[25]。9 月 17 日，當情勢很明顯，她的參選將會分裂保守派選票時，艾尼茨退出競選[26]。

2020 年 10 月 18 日，距離莫拉萊斯流亡出國將近一年的時間，路易斯·阿爾塞以壓倒性優勢獲勝。阿爾塞的政見承諾恢復穩定，同時將避免莫拉萊斯時期的反民主過度行為，引起玻利維亞人民的共鳴[27]。曾經批評 2019 年選舉的美洲國家組織，將 2020 年的選舉形容為「楷模」[28]。隨著國家繼續前進，和「社會主義運動黨」重新掌權，對莫拉萊斯起訴的威脅也減弱，前總統莫拉萊斯過後不久又回國了。

玻利維亞天主教大學（Universidad Católica Boliviana）社會經濟研究所所長費爾南黛‧萬德利（Fernanda Wanderley）在 10 月大選後提出她的觀察：「我認為去年的危機對玻利維亞的民主造成了很大的傷害，這是一個累積過程的一部分。但是最後，玻利維亞找到一條路克服這場危機，並且能夠進行一場乾淨、合法的選舉，勝選者由人民選票決定。」簡而言之，她說：「民主在玻利維亞獲勝。[29]」

我們將在本章和第十一章中說明，在全球許多國家，專制的領導人試圖利用這場疫病來強化他們的權威、瞄準反對者、侵蝕公民自由，並且操縱選舉。可是，即使受到重大脅迫，人民還是反擊，這代表全世界數以百萬計的老百姓對更大的自由和民主還是持續抱持希望。

全球民主倒退

1991 年，已故哈佛大學政治學者杭廷頓（Samuel Huntington）創造了「第三波」這個詞來描述始於 1970 年代和 1980 年代，並在 1989 年柏林圍牆倒塌，以及兩年後蘇聯解體，而加速浮現的全球政治自由化和民主治理的浪潮。根據杭廷頓的說法，第一波涉及到 19 世紀民主的逐漸散播，第二波發生在二戰之後的幾十年中。每一波浪潮之後都會發生逆轉，某些國家又重新陷入專制。然而，即使感覺像是跨兩步、後退一步的發展，全球民主國家的

總數還是增加了⁽³⁰⁾。然後，隨著冷戰的結束，東歐的前蘇聯加盟共和國，及共產主義國家走向了更大的政治自由。超級大國庇護的終結，也迫使開發中世界的許多軍事政權和一黨專政獨裁政府向民主過渡。結果就是，第三波全力挺進。

史丹福大學的戴雅門（Larry Diamond）教授使用「自由之家」（Freedom House）的數據（這個組織每年根據十項政治權利衡量標準和 15 項公民自由衡量標準，對各個國家進行評分）和其他來源的數據估計，到 1993 年，大多數擁有至少 100 萬人口的國家（共 77 國）是民主國家。根據戴雅門的研究，民主國家的數量在 2006 年達到頂峰，上升到 86 個⁽³¹⁾。「民主多樣性研究所」（Varieties of Democracy Institute, V-Dem）根據從 1789 年至今、更強大的政治指標資料庫進行的另一項分析，發現民主國家的數量在 2010 年達到了 98 個的最高峰⁽³²⁾。

接下來情勢出現轉變。2010 年代，「第三波專制化浪潮」來襲⁽³³⁾。在疫病大流行之前幾年，趨勢尤其黯淡。根據自由之家的數據，在 1985 年至 2005 年之間一直被評為「自由」的 41 個國家中，有 22 個國家在 COVID-19 出現之前的五年內，呈現自由淨減少的現象⁽³⁴⁾。「民主多樣性研究所」也發現僅僅 2019 年就有 36 個國家的民主下降。自從 2001 年以來，首次有大多數國家（92 個）為專制國家；2001 年也是首次在冷戰之後，世界上大多數人（54%）沒有生活在民主國家中。所有的趨勢似乎都朝著錯誤的方向發展：全球 35% 的人口生活在走向專制化的國家，

而只有 8% 的人口生活在變得更加民主的國家⁽³⁵⁾。

這一時期有一些民主國家因人民起義和政變而垮台。譬如，2013 年，埃及軍方乘民間動亂推翻了經由民主選舉產生的穆罕默德‧穆西（Mohamed Morsi）政府。2014 年在泰國，軍人政變以軍事執政團取代了脆弱的民主政府。但是有更多的案例，民主倒退來自經由正當選舉產生的威權之領導人──譬如俄羅斯的普丁、委內瑞拉的查維斯（Hugo Chávez）、匈牙利的奧爾班（Viktor Orbán）、土耳其的艾爾多安（Recep Tayyip Erdogan）、孟加拉的哈西娜、印度的莫迪、波蘭的卡欽斯基（Jaroslaw Kaczyński）和杜達（Andrzej Duda）、菲律賓的杜特蒂（Rodrigo Duterte）、巴西的波索納洛──他們逐步削弱支撐自由社會的制度制衡、規範和公民自由。這些領導人抓住高度兩極分化的政治環境，利用經濟和文化的焦慮，並運用民族主義、反建制、民粹主義和仇外訴求來贏得選舉⁽³⁶⁾。上任後，他們遵循了某種不自由的「劇本」：擴大行政權力；限制立法監督；損害司法、軍隊和其他政府機構的獨立性；打擊政治反對派、公民社會和媒體；並在傳播錯假訊息的同時控制訊息⁽³⁷⁾。而且，我們將會看到，這套劇本是利用致命的疫病大流行等國家危機而量身定製的。

全球力量平衡的轉變進一步加劇了民主倒退的趨勢，美國和其他先進的工業化民主國家，愈來愈受到更強悍的俄羅斯和崛起的中國的挑戰。這兩個威權國家在某些重要方面存在差異：儘管長期衰落，俄羅斯仍然利用它相當可觀的戰略資產重新建立自己

的地位，而中國則是一個迅速崛起的超級大國。不過，中、俄兩國都追求相似的目標：尋求在各自地區開拓軍事、政治和經濟的勢力範圍；破壞可能會危及其政權對國家的控制之人權和民主規範；並且追求終結冷戰後出現的美國獨霸地位[38]。

　　普丁領導的俄羅斯藉由非法吞併克里米亞來追求地區主導地位，並且支持烏克蘭東部的分離分子，企圖破壞它新生的民主政府，阻止基輔與西方結盟。克里姆林宮還利用網路攻擊，暗中和公開的錯假訊息運作，以及對右翼和左翼民粹主義運動提供財務奧援，在西方民主國家內部和之間散播分裂。普丁試圖影響英國、美國、法國和其他國家的公投和選舉，目的是增強對跨大西洋聯盟持懷疑態度的行動和領導者之權力。俄羅斯豐富的石油和天然氣資源，被用來在東歐和西歐脅迫政府、收買影響力[39]。

　　在習近平的領導下，中國也尋求成為亞洲的強國──在南海、東海和台灣海峽展示其肌肉──以犧牲美國及美國在本地區盟友的利益為代價。中國的「一帶一路」倡議（涉及70個國家）、亞洲基礎設施投資銀行（Asian Infrastructure Investment Bank）等新的國際經濟機構，以及包含15個國家的「區域全面經濟夥伴關係」（Regional Comprehensive Economic Partnership, RCEP）等新的多邊協議，都體現了北京全力追求全球影響力。它在國內對5G行動通信和人工智慧等新興科技進行大手筆投資，然後積極向國外出口這些技術。在這樣做的過程中，北京試圖影響全球規範──與它自己的監管和治理原則一致──以便決定這些技術日

後如何管理和使用。隨著習近平鞏固權力並採取措施增強中國共產黨的鎮壓機構，他將中國的國家資本主義和數位威權主義相結合，作為優於自由民主的模式——這一努力從 2008 至 2009 年全球金融危機之後，整個西方都陷入掙扎之中的此一經濟和政治變局中得到大力相助[40]。

與此同時，美國以可信的方式反擊修正型強權的能力已被削弱。幾十年來，美國將自己視為所謂自由世界的領導者。冷戰結束之後，歷屆美國政府都力圖將無與倫比的軍事實力、經濟實力和理想主義結合起來，以更廣泛地促進人權和民主。民主工程從來都不是簡單的事，美國在國內外的表現也離完美非常遙遠。縱使如此，1990 年代的民主浪潮在很大程度上是美國在世界舞台上積極推動的傑作。然而，911 事件之後，阿富汗的「建國」工程慘敗，最嚴重的是在伊拉克又慘敗，極大地損害了美國推動民主的成果之有效性和正當性[41]。

然而，在 COVID-19 爆發之前的幾年裡，美國在世界各地捍衛民主的能力——以及扮演雷根總統最喜歡說的「山上閃閃發光的城市」——的最大挑戰，卻發生在自家門口不遠之處。甚至在川普成為總統之前，高度的黨同伐異、兩極分化、日益加劇的貧富不均，以及金錢在政治中的巨大作用，已經使這個國家愈來愈缺乏代表性和功能失調。川普在 2016 年當選總統，讓這一切變得更加明顯。可悲的是，他自己的威權人設反映了國外獨裁者的行為：在民粹主義和本土主義的支持下贏得白宮執政權，煽動仇

外和種族主義的火焰，無視國會的監督，攻擊法院的獨立性，並
損害執法機關、情報機構和軍隊不受政治力影響。他公然蔑視法
治，詆毀新聞自由，並積極散布錯假訊息。有了川普，美國放棄
它長期以來在世界各地倡導人權和民主的傳統。美國在歐洲和亞
洲最親密的民主盟友被視為可供交易的保護遊戲，而不是鐵一般
的安全承諾。與此同時，世界上的獨裁者和強人，包括普丁、習
近平、艾爾多安、奧爾班、杜特蒂、波索納洛、北韓的金正恩、
沙烏地的薩爾曼和埃及的塞西（Abdel Fattah al-Sisi），都發現這
位美國總統樂於接受他們的領導路線。

因疫情而倒退

　　與本書探討的許多全球趨勢一樣，COVID-19 也加劇了世界
各地原本已經岌岌可危的民主狀況。固然大多數根基穩固的民主
國家採取的緊急措施，並未從根本上破壞自由民主原則，但在民
主體制較弱的一些國家，這場疫病被威權的領導人認為是鞏固權
力的大好機會。艾尼茨嘗試在玻利維亞演出這齣戲碼，卻失敗了。
可是，其他人卻較為成功[43]。

　　在菲律賓，多年來一直在侵蝕菲律賓民主體制和攻擊公民自
由的杜特蒂總統，利用疫情大流行促使國會在 3 月中旬通過立法，
賦予他廣泛的片面權力，除了對付危機之外，還可以鎮壓散布
「錯假訊息」的人（也就是任何不同意官方說法的人）。當杜特

蒂吹噓他的新權力,「在這場衛生危機期間,可以為菲律賓人民的最大利益不受限制地提議、決定和行動」時,著名的菲律賓人權組織將他的行為描述為「無異於專制」[44]。這些行政權力在 8 月和 9 月再次延長(為期一年),引發人們擔心杜特蒂打算對這個脆弱的民主國家實施永久性的緊急狀態[45]。

在印度,總理莫迪在他的印度教民族主義色彩的印度人民黨支持下,也利用對疫情的緊急權力來鞏固他的控制。政府措施剝奪了印度各邦的權力,並將議會中的反對派邊緣化。批評莫迪實施封鎖的人士,包括記者和活躍人士普遍受到騷擾。人民黨官員把印度龐大的穆斯林少數民族當作替罪羔羊,指控他們是病毒的超級傳播者。所有這些都加劇了自莫迪和人民黨於 2014 年上台以來,此一世界上最大的民主國家明顯的倒退[46]。

印度的鄰國斯里蘭卡,同樣的戲碼也搬上舞台,但故事的主角是兩個得了權力飢渴症的兄弟。2019 年 11 月,就在疫病於斯里蘭卡爆發之前幾個月,戈塔巴雅‧拉賈帕克薩(Gotabaya Rajapaksa)當選為斯里蘭卡的新任總統。他在 2005 年至 2015 年期間擔任國防部長,在經歷了 26 年殘酷的自殺炸彈爆炸襲擊和戰爭之後,於 2009 年促成「泰米爾之虎」(Tamil Tiger)分離主義分子的失敗。他之所以晉身高位是拜他的兄長馬欣達‧拉賈帕克薩(Mahinda Rajapaksa)的拔擢,當時馬欣達是總統。馬欣達的十年統治以犧牲議會為代價,增強行政權力,損害司法獨立和破壞法治而著稱。當兄弟倆在 2015 年失去權力時,斯里蘭卡似

乎正在翻頁，朝著更加民主和負責任的治理邁進[47]。

　　然而，四年後，ISIS 恐怖分子在復活節星期天發動的一系列爆炸事件，為戈塔巴雅創造了一個機會，可以利用他過去打擊恐怖分子方面的聲譽，讓家族重新掌權[48]。這一次換上戈塔巴雅擔任總統，馬欣達被任命為總理。可是有一個問題存在：拉賈帕克薩兄弟在立法機構中缺乏充分的多數席次。所以在 3 月初，戈塔巴雅解散國會，目的是在 4 月 25 日舉行新的選舉，俾便他的斯里蘭卡人民陣線黨（Sri Lanka Podujana Peramuna, SLPP）有機會贏得三分之二多數席次。

　　當在拉賈帕克薩兄弟正在努力重建他們過去在斯里蘭卡政治中的主導地位時，疫病為他們提供了一個利用緊急權力來實現目標的黃金機會。一名中國觀光客來到斯里蘭卡確診後，當地於 1 月 27 日出現第一個 COVID-19 病例，到 3 月，傳染病開始在境內蔓延。此後不久，政府實施了長達好幾個月的全國宵禁[49]。在 3 月立法機構解散後的幾個星期內，隨著疫情惡化，斯里蘭卡全國選舉委員會決定無限期推遲原定 4 月舉行的國會選舉。這使得斯里蘭卡進入了不確定性。由於斯里蘭卡憲法規定，解散國會的時間不得超過三個月，一定要進行選舉，這下子斯里蘭卡陷入了政治癱瘓。在它的現代歷史上，總統第一次能夠在沒有立法機關監督的情況下治理[50]。

　　戈塔巴雅・拉賈帕克薩總統迅速採取行動，利用政治真空，任命前軍事官員擔任重要的部會職務。與此同時，他運用封鎖

令——這在控制病毒方面證明是相當有效的——來鎮壓記者、律師、人權活躍份子和其他反對政府的人士[51]。任何人批評或駁斥官方對冠狀病毒說法，很容易就被逮捕。而且，與印度的情況一樣，斯里蘭卡的穆斯林少數民族也被指控傳播 COVID-19，一些政府成員將其他斯里蘭卡社區無法慶祝僧伽羅（Sinhala）和泰米爾新年歸咎於穆斯林[52]。

議會選舉終於在 8 月舉行，馬欣達擔任斯里蘭卡人民陣線黨競選活動的代言人。該黨以壓倒性優勢獲勝，與盟友政黨加在一起取得足夠席次、占了三分之二多數。這一來使得拉賈帕克薩家族再次將國家推向更加專制的方向[53]。國會在兩個月內通過了斯里蘭卡憲法第 20 條修正案，削弱總理和國會的權力，並授予總統幾乎不受約束的權力。另外還有一項怪異條款，憲法修正案還規定，擁有雙重國籍的斯里蘭卡人今後可以擔任國會議員或總統，這為拉賈帕克薩家族另一位弟弟巴希爾‧拉賈帕克薩（Basil Rajapaksa）進入立法機構、並鞏固家族王朝的未來開闢了道路[54]。

在地球的另一端，匈牙利可能是利用疫病大流行建立獨裁專制政權最明顯的例子。這個國家在進入 21 世紀之際，是一個充滿活力的自由民主國家。但在 COVID-19 爆發之前的十年裡，奧爾班總理和他的民粹民族主義政黨「青年民主主義聯盟」（Fidesz）改變法律規章，修訂國家憲法，並採取其他措施，有系統地剷除匈牙利的民主規範和制度。行政權力得到加強，司法

機關和國家重要機構失去政治獨立性，政府又採取措施對獨立記者和新聞機構進行恫嚇和審查。一直以來，奧爾班呼籲要保護基督教文明不受外國影響，以及所謂的移民和難民（尤其是來自穆斯林國家）的襲擊。奧爾班以能夠將他的國家轉變為他所謂的「威權式民主」（illiberal democracy）而感到自豪[55]。

　　然而，到 2020 年，奧爾班宣示的政綱中的民主部分已經令人十分懷疑。當 COVID-19 來襲時，匈牙利已經處於成為歐盟第一個專制政權的風口浪尖[56]。接下來，在 3 月 30 日，當匈牙利約有 60 個確診病例時，奧爾班以抗擊病毒的名義取得巨大的權力。包括有權暫停現行法律，無限期地通過法令進行統治，以及懲罰任何「傳播錯假訊息」的人[57]。根據羅格斯大學（Rutgers University）政治學和法學教授丹尼爾‧柯勒曼（R. Daniel Kelemen）的說法，匈牙利成為世界上第一個「冠狀病毒專制國家」[58]。6 月 18 日，國會投票決定終止這些緊急權力。但看似恢復舊貌實際上是海市蜃樓。新法律允許政府在宣布進入公共衛生緊急狀態時，可以重新推行以法令治理，而無需國會表決。換句話說，它並沒有消除緊急權力，而是使它們正常化。布達佩斯民主組織卡洛利‧尤歐托沃斯公共政策研究所（Károly Eötvös Institute）的法學教授兼主任佐爾坦‧佛萊克（Zoltán Fleck）告訴《紐約時報》：「從這裡已經沒有退路。他們非常成功地將這種緊急情況的本質永久化。[59]」11 月，隨著第二波疫情席捲歐洲，緊急狀態又告恢復。奧爾班說：「我們必須擱置政治辯論，需要

迅速行動並及時採取措施。」他以冠狀病毒病例激增為由，再度以法令治國[60]。

選舉遊戲

在疫病大流行期間舉行選舉，最起碼可以說是令人十分擔憂的一件事情。但是第一個在 COVID-19 危機期間嘗試舉行全國大選的國家——韓國，實際上締造出相當成功的亮麗成績。我們在第六章中說過，韓國對病毒的早期應對十分有效，是世界上為數不多的亮點之一。它於 2020 年 4 月舉行的選舉也不例外。韓國政府沒有讓選民在投票和保護健康之間做出捨此就彼的選擇。它採取積極措施以確保選民可以安全地進行投票。郵寄投票和提前親自投票擴大實施，以減少投票日人群聚集的規模。超過 50 萬名政府工作人員和志工被動員起來對 14000 個投票所進行消毒工作。醫院也設立單獨的投票所，以便 COVID-19 患者可以投票。選民在到達投票所時必須戴口罩，並獲得洗手液和手套。每個選民都要接受體溫檢測，如果選民體溫過高，他們會被帶到另一個特殊的投票地點。選務單位標出記號，以確保每個選民與其他選民保持適當的社交距離，地板上鋪上紙張以確保設施不受病毒污染。投票所一整天都反覆進行清潔工作。結果，選舉安全可靠地進行，出現了近三十年來最高的投票率[61]。

然而，在其他地方，許多政府似乎對安全進行選舉興趣缺

缺，而對利用 COVID-19 來操縱選舉的日期和舉行，以便有利於他們卻大感興趣。譬如，在非洲的蒲隆地（Burundi），經過恩庫倫齊扎（Pierre Nkurunziza）總統十五年的專制統治，即將舉行的選舉可能有望實現民主的轉變。可是，在 2020 年春天，政府利用疫病大流行來支持恩庫倫齊扎精心挑選的接班人恩達伊希米耶（Évariste Ndayishimiye）。在 5 月 20 日投票之前，政府淡化冠狀病毒的風險。它驅逐了駐在蒲隆地的世衛代表，因為這個代表對舉行大型選舉集會表示擔憂。政府也幾乎沒有採取任何預防措施來保護前往投票的老百姓。然後，在投票日，政府全面封鎖社群媒體，並利用 COVID-19 的檢疫隔離要求來合理化阻擋選舉觀察員，不讓他們確認選舉過程的公平性。儘管選舉遭到指控，認為投票過程充滿舞弊，但恩達伊希米耶仍被宣布勝選[62]。

　　同月，在波蘭，由民族主義派「法律與正義黨」（Law and Justice Party, PiS）支持的現任總統杜達也希望進行選舉。杜達試圖利用封鎖令從根本上阻止反對派展開競選活動。與此同時，他仍然可以自由地舉辦公共活動，並受益於國家控制的媒體提供對他有利的報導[63]。為了解決冠狀病毒問題，法律與正義黨匆忙籌畫了一個全部郵寄的投票系統。但是，在反對派的壓力下，選舉被推遲到 6 月下旬，以便容許選民可以安全地親自投票。其實它沒有太大差別。在接下來的幾個星期裡，波蘭放鬆了嚴格的封鎖措施，但政府仍然禁止大型公共集會。杜達因此保留了他在舉辦競選活動方面的顯著優勢。杜達的選戰高唱反同性戀和仇外論

調，在 11 名候選人的競選中，他最終獲得了 44% 的選票，而他的主要競爭對手、自由派的華沙市長特爾扎司科夫斯基（Rafał Trzaskowski）則獲得了 30% 的選票。兩週後的第二輪投票決選中，杜達以 51% 對 49%，險勝特爾扎司科夫斯基，進一步鞏固了波蘭滑向威權的民粹主義的趨勢[64]。

這些並不是孤立的例子。總而言之，從 2020 年 2 月下旬到 2021 年 3 月，「國際民主和選舉協助研究所」（International Institute for Democracy and Electoral Assistance）發現，由於 COVID-19 肆虐，至少有 41 個國家和地區推遲全國選舉或公投[65]。在許多情況下，這些決定是臨時的，基於公共衛生考量是合理的。譬如，在 2020 年 9 月，紐西蘭因擔心 COVID-19 病例再次激增而推遲選舉。一個月後，投票順利進行，總理潔阿爾登（Jacinda Ardern）和她領導的工黨決定性地贏得連任，部分原因是阿爾登對疫情處理有方、令人欽佩[66]。但是，其他一些國家的推遲似乎有一部分是因為領導人希望繼續掌權。

衣索比亞的情況似乎就是如此──它的影響被證明造成災難。2018 年春天，一波民眾抗議使得改革派總理阿比·阿邁德（Abiy Ahmed）上台。阿比迅速採取行動與伊利垂亞（Eritrea）和解（他因此獲得 2019 年諾貝爾和平獎），並推動民主改革。這些措施包括解散自 1991 年以來一直統治衣國的「衣索比亞人民革命民主陣線」（Ethiopian People's Revolutionary Democratic Front, EPRDF）──主要按照種族和地域畫分的四個主要政黨組成的一個聯盟。這

一作法尤其意味著對衣索比亞少數民族提格雷族（Tigrayan）
的侮辱。提格雷是衣索比亞最北部的地區，人口僅占全國 1 億
1000 萬人的 6%，但是「提格雷人民解放陣線」（Tigray People's
Liberation Front, TPLF）長期以來一直主導著「衣索比亞人民革命
民主陣線」聯盟。「提格雷人民解放陣線」對於提格雷官員被從
政府中清除，以及許多黨員因腐敗和其他罪名遭到逮捕而非常憤
慨，拒絕加入阿比新組織的「繁榮黨」（Prosperity Party）。結果，
在 2019 年，提格雷地區與阿比政府之間的摩擦加劇[67]。

在這個有著悠久壓迫歷史和可疑選舉的國家，阿比承諾在
2020 年 8 月舉行衣索比亞十五年來首次真正自由和公平的選舉。
但在 3 月，由於顧慮 COVID-19 的危險，儘管當時衣索比亞只有
25 個確診病例，選舉宣告推遲[68]。然後，在 6 月，阿比政府宣
布選舉將無限期推遲，宣稱將在衛生官員認為疫病得到控制後的
9 到 12 個月進行投票。這項決定等於逕自將衣索比亞現任聯邦
和地區政府（將於 10 月初任期屆滿）的任期，延長到憲法規定
的五年年限之外。這一切都包裝為是針對緊急情況所做的謹慎反
應。但是在「提格雷人民解放陣線」和其他批評者眼裡，阿比顯
然是在玩弄手法，企圖違憲延長他的權力[69]。

9 月，提格雷地區無視聯邦政府命令，逕自舉辦選舉，但是
阿比政府拒絕承認投票結果。提格雷的回應是，宣布在 10 月 5
日原任期屆滿後（阿比已單方面延長任期），它將不承認阿比的
聯邦政府。聯邦政府的回應是停止撥款，並切斷與提格雷的聯繫，

提格雷宣稱這項行動「等於是宣戰」。言辭叫陣旋即變成行動對抗。11 月 4 日，政府指責「提格雷人民解放陣線」襲擊位於西提格雷的聯邦軍事基地，因此針對提格雷地區發動轟炸和地面攻勢[70]。兩週後，衣索比亞軍隊參謀長出人意料地在電視講話中，指責世衛總幹事譚德塞幫助提供武器給提格雷戰士[71]（譚德塞曾經是「提格雷人民解放陣線」黨員，擔任過衣索比亞衛生部長）。隨著衣索比亞似乎陷入內戰，數千人喪生，多達 200 萬人（約占提格雷族人口的三分之一）流離失所，其中有數萬人逃往鄰國蘇丹。11 月底，衣索比亞中央軍隊終於攻占提格雷的首府梅克萊（Mekele），宣告勝利。但是「提格雷人民解放陣線」撤退到山區，並且誓言戰鬥到底，這增加了衣索比亞未來可能面臨長期且代價高昂的叛亂[72]。

第十一章

權利、機器人和反抗

　　盧安達這個內陸小國有很大的理由擔心 COVID-19。盧安達人口約 1300 萬人，面積與麻薩諸塞州相當，在非洲大陸的人口密度第二高（僅次於模里西斯），因此很容易受到快速傳染的影響。而且，儘管向公民提供了幾乎覆蓋全民的醫療保健，這個低收入國家的資源有限，每一萬名公民只有一個醫生，加護病房也很少。所有這些都使得早期遏制十分重要[1]。因此，保羅·卡加梅總統（Paul Kagame）的政府必須迅速採取行動。

　　1 月，也就是在通報第一個確診病例的幾個月前，盧安達政府在所有邊境哨所安置溫度掃描儀和洗手站，並在首都基加利國際機場（Kigali International Airport）派駐醫務人員，以篩檢旅客是否感染了冠狀病毒。隨著威脅上升，政府迅速採取行動，實施一些全世界最嚴格的措施。3 月初，它禁止在宗教禮拜場所、學校、婚禮和體育賽事等場所集會。非必要的企業被關閉，全國各地都實施社交距離和衛生要求，並對允許開放的經濟部門（例如農產收集中心）實施特殊保護措施。邊界被關閉，進入盧安達的

航班停飛,城市和地區之間的國內旅行也暫停。政府還鼓勵使用手機行動支付應用程式和網路銀行,來限制人與人的實體互動。3月21日,政府下令全國實施居家隔離。4月下旬,封鎖稍為放鬆,但政府對所有公共場所和多戶住宅仍舊實施戴口罩的規定。夜間宵禁也繼續維持,禮拜場所和學校仍然關閉[2]。

與其他許多迅速採取行動的國家一樣,最近與傳染病搏鬥的經驗,顯然在形塑盧安達政府如何採取行動方面發揮了作用。特別是,盧安達抗擊愛滋病毒/愛滋病的歷史,以及它在2019年成功阻止剛果民主共和國的伊波拉疫情跨越國境傳布進來,顯然有助於它對COVID-19做出快速和認真的反應。

卡加梅政府也採用許多創新作法來遏阻病毒傳播。針對檢測COVID-19能力有限的問題,政府使用了一種快速的「集體檢測法」,對一群人蒐集樣本進行評估,在某一批次呈陽性反應時,才針對這群人的每一個人進行單獨檢測。盧安達數學家設計了一種特殊計算法來幫助實驗室技術人員決定要合併多少個樣本,以及這個批次呈陽性結果時要從中抽取多少個體來進行測試。截至9月底,盧安達每百萬人進行了37000個檢測,在非洲排名第三。那些檢測呈陽性的人被強制留在政府營運的COVID-19診所,和他們有過接觸的人都要檢疫隔離[3]。

盧安達的監控和執法方式結合了低技術和高科技戰略。全國安全部門獲得授權確保民眾遵守封鎖令和行動限制,醫護人員、警察、甚至大學生都被動員起來,進行接觸者追蹤工作。同時,

政府使用尖端技術，包括在 COVID-19 診所中配備跟真人大小的機器人來測量患者的體溫、運送藥物，並檢查患者是否有戴口罩。在盧安達首都基加利的上空，警方使用無人機來識別那些違反禁止大型集會和其他違規行為的人。政府還使用無人機來傳播公共衛生訊息（加強原有政府支助的電視和廣播宣傳活動），並在城市和偏遠農村地區之間運輸防護設備、篩檢樣本和醫療用品[4]。

從公共衛生的角度來看，盧安達的積極戰略顯然得到巨大的回報。遵守規定的比率很高，手機數據顯示，盧安達人遵守維持社交距離規定的比率，在非洲大陸僅次於南非[5]。到 2020 年底，盧安達僅記錄了 8383 件確診病例和 92 人死亡。與其他許多國家的情況一樣，盧安達在新的一年裡遭受第二波疫情大流行的重創。儘管重新封鎖，但到 2021 年 3 月底，確診病例飆升至將近 22000 個。縱使如此，在這個時間點確認的死亡人數僅為 307，盧安達的人均死亡人數仍是世界上最低[6]。

然而，盧安達政府的應對還是有令人不安的一面——這與卡加梅總統及他的「盧安達愛國陣線黨」（Rwandan Patriotic Front, RPF）長期以來的高壓治理模式一致。1994 年，在推翻了於盧安達種族滅絕期間大規模殺害 80 萬名圖西人（Tutsis）以及胡圖人（Hutus）溫和派的胡圖族極端分子後，他們一起上台執政。卡加梅於 2000 年正式成為總統，盧安達 2003 年的憲法授予他廣泛的行政權力，也可以在 2034 年前一直擔任總統。經過二十年，卡加梅政府見證了長時期的穩定和經濟發展，導致貧困顯著減

少，改善健康和教育，以及賦予婦女個人權力。但是卡加梅政府的統治，也建立在廣泛的監視和近乎完全鎮壓政治異議份子的基礎之上[7]。

疫病大流行期間的緊急措施助長了這些威權主義的傾向。到2020年夏末，已有七萬多人因違反與 COVID-19 相關的限制（例如宵禁和強制戴口罩規定）而被捕。被拘留者經常被帶到體育館，在那裡他們可能會受到訊問，並被迫在武裝警衛監視下聽一整夜關於冠狀病毒危險的講座。那些違反口罩規定兩次以上的人，可能會被判入獄一年。政府也逮捕了記者和人權活動份子，因為他們報導了警察執行政府禁令時過當的行為。與此同時，盧安達警方透露，即使在疫情結束後，他們打算延續用來執行公共衛生措施的監視技術，協助維持秩序和安全[8]。警方發言人在9月份告訴《華爾街日報》：「使用科技執行警務工作更為有效，我們比起以前更能好好地控制局勢。[9]」

公民自由進入緊急狀態

盧安達的狀況反映出疫情造成的根本困境。就本質而言，重大的公共衛生緊急事件需要政府採取果斷行動。我們在本書第二部討論過，迅速採取措施鼓勵保持社交距離、在必要時實施居家隔離令、限制行動、提供廣泛的檢測和接觸者追蹤，以及隔離患病者的政府，通常處於更有利的地位可以減緩 COVID-19 的

傳播。但是，強悍的行動和嚴格執行公共衛生措施，很容易導致
對公民自由的侵犯。致命傳染病的威脅和遏制措施的性質，可
以為領導人鎮壓異議提供一個非常誘人的理由和工具。固然在
COVID-19危機期間，大多數堅定的民主國家在很大程度上將緊
急措施維持在各自憲法的約束範圍內，但在許多對基本自由和法
治的承諾已經很脆弱的國家中，情況並非如此[10]。

在世界各地，疫情泛濫被用來加速對公民自由的攻擊。孟加
拉、加納、印度、奈及利亞、菲律賓、俄羅斯、塞爾維亞、坦尚
尼亞、土耳其、辛巴威和其他地方的政府，以COVID-19為理由，
對傳播「錯假新聞」──也就是任何與政府關於疫情的公開論調
不一致的訊息──的記者進行罰款、騷擾、逮捕和驅趕[11]。總
而言之，到2020年秋季，全世界47%的國家對媒體施加了一些
限制，作為應對冠狀病毒的一部分措施，38%的國家針對疫情相
關報導祭出若干限制，限縮言論自由和限制批評政府[12]。

在某些國家，試圖就COVID-19爆發提出警告和真實訊息的
醫療工作人員，成為遭受攻擊的目標。我們在第四章中看到，中
國官員嚴懲在疫情爆發初期試圖警告同事有關新型冠狀病毒的醫
生。埃及、吉爾吉斯、俄羅斯和委內瑞拉的政府也採取了類似的
措施壓制和逮捕醫護人員，指控他們散布與政府關於疫情的公開
言論不一致的訊息[13]。有一個極端的例子，俄羅斯有三名批評
政府應對危機不當的第一線醫生，神秘地從醫院窗戶掉下來；其
中兩人死亡，第三人被送往醫院，性命垂危[14]。

在亞塞拜然、孟加拉、巴爾幹半島、柬埔寨、泰國、委內瑞拉、辛巴威和其他地方，公共衛生措施被廣泛用來打擊批評政府的人士、公民社會領袖和政治反對派人士[15]。在薩爾瓦多、肯亞、賴比瑞亞、奈及利亞、菲律賓、南非、烏干達和許多其他國家，都傳出報導，警察和軍隊實施封鎖時，大規模的任意逮捕、過度使用武力和其他濫權行為[16]。到 10 月，「自由之家」至少在 66 個國家記錄了與疫情應對措施有關的拘禁和逮捕，並且在至少 59 個國家發現警察對平民施暴的證據。這些濫權行為在威權國家和部分民主國家十分常見[17]。

美麗新世界

隨著政府試圖監控和減緩 COVID-19 的傳播，許多國家轉而借重新的高科技工具。有些工具看起來既明智又相對溫和，譬如有少數國家使用醫療機器人以便大幅降低第一線醫護人員暴露在新冠病毒之中。譬如，3 月初，中國在武漢打造一個完全由醫療機器人和其他物聯網器材營運的「智能方艙醫院」[18]。

然而更令人不安的是動用機器人做為監控工具。中國對無人機進行重新設計和編寫程式，用以噴灑消毒劑、運送醫學樣本、懲罰人們違禁出門和不戴口罩、使用紅外線熱影像儀遠距離檢查民眾發燒情況，還有以其他方式監控和執行世界上最大規模的檢疫作業[19]。在印度，德里和全國各地方當局使用無人機對大片

區域進行消毒、監控交通，以及識別違反封鎖令的人民[20]。西班牙警方在 3 月份全國宣布緊急狀態期間，使用無人機發出警告訊息，要求馬德里居民退離公園、留在室內[21]。同月，在法國尼斯市（Nice），無人機被用來監控旅行限制和社交距離的遵守情況；兩個月後，法國最高行政法院以保護隱私為由，禁止使用無人機進行與 COVID-19 疫情相關的監視[22]。

更普遍的狀況是，用來傳播公共衛生警報、評估個人健康狀況、方便接觸者追蹤和落實隔離受感染者的智慧手機應用程式大為增加。譬如，在波蘭，需要隔離的人有兩種選擇，一是讓警察定期檢查以證實他遵守規定，二是下載一個應用程式，個人必須在隨機指定的時間自拍以證實他們的所在位置[23]。到 2020 年秋季，一項調查指出，71 個國家有 120 種冠狀病毒應用程式[24]。

這些大數據工具——通常利用智慧型手機的藍牙或 GPS 定位技術——被證明在遏制疫情上是不可或缺的利器。但它們也產生了關於強化國家監控的長期問題。這些應用程式通常蒐集的數據——包括人們住在哪裡、與誰居住和接觸、他們的活動和日常生活，以及他們的健康狀況——既敏感又極易被政府和犯罪分子濫用。愛沙尼亞和美國等一些國家的開發人員明顯強調隱私保護。但是在其他地方，無論是出於設計，還是由於開發這些數位工具的環境太過急迫，採取行動的必要性往往壓倒任何保護數據隱私的原則立場[25]。

批評人士警告說，巴林、中國、俄羅斯、沙烏地阿拉伯和土

耳其等專制國家，可能會利用 COVID-19 應用程式蒐集的數據，進一步加強對社會的控制 [26]。但是在一些民主國家也出現了危險信號。譬如，在韓國，研究人員在一個廣泛用於跟蹤被隔離人員即時位置的應用程式中，發現了幾個漏洞，可能會讓駭客取得許多個人訊息。當得知出現安全漏洞時，韓國當局解釋說，為了「挽救生命」，他們將開發應用程式的速度置於安全之上（後來，他們解決了這個問題） [27]。

在印度，人們對「健康之橋」（Aarogya Setu）應用程式出現更嚴重的擔憂。這個手機應用程式蒐集用戶的姓名、電話號碼、年齡、性別、職業和其他個人詳細資料，並根據地理位置、自我報告的症狀、病史和旅行記錄評估他們的感染風險。手機的藍牙和全球定位系統用於每 15 分鐘跟蹤一次用戶的位置，並追蹤他們接觸的對象。資料會自動與政府共享。這項應用程式還會警告用戶是否與感染者接觸過，並允許其他用戶查看距離手機六英里範圍內的爆發區域人群集中情況。4 月，印度成為全世界第一個民主國家，強制要求數百萬公民下載此一應用程式。最初是食品配送工人、其他服務業從業人員，和所有聯邦政府僱員都需要下載它。然後，在 5 月，強制令擴展到所有公營和私營部門員工、所有火車旅客以及其他居住在被認為是高風險地區的人。德里的一個郊區威脅要對未能安裝它的人處以罰款和監禁。結果，到 8 月下旬，「健康之橋」已被下載 1 億 5200 萬次，成為世界上最熱門的 COVID-19 應用程式。印度承諾將採取措施提高透明

度和數據安全性。但在沒有全國性個人資訊保護法的情況下，人們對「健康之橋」和全國其他數十種類似應用程式的擔憂揮之不去[28]。

疫病大流行還使世界各國當局振振有詞，取得更多現有的電信訊息。「自由之家」2020年10月的一項研究發現，在接受調查的65個國家中，至少有30個國家尋求擴大取得手機位置的資訊[29]。理由似乎是合理的：取得資訊將使政府能夠更好地進行接觸者追蹤，並執行社交距離和檢疫隔離措施。它還有助於使用大數據分析來理解和預測人們的行動和行為的廣泛模式，有助於評估公共衛生干預措施的有效性，並能更有效地分配資源。但是人權組織指出，由於缺乏透明度、不符比例原則，以及沒有針對許多隱私保護的安排，濫用的風險相當大——增強國家監控能力的可能性將比疫情肆虐緊急情況持續更長時間[30]。

巴西就是這樣一個例子。在疫情爆發之前的幾個月，波索納洛政府已經採取行動，迫使所有聯邦機構共享民眾的資訊，從健康記錄到臉部特徵、指紋和其他生物識別訊息，統統包含在內，以建立一個龐大的綜合資料庫。官方宣稱的目的是提高政府效率和提供服務。但它引發了政府是否可以受信任、掌管這些資訊的問題。然後COVID-19爆發了。固然波索納洛總統一直對疫情刻意輕描淡寫（即使他本人感染了COVID-19之後，還是不改其志），他的政府仍繼續利用危機進一步蒐集大量數據。這包括強制巴西電信業者交出2億2600萬巴西人的數據，方便它進行監

控（31）。

在其他地方，政府也堂而皇之將原本用於狹隘國家安全目的的技術和電信數據，重新調整方向，用在對抗 COVID-19。譬如，巴基斯坦重新調整最初由巴國間諜機構「三軍情報局」（Inter-Services Intelligence）設計，用於追蹤聖戰分子的系統，改用來追蹤冠狀病毒病例（32）。同樣，以色列總理納坦雅胡使用緊急權力授權國內情報機構國內安全局「辛貝特」重新調整用於追捕恐怖分子的程式，轉而跟蹤（未經當事人同意）被懷疑或已確認患有 COVID-19 的以色列人的手機（33）。

或許最不祥的是——打出對付疫病大流行策略的幌子——這些作法最後將整合納入一個廣泛的生態系統，這個生態系統由遍布各個角落的感測器、臉部識別和其他生物識別技術，以及人工智慧演算法組成。譬如，在巴黎，當局使用監視器、臉部識別程式和人工智慧，來衡量全市地鐵系統對強制戴口罩規定的總體遵守程度性；到了夏天，紐約市也在考慮採取相同的作法（不過這個系統從未付諸實施）（34）。

中國是全世界數位威權主義的領先者和主要出口國家，它似乎特別準備好要利用這場疫病來加速這個「反烏托邦」未來的到來。北京遏制 COVID-19 疫情的作法，是動員中國原已存在的大規模數據監控計畫，包括由數百萬個監視器、臉部識別技術和其他生物識別技術、電信追蹤、數位乘客訊息，以及網路、聊天和社群媒體監控，組成全國監視網。疫情提供了藉口，將監視器的

安裝從公共場所擴展到公民的大門前（甚至進入人們的家中）以執行檢疫隔離，並在交通樞紐和其他公共場所部署紅外線熱影像掃描儀和臉部識別技術，更進一步增強了這一全方位的系統。與此同時，其他大量訊息也開始從侵入性的新手機應用程式和其他與疫情相關的蒐集工作，流向中央政府和地方當局——所有這些都匯集到人工智慧運算的大數據分析中，讓當局更清楚地了解社會行為[35]。這些行動的短期目標是阻止傳染病蔓延。但它們也為中國共產黨更持久的目標服務，使它透過社會控制確保政權的穩定[36]。澳洲著名智庫洛伊研究所（Lowy Institute）研究人員莉迪亞・卡利爾（Lydia Khalil）說，疫病大流行「提供一個概念，向中國共產黨證明，它那『有中國特色』的技術奏效，這種規模和緊急情況下的監控是可行和有效的。[37]」

潛在的影響遠遠超出中國的國境之外。雖然北京在COVID-19爆發之前就積極出口它的監控系統和方法，它利用這些技術在國內成功遏制住病毒，似乎可能進一步擴大它的數據威權工具箱在國外的吸引力。現有的威權專制政權並不是唯一的潛在客戶。譬如，在厄瓜多爾，中國設計的監控系統將數千個攝影機與厄瓜多爾警方已經在使用的地理定位技術結合起來，很快就用來自COVID-19跟蹤應用程式的數據進行了擴充，重新定位去對抗疫情[38]。

鎮壓

高科技監控的增長，並不是全球公共衛生危機為社會控制所帶來的唯一機會。各國還利用這個機會，讓在世界各地要求更大的自由和更好治理的數百萬人無法走上街頭。在 COVID-19 肆虐之前的十年裡，世界各地的大規模抗議活動比起二戰以來的任何時候都多。民主抗議的次數在 2019 年創下歷史新高，根據「民主多樣性研究所」估計，44%的國家經歷了大規模的民主示威（十年前為 27%）〔39〕。那一年——在阿爾及利亞、智利、法國、香港、印度、伊拉克和黎巴嫩等不同地方——數百萬示威者集合起來抗議貧富不均惡化、生活成本高漲、服務不足、腐敗、政府鎮壓和警察濫權。可是，隨著各國為了抗擊疫情，禁止大型集會，並發布居家隔離令，許多抗議活動被迫停止。它的效應是減輕了一些受抨擊政府的政治壓力。在智利協助抗議者的志願救援人員安東尼奧·奎托（Antonio Cueto）告訴《華盛頓郵報》說：「病毒正是政府所需要的。它稍微拯救了後者。〔40〕」同樣，在印度，莫迪總理實施的全國封鎖有效地結束了針對他反穆斯林公民的政策之廣泛批評和抗議〔41〕。莫迪還利用反恐怖主義法令，起訴數百名反對他的記者、政治活動人士和公民社會成員，其中包括從 2020 年初開始的幾個反政府和平抗議活動的組織者〔42〕。

在其他地方，疫病大流行似乎也為試圖全面鎮壓民主運動的領袖提供了一個窗口。在阿爾及利亞，政府利用 COVID-19 導致

示威活動癱瘓的機會，發動大規模的逮捕行動，企圖結束長達一年挑戰政府的抗議運動[43]。在菲律賓，杜特蒂總統展開大規模逮捕，同時向安全部門發出「格殺勿論」命令，以對付違反或抗議封鎖令的「麻煩製造者」。杜特蒂在 4 月份對蠢蠢欲動想發動示威的人士威脅說：「不要挑戰政府，你們會輸的。[44]」

香港在疫病爆發前，是世界上規模最大，最引人注目的抗議活動的發生地，它是另一個鮮明的例證。從 2019 年 3 月開始將近持續了一年，民主示威者湧入這個半自治城邦的街頭，要求保護他們的基本權利。在 2019 年期間，香港 750 萬人口中，多達 200 萬市民加入抗議活動。直接原因是對一項允許將香港居民引渡到中國大陸和台灣的法律感到憤怒。但更深層次的問題是，人們愈來愈擔心香港政府與北京的中國共產黨勾結，破壞「一國兩制」的原則。作為 1997 年香港從英國殖民統治轉移到中國的一部分協議，《香港基本法》中所載的自由和政治自治承諾，將持續到 2047 年——現在它們似乎處於危亡之中[45]。

香港的新聞自由在讓全世界最先知道 COVID-19 爆發方面，發揮了至關重要的作用，它揭露中國官員掩蓋病毒，並逼迫李文亮等醫護人員保持緘默的作為。與此同時，由於香港與大陸的距離近在咫尺，香港特區政府於 1 月 3 日積極採取措施，以檢測和盡量減少冠狀病毒的可能傳播，比起 1 月 22 日的頭兩個確診病例足足早了近三個星期[46]。1 月下旬，香港特區政府把 13 個邊境檢查站中的十個關閉，並且也關閉了各級學校[47]。香港還實

施廣泛的檢測、接觸者追蹤和監視旅客，並為居民提供了互動式網路地圖，可以追蹤確診病例的活動足跡，包括檢測呈陽性的這些個人的移動日期和時間。接下來，在3月下旬，於出現411個確診病例和4人死亡之後，香港完全關閉了邊界，並要求所有遊客進行檢疫隔離。禁止四人以上的室內和室外公開聚會（7月份政府將上限降低到兩人），另外，政府辦公室、電子遊樂場、電影院、健身房、KTV、夜總會、麻將館等休閒場所統統關閉。經歷了2003年SARS疫情的香港人，非常認真看待感染的風險。戴口罩幾乎是普遍現象，遵守社交距離規定的程度很高[48]。

由於政府採取的行動，以及民眾對COVID-19疫情的擔憂，使得民眾不敢上街，從1月開始，民主示威活動的規模縮小了。社交距離的規定被不成比例地用於對付民運人士，甚至驅散小型、分散的集會。民主派區議會議員譚凱邦指出：「他們在政治上利用這項法令來壓制香港的集會自由。[49]」由於病毒阻止人們聚集，香港警方以反對派人士為目標，不必擔心引發大規模抗議。4月份被捕的資深政治人物和活躍份子李卓人告訴《衛報》說：「香港人對感染疫病的擔憂十分警覺，因此（當局）利用疫病流行的機會。對他們來說，這是一個黃金機會。[50]」

針對活動人士的圍捕行動始於4月，15名著名的倡導者和前民主派立法會議員遭到逮捕，逮捕行動一直持續到年底，高達數百人由於政治原因被捕[51]。與中國共產黨關係密切的一位分析人士當時承認，北京急於趁著這個機會，「一勞永逸地結束香港

的混亂」⁽⁵²⁾。在 4 月 18 日被捕三天後，香港民主黨創始黨員李柱銘投書報紙言論版，提出嚴厲警告。他寫道：「香港人現在面臨著來自中國的兩大瘟疫：冠狀病毒和對我們最基本人權的攻擊。我們希望能盡快研製出針對冠狀病毒的疫苗。但是一旦香港的人權和法治倒退，威權統治的致命病毒將永久存在。⁽⁵³⁾」

　　6 月，由於全世界的注意力仍然集中在疫情和全球經濟危機上，北京當局出拳，對香港祭出一項嚴厲的新版「國家安全法」，目標是在抗議運動能夠重新啟動之前，扼殺反對派勢力。「國安法」在香港建立一個龐大的安全機構，並賦予中國共產黨大量的權力，以監督和管理香港的學校、社會團體、媒體和網路，並在打擊「分裂國家」、「顛覆」、「恐怖主義」和「勾結外國勢力」的幌子下鎮壓政治異議。這項法律幾乎立即被用來打擊新聞自由、支持民主的口號、社群媒體和其他形式的和平表述，並且逮捕了一些知名的活動家和政治人物⁽⁵⁴⁾。

　　接下來，在 7 月下旬，香港特首林鄭月娥以疫情為理由，將應該在 9 月舉行的立法會改選，推遲一年，阻斷了民主運動取得成果的另一條途徑。雖然 COVID-19 被當作理由，但當時香港特區僅出現 3000 個病例和 24 人死亡⁽⁵⁵⁾。隨後特區政府又在 8 月阻絕 12 名計畫參加立法會選舉的民主派候選人之資格。11 月，香港民選產生的所有民主派反對黨議員從香港立法會總辭，以抗議北京使用「國安法」撤銷四名議員資格⁽⁵⁶⁾。到了年底，在香港挽救任何民主和自治的前景，似乎比以往任何時候都更加渺茫。

反抗

然而，儘管明顯遭遇挫折，全球的抗議活動並沒有消逝。它們反而做出了調整。有些人轉向組織社區對付 COVID-19 疫情和疫情引起的其他經濟和社會後果，譬如在封鎖期間基於性別的暴力事件激增的現象。其他人則轉向了諸如車隊遊行、在家裡集體敲打鍋碗瓢盆，以及從「必不可少」但不安全的工作場所罷工等方法[57]。

即使政府部署新的數據工具來進行監控封鎖措施，活動人士也以創新的方式運用這個領域的新發展。在俄羅斯，活動人士在虛擬空間的政府大樓前方「標註」自己。在智利，數千人在社群媒體上分享一幅虛擬壁畫，要求採取更嚴格的行動來遏制疫病，而其他人則將過去的示威活動和國家鎮壓受害者的圖像，投影到首都聖地牙哥各個建築物上。香港的一些活動分子使用極受歡迎的遊戲《動物森友會》——玩家建造自己的島嶼，並邀請其他人到訪——來設計和分享支持民主的圖象，並透過網路進行線上抗議活動，造成這個遊戲從中國網路商店下架的結果[58]。

傳統的抗議運動也重新出現，原因是民眾不滿國家腐敗和處理疫情不當，對政府試圖利用 COVID-19 來限制公民自由和操縱選舉深感憤怒，以及痛恨危機導致的貧富不均加劇，因而重新走上街頭。譬如，在蘇丹，「百萬人大遊行」運動（Million Man March Movement）譴責向民主過渡的動作緩慢。在吉爾吉斯，抗

議者指控總統熱恩貝科夫（Sooronbay Jeenbekov）在選舉中舞弊作票和貪瀆腐敗，將他推翻。我們在前一章也看到，玻利維亞的示威者對他們的政府利用疫情謀取政治利益十分不滿。以色列、塞爾維亞和烏干達也爆發了類似的抗議活動[59]。

　　與此同時，在白俄羅斯，總統盧卡申科（Alexander Lukashenko）宣布在 8 月的選舉中獲勝，聲稱他以 80% 的得票率贏得第六個任期後，爆發了大規模抗議活動。與之前在歐洲最為威權專制國家舉行的公民投票一樣，白俄羅斯這次選舉受到廣泛鎮壓和全面舞弊作票的影響。但是這次的背景條件不同。盧卡申科未能認真對付 COVID-19，為一度已經邊緣化的反對派注入了新的活力。3 月間，世界各國都在實施嚴格的公共衛生措施時，盧卡申科卻拒絕仿效，擔心它會進一步損害已經因俄羅斯 2 月決定減少能源補貼，以及全球油價暴跌而遭受重創的經濟[60]。盧卡申科宣稱封鎖措施為「瘋狂和精神錯亂」的行為，他反而鼓勵白俄羅斯人喝伏特加酒、洗三溫暖、開拖拉機來抵禦病毒[61]。即使盧卡申科本人於 7 月感染了 COVID-19 之後，政府也沒有採取任何有意義的行動，而是讓地方官員和公民社會自行組織抗擊疫病的作為。結果，冠狀病毒病例激增，到選舉時已達到至少 68000 個病例。早在 4 月間，英國智庫皇家國際事務研究所（Chatham House）[1]的白俄羅斯事務分析員雷荷・阿斯塔潘尼亞（Ryhor Astapenia）就觀察到，盧卡申科「在玩一場危險的遊戲，不僅賭上公共衛生，也賭上（他）自己的政治生命」[62]。

民眾對盧卡申科政權的幻滅感與日俱增，甚至體制內的各界也都對他不滿[63]。多倫多大學政治學教授魯甘・阿邁德・魏（Lucan Ahmad Way）觀察到：「在選舉前夕，有一種強烈的感覺，人們已經受夠了。[64]」

這場舞弊作票的選舉過後的第二天，示威活動就開始了。隨著 8 月的發展，每個週末都有超過十萬名白俄羅斯人出現在首都明斯克（Minsk）街頭，要求舉行新的、自由的和公平的選舉[65]。面對盧卡申科政府的凶猛反應──包括大規模逮捕、安全部門過度使用武力和酷刑──以及俄羅斯總統普丁揚言要替盧卡申科撐腰、進行干預的威脅，大規模的民主抗議活動還是持續了好幾個月[66]。

在全世界各地，COVID-19 在舊的不滿未敉平之下，又積累新的不滿。在某些地方，抗議者抨擊政府不夠認真對付病毒。但在其他地方，示威者卻對政府做得太多、而不是太少感到憤怒。譬如，在 2020 年春季和夏季，在美國各地，示威者的目標瞄準執行封鎖令的各州和地方政府官員。在 2021 年 1 月 6 日首都華府的國會山莊遭到暴徒圍攻──這項攻擊威脅到美國民主制度的

---

1 編註：世界頂尖的國際戰略研究機構，1920 年成立於倫敦，正式名稱為「皇家國際事務研究所」（The Royal Institute of International Affairs）。1923 年加拿大慈善家藍儂上校（Reuben Wells Leonard）和凱特・藍儂（Kate Rowlands Leonard）將漆咸樓這棟建築物捐贈給皇家國際事務研究所做為永久所址；2004 年研究所以所址所在大樓之名做為機構之名稱，一般譯為查坦研究所。漆咸樓是廣東話發音。

核心——之前的詭譎序幕中，武裝抗議者於 2020 年 4 月 30 日衝進密西根州議會大廈。示威之發生得到川普總統的鼓動，他就在示威前幾天，還在推特上告訴他的支持者「解放密西根」。成群的抗議者，其中一些人穿著軍用迷彩服、攜帶步槍，要求進入州眾議會議場，高呼「讓我們進去」。10 月，聯邦調查局偵破企圖推翻密西根州政府的一項陰謀，其中包括綁架密州州長格雷琴・惠特默（Gretchen Whitmer）和炸毀州議會大廈的計畫。一些策畫者在 4 月、5 月和 6 月都曾參加了反對封城的抗議活動[67]。

根據卡內基國際和平基金會（Carnegie Endowment for International Peace）的班傑明・普瑞斯（Benjamin Press）和湯瑪士・卡洛瑟（Thomas Carothers）的說法，到 2020 年年底，至少有 26 個國家出現了反對封城的示威。除了美國之外，澳洲、德國、墨西哥和奈及利亞等不同國家都出現反對宵禁和居家隔離令的抗議活動[68]。

在其他地方，冠狀病毒加劇了疫病流行前盼望政府能更具體回應民間呼聲的治理之要求，因此引爆新的示威活動。黎巴嫩就是一個很好的例證。即使在 COVID-19 之前，這個中東小國家就面臨嚴重的財政、金融和匯率挑戰，這一切都構成黎巴嫩歷史上最嚴重的經濟危機[69]。日益嚴重的貧困、缺乏政府服務、貪腐盛行，以及功能失調的宗派政治制度，引發了 2019 年秋季的大規模抗議運動，迫使總理哈里里（Saad Hariri）辭職[70]。3 月中旬，由於政府封鎖全國以遏制冠狀病毒，抗議活動消散。政府的迅速

行動有助於使 COVID-19 感染率與澳洲、紐西蘭和韓國等成功國家不相上下[71]。然而，固然公共衛生方面的限制措施成功遏制了病毒的散布，但它們也對經濟造成了另一次毀滅性打擊。企業倒閉、人民失業、貨幣貶值、通貨膨脹飆升，以及政府支援不足，摧毀了人民的生計，加劇了極端貧困，並造成普遍的飢饉[72]。隨著 6 月勉強又重新開放，抗議者又回到了街頭[73]。

這是一個愈來愈具有爆炸性的情勢。然後，8 月 4 日，不當儲存在貝魯特港口倉庫中的 2750 噸硝酸銨突然爆炸，震撼整個國家。巨大的爆炸波及 6 英里範圍，150 多英里外都能聽到爆炸聲。至少 180 人死亡，6500 多人受傷，30 萬人流離失所，7 萬人失業。數以萬計的示威者湧入貝魯特抗議，將爆炸歸咎於政府的疏忽和腐敗。民眾與安全部隊的衝突造成數百人受傷[74]。面對民眾愈來愈尖銳的抗議，總理迪亞布（Hassan Diab）率領內閣總辭；10 月，一年前下台的哈里里授命回鍋，組建另一個政府[75]。

在黎巴嫩的政治混亂中，控制疫情的努力失敗了。街頭抗議、無家可歸者人數大增、大量志願者協助清理廢墟和提供人道救濟、醫院不堪重負，加上對政府的普遍不信任，都使保持社交距離措施變得毫無意義。冠狀病毒病例飆升，感染人數從港口爆炸當天的約 5000 人，不到兩個月就暴增到近 45000 人。到了年底，只有 680 萬人口的黎巴嫩，已有超過 16 萬個確診病例，完全抵消了它早期在控制病毒方面取得的成績[76]。

西方民主國家也不能倖免於對更廣泛的公平正義和問責制的

要求。在美國，疫情凸顯並加劇了嚴重的貧富不均，導致 2020
年夏季全國掀起歷史性的種族正義抗議浪潮。病毒對黑人、拉丁
裔和美洲原住民人口的影響最為嚴重。由於有色人種在封鎖期間
於保持開放的基本服務部門的工作比例較高，他們感染冠狀病毒
的風險要大得多。比起白人，美國黑人和其他少數族裔更有可能
從事無法遠距完成的工作，不太可能帶薪休假，更有可能缺乏經
濟緩衝，並且不太可能生活在多收入家庭中。有色人種更有可
能生活在人口稠密的城市地區，並且更依賴公共交通工具，這
一來進一步擴大他們暴露在病毒下的風險[77]。而且，一旦被感
染，黑人和拉丁裔美國人住院的可能性是白人的四‧七倍，死於
COVID-19 的可能性是白人的兩倍，這主要是由於其他先前存在
的健康狀況的患病率較高，以及獲得醫療照護的機會較少——這
種情況本身就是系統性的種族不平等的連帶產物[78]。

　　疫病大流行前的貧富不均——包括較低的收入和財富水
準、較高的失業率、較低的儲蓄，以及更嚴重的食物和住房不安
全——也使美國黑人更容易受到疫情造成的大規模經濟破壞的影
響。2020 年 4 月，美國黑人的失業率為 16.7%，而白人的失業率
為 14.2%；5 月份，黑人失業率上升至 16.8%，而白人失業率則
降至 12.4%[79]。

　　隨著健康和經濟雙重危機凸顯，加劇了美國數百年來的
種族差異，5 月 25 日。黑人喬治‧佛洛伊德（George Floyd）
因涉嫌使用一張 20 美元偽鈔被捕，卻慘死在明尼亞波利斯市

（Minneapolis）警察手中，引爆了大衝突。佛洛伊德在 4 月份接受 COVID-19 檢測呈陽性反應，日後的驗屍報告顯示，由於先前的感染，這種疾病的痕跡殘留在他的體內。但死因是另一個人引起的，並不是冠狀病毒[80]。旁觀者提供的一段關於此一致命逮捕的影片顯示，當警官德里克・蕭文（Derek Chauvin）跪壓在他的脖子上時，佛洛伊德一邊掙扎、一邊高喊：「我無法呼吸。」這段影片在 CNN 和社群媒體上不斷反覆播放給數百萬困在家裡的美國人觀看。

要求警察改革和種族正義的大規模抗議立即在明尼亞波利斯爆發，然後迅速蔓延到美國和世界各地。厭倦了生活在資源不足和監管過度的社區的美國黑人，得到一個多種族、多世代的同盟之聲援。對不公正的普遍憤怒是一股驅動力，但對居家隔離要求的日益不滿，以及對經濟衰退不成比例地影響到所有種族年輕人的挫折感，似乎也在運動的勢頭中發揮了作用[81]。在接下來的幾個星期，示威活動席捲了美國 140 個城市。在運動的高峰期，6 月 6 日，550 個地點有 50 萬人同步參加抗議活動。6 月和 7 月進行的四項民意調查顯示，參加「黑人的命也是命」（Black Lives Matter）抗議活動，或針對警察暴行示威的美國人，總數在 1500 萬至 2600 萬人之間，成為美國歷史上規模最大的抗議運動[82]。一項研究發現，到 8 月下旬，在全美國 50 個州和首都華府特區，共有 2420 多個地點發生 7750 多起抗議活動。雖然川普總統和美國的保守派媒體試圖將這場運動描繪為無政府主義的暴力行動，

但是同一項研究得出的結論是，超過 93% 的抗議活動是和平的[83]。

甚且，在柏林、布魯塞爾、哥本哈根、約翰尼斯堡、倫敦、墨西哥市、內羅畢、里約熱內盧、巴黎、首爾、雪梨以及全球數十個其他城市和地點，也出現聲援「黑人的命也是命」運動的抗議活動，這足以提醒人們，世界仍然關注美國民主的命運。規模數百人到數萬人不等的示威者，冒著感染疫病的風險，對喬治‧佛洛伊德被殺害事件中呈現出來的警察暴行表示憤慨——通常會把事件與當地爭取種族正義的鬥爭聯繫起來——同時也要求美國不辜負其立國精神宣示的理想[84]。6 月中旬，東京有數千人參加的一項集會，高舉一個共同的口號：「種族主義就是一種流行病。[85]」

總而言之，截至 10 月，自由之家估計，自從疫病爆發以來，世界各個地區至少有 90 個國家發生大規模的抗議活動（儘管 158 個國家對這一類集會訂出全新與冠狀病毒相關的限制）。大約 39% 的民主國家、60% 的部分民主國家和 43% 的專制國家，都出現示威活動[86]。

因此，隨著 2020 年接近尾聲，威權主義和民主力量之間的較量仍然相當嚴峻，儘管最終獲勝的一方會是誰仍然高度不確定。新的緊急權力、立法程序和選舉的中斷、對公民自由的廣泛威脅、安全部門的濫權、反烏托邦的技術，以及對與政府應對疫情相關的批評者和活動份子的攻擊，結合起來共同削弱了 80 個

國家的政治自由⁽⁸⁷⁾。但渴望更大自由和更負責任、更具有代表性政府的憧憬同樣是顯而易見。許多國家的人們常常冒著巨大的風險站起來，以保持對更公正的未來之希望。

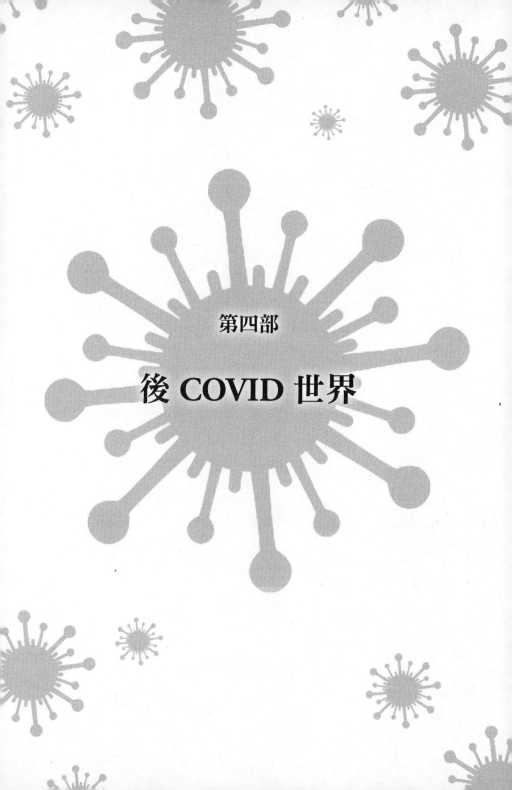

第四部

後 COVID 世界

第十二章

病毒變種與疫苗

　　產生 COVID-19 疾病的病毒，技術上的名稱是 SARS-CoV-2。但是對於流行病學家來說，SARS-CoV-2 的範圍足以涵蓋一系列隨著原始冠狀病毒傳播和演化而自然出現的變種。因此，疫病大流行的浪潮並不是完全相同的。新變種有時候很早就出現，增加複雜性和危險性。SARS-CoV-2 的基因體包含大約三萬個核糖核酸（ribonucleic acid, RNA）字母，這些核糖核酸迫使人體組裝多達 29 種蛋白質以傳播病毒並感染身體。隨著病毒的複製，有時會出現小小的複製錯誤。這就是基因突變。當病毒廣泛傳播並引起許多感染時，突變的可能性就會增加。因此，具有一個或多個獨特突變的病毒被稱為變種。一個新的變種可能不會有意圖地改變原始病毒感染和殺死人類的能力。但有些變種則會 [1]。

　　SARS-CoV-2 的第一個變種是標記為 614G 的單一突變。它於 2020 年 1 月疫情爆發初期在中國東部被發現。科學家懷疑這種 614G 變種比最初的武漢變種更具傳染性，正是這種變種傳播到

義大利，然後又傳播到紐約和美國其他地區[2]。

2020 年 11 月下旬，科學家在英國發現了一種被名為 B.1.1.7 的新變種[1]，據信它的傳染力比此一病毒的其他版本高出 30% 至 50%，並且與更高的死亡風險愈來愈相關[3]。Alpha 的第一個已知病例可以追溯到 9 月 20 日，到 11 月中旬，它約占倫敦病例的四分之一[4]。它在 12 月下旬到達美國，到 2021 年 2 月上旬，它在美國每十天就增加一倍[5]。截至 3 月下旬，已在 90 多個國家發現 B.1.1.7 病例。儘管愈來愈多的證據顯示，Alpha 更具傳染性和更易致命，但新興疫苗——包括輝瑞－生物新技術（Pfizer-BioNTech）、莫德納（Moderna）和阿斯特捷利康（AstraZeneca）在 2020 年末生產的疫苗，以及嬌生公司（Johnson & Johnson）在 2021 年初生產的疫苗——似乎依然能夠有效對抗它。2021 年 2 月上旬，在以色列進行的測試顯示，雖然這個變種存在於近 80% 的樣本中，但廣泛的疫苗接種正在削弱病毒的影響[6]。

大約在同一時間，又發現了另外兩個相關變種：巴西的 P.1[2] 和南非的 B.1.351[3]。兩者都有許多相似的突變，而且似乎更容易傳播。最令人不安的是，與英國的 Alpha 變種不同，現有的疫苗似乎對 Gamma 的效果稍差，對 Beta 的效果更是明顯再差。最初的研究顯示，特別是 AZ 疫苗對南非變種的有效性低了 86 倍[7]。

1 譯註：世衛後來稱它為「阿爾法」（alpha）。
2 譯註：世衛後來稱它為「伽馬」（gamma）。
3 譯註：世衛後來稱它為「貝他」（beta）。

到 2021 年 3 月下旬，Gamma 變種已傳播到至少 25 個國家，Beta 變種已傳播到 48 個國家[8]。

在全球感染 COVID-19 病例激增的背景下，這三種危險的變種被揭露出來了。到 2020 年 9 月初，全球已記錄了 2577 萬個 COVID-19 病例；到了年底，這一數字已經超過 8356 萬。這代表在短短四個月內，全球病例增加了 224%。這段期間增幅最大的是歐洲（549%，歐盟則增長 699%）、北美洲（219%，美國增長 231%）和亞洲（187%；不包括中國的話為 189%，中國通報的增長數字只有 7%）。非洲（119%）和南美洲（107%）的增幅顯著但不那麼深刻，大洋洲的增幅很小（僅有 12%）[9]。

因此，隨著 2020 年接近尾聲，一方面是新出現的變種和激增的病例在拔河，另一方面是有愈來愈多的疫苗出現，為結束疫病大流行帶來新希望。

夏日時光

到 2020 年初夏，許多政府認為 COVID-19 的感染模式不再可能呈現指數型增長。他們認為他們已經了解 COVID-19 的傳播方式和傳染性。他們相信早期的遏制措施已經奏效，並且在第二波來襲之前他們會收到很多警告。因此他們有一些喘息的空間來放鬆公共衛生措施。在許多國家，這被證明是一種危險的誤判。

歐洲的情況確實如此，歐洲人認為他們已經把最嚴重的疫情

拋在腦後。經過春季嚴格的封鎖之後，曲線已完全躺平。在 4 月
1 日左右達到高峰時，歐盟每天有近三萬個新增 COVID-19 病例，
而到 6 月 1 日，每天新增確診病例為 4000 例上下，並且一直穩
定到 7 月中旬[10]。不意外，歐洲領導者渴望在夏天之前取消冠
狀病毒限制令。尤其是 8 月，這是歐洲人喜歡休假的月份[11]。
早在 4 月 18 日，歐盟執委會主席馮・德萊恩就宣布：「我們會
找到一些睿智的解決方案來度假。[12]」同樣，德國內政部長謝
霍夫在 5 月 13 日告訴記者：「明確的目標是我們希望在 6 月中
旬再度在歐洲自由地旅行。[13]」

　　果然，一個月後，歐盟執委會建議在 6 月 15 日之前重新開
放歐盟內部邊界，並且在 6 月 30 日之後逐步取消對非必要進入
歐盟旅行的限制[14]。他們知道病毒並沒有消失，而且它會在秋
季和冬季在他們自家後院捲土重來。但當時，歐洲人確信春季嚴
格的封鎖將使他們獲得持久性的好處。

　　與亞洲和大洋洲採取的方法形成鮮明對比。7 月 26 日，中國
通報了 61 件新的冠狀病毒病例。雖然與其他地方的感染人數相
比微不足道，但它仍是中國自 3 月初以來的最高數字。大約在同
一時間，越南旅遊勝地峴港出現了 4 月份以來第一件社區感染（從
一個人傳給另一個人）病例。就紐西蘭而言，它在 8 月 11 日打
破 102 天的「+0」紀錄，首次再度出現新的確診病例。每個國家
對這些絕對值小幅增長的反應都是嚴陣以待、全力出擊——就地
封鎖和隔離暴露於病毒的人，檢測和接觸者追蹤，以及嚴屬的旅

行政策，有效地關閉了國門，不讓外國遊客入境[15]。

　　歐洲人則堅決不效仿這種作法。在 2020 年 4 月至 6 月期間，國際旅遊業重挫 99% 之後，西班牙在 7 月和 8 月接待了超過 400 萬名的觀光客[16]。夜生活和海灘吸引了成群結隊的人，夜店和狄斯可舞廳一直營業到凌晨，以彌補春季的經濟損失[17]。在西班牙馬拉加市（Málaga）外的一家如今臭名昭著的海灘俱樂部，一名 DJ 被人拍攝到在擁擠的舞池上向群眾吐口水[18]。希臘各島也對部分國家重新開放，歡迎來自歐洲大部分地區、以色列、日本、澳洲和紐西蘭的觀光客[19]。

　　雖然希臘在機場對來自一些高風險的歐洲國家旅客進行強制檢測，但在其他地方，很少執行檢測和檢疫措施。到 7 月下旬，病毒很明顯再次散布開來。除義大利是個顯著例子之外，整個歐洲大陸對與疫情相關的衛生措施的遵守程度很低[20]。德爾佛雷西（Jean-François Delfraissy）於 3 月被任命領導法國政府負責 COVID-19 事宜的科學委員會，他感嘆「法國人已經失去保持社交距離和謹慎的觀念」[21]。

　　在許多情況下，年輕人不知不覺地促進病毒傳播。7 月下旬，西班牙財政部長和政府發言人蒙特羅（María Jesús Montero）明確地試圖警告，「年輕人，跟某些疫情與夜生活場所、或大量人群聚集的地方的行為有關」[22]。到 8 月中旬，就連世衛也同意：在網路簡報會上，西太平洋區域主任葛西健說：「二十多歲、三十多歲和四十多歲的人有推動病毒傳播的趨勢。[23]」塞爾維

亞、羅馬尼亞和波蘭等中歐和東歐國家的病例增加幅度也很大，
這些國家大多躲過了西歐致命的第一波疫情[24]。

　　縱使如此，到夏季結束時，歐盟領袖仍然相信他們可以應付
預期的第二波疫情風暴。9月1日，每日新增病例率仍低於春季
高峰期（9月1日每天新增病例略多於二萬件，而4月1日幾乎
為三萬件），並且增長速度遠沒有3月下旬那麼劇烈[25]。同時，
與4月上旬至中旬的單日死亡率接近3000人的高峰相比，從6
月底至9月中旬的單日死亡人數沒有超過200人[26]。歐洲人仍
然堅信他們已經從春天的疫情學到教訓。搶奪寶貴的醫療物資已
經成為過去。他們將在歐盟層級進行更密切的協調。局勢似乎受
到了控制。

　　最重要的是，各國元首希望保持歐盟內部邊界的開放。行動
自由是歐洲單一市場的基石。9月初，歐盟一份機密簡報文件指
出，雖然「每個會員國仍有責任制訂它認為合適的措施……一致
的應對措施對於避免今年早些時候出現的支離破碎的方法，以及
保持申根地區的完整性至關重要。[27]」在接下來的幾個月，即
使歐盟受到第二波疫情的打擊，邊界仍然開放。馮·德萊恩在12
月初對英國《金融時報》針對此事做了回顧，她表示：「歐盟最
大的成就之一是開放的單一市場和免護照旅行的申根原則。由於
冠狀病毒而關閉的邊境削弱了這些自由——然後一切都亂了，再
也不能正常運作了。[28]」

　　歐洲人在進入秋季時並不知道，他們不僅會被迫應對病毒的

捲土重來。他們還必須與新的病毒變種抗爭，這些變種將被證明更具傳染性、破壞他們的如意算盤。

不平靜的耶誕節

12 月 20 日，英國與歐盟就脫歐後的貿易協定談判陷入僵局，法國對來自英國的旅客和車輛關閉了邊境，造成位於英吉利海峽最窄的英國港口城市多佛（Dover）卡車大堵塞。有些英國官員心想，這莫非是一種陰謀，要讓他們嘗嘗味道，若是未達不成協議就要脫歐、必會產生動盪。但是法國官員聲稱這完全是因為擔心在英國出現新的 Alpha 病毒變種的緣故。48 小時後，英國多名內閣部長宣布隔天要取消對所有遊客（包括卡車司機）的邊境限制，他們通過 COVID-19 檢測得出陰性反應就放行。但這些限制只是風雨欲來的一些跡象[29]。

與此同時，在 12 月中旬完成為期六個星期的封鎖後，愛爾蘭成為歐洲病例數最少的國家之一，每十萬人每天只有十個新病例。然而，到 1 月 11 日，愛爾蘭每十萬人的每日新增病例數卻是世界最高，達到 132 例。Alpha 變種肆虐恰逢英國的耶誕節出遊高峰。在 2021 年 1 月上旬的七天內，愛爾蘭感染人數有 46000 人，超過 2020 年 3 月至 10 月的感染人數[30]。愛爾蘭政府大為震驚，立刻重新實施嚴格封鎖，而且持續長達好幾個月。愛爾蘭發生的狀況對歐盟其他國家是嚴重的警訊：新的變種病毒加上任

何社交距離規定的放鬆，都可能導致命運迅速出現災難性的逆轉。

2021年1月，德國、法國和歐洲其他許多國家紛紛跟進，進入封鎖狀態。荷蘭出現當地警察協會所說的四十年來最暴力的抗議活動，數千名主要是年輕人在多個城市走上街頭，反對荷蘭自二戰以來的首次宵禁。抗議者搶劫商店、襲擊警察，破壞財物，包括搗毀一個冠狀病毒檢測中心[31]。各國邊界又開始關閉。德國對它與捷克、奧地利的邊境施加限制，導致卡車司機長時間延誤。法國要求來自其他歐盟會員國的旅客，要有病毒陰性反應的證明，同時還禁止幾乎所有非歐盟國家的非必要進入法國之旅行[32]。

歐洲政治領袖針對限制這件事言詞交鋒，批評者認為這是COVID-19對歐洲的整合所造成的又一次打擊，危及歐洲無國界的申根地區的未來。馮·德萊恩告訴媒體：「春天時，我們有17個不同的會員國採取了封鎖邊境措施，我們當時學到的教訓是，它並沒有止住病毒，卻令人難以置信地擾亂了單一市場，並造成巨大的問題。」她的評估直言不諱，她說：「病毒告訴我們，關閉邊界並不能阻止它。」但是這位歐盟執委會主席的言論激怒了德國內政部長謝霍夫，他告訴德國小報《圖片報》（Bild）：「我們正在與捷克和奧地利接壤的邊境地區跟變種病毒進行鬥爭。」他說，歐盟執委會「應該支持我們，而不是用廉價的建議來干預工作」[33]。

曲速大躍進

　　與歐洲不同，美國從來不得寧靜。疫情在東北部和西海岸似乎得到控制時，在南部和中西部卻一路飆升。整個 2020 年夏天和秋天，全國陷入悽風苦雨，情勢嚴峻。七天的平均病例數在 7 月 16 日達到每天 75687 例的高峰，然後在 9 月初下降到每天約 35000 例。然而，從那時起，它又再次上升，在 11 月 4 日突破每日 10 萬件病例的門檻，並在 2021 年 1 月 8 日達到了驚人的 30 萬 669 例，這是迄今為止最高紀錄，而七天的平均每日死亡人數超過 3300 人[34]。2020 至 2021 年的黑暗冬天，每天死於 COVID-19 的美國人，比在 911 事件中喪生的人數還要多。可是，與二十年前的恐怖襲擊不同，這場流行病帶來的痛苦和苦難並沒有使這個國家團結起來，反而成為黨派衝突的一個焦點。

　　川普政府繼續將絕大多數與疫情相關的決定授權給各州政府，以致全國沒有一套完整一致的干預措施。篩檢的總數量顯著增加，但就全國而言卻仍然不平衡[35]。各州和地方政府在戴口罩規定、社交距離要求、居家隔離令，以及企業和學校關閉方面也大不相同。就川普而言，他似乎對遏制病毒完全失去興趣，而是一味粉飾太平，試圖預測一切都將恢復正常。白宮向疾管中心施壓，要求將它重新開放經濟的指示方針訂得更加模糊，降低兒童重返學校上課的風險，並且不鼓勵對沒有 COVID-19 症狀的人進行檢測[36]。與此同時，一些著名的川普顧問似乎贊成「群體

免疫」法，這套方法將優先重新開放經濟，同時允許 COVID-19
在大多數人口中傳播[37]。不過，有一個領域川普政府認為聯邦
政府可以扮演至關重要的角色，那就是疫苗的研發。

　　科學家張永振和愛德華・賀姆斯在 2020 年 1 月 11 日向全世
界公布了 COVID-19 的基因序列後，世界各地的製藥公司立即
開始研製疫苗[38]。然而，很少有人相信他們能夠迅速地開發出
一種安全、可靠的疫苗。佛奇於 2020 年 3 月 3 日在美國參議院
發表講話時說，即使疫苗開發的速度出奇的快，「整個過程⋯⋯
需要一年到一年半的時間」，才能提供給民眾[39]。耶魯大學人
類自然實驗室（Human Nature Lab）主任克里斯塔基斯（Nicholas
Christakis）於 2020 年 10 月發表一本探討冠狀病毒的專書《阿波
羅之箭》（*Apollo's Arrow*）。他指出，傳統上疫苗要等到群體免疫
已經實現後才會出現，COVID-19 疫苗不太可能在 2022 年之前出
現[40]。與任何歷史指標相反，2022 年將取得令人難以置信的成
功。在 COVID-19 出現之前，開發疫苗的記錄是針對腮腺炎——
它花了四年時間[41]。大多數疫苗研發花費十年或更長時間，而
有些疫苗，如治療愛滋病毒／愛滋病的疫苗，迄今還未出現。

　　一旦開發出候選疫苗，就會進行許多種類型的測試：實驗室
測試、動物研究和三個階段的人體臨床試驗，以確定個人是否會
受到注射的任何負面影響。第一階段涉及一小群成年人（通常為
20 人至 80 人），第二階段涉及數百人，其中包括一些可能面臨
高風險的人，而第三階段則是向數千人接種疫苗[42]。大多數候

選疫苗無法熬過試驗。通常甚至光是第三階段就需要至少一年才能召募到合適的實驗對象。在美國，如果這些實驗成功，候選疫苗就會提交給 FDA，它在 FDA 還要通過一套繁複的審查程序。FDA 事先已經表示，COVID-19 疫苗必須被證明至少有 50% 的有效性才能被批准使用[43]。何況，建立大量生產的製造能力又是極其昂貴和耗時費力的工作。因此，只有在疫苗經過嚴格審查並確定成功後，投資人才會將大量資金投入生產。

美國長期以來就以能夠發明創新、走出國家安全危機和衝突而聞名。最著名的例子當然是二戰期間的曼哈頓計畫（Manhattan Project）和原子彈的製造。1959 年晶片的發明，幫助美國獲得勝過蘇聯的決定性技術競爭優勢。1969 年，在冷戰最激烈的時候，美國成為第一個將人類送上月球的國家——「登月」（moonshot）一詞現在用於形容政府在科學與技術方面進行大躍進努力的作為。即使在造成重大災難的入侵伊拉克事件之後，美國在無人機技術方面的發展也改變了衝突和全球反恐戰爭的樣態。在應付全球疫病大流行方面，同樣的動力也很明顯。面對 COVID-19，美國可能一直陷入苦苦掙扎——但它最終也為疫苗開發投入了比其他任何國家都多的資金，並且善於利用它首屈一指的先進工業基礎。

2020 年 5 月 15 日，川普總統宣布成立「曲率極速行動」計畫（Operation Warp Speed, OWS），這是一項雄心勃勃的民間參與公共建設計畫，預備號召許多公司參與大規模的疫苗開發工

作[44]。曲率極速行動計畫的資金，主要來自國會在 4 月份通過
的振興計畫當中的 COVID-19 緊急預算。國會的撥款沒有專門為
疫苗提供預算，但有幾個帳戶包含一些經費，可用於美國衛生部
和國防部執行的疫苗相關事宜。川普政府隨後將數十億美元從其
他公共衛生計畫（例如補充全國防護性醫療裝備和呼吸器的儲備
量），轉移到曲率極速行動。到了 10 月中旬，曲率極速行動宣
布簽署六項合約支持疫苗開發，承諾總額至少為 100 億美元，估
計價值為 180 億美元[45]。曲率極速行動背後的想法很簡單：消
除相關公司的財務風險，方便它們快速開發和測試疫苗，並減少
批准和分發疫苗相關的繁文縟節規定。在疫苗被證明有效之前，
政府就付錢給公司建立製造工廠，並生產數百萬劑疫苗。如果其
中一個成功了，那將是值得的[46]。

　　川普挑選施勞伊（Moncef Slaoui）來領導這項計畫。施勞伊
出生於摩洛哥。小時候，他的妹妹死於百日咳──這一悲劇使得
施勞伊對醫學產生興趣。17 歲時，他進入布魯塞爾自由大學，
主修分子生物學和免疫學。後來他移居美國，在哈佛大學和塔夫
茨大學進行博士後研究。隨後他加入製藥業巨擘葛蘭素史克公司
（GlaxoSmithKline, GSK）的疫苗部門，逐步晉升為研發部主席，
後來於 2009 年出任全球疫苗主席。2017 年，在服務三十年之後，
他離開葛蘭素史克，加入莫德納公司董事會[47]。

　　曲率極速行動直接出資援助牛津大學–阿斯特捷利康、莫德
納、嬌生和其他幾家公司的疫苗研發工作。另一個主要參與者，

輝瑞藥廠（與德國生物新技術公司 BNT 合作）獨立營運，它因為擔心政治勢力干預，寧願冒自行投資的風險。然而，輝瑞的確在 2020 年 7 月收到 19 億美元的預購協議。曲率極速行動計畫在美國國內遭受到相當的批評，因為它聘用包括施勞伊在內的一些製藥業高階主管主持其事，然後又向這些公司注入巨額資金。參議員伊麗莎白・華倫（Elizabeth Warren）主張施勞伊應該辭職或被免職，因為他持有價值數百萬美元的葛蘭素史克股票，她說這是利益衝突的行為。另外還有一些有爭議的決定。馬里蘭州的一家諾瓦瓦克斯公司（Novavax）在 2019 年瀕臨倒閉。它已經存在了 33 年，但從未生產過成功的疫苗（好幾次功敗垂成、沒有達陣）。在面臨納斯達克即將下市、金融空頭環伺的時候，曲率極速行動在 5 月份對它注資 16 億美元[48]。

令人驚訝的是，到 2020 年 11 月中旬，即疫病爆發還不到一年的時間，第一批成功完成所有必要測試的 COVID-19 疫苗開始上線[49]。由輝瑞和 BNT 合作開發的疫苗顯示出驚人的 95% 有效率，而莫德納生產的類似疫苗顯示有 94% 有效率。12 月中旬，美國 FDA 發給兩家公司緊急授權使用許可。除了卓越的功效之外，輝瑞疫苗和莫德納疫苗在第二個層面也值得注意：它們依賴於過去十年開發的一項革命性技術，這項技術利用了信使核酸核糖（messenger RNA, mRNA）。輝瑞公司病毒疫苗科學長菲利普・多米策（Philip Dormitzer）博士描述，像 mRNA 這樣基於基因的疫苗，「你不必注射……病毒……你只需注入一個指令集，教你

的身體如何製造病毒，然後你的身體學會識別它所製造的部分，並使它成為殺死病毒的抗體之目標。[50]」這種方法側重於在病毒表面發現的「刺突蛋白」。在媒體上廣泛流傳的最常見的設計師畫出的 SARS-CoV-2 圖像之一中，刺突蛋白是獨特的紅色冠狀刺突，位於藍色病毒表面[51]。

有趣的是，輝瑞選擇推遲參與曲率極速行動可能對莫德納疫苗的開發產生催化作用。川普政府的一位高級官員告訴我們，輝瑞決定單獨行動被視為是對他們所採用的 mRNA 技術會奏效有高度信心的跡象。在此之前，參與曲率極速行動計畫的有力人士，對莫德納疫苗背後的技術是否會成功不無懷疑，但它與輝瑞正在使用的類型相同。這位官員說：「這時候我們意識到製藥公司之間真的在進行競賽。」

同時，由牛津大學和英國－瑞典合資公司阿斯特捷利康合作生產的第三種疫苗，則是使用基於腺病毒技術開發的，科學家將冠狀病毒刺突蛋白的基因添加到另一種病毒，如普通感冒或流行感冒之中。牛津－阿斯特捷利康團隊使用的是改良版的黑猩猩腺病毒載體[52]。這種疫苗也在 11 月份報告測試結果，顯示出 63% 可觀的有效率（通稱 AZ 疫苗，於 2021 年 1 月獲得歐洲藥品管理局〔European Medicines Agency〕核准使用，但在美國進一步的實驗拖延了 FDA 的判斷，截至 2021 年 3 月底，AZ 疫苗尚未在美國獲得緊急授權使用許可）[53]。接下來，在 2021 年 2 月，嬌生公司開發的另一種基於腺病毒的疫苗，在美國顯示出有 72% 的

總體有效率（在南非進行的實驗則為 64%），獲得 FDA 准予緊急使用。嬌生疫苗為更快速的免疫接種帶來了希望，因為它與輝瑞、莫德納和 AZ 疫苗需要注射兩劑不同，嬌生疫苗只需要注射一針。

　　曲率極速行動對諾瓦瓦克斯公司的押寶似乎得到了回報。2021 年 3 月，諾瓦瓦克斯宣布已生產出一種疫苗，對付原始的新冠病毒的有效率為 96.4%，甚至比輝瑞疫苗和莫德納疫苗還要高（不過，它對英國變種和南非變種的效果似乎較低，分別只有 86% 和 49% 功效）[54]。

　　這裡出現了一個問題：川普是否應該因開發疫苗被記一筆功勞？如果是這樣，這是否可以將功抵罪，彌補他在其他方面的失敗？其他作者──那些在免疫學、產業政策和物流方面更專業的人士──將比我們兩人更有資格對這個問題做出明確的判斷。但是我們可以得出一些未蓋棺的結論。

　　首先要認識的一點是，曲率極速行動並不是憑空發生的。早先研究愛滋病毒，以及 SARS 和中東呼吸症候群（它們也是冠狀病毒）刺突蛋白的某些成績，有助於 COVID-19 疫苗的快速開發。過去的成績幫助科學家們快速識別出 SARS-CoV-2 的刺突蛋白，了解到它是疫苗的正確目標。甚且，在過去十年，mRNA 技術也取得了令人難以置信的進步。它並不是針對冠狀病毒進行研究，但是，正如施勞伊所說：

　　無論你是否接種疫苗對付冠狀病毒、流感、皰疹或肝炎，它們都是化學成分百分之一百相同的產物。過去十年來，為了了解毒理學、臨床安全預期和製造策略在這個平台所做出的成績，都與 COVID-19 疫苗相關，因為它們涉及相同的過程[55]。

　　同時，很明顯的是，曲率極速行動計畫確實有很大幫助。川普政府為疫苗研發投入大量資金。相比之下，人口比美國多得多的歐盟只花費 27 億美元。川普政府基本上給了製藥業一張空白支票，信任它們的高階經營主管，而其他政府可能並不傾向於這樣做。在接受《科學》雜誌採訪時，施勞伊表達了自己對川普的看法：

　　我完全不同意他作為一個人在尊重、傾聽能力和接受多樣性等方面所展現出來的價值觀。許多最終將這場疫病政治化的政策決定都是不對的，尤其是在戴口罩這一方面。但與此同時，我確實認為曲率極速行動絕對是高瞻遠矚，把科學、政府、軍方和私營部門結合在一起，並賦予我們充分的權力[56]。

　　最終，疫苗的快速開發展現了美國作為超級大國的一些核心優勢：它有無與倫比的高端技術工業基礎、民間參與公共建設攜手合作的潛力，以及在沒有任何成功保證的情況下進行巨額投資的意願。可是，巨大的成就也會帶來新的問題、挑戰和地緣政治

發展。有些國家比其他國家能夠更妥善地處理疫苗的推出，大國也利用可以拯救生命的疫苗之分配，來推進外交政策目標，這又引發了重大的全球公平問題。

歐洲的疫苗苦惱

2020 年春天，歐洲人與世衛、其他世界領導者、比爾和梅琳達·蓋茲基金會、流行病預防創新聯盟（Coalition for Epidemic Preparedness Innovations, CEPI）、全球疫苗免疫聯盟、抗擊愛滋病肺結核瘧疾全球基金、聯合救援組織（Unitaid）和其他國際組織合作，帶頭領導了創建「獲取 COVID-19 工具加速計畫」（Access to COVID-19 Tools, ACT Accelerator）。這個多邊框架尋求提供數十億美元，以支持 COVID-19 檢測、治療和疫苗的開發以及公平地在全球分配，並加強在疫病肆虐下負荷過重的醫療保健系統。「獲取 COVID-19 工具加速計畫」的疫苗支柱稱為「嚴重特殊傳染性肺炎全球疫苗實施計畫」（COVID-19 Vaccines Global Access），它的英文縮寫為 COVAX，由流行病預防創新聯盟、全球疫苗免疫聯盟和世衛組織共同管理。COVAX 計畫的目的是加快疫苗研發，並通過對廣泛的候選疫苗組合（包括一些可能不會成功的疫苗）進行前期投資，從而為快速大量生產提供激勵措施。然後，所有參與 COVAX 的國家，無論國家的收入如何，都將在平等基礎上獲得開發的疫苗。向較貧窮國家提供資金，將

為他們可能無法負擔得起的疫苗接種提供十分重要的生命線，同時 COVAX 還可使自籌資金的較富裕的國家，能夠在與製藥公司缺乏足夠的雙邊協議下也獲得疫苗。COVAX 計畫訂出到 2021 年底在全球提供 20 億劑的雄心勃勃的目標[57]。

世衛總幹事譚德塞在 4 月份透過網路公布啟動「獲取 COVID-19 工具加速計畫」和 COVAX 計畫的場合中宣布：「過去的經驗告訴我們，即使有了可用的工具，但並非所有國家都可以平等地用到它們。我們面臨共同的威脅，只有用共同的方法才能戰勝它。[58]」德國總理梅克爾表示贊同，她說：「這關係到全球公共福祉，要生產這種疫苗並將它們分發到世界各地。」但在這項全球性的努力中，中國和美國這兩個重要國家卻缺席而引人注目。美國駐日內瓦世衛代表團發言人為川普政府決定不參加做辯護說：「鑒於世衛的嚴重失敗助長了當前的疫病大流行，我們仍然對世衛的有效性深深的不安。」然而，法國總統馬克宏認為最終還是有可能將北京和華府納入其中。他說：「我希望我們能夠就中、美兩國參加這項聯合倡議達成一致，因為這是在說，『與 COVID-19 的鬥爭攸關人類的共同福祉，不應有分歧，才能贏得這場戰鬥。』[59]」但馬克宏的願望花了好幾個月的時間才實現。到 8 月底，已有 172 個國家（包括 92 個低度收入和中等收入國家，以及 80 個可能自籌資金的國家）表示有興趣參與 COVAX 計畫，但中國直到 10 月才宣布加入，美國直到 2021 年 2 月才承諾參與 COVAX。此時川普總統已經下台[60]。即使如此，

即使各國提供資金給 COVAX，它也沒有途徑實際採購執行其任務所需的大量疫苗。

雖然歐洲人試圖填補美國和中國在全球領導地位留下來的真空，但在歐盟內部，對於疫苗開發的方法卻很混亂。有一段時間，看起來有一些較大的國家可能會走自己的路。法國和德國發起了購買疫苗的聯合談判，荷蘭和義大利很快也加入，組成一個「包容性疫苗聯盟」（Inclusive Vaccine Alliance）。2020 年 6 月 13 日，聯盟宣布已與阿斯特捷利康達成協議。歐洲其他政府大為震驚。如果每個國家都只管自家門前雪，那麼 27 個會員國之間就會出現巨大的差距。一些大國和有能力的國家可能做得很好，但較小的國家和缺乏足夠專業知識的國家就會受到影響。歐元危機已經使歐盟分裂為債權國和債務國，將它推向崩潰的邊緣。歐盟領袖決心避免在疫苗接種方面重蹈覆轍[61]。

集體方法有它的優勢。歐盟是世界上最大的經濟集團——透過集體談判，它可以利用它的規模取得更好的協議。歐洲各國領袖也擔心，如果他們不在疫苗方面合作，他們將依賴川普的美國——美國已經試圖收購一家歐洲生物技術公司 CureVac 的股份。面臨阻力，法德義荷四國同意將他們的努力整合到由馮·德萊恩的歐盟執委會領導的涵蓋整個歐盟範圍的倡議。6 月 17 日，歐盟執委會啟動一項「緊急支援工具計畫」（Emergency Support Instrument），預算為 27 億美元，負責為會員國和挪威採購疫苗[62]。

歐盟沒有執行重大採購計畫的經驗，特別是在醫療照護方面，所以它退回到它所擅長的領域。歐盟高級貿易談判代表之一、義大利的桑德拉‧加利納（Sandra Gallina）被任命為負責人。她像貿易談判一樣處理它。她想爭取一個好價錢，取得幾種疫苗，並要求業者倘若出現任何問題都要負責。這一來拖延了談判的進展。在9月的歐洲議會聽證會上，一位又一位發言人呼籲加利納要確保製藥公司對疫苗出現的任何問題都必須承擔責任。他們還談到了在沒有充分審查或透明度的情況下，將數十億歐元交付給業者的風險。加利納回覆說：

> 談判非常困難，因為一開始的想法是我們想要維持現狀……歐洲公民的所有權利完全沒有改變……一開始我非常嚴格，我們必須保持現狀。我們的現狀有兩個要素：責任和賠償。關於這兩者我們（在債務責任上）絲毫都沒有改變……這是我們所知道的制度。我們不會瘋狂要到改變這樣一個制度[63]。

與美國不同的是，歐盟執委會沒有能力承擔此類債務責任的成本，除非會員國各自同意這樣做，而他們並沒有要這樣做[64]。

這種拘泥於法律文字的手法或許在貿易交涉上說得過去，但當製藥公司有那麼多買家來搶貨時，它與其他國家在全球疫情期間的作法就嚴重脫節了。美國在這上面砸了大錢，還以疫苗會得到監理機構的批准為由，給予業者責任豁免，這樣公司就可以不

虞有他、全力進行研發。畢竟，他們是應政府的要求遵守快速時間表。以色列總理納唐雅胡 30 次致電輝瑞公司執行長，懇求他以以色列為契機，收集有關疫苗有效性的數據，也願意支付比其他國家更高的費用，並免除所有責任。英國聘請了一支疫苗團隊，其中包括一名專門投資製藥公司的風險資本家、製藥公司的前任高階主管、英國陸軍第一〇一後勤旅的軍人，以及「潛艇交付局」（Submarine Delivery Agency）的一名公務員。他們專注於供應鏈問題，包括採購生產的關鍵組件和設置工廠的地點，而不是價格和責任[65]。當歐盟選擇走自己的路時，英國方面的負責人經常與曲率極速行動負責人施勞伊每兩週舉行會議，討論策略[66]。

最終，歐盟確實獲得了比美國更低的價格。歐盟分別向阿斯特捷利康和輝瑞支付每劑不到 2 美元和 15 美元的價錢，而美國則支付了 4 美元和 20 美元。與此同時，以色列付給輝瑞公司每劑 28 美元。但歐盟取得的協議有一個缺點：歐盟花了更長的時間才敲定協議，可是在供應問題上比較模糊[67]。這留給解決生產和分配問題的時間少得多了。歐盟還對牛津-AZ 疫苗進行了大量投資。德國一家媒體取得的歐盟機密文件還顯示，一半以上的歐盟會員國想要更多「傳統」疫苗，對輝瑞-生物新技和莫德納開發的新型 mRNA 疫苗「興趣不大」，主要是因為它們需要儲存在零下溫度，並且比較貴[68]。

對歐盟來說不幸的是，阿斯特捷利康受到生產問題的困擾。2021 年 1 月 22 日，公司通知歐盟，由於施工興建出了問題，它

原本答應在 3 月以前供應的疫苗數量，只能兌現交運三分之一，這一來引發了批評風暴。令人爭議的是，阿斯特捷利康將繼續全面履行它對英國所承諾的合約數量。大家吵成一團，相互責備。德國財政部長奧拉夫・蕭茲（Olaf Scholz）[4] 在內閣會議上大發雷霆，痛斥歐盟執委會對疫苗的管理「完全是一場狗屎秀」。歐盟領袖指控阿斯特捷利康優待英國政府，讓英國政府繼續取得全部訂單的劑量，在為民眾接種疫苗方面取得了快速進展。在脫歐後，英國成功且快速的進行疫苗接種計畫，這個事實尤其讓歐盟顏面無光。德國小報《圖片報》的頭版標題是：「親愛的英國，我們好羨慕你」，而《時代週報》（*Die Zeit*）則稱，歐盟執委會無意中「替英國脫歐做了最好的廣告：它行動遲緩、官僚作風和陷於保護主義。如果出了什麼問題，那都是其他人的錯。[69]」

　　但是圍繞著阿斯特捷利康的好戲才剛要開始。1 月 28 日，在疫苗採購問題上一直保持低調，但在爭議爆發後才從加利納手中接過主導權的歐盟執委會主席馮・德萊恩宣布，歐盟將制訂一項臨時機制，防止在歐盟境內生產的疫苗出口[70]。當有人批評英國受到阿斯特捷利康公司的特殊禮遇時，這項機制很明顯是衝著

4　譯註：2021 年 12 月接替執政長達 16 年的梅克爾出任德國總理。蕭茲為德國社會民主黨黨魁，2018 年與基督教民主聯盟達成協議，組織大聯合政府，出任梅克爾第四次內閣的副總理兼財政部長。梅克爾決定退休後，2021 年的國會選舉，社會民主黨得票率最高，取得組閣權，蕭茲經過兩個多月的談判，好不容易與綠黨、自由民主黨達成聯合執政協議，由蕭茲出任總理。

阿斯特捷利康而來的。可是，具有諷刺意味的是，AZ 疫苗甚至還沒有獲得在歐盟使用的核准許可。它在第二天才拿到許可。執委會主席的聲明立即引起軒然大波，特別是因為它單方面引發包含在「英國－歐盟脫歐協議」中的緊急煞車程序，有效地恢復了北愛爾蘭和愛爾蘭共和國之間的實體邊界。意識到這項錯誤的嚴重性，並在愛爾蘭政府的壓力下，歐盟執委會在幾個小時內撤銷了它的決定。

與此同時，AZ 疫苗的有效性受到質疑。在馮・德萊恩宣布疫苗出口管制的同一天，德國疫苗接種諮詢委員會提出警告，建議不要向 65 歲及以上的人施打 AZ 疫苗[71]。第二天，馬克宏也插嘴說，它對 65 歲以上的人「近乎無效」[72]。幾個小時後，AZ 疫苗經歐洲藥品管理局發給授權使用許可，但附有警語，「在老年參與者（55 歲以上）中還沒有足夠的結果來提供疫苗於此一群組中的效果之數據，」它又補充說，根據其他疫苗在這個年齡群的經驗和免疫證據，他們預計它會有效[73]。

到 2021 年 2 月底，歐洲人已經厭倦了疫苗推出如此緩慢，以及圍繞著阿斯特捷利康的爭議，而歐盟和英國在阿斯特捷利康的投資已經如此之大。到這時候，已經有 14% 的美國人、27% 的英國人和高達 53% 的以色列人至少接種了一劑冠狀病毒疫苗，但只有 5% 的歐盟公民接種過。幾個歐盟會員國開始設法繞過歐盟的聯合方式自行協商採購疫苗，這下子整個又回到前一年春天吸引法國和德國「脫隊行動」的方式[74]。根據《紐約時報》看

到的「歐洲反詐欺辦公室」（European Anti-Fraud Office）的一項調查報告顯示，幾個歐盟會員國將轉向黑市或灰色市場去尋找疫苗，要麼直接與製藥廠談判，要麼彼此之間互相交換疫苗[75]。

儘管存在這些問題，AZ 疫苗還是成為 COVAX 計畫的支柱，因為它與輝瑞疫苗和莫德納疫苗不同，它不需要在超低溫下運輸和儲存。可是，歐洲內部對這個疫苗的信任度如此之低，以至於在 3 月中旬，報導傳出少數患者（1700 萬中的 37 人）在接受 AZ 疫苗注射後出現血栓，法國、德國、義大利和其他國家暫時停止使用它[76]。疫苗推出遲緩已經夠糟了，現在更是雪上加霜。歐洲藥品管理局迅速確認了疫苗的安全性，導致歐洲國家幾乎和發布疫苗停用令一樣，迅速撤銷原先的決定，但這一事件已經進一步損害民眾對 AZ 疫苗的信賴[77]。

法國和德國的幾位官員告訴我們，儘管存在種種缺陷，但他們並不後悔歐盟對疫苗採取聯合行動。他們說，如果不聯合行動，一旦某些國家吃盡苦頭，而另一些國家順利挺進，可能會使歐盟分崩離析。情況很可能會真的如此，但仍有一些教訓需要汲取。根本問題在於，歐盟在疫苗開發方面過於謹慎，規避風險，資源匱乏，沒有歐洲版的曲率極速行動。畢竟，歐洲人達成的第一個疫苗採購協議，是與阿斯特捷利康談妥的，而協議直到 8 月才達成，也就是美國人在曲率極速行動方面領先好幾個月之後。歐盟執委會沒有能力靠自己籌措歲收。它只能花會員國提繳的經費。他們為疫苗開發撥款 27 億美元，這只是美國花費的一小部分，

儘管歐盟人口比美國多。會員國不信任執委會，希望嚴格控管執委會。馮・德萊恩在接受《金融時報》採訪時指出，「美國擁有BARDA，具有很強的優勢」，她指的是美國國家衛生研究院所屬的生物醫學高級研究與發展管理局（Biomedical Advanced Research and Development Authority）底下大規模的疫苗研究計畫，構成了曲率極速行動的基礎。她說：「這是歐洲所沒有的基礎。[78]」曾經領導歐盟疫苗採購談判小組的加利納堅稱，她並不羨慕美國的經驗，因為她認為，「我可以說，歐洲的情況好多了。」但馮・德萊恩本人更願意承認美國模式的優勢，2021 年 2 月初，在施勞伊卸任曲率極速行動負責人後，馮・德萊恩聘請他擔任顧問[79]。在接下來的一個月，施勞伊對《紐約時報》提出他的概要評估：歐盟像個客戶採購疫苗，而美國基本上與製藥商一起做生意。2021 年春季晚些時候，馮・德萊恩借鑒了納唐雅胡的作法，親自與輝瑞公司執行長艾伯特・波爾拉（Albert Bourla）打交道，以便為歐盟爭取更多疫苗[80]。

俄羅斯和中國不用排隊

儘管美國人和歐洲人開發的疫苗備受關注，但世界上第一個COVID-19 疫苗卻出現在其他地方。2020 年 8 月 11 日，俄羅斯主管機關核發使用許可給「史普尼克 V」疫苗（Sputnik V）[5]。這個名字源自冷戰時期的太空競賽，當時蘇聯於 1957 年發射人

類第一顆進入軌道的人造衛星「史普尼克一號」（Sputnik I）。
俄羅斯的疫苗在完成一期和二期臨床試驗僅十天後就獲得當局
批准。由國營的加馬萊亞流行病學和微生物研究所（Gamaleya
Research Institute of Epidemiology and Microbiology）開發的這個
候選疫苗僅在 76 個人身上進行了測試。儘管如此，俄羅斯衛生
部還是頒發註冊證書給「史普尼克 V」疫苗，允許它對曝露在
COVID-19 高風險的特定醫務人員和個人施打。克里姆林宮在展
開第三期試驗之前就提前批准「史普尼克 V」疫苗，引發全世界
科學家和評論員的批評和擔憂。但是普丁總統支持它，在內閣會
議上表示，它「足夠有效」，而且他的女兒已經接種了。然而，
根據證書，「史普尼克 V」疫苗要到 2021 年 1 月 1 日才能廣泛
使用，屆時將會完成大規模的臨床試驗。2021 年 2 月 2 日發布的
「史普尼克 V」疫苗第三期臨床試驗中期報告宣稱，它的有效率
為 92%——這似乎與輝瑞疫苗和莫德納疫苗相當——不過這項數
據尚未經過西方監理機構的審查[81]。

中國還開發了幾種疫苗，批准在國內緊急使用或供民眾使
用，其中科興生物公司的「克爾來福疫苗」（CoronaVac）和中國
醫藥集團的「眾愛可維疫苗」（BBIBP-CorV），這兩種尤其受到

5　譯註：1957 年蘇聯發射的第一顆人造衛星，一般直接音譯為史普尼克
　　一號衛星，其實俄文 Sputnik 意思就是衛星。俄羅斯開發的疫苗取名「史
　　普尼克 V」疫苗，這個 V 並非羅馬字裡的數字 5，而是「勝利」，意即「戰
　　勝冠狀病毒」。

中國政府青睞。科興疫苗 2020 年春季在中國進行第一期和第二期試驗成功後，第三期試驗於 7 月份在巴西、印尼和土耳其啟動。同月，中國政府批准在國內緊急使用此一候選疫苗，後來又於 12 月批准疫苗可用於民眾。巴西和土耳其試驗的結果產生不同的有效率——分別為 50.38% 和 83.5%——與西方疫苗的有效率相比低得多。國藥集團的疫苗也有類似的軌跡。隨著在阿拉伯聯合大公國、摩洛哥和秘魯的第三期試驗開始，它在夏季取得授權可供緊急使用，並於年底獲准在中國普遍使用[82]。

隨著全球熱切展開疫苗研發競賽，美國官員認為，俄羅斯和中國正在大力竊取西方製藥公司的機密。譬如，2020 年 7 月，美國司法部以利用生物技術公司的「研究漏洞」等罪名起訴兩名中國駭客李嘯宇和董家志。有好幾次，網路入侵總發生在公司宣布正在研發冠狀病毒疫苗的隔天。在宣布起訴的記者會上，聯邦調查局副局長大衛‧鮑迪奇（David Bowdich）表示，中國政府指揮的駭客攻擊規模和範圍，「不同於我們今天面臨的其他任何威脅」[83]。微軟和一些主要的製藥公司也告訴外界，他們遭受來自中國、俄羅斯、北韓和伊朗與疫苗相關的駭客攻擊事件[84]。

俄羅斯和中國也設法利用本國的疫苗，努力爭取地緣政治優勢。儘管在國內注射疫苗都困難重重，俄羅斯還是熱衷於將它分發到國外。直到 2020 年底，克里姆林宮支持的媒體一直在宣傳「史普尼克 V」疫苗的優點，同時散布有關西方開發的疫苗的錯假訊息，宣稱它們不安全，並且強調潛在的有害副作用。大部分

宣傳都是針對中歐和東歐國家，當「史普尼克 V」疫苗可供分發使用時，克里姆林宮的努力顯然已經得到了回報。2021 年 1 月20 日，匈牙利利用 2001 年一項歐盟法律的漏洞，在未經歐洲藥品管理局批准的情況下發給「史普尼克 V」疫苗為期六個月的授權使用許可。三個星期後，匈牙利成為第一個施打俄羅斯疫苗的歐盟會員國。截至 2021 年 2 月中旬，已有 50 多個國家訂購了「史普尼克 V」疫苗[85]。

遵循俄羅斯人相同的手法，中國的官方媒體試圖詆毀西方的疫苗，而北京則利用自己的疫苗外交來推進它的政治和經濟利益。為了讓低度收入和中等收入國家廣泛接種疫苗，中國向拉丁美洲和加勒比海地區各國政府提供一筆十億美元的貸款。2021 年3 月上旬，北京外交部宣布中國將向 69 個國家免費提供疫苗，並向另外 28 個國家進行商業出口。目前尚不清楚中國是否能夠兌現這些承諾。但由於在 2020 年提供醫療援助時的強硬和斤斤計較在一些國家受到批評，北京清楚地看到了一個機會，通過向開發中國家承諾提供大量廉價疫苗，希望改變外界對它的評價[86]。然而，有跡象顯示，北京的疫苗外交與先前的口罩外交一樣，都附帶了條件。有一個值得注意的例子是巴拉圭，巴拉圭外交部在3 月下旬發表聲明稱，中方向巴拉圭提出，若要提供中國製造的疫苗，條件是巴拉圭要與台灣斷絕外交關係（巴拉圭的聲明謹慎地指出，此一提議是由「其合法性，以及跟中華人民共和國政府的關係未得到證實」的個人提出的）[87]。

　　大國之間的角力可能在巴西最為明顯，COVID-19 在巴西的衝擊最為無情。儘管巴西在 2020 年的最後三個月出現 283 萬件新的冠狀病毒確診病例，和 5 萬多人死亡，波索納洛總統卻在 12 月宣布巴西已經達到疫情大流行的「尾聲」。他錯了。2020 年底，在亞馬遜地區發現了 Gamma 變種，並迅速在全國蔓延開來，截至 2 月底，巴西 26 個州中有 21 個州通報出現 Gamma 變種病例。這種新變種似乎不僅更具傳染性，而且一些初步研究顯示，它能夠重新感染一些已經從 COVID-19 中康復的人。2021 年頭三個月，巴西新增了令人咋舌的 500 萬個冠狀病毒病例，新增死亡病例也超過 12 萬 6000 人。自從疫病大流行開始以來，巴西的總病例數接近 1275 萬件，死亡人數超過 32 萬 1000 人，巴西現在是地球上受災第二慘重的國家（僅次於美國），它的每日新增病例和死亡人數在 3 月下旬超越美國。衛生系統正在崩潰，每小時有 125 名巴西人死於 COVID-19（88）。

　　2020 年秋季，巴西官員宣布計畫購買 4600 萬劑中國的科興疫苗（它正在巴西進行臨床試驗），作為全國預防注射計畫的一部分（另外巴西也計畫購買和生產 AZ 疫苗）。但是 10 月 21 日，波索納洛這個川普的民粹主義盟友卻改變方向，詆毀中國疫苗，並在社群媒體上寫道：「巴西人民不會當任何人的白老鼠」（89）。與此同時，川普政府一直在努力勸阻巴西取得俄羅斯的「史普尼克 V」疫苗。美國衛生部發布一份報告，指控俄羅斯和其他國家「努力增加它們在本地區的影響力，以損害美國的安全和保障」，

報告敦促衛生部的全球事務辦公室和美國和其他機構，「勸阻本地區的國家不要接受這些存心不良國家的援助。[90]」

到 1 月下旬，巴西政府已開始為老年人和醫護人員接種疫苗——但這個擁有 2 億 1300 萬人口的國家，面臨疫苗嚴重短缺的問題。隨著 COVID-19 病例飆升，美國和其他富裕國家被視為囤積疫苗供其國內人民使用，波索納洛政府又一次來個掉頭大轉彎，它要求中國加快運送數千萬劑科興疫苗到巴西，並表示願意提供原料，供科興公司在巴西生產疫苗。在沒有其他替代方案的情況下，即使在巴西的試驗顯示科興疫苗的有效性僅略高於 50%，他們也願意轉向北京求助[91]。到 3 月，巴西已簽署採購二億劑疫苗的合約，其中一半是科興疫苗，另一半是 AZ 疫苗。同月，巴西達成協議，購買 1000 萬劑「史普尼克 V」疫苗，儘管俄羅斯製造的這一疫苗尚未獲得巴西衛生機構的批准[92]。

「COVID！COVID！COVID！COVID！」

儘管疫苗開發以驚人的速度取得進展，但在 2020 年 11 月美國總統大選之前，它們根本還派不上用場可以減緩病毒的傳播。當然，人們如何看待疫情，攸關川普個人的政治前途。他在民意調查中落後，部分原因是病毒，他迫切希望回到競選活動中，並與厭倦了日常生活處處受限制的美國人對話。

川普在 2020 年 6 月舉行了兩次室內造勢活動，其中一次是

6 月 20 日在俄克拉荷馬州土爾沙（Tulsa）舉行，曾經參選過總統的赫爾曼・凱恩（Herman Cain）參加了這次集會。集會後十天，凱恩感染了 COVID-19。後來在 7 月 30 日死於 COVID-19。這時川普已經短暫地暫停了他的集會，因為美國達到了第二波疫情高峰。但他在 8 月中旬重新啟動競選活動，每週出現在幾個大型活動中。8 月 27 日，川普在白宮南草坪舉行的一場擁擠的現場活動中接受共和黨提名[93]。與會者很少有人戴口罩或保持社交距離。隨著 9 月的進展，川普親自主持的活動愈來愈多。9 月 26 日，當他介紹艾米・康尼・巴雷特（Amy Coney Barrett）作為他提名、以接替最近去世的聯邦最高法院大法官露絲・巴德・金斯伯格（Ruth Bader Ginsburg）遺缺時，他在擠滿了人的白宮玫瑰花園舉行宣布儀式，同時還舉行了一場沒什麼人戴口罩的室內餐會。一個星期內，參加活動的 11 個人陸續被診斷出得了 COVID-19；12 天後，感染人數增加到 37 人。他們包括參議員湯姆・提里斯（Thom Tillis）和麥克・李（Mike Lee）、前紐澤西州州長克里斯・克里斯蒂（Chris Christie），以及總統本人[94]。

9 月 29 日，川普在俄亥俄州克里夫蘭參加了他與拜登的首次總統候選人辯論。兩人相隔十幾英尺，在舞台上不斷朝著對方大呼小叫，在這場被廣泛批評為有史以來最具爭議性和最不守秩序的總統辯論中爭吵不休[95]。當被問及他對口罩的看法時，川普說它們「還可以」，但他只在覺得需要時才戴。川普宣稱：「今晚就是一個例子。每個人都接受了檢測，你已經保持了社交距離，

以及你必須做的所有事情。」然後他嘲笑拜登總是戴口罩[96]。
川普說對了一點，在場的每個人都承諾參加由克里夫蘭醫院實施
的 COVID-19 檢測。但是總統和他的隨行人員來得太晚了，因此
沒有接受測試[97]。

　　僅僅三天後，即 10 月 2 日，川普在推特上說，他和第一夫
人的 COVID-19 檢測呈陽性反應。白宮幕僚長馬克‧梅杜斯（Mark
Meadows）告訴記者，川普的病情「非常令人擔憂」，總統被緊
急送往華德里德全國軍事醫療中心（Walter Reed National Military
Medical Center）接受治療。根據《紐約時報》幾個月後的一篇報
導稱，川普的病情比醫生向民眾承認的要嚴重得多，他「一度血
氧含量極低，肺部問題與冠狀病毒引起的肺炎有關」。官員們認
為他需要戴上呼吸器。在華德里德，他獲得了民眾無法獲得的實
驗性療法。幾天之內，川普復原了[98]。

　　與威爾遜總統不同的是，一個世紀前威爾遜染患流感，似乎
改變了他的決策，而今川普染上冠狀病毒卻根本沒有改變他的行
為。如果有的話，川普出現的是挑釁行為。他變本加厲，把自己
描繪成一個無敵鐵金鋼。儘管這時候已有近 21 萬名美國人死亡，
但川普將他的快速康復描述為證明疫情無需擔心的證據。他在 10
月 5 日準備從華德里德出院時發表推文說：「不要害怕冠狀病毒。
不要讓它主宰你的生活。我感覺比 20 年前好得太多了！[99]」

　　川普隨後在全國各地宣揚他的想法，即使在美國冠狀病毒
病例增加的情況下，也繼續對群眾集會構成公共衛生憂慮嗤之以

鼻。他舉行了數十場基本上不戴口罩，可能在全國廣泛傳播疫病的政治集會，只想到爭取連任。選舉前一週在內布拉斯加州奧馬哈舉行的一次活動中，川普抱怨說：「假新聞充斥，一切都是COVID！COVID！COVID！COVID！」。然後他說：「我感染了。可是我現在站在這兒，不是嗎？[100]」

川普敏銳地意識到疫情可能會讓他輸掉選舉。他是美國現代史上最不受歡迎的總統[101]。在 2020 年初，作為一個駕馭強勁經濟的現任總統，他似乎很有可能贏得第二個任期。但那是在COVID-19 改變一切之前。10 月下旬，他在賓夕法尼亞州這個重要的搖擺州的伊利市（Erie）告訴一大群人，他從沒想過要親自出馬爭取他們的選票。川普宣稱：「在瘟疫來臨之前，我已經決定了。我不會來伊利。我的意思是，我必須誠實，我不可能來的。我沒有必要來。我會打電話給你們說，『嘿，伊利。你知道，如果你有機會，出去投票。』我們已經贏了嘛。[102]」

共和黨全國委員會主席羅娜・麥克丹尼爾（Ronna McDaniel）在大選前幾天表示：「如果他輸了，那將是因為新冠病毒。[103]」事實上，現有證據顯示，疫情在選舉中發揮了關鍵作用，雖然不是以直截了當或一面倒的方式顯示出來。

由於擔心到投票所親自投票會有安全顧慮，美國各地以郵寄方式投票的選民大幅增加。郵寄選票的便利性，以及支持或反對川普的強烈黨派情緒，反過來又共同創造了創紀錄的投票率。在11 月 3 日之前，民意調查一致顯示，大多數美國人不贊成川普處

理 COVID-19 危機的作法。川普和他的許多核心幕僚被感染的事實，似乎象徵著他的政府不認真、管理不善。與此同時，川普連任的最佳論據——美國經濟強勁——也被疫病引爆的失業率飆升和一波又一波的企業倒閉破壞。

然而，在投票日當天，病毒的影響是相當複雜的。疫情顯然影響了那些對川普投反對票選民的觀點。他的首席民意調查人員在選舉過後準備的一份檢討報告得出結論，川普對 COVID-19 的處理不當對他造成嚴重傷害，尤其是在那些他能於 2016 年獲勝，但到了 2020 年卻轉向拜登的幾個州特別明顯(104)。「美聯社投票調查」（Associated Press VoteCast）蒐集的調查數據——包括在 11 月 3 日選舉前幾天到當天投票結束前，對超過 11 萬名可能投票者的調查——顯示有 41% 的選民認為 COVID-19 是美國面臨的最重要的問題（沒有其他問題的重要性接近它）。其中，73% 的人投票支持拜登，只有 25% 把票投給川普。50% 的受訪者表示，疫情「根本沒有受到控制」，其中 83% 的人把票投給拜登，而川普只拿到 15%(105)。

與此同時，疫情似乎影響了創紀錄的人數把票**投給**川普。CNN 的一項出口民意調查發現，在表示選舉前冠狀病毒病例增加對他們的總統投票「很重要」的 61% 受訪者當中，52% 的人投票支持拜登，但在表示病例的增加是「一個因素」的 79% 受訪者當中，56% 的人把票投給川普。在極度兩極分化的政治生態環境中，許多共和黨人似乎同意川普淡化疫情危險的說法。他們

還傾向於認同川普的說法，即由於各州和地方官員所實施的遏制措施，導致了經濟下滑，而不是川普政府的無能所造成的。許多共和黨人似乎擔心拜登關於控制 COVID-19 的提議會關閉學校和企業，並阻礙經濟重新開放[107]。在「美聯社投票調查」中，有28% 受訪者表示經濟和就業是他們最關心的議題，其中 82% 投票支持川普（支持拜登的人只有 16%）。當被問到「哪個應該是聯邦政府的首要任務？」時，只有 39% 受訪者說，「即使它會增加冠狀病毒的傳播，也要限制對經濟再有損害」──但其中86% 的人投票支持川普[108]。CNN 的出口民意調查發現類似的結果[109]。

最後，拜登獲得了 8100 萬張選票，與川普的 7400 萬張選票，相差高達 700 萬票。選舉人團的票數是拜登 306 票，和川普232 票，這個差距恰好是川普在 2016 年贏得的差額。然而，儘管拜登取得了可觀的勝利，但是空前的郵寄選票數量拖慢了計票速度，推遲了最終結果達好幾天。這一延遲，加上拜登在一些關鍵搖擺州獲勝的票數差距不大，為川普及其支持者兜售錯假訊息（後來被稱為「大謊言」）提供了充足的空間，硬要聲稱拜登以某種方式「竊取」了選舉。這一指控是無稽之談，被許多州的選務官員（包括共和黨人）和美國聯邦最高法院駁回，在超過 60起訴訟中，川普競選團隊在全國各地的法庭上均未成功[110]。但民意調查顯示，大多數共和黨選民相信這一點[111]。與美國長期以來和平移交權力的傳統背道而馳，川普拒絕承認失敗，導致記

憶中最不平靜的總統交接，以川普本人慫恿、導致暴民在 2021
年 1 月 6 日圍攻國會山莊達到最高潮。但美國的民主制度終究還
是維持住，拜登於 1 月 20 日就職。

世衛組織與中國，再戰一回合

2021 年 1 月 5 日星期二，在世衛新年第一次記者會上，總幹
事譚德塞告訴記者，調查 COVID-19 起源的國際科學小組成員已
經開始從本國啟程前往中國。他說：

> 我們了解到，中國官方還未最終確定團隊抵達中國所需的許
> 可。我對這個消息感到非常失望，因為有兩名成員已經啟程，而
> 其他人在最後一刻無法成行。但我一直在與中國高級官員保持聯
> 繫，我再次明確表示，這項任務是世衛和國際團隊的優先事項。
> 我得到保證，中國正在加快內部程序，以儘早安排[112]。

這是一個驚人的聲明。在過去的一年裡，譚德塞一直堅決
拒絕發表任何可能被解讀為批評中國政府對疫情管理的言論。儘
管他自己的團隊私底下表示世衛應該這樣做，但譚德塞並未指責
北京拒絕讓世衛獲取有關病毒的關鍵樣本或數據。這激怒了美
國官員——尤其是當時的總統川普，他宣稱世衛是「中國的傀
儡」[113]。然而，到了 2021 年初，隨著川普政府下台，譚德塞

改變了他的態度。川普政府的一位高級官員告訴我們：「這就是我們去年要求他做的事情。」結果立竿見影。1 月 14 日，世衛國際調查小組抵達武漢[114]。

國際科學調查已經醞釀了很長一段時間。我們在第四章中提到，近年來一直處於全球對抗中國最前沿的澳洲政府，早在 2020 年 4 月就與美國一道呼籲對北京的疫情處理措施進行調查[115]。中國政府十分憤怒，宣稱這種要求「（傷害了）中國人民的感情」[116]。北京祭出報復措施，對澳洲大麥、牛肉、煤炭、棉花和葡萄酒徵收關稅，每年代價高達 190 億美元[117]。5 月份舉行的世界衛生大會上，中國國家主席習近平終於同意在疫情得到控制後可以進行獨立調查[118]。但中國的態度逆轉又伴隨著不少障礙，包括拖延和阻撓調查的策略。

2020 年 7 月（川普宣布美國退出世衛的同一個月），中國允許兩名世衛官員前往中國，但他們在抵達時被檢疫隔離了 14 天[119]。中國政府曾向他們承諾舉行高級別的視訊會議，但他們得到的只是拖拖拉拉的低級別會談。世衛官員對這次訪問的命運感到悲觀。譚德塞打電話給中國外交部長王毅抱怨：會談進行得很糟糕。他爭辯說，調查團隊無法完成工作。通話之後，情況有所好轉，但當專家結束隔離時，他們又被禁止前往武漢訪問[120]。雖然中國政府和世衛在 7 月這次訪問期間規畫了一套計畫，要進一步調查新型冠狀病毒如何傳播給人類——其中包括由中國科學家檢查醫院記錄和污水及捐血樣本、採訪受害者，並繪製接觸過

武漢市場的產品和個人足蹤位置地圖——北京卻把世衛後續的訪問拖延了好幾個月[121]。

世衛科學調查小組終於在 2021 年 1 月 14 日獲准進入中國。在他們抵達前兩天,被稱為「中國福斯新聞」的官方媒體《環球時報》發表了一篇文章,引述「專家」的說法,聲稱世衛即將到來的訪問「表明中國一向致力於以透明、負責任的態度,和尊重科學的精神為全球抗擊疫情作出貢獻。[122]」世衛團隊在他們訪問期間的前兩週被迫隔離,然後才搬到武漢一家湖濱酒店。他們的目標是訪問武漢地區的實驗室、市場和醫院,最後取得關於疫情起源更明確的答案。調查小組設法取得一些新資訊,尤其是匯總的數據,這對他們的調查很有幫助。然而,其他資訊卻被扣住,包括早期 COVID-19 病例的原始數據,這些數據可能有助於確定病毒最初在中國傳播的方式和時間[123]。

與此同時,中國官員對團隊所提出的問題和數據要求感到失望,官員規定中國科學家應該督導部分調查工作[124]。他們鼓勵世衛接受中國官方媒體和某些政府官員提出的解釋,包括病毒可能起源於中國境外的可能性[125]。調查小組成員、丹麥流行病學家狄·卡爾森·費雪(Thea Kølsen Fischer)告訴《紐約時報》說:「我對整個任務的看法是,它具有高度的地緣政治含義。每個人都知道中國面臨著多大的壓力,要求它對調查持開放態度,也都知道它可能帶來多大的責難。[126]」

經過四個星期的實地考察(包括兩個星期的檢疫隔離),世

衛於 2 月 9 日在武漢舉行記者會，公布初步調查結果[127]。世衛
食品安全和動物疾病專家兼調查小組召集人彼得・本・恩巴瑞克
（Peter Ben Embarek）說，SARS-CoV-2 從實驗室溢出的論述「極
其不像」，「不是我們建議要進一步研究的假設」。他解釋說，
病毒很可能在傳播給人類之前，從一種動物物種跳到了另一種動
物物種。這似乎與最廣為接受、關於冠狀病毒起源的假設一致，
同時似乎駁斥了一些川普政府官員關於病毒可能與武漢病毒研究
所有關聯的說法。與此同時，可以被視為北京在公關方面獲得勝
利，調查小組還對中國政府推動的另外兩個解釋持開放態度：即
冠狀病毒可能是通過冷凍食品進口到中國，以及第一次爆發可能
是發生在武漢以外，甚至在中國境外[128]。世衛小組的另一名成
員、「生態健康聯盟」（EcoHealth Alliance）主席彼得・達斯札
克（Peter Daszak）甚至告訴記者，調查可能會轉向檢查其他國家，
特別是東南亞國家，武漢市場上銷售的受感染動物或動物產品可
能來自這些國家[129]。

　　當恩巴瑞克幾乎公開排除病毒從實驗室外泄論述時，日內瓦
總部的世衛官員大吃一驚。有一位官員告訴我們：「我們從椅子
上跌了下來。」日內瓦總部認為，專家小組沒有取得足夠的資料
或所需的基礎數據，可以對病毒是否從實驗室外泄的論述進行評
估。調查小組回來後，譚德塞告訴他們，小組沒有足夠的資訊做
出任何判斷。調查小組採取防禦姿態。他們覺得能夠提到實驗室
就是一種勝利。他們的中國同行根本不想把它包括在新聞發布內

容中，因此他們認為說這是「極其不像」、不是不可能，就是一種勝利。譚德塞本人從前曾在實驗室工作，不接受這種說法。他告訴他們，調查小組不應該在措辭上妥協。

現在由拜登領導的美國，對世衛小組的公開聲明反應迅速、抱持懷疑態度。拜登總統的國安顧問傑克・蘇利文（Jake Sullivan）於 2 月 13 日發表聲明，提到中國拒絕分享早期 COVID-19 病例的數據。蘇利文說：「我們對有關 COVID-19 初期調查發現所採用溝通的方式，以及有關用於得出這些發現的過程之問題，深表擔憂。這份報告必須是獨立的，專家的調查結果不能受中國政府的干預或篡改。」這一切似乎都在暗示，雖然美國新政府撤銷了川普退出世衛的照會，並承諾重新與世衛接觸，但它不會簡單地接受現狀。用蘇利文的話來說，「重新和世衛交往也意味著它必須維持最高標準。在這個關鍵時刻，保護世衛的信譽是最高優先事宜。（130）」

3 月 30 日，也就是調查工作完成六週之後，世衛小組終於公布了報告。關於實驗室的那段聲明仍然存在，報告指出：「經過實驗室意外導致病毒外泄，被認為是極其不像的途徑。（131）」譚德塞很沮喪——他認為這份報告在很多方面都很出色，但正如他告訴他們那樣，調查小組不應該做出這個結論。他在前一天的記者會上明確表示：「（關於 SARS-CoV-2 起源的）所有假設都是開放的」，值得繼續調查（132）。現在，報告已經發表，他強調北京的合作不足，以及調查小組報告的局限性。他說：「在我與團

隊的討論中，他們表達了在取得原始數據時遇到的困難。我期望未來的合作研究能包括更及時、更完整的數據共享。」在談到報告否認 COVID-19 可能從實驗室洩漏的可能性時，他強調地補充說：

我不認為這個評估足夠周延。還需要進一步的數據和研究才能得出更可靠的結論。雖然小組已有了結論，實驗室洩漏是最不太像的假設，但這需要進一步調查，可能需要再派代表團、邀請專科專家參與，我已準備好派遣（新小組）[133]。

與此同時，美國新任國務卿安東尼・布林肯（Antony Blinken）質疑這項報告的方法和程序，「包括北京政府顯然幫助撰寫了這份報告。[134]」美國、澳洲、加拿大、捷克、丹麥、愛沙尼亞、以色列、日本、拉脫維亞、立陶宛、挪威、斯洛文尼亞、韓國和英國，於 3 月 30 日發表聯合聲明指出，它們「都擔心（由世衛召集）針對 SARS-CoV-2 病毒來源的國際專家研究被嚴重拖延，並且無法獲得完整的原始數據和樣本。[135]」歐盟隨後也發表了一份相似的聲明[136]。

中國人對所有的批評都很不高興，譚德塞在日內瓦與中國駐世衛大使進行交談以消除疑慮。譚德塞解釋說，在 2020 年，他一直克制自己不批評中國，即使其他人指控世衛勾結北京進行掩蓋，那是因為他缺乏第一手資訊。現在即使中國不喜歡，他對於

報告的事情要實話實說[137]。

川普政府的一位高級官員告訴我們，拜登當選總統可能使譚德塞失去先前享有的一些掩護。只要川普在扮演啞劇的惡棍，一有機會就抨擊世衛組織，推卸責任，其他國家即使有自己的擔憂，也會站在總幹事這一邊。但川普已經卸任下台，譚德塞更容易因為他顯得屈從於中國的要求而受到更加廣泛的批評。這位官員又說，譚德塞意識到這一點，已經開始改變策略——因此他從 1 月份開始，愈來愈願意點明北京在阻撓。世衛官員不同意這樣的說法。他們認為譚德塞在 2020 年初與 2021 年初的作法有落差，應該從疫情進入不同階段，和一開始迫切需要中國合作的這一點來解釋。有一位世衛官員告訴我們，疫情剛爆發時，譚德塞迫切需要中國與世衛合作，在疫情蔓延到全球之前遏制住這種傳染病，因此他極力避免對北京進行任何公開批評。相比之下，到 2021 年，疫情已經進入不同的階段，譚德塞現在比較願意通過外交方式擋回去。他也用盡了所有其他選擇——他給了中國時間和空間，但中國繼續扯後腿拖三阻四。

第十三章

為美好的未來奮戰

　　由世界上最富有的七個民主國家組成的「G7 集團」，原訂於 2021 年 6 月在英國康沃爾（Cornwall）舉行第四十七屆領袖年度峰會。但輪值擔任 G7 集團主席國的英國已經迫不及待。它呼籲提前四個月於 2 月 19 日舉行緊急視訊高峰會議。有很多事情需要討論。COVID-19 疫情仍然嚴重，關於革命性疫苗的頭條新聞，與在英國和其他國家肆虐的突變株的新聞互別苗頭。然而，唐寧街的緊迫感還受到另一個因素的影響：華府換了新政府。

　　英國首相強生花了大量時間與同道的民粹主義者川普建立了良好關係。同時，兩人在氣候變遷、世衛和 COVAX 倡議等多邊機構的重要性等關鍵問題上也存在分歧。此外，強生與川普或巴西領導人波索納洛不同，他個人得了 COVID-19，使他對待病毒的態度有了真正轉變——他開始認真對待。但強生也對新入主白宮的拜登感到焦慮。強生知道民主黨將他視為川普的盟友。甚且，強生政府在美國總統大選前夕，與候選人拜登就強生提議的英國脫歐方法意見不合。美國人擔心英國與歐盟的分手會在愛

爾蘭（將留在歐盟）和北愛爾蘭（將與英國一起退出）之間建立
實體的邊界，恐怕會危及 1988 年的「耶穌受難日協議」（Good
Friday Agreement），當時的協議結束了長達近三十年、被稱為「大
麻煩」的北愛爾蘭衝突。2020 年 9 月，拜登在推特上發出警告，
他知道強生會認真看待，因為英國需要在歐盟之外制訂可行的經
濟路線。拜登說：

> 我們不能讓為北愛爾蘭帶來和平的耶穌受難日協議，成為英
> 國脫歐的犧牲品。美國和英國之間的任何（未來）貿易協議都必
> 須以遵守該協議，並防止恢復實體邊界為條件[1]。

幾個月後，隨著英國擔任 G7 集團主席國，強生認為他手上
握了一張王牌。他有權在拜登執政才一個月時召開會議，與這位
美國新任總統建立個人交情。他希望利用拜登承諾重新與美國最
親密的民主盟友交往的宣示，翻過川普時代動盪的一頁。現在似
乎有一個新的機會可以找到共同的目標——抗擊疫病大流行、解
決經濟困局，並對付其他共同的威脅。強生在網視訊會議之前就
說：「解決我們面臨的挑戰——從向每個國家提供疫苗的艱鉅任
務開始，到扭轉對我們生態系統的破壞，和引領走出冠狀病毒、
建立可持續復甦的奮鬥——在於我們與世界各地朋友和合作夥伴
的討論。[2]」

拜登團隊也看到了提前召開峰會的好處。拜登政府上任的最

初幾個月，團隊內部就應該將注意力，集中在 G7 集團或是成員更多的 G20 集團之上進行了討論。後者可能對解決新興市場債台高築等問題至關重要。但是 G20 集團也是一個集體，中國和俄羅斯在其中扮演著更為突出，且可能無益的角色。鑒於疫情加劇了地緣政治角力的升高，強生提議的會議似乎是新政府立即、更無縫地鞏固世界主要民主國家支持的一種方式。一位白宮官員告訴我們：「這是我們展開攻勢，而不是防守的機會。」

　　這一點很重要。2008 至 2009 年金融危機後，歐巴馬政府有意識地努力與 G20 集團合作，他認為有必要將新興大國納入國際秩序。當他在 2009 年的 G20 集團記者會上被問及美國的影響力是否減弱時，歐巴馬回答說：「如果只有羅斯福和邱吉爾坐在一個房間裡、喝著白蘭地，談判會更容易。但我們沒有活在這樣的世界，它也不應該是我們所生活的世界。[3]」但是十二年後，拜登政府認識到，除非美國首先在民主核心內建立了共識，否則更具包容性秩序的想法不會走得很遠。

　　強生的策略似乎奏效。2020 年 3 月，G7 集團外長未能就抗擊疫情的共同方法達成協議，部分原因是川普政府堅持將 COVID-19 稱為「中國病毒」。我們在本書「導論」中提過，打算那年夏天在美國舉行 G7 集團領袖峰會的計畫，也因內部的、而且往往是非常私人的糾紛而告吹。然而，這一次，G7 集團領袖刻意強調團結。他們在 2 月 19 日的聯合聲明中宣稱：「利用我們作為民主、開放經濟體和社會的優勢及價值觀，我們將一起

努力,也與其他國家合作,使 2021 年成為多邊主義的轉折點,以塑造促進我們的人民及地球健康、繁榮的復甦。」領袖們同意就疫情和經濟復甦措施「加強合作」,「加快全球疫苗開發和部署」,並加強世界衛生組織的功能[4]。

有一個主要問題是,獲得能夠拯救生命的疫苗的機會並不平等。聯合國秘書長安東尼奧‧古特雷斯在 G7 集團峰會召開前兩天表示:「光是十個國家就施打了所有接種 COVID-19 疫苗劑量的 75%。與此同時,有 130 多個國家還沒有接種過一劑疫苗。[5]」世衛官員也呼應這些擔憂。譚德塞在 1 月份告訴世衛執行委員會:「我必須直說,全球正處於災難性的道德淪喪的邊緣——而這種失敗將由世界上最貧窮的國家付出生命和生計做為代價。[6]」這個問題是峰會的首要議題,出席峰會的領袖承諾為 COVAX 再增撥資金,以支持較貧窮國家購買和分發疫苗。其中包括美國為 COVAX 提供 40 億美元新資金,而川普政府原本是拒絕參與這項計畫的(這筆資金於 2020 年 12 月獲得美國國會批准)。美國的捐助意義重大。美國資金中的 25 億美元立即到位,使 COVAX 的總資金達到 86 億美元。它離全球疫苗所需的預計資金仍然短缺 31 億美元,但美國還有 15 億美元即將到位,可以有助於在 2021 年和 2022 年縮小此一缺口[7]。

然而,金錢並不是唯一、或最緊迫的議題。「無國界醫生組織」(Doctors Without Borders)的高級疫苗政策顧問凱蒂‧艾爾德(Kate Elder)觀察到,真正的挑戰是,美國和英國等富裕國家

為了接種本國人民而談判的預購協議,「榨乾」了可分發給較貧窮國家的供應量。因此,COVAX 只有「非常少的劑量可以分派給迫切依賴它的眾多國家」[8]。

G7 集團的歐洲領袖也認同這一觀點。法國總統馬克宏強調,只要沒有足夠的疫苗可供購買,僅靠資金也不足以確保公平分配。馬克宏呼籲會員國將當前疫苗供應量至少撥出 5% 分配給開發中國家。馬克宏對《金融時報》說:「我們正在讓這樣的想法根植下去,允許富裕國家拿到數億劑疫苗,而貧窮國家還沒開始(接種)。這是史無前例的加速全球貧富不均,而且在政治上也是不可持續的,因為它正在為一場關於疫苗的影響力戰爭鋪路。」馬克宏警告稱,如果 G7 集團未能提供疫苗給開發中國家,北京和莫斯科可能會透過提供疫苗,進而在地緣政治上取得更多進展。馬克宏補充說:「你可以看到中國的戰略,也可以看到俄羅斯的戰略。[9]」

然而,美國的立場仍然是,所有想要接種的美國人都打完一針之後,任何疫苗才能供應到海外。拜登政府官員感受到國內政治的束縛,他們知道,如果仍然需要疫苗對付國內嚴峻的疫情之前就准許疫苗出口,一定會引起強烈反彈。他們認為,能做到的最大程度,就是生產大量的疫苗,並迅速地分發,美國才能夠盡快與世界分享疫苗[10]。美國的立場激怒了歐盟官員,我們在第十二章已經說明,他們一方面陷入苦戰,努力為自己的人民接種疫苗,但另一方面仍向 31 個國家出口了 3400 萬劑疫苗。

然而，實際上，與川普執政時期相比，華府與盟友之間的分歧似乎不大。

德國總理梅克爾以她特有的直率方式解釋了這種轉變，她說：「（自從拜登當選以來）美利堅合眾國的變化，尤其加強了多邊主義。[11]」

彷彿是為了證明梅克爾的觀點無誤般，在 G7 集團領袖峰會之後，白宮在 3 月 12 日召開了所謂的「四方集團」線上峰會。拜登與澳洲總理莫里森、印度總理莫迪和日本首相菅義偉進行了對話。這四個民主國家的承諾，包括同意投資擴大全球疫苗製造能力，其中美國對印度製造商「E 生物公司」（Biological E）提供財務支持，以解決東南亞和其他地方的疫苗短缺問題[12]。接著，一個星期後，拜登政府回應批評說它持有大量尚未在美國准許緊急使用的 AZ 疫苗，華府同意「借給」加拿大和墨西哥數百萬劑疫苗。這些政府稍後可在本身的疫苗供應增加時，提供相同數量的疫苗還給美國。

4 月份，當全球經歷了疫情爆發以來災情最慘重的幾個星期時，事情似乎到達了頂點。儘管新聞傳出美國人死於 COVID-19 的超額死亡率已超過從前的大流感，但由於快速成功的疫苗接種計畫，美國的公共衛生狀況出現顯著改善。可是其他國家的疫情卻迅速惡化。在南美洲，阿根廷、巴西、哥倫比亞、秘魯和烏拉圭都經歷了創紀錄的死亡率。在印度，政治和宗教超級傳播者事件，以及病毒的雙重突變，引發病例駭人的激增，日復 1 日地產

生數十萬件新病例，使得印度的衛生系統瀕臨崩潰的邊緣。這些事件似乎證實了一個事實，即儘管疫苗帶來希望，但疫情還遠未結束，人類不太可能很快進入後 COVID 世界。事實上，全球似乎永遠不會完全把 COVID-19 甩到後視鏡之外的可能性愈來愈大。由於全球疫苗分配不足，病毒傳播、蔓延和變異的地方太多，這種疾病在全球許多角落流行的可能性愈來愈大[13]。

2021 年春季，拜登政府和所有政府面臨的最緊迫任務是，開展一項具有里程碑意義的跨國合作，以在全球各地遏制 COVID-19、減輕疫情的影響。一個兩層世界正在迅速出現，畫分為大部分人已經接種疫苗的國家和未接種疫苗的國家兩大區塊。這樣的結果有可能帶來巨大的人類悲劇，加劇現有的不平等，並促使接種疫苗和未接種疫苗的兩大區塊之間的聯繫減少：旅行、投資和貿易減少。4 月底，拜登政府迫於壓力，同意向印度出口關鍵的疫苗原料，並承諾出口庫存的 AZ 疫苗。5 月初，拜登政府宣布將支持放棄與疫苗有關的知識財產權。這些步驟似乎為全球抗擊疫病的成果奠定基礎[14]。

這些舉動似乎顯示川普的落選，為美國打開了一扇機會之窗改變路線，即使道路上有一些顛簸。美國政府現在將更加認真看待這場流行疫病——它不僅是國內問題，也是對全球安全的多方面挑戰。但即使美國成功地從「美國優先」轉向「美國回歸」，正如拜登常掛在嘴邊的那樣，舊的國際秩序也不會復返。在 COVID-19 爆發之前，國際秩序已經變得愈來愈脆弱，我們在

這本書中從頭到尾一直在說明，國際上對疫情的反應似乎將它推過了臨界點。因 COVID-19 加劇的民族主義壓力不會消失。美國穩坐龍頭老大地位、不受質疑的時代已經過去，全球權力分布發生了變化。儘管川普離開了橢圓形辦公室，但懷疑美國對持續參與多邊組織的承諾之疑慮仍將揮之不去。即使在流行病這類共同問題上，與一個日益強大、更有自信的中國攜手合作的困難度也很明顯。坦白說，美國仍然保留著相當大的能力可以影響國際事務，尤其是如果它與其他主要民主國家合作的話。但美國不能單純地回到原來的樣子。這適用於整個世界。如果美國希望再次當領頭羊，它就必須制訂一條新的前進道路——一條考慮到新現實和新制約因素的道路。

首先要了解 COVID-19 造成的破壞，以及它所引發的抗疫政治化。

2020 年留下來揮之不去的連帶效應

COVID-19 疫情肆虐並不是 21 世紀的第一次全球危機。在 2008 至 2009 年國際金融危機期間，與大蕭條的頭幾年相比，全球股市、全球貿易和經濟增長的跌幅更大。然而，決策者設法避免了第二次大蕭條，因為大國彼此合作，並在國內做出了開明的決定——刺激經濟、避免保護主義和保護金融機構。塔夫茨大學國際政治學教授丹尼爾·德雷茲納（Daniel Drezner）在他關於此

一主題的專書中寫道，「制度運作良好。^{（15）}」這絕非偶然。就地緣政治而言，2008 年的世界是一個良性的地方。是的，伊拉克戰爭還在持續，俄羅斯入侵喬治亞的部分地區，但大國之間的關係整體來講仍然良好，對全球經濟幾乎都有共識。美國仍然認為，中國正在走向成為國際秩序中負責任的利害關係人。民粹民族主義已成為過去，或者看起來是如此。

　　然後，在 2020 年，制度失靈了。面對百年一遇的大流行疫病和歷史性的全球經濟災難，幾乎沒有任何國際間的合作可言。各國自掃門前雪，各國政府的國內政治各有不同的方向。少數國家成功了。一些最強大的國家，譬如美國，卻以災難性的方式失敗了。雖然這令人震驚，但回想起來並不意外。在 COVID-19 爆發之前的十年中，國際秩序的惡化隱藏在顯眼之處。失敗的國家、日益嚴重的貧富不均，以及全球化帶來的日益上升的焦慮，使數億人變得脆弱、流離失所和不滿。世界各地的民主國家突然發現自己處於落後狀態，被內外力量包圍。民族主義者和民粹主義者在土耳其、匈牙利、巴西，甚至美國上台執政，而在其他許多國家，威權的聲音愈來愈大。中國的威權體制加強了，它在地區和全球的野心大大擴張。俄羅斯變得更加大膽，入侵更多鄰國，干涉西方各國的民主選舉，並開創了新的錯假訊息戰略。川普當選總統後，美國退出國際合作和傳統的領導角色，撕毀一個又一個的多邊承諾，貶抑傳統盟友，擁抱獨裁統治，對許多國家發動貿易戰。與此同時，全球社會變得愈來愈兩極分化，對任何形式的

權威——無論是政府、媒體、企業還是科學專業知識——的信任度直線下降。我們在第三章中討論到,當冠狀病毒危機來襲時,國際社會的集體免疫系統已經受到嚴重損害。

即使全球在 2021 年及以後尋求更為合作地對付這場疫病,2020 年也將永遠成為一個鮮明例子,凸顯在缺乏國際領導和集體應對的情況下,地球面臨重大危機時發生了什麼狀況。然而,並非所有結果都是負面的。有些東西還是能設法運作。譬如,面對全球大封鎖,世界各國中央銀行保持流動性,政府至少在最初階段尋求刺激經濟,即使 G20 集團財政部長幾乎沒有什麼作為來促進經濟。這是一種相互強化的自求多福、單邊主義形式,沒有廣泛、正式的合作——不過它對保持全球經濟的運轉還是有著相當的作用。幾個 G7 集團國家的政府官員會說,這是「沒有協調的相互關聯」。

2020 年一整年,專家一直警告說,疫苗民族主義將破壞公平開發和部署疫苗所需要的多邊合作。最初,美國和中國都沒有加入 COVAX 計畫,加劇了這種擔憂。但事實證明,疫苗競爭產生了複雜的後果。毫無疑問,前所未有的各國為疫苗相互競爭,尤其是在美國,加速了開發,在比預期更早的階段就為世界提供了更多數量的可用疫苗。這是否可以在世界領袖具有足夠政治意願的情況下,透過多邊方式實現?幾乎可以肯定說會是如此。美國的「曲率極速行動」以及參與 COVAX 計畫,還有承諾與世界各地的第一線醫護人員和弱勢群體分享疫苗,並沒有任何本質上的

不相容。川普政府本來可以走這條路。可是，美國和其他主要國家卻決定單獨行動。最終來看，很難說大國競爭和對抗傷害了疫苗的**開發**。但這確實引發了嚴重的問題，讓人質疑，美國、中國和俄羅斯最終會如何**分配**疫苗，以及地緣政治因素（而不是公共衛生或公平問題）最終會在他們的計算中發揮什麼作用。

　　同樣重要的是認識到，即使各國政府相互競爭，疫苗的開發實際上是通過科學家和商業界之間不尋常的合作才有可能推動的，而這種合作只能在開放和相互關聯的世界中進行，儘管存在抗疫政治化的狀況。譬如，開發第一個高效能疫苗的輝瑞公司，由歸化為美國公民的希臘移民波爾拉領導。而且輝瑞與一家由土耳其移民創立的德國公司「生物新技術公司」合作。即使梅克爾和川普話不投機、半句都嫌多，而且美國政府還尋求蒐購另一家德國製藥公司，但是輝瑞與生物新技術公司的合作關係仍然蓬勃發展。如果開放和合作的科學世界，分裂成為將創新視為零和競賽的敵對集團，對全球公共衛生的負面影響將極為深遠。幸運的是，2020 年沒有發生這種狀況。

　　如果說資金政策和疫苗開發算是成功的話，在其他大多數領域制度就失靈了。國界以混亂的方式關閉，在整個危機期間導致數以千萬計的人滯留於國門之外。如果能夠更透明地共享最佳處置方法，本來可以避免這種情況。各國政府競相爭奪關鍵的醫療用品，在機場跑道上相互競價，如果有機會則搶占貨物。聯合國安理會因美中爭端而陷入癱瘓，阻礙大國合作緩解暴力衝突和提

供人道救濟。新的外交政策危機頻頻出現——無論是中國對香港的舉措、致命的中印邊境衝突、亞塞拜然和亞美尼亞之間重啟戰火，還是衣索比亞的暴力衝突。這些事全都發生在 2020 年。G7 集團峰會無法提出共同的聲明來平息動盪的全球局勢，更不用說沒有共同的行動方向了。事實證明，最初的經濟振興措施不足以防止各國陷入嚴重衰退或更糟的狀況。不斷升高的貧困和糧食不安全威脅，使低度收入和中等收入國家數以千萬計的人民陷入困境，抹殺了數十年的開發進步，並創造了愈來愈嚴重的大規模流離失所的可能性。比爾和梅琳達・蓋茲基金會在 2020 年 9 月說，開發成果「在大約 25 週之內倒退了 25 年左右」⁽¹⁶⁾。很少有國際性行動為脆弱的國家和人民，提供他們迫切需要的債務減免或人道援助。與此同時，世界各地的民主和公民自由在 COVID-19 來襲之前已經被圍困多年，現在它們再次遭受重創，疾病促成的數位技術對個人自由造成了新的威脅，這種威脅可能會持續許多年。

這一切都不會成為過去。疫情的震盪效應將持續許多年。2020 年 12 月，聯合國大會就 COVID-19 舉行線上峰會，聯合國秘書長古特雷斯直言：

疫病大流行已將近一年，我們面臨著一場人類悲劇，以及一場公共衛生、人道主義和開發的緊急狀況。自從 1945 年以來，全世界第一次面臨不分國籍、種族或信仰的共同威脅。但是，雖

然 COVID-19 不會歧視，但我們預防和遏制疫病的成果的確存在歧視現象。

當各國朝著自己的方向前進時，病毒就會向每個方向蔓延。疫情對社會和經濟的影響是巨大的，而且還在不斷增長。由於來自世界各地的科學家和研究人員的辛勤工作和奉獻精神……疫苗可能會在未來幾週和幾個月內問世。但我們不要自欺欺人。疫苗無法消除將要持續數年甚至數十年的禍害[17]。

就地緣政治而言，COVID-19 危機也讓世界有機會看到崛起中的中國，在共同問題上既沒有有效領導、也沒有與其他國家合作時會是怎麼一副模樣。在許多方面，這是疫情泛濫之前已經在進行中動態的自然延伸。習近平於 2012 年成為中國共產黨總書記，繼而在 2013 年成為國家主席之後，中國變得更加獨裁和強硬。他鞏固了本身緊抓住中國共產黨的權力，然後中共再反過來強化它對中國社會的控制。中國政府在新疆大規模侵犯人權，打壓香港的自由。中國在海外，如南海、東海和台灣，變得更加強悍和修正主義；透過「一帶一路」倡議在亞洲、中東、非洲、歐洲和拉丁美洲投資；透過北京加強利用貿易、投資和技術在亞洲和歐洲爭取影響力；並透過它的活動，要建立新經濟體制和塑造符合中國共產黨利益和價值觀的全球規範。

但作為世界上人口最多的國家和第二大經濟體，中國也被廣泛視為應對氣候變遷、全球公共衛生、防止核擴散和金融危機

管理等跨國挑戰，不可或缺的（即使是困難的）夥伴。在冠狀病毒肆虐之前，許多政府認為，在新的危機中，中國會像 2008 至 2009 年那樣，與其他國家合作。譬如，在金融危機初期，俄羅斯人與中國人接觸，提議做空美國大型不動產抵押貸款公司房地美（Freddie Mac）和房利美（Fannie Mae）的股票，以進一步破壞美國經濟的穩定（這兩家公司都在 2008 年被美國聯邦政府接管，以緩和它們崩潰會產生的衝擊）。俄羅斯人在全球經濟中只是邊緣參與者，可能已經看到了機會可以將其他大國拉低到他們的水準。不料，北京拒絕了這項提議，立刻將這一計畫告知美國財政部長鮑森（Hank Paulson），並在接下來的幾個月裡與美國人合作[18]。

在 COVID-19 肆虐之前的幾年，美國、其他民主國家和民間機構投資相當大量的資源，與中國進行科學交流，希望它在應對未來的疫病大流行時，會比 2003 年 SARS 爆發期間更加透明和有效。即使已經取得了若干進展，但 COVID-19 的出現，立刻將它們化為烏有。中國為改善應對疫病流行而建立的所有系統，一開始就失敗了。地方當局試圖迫使那些向中國人民發出病毒警告的醫生保持沉默。當北京接管全局時，它在保密和鎮壓方面加強力道。與世衛的合作極為有限。唯一的一線希望是，某些中國科學家私下與國際同行分享訊息，這可能是過去十年投資進行儕輩合作的正面結果。中國最後成功地控制住國內疫情。但是接下來它展開一場大規模的全球錯假訊息傳播戰，利用它的經濟實力和在

關鍵供應鏈上的主導地位，脅迫國內外對其應對措施的批評，採用帶有交易性質的口罩外交、鋒利的戰狼外交戰術，來推進北京的地緣政治利益。它還利用世界關注疫情、不遑他顧的機會，從根本上終結了香港的自治。

　　在 COVID-19 大流行期間，華府和北京之間關係惡化，也不能全看做是川普的錯；中國與歐盟、澳洲、非洲國家和其他國家的關係也快速惡化。這種動態關係在先進的工業民主國家尤為明顯。皮優（Pew）2020 年 10 月對 12 個民主國家進行民意調查發現，每一個接受調查的國家中，過半數以上人民都對中國持負面看法。這個數字在日本飆升至 86%，瑞典 85%，澳洲 81%，韓國 75%，英國 74%，荷蘭、加拿大和美國均為 73%，德國 71%，法國 70%，西班牙 63%，義大利 62%。調查還顯示，大多數人對習近平在全球舞台上的行動幾乎沒有信任可言（然而，對川普有信心的人更少），而且大多數人認為中國在處理 COVID-19 方面做得很差勁（儘管仍然比美國好）[19]。

　　中國政府似乎對它在 COVID-19 危機初期的失誤相對淡定。高級官員一再指出，中國的大規模封城證明它比西方國家，尤其是美國，反應更加果斷和有效。中國經濟的復甦速度也比其他任何主要經濟體都更快，曲線也更陡峭，很可能會「蛙跳」前進，提前幾年縮小與美國的經濟差距（雖然在很大程度上要取決於未來幾年美國投資於提高其競爭力的規模大小而定）[20]。北京學到的教訓似乎是，這場危機清楚地證明中國體制的優越性。如果

國際合作意味著更大的透明度，那又何必呢？

　　然而，事實仍然是，自從病毒起源於中國（就像十七年前的 SARS 一樣），中國境內發生的事情也會牽連到世界其他地區。不論北京會怎麼說這不關別人的事，但這是不容忽視的。北京政權初期對疫病的處理不當，直接對全世界數十億人產生負面影響，世界將記住這一點。它的戰狼外交和其他的挑釁，削弱了西方贊成與北京合作和交往的支持者。這在歐洲尤其如此，如果北京在整個過程中表現得更負責任、不要那麼蠻橫，歐洲可能會與中國更密切地合作，可以抵消掉川普政府的單邊主義。

　　出於同樣的原因，中國的行動應該在 2020 年為美國提供一個地緣政治方面的機會。但是儘管美國仍然是一個超級大國，它並沒有表現得像一個超級大國的模樣。川普政府不僅未能在國內遏制疫情泛濫，而且失敗得如此壯觀和混亂，以至於對華府的全球地位留下了不可磨滅的污點。在冠狀病毒之前，過去三十年的每一場國際危機，美國都是不可或缺的大國。只有美國有意志和能力團結世界各國來解決共同的挑戰。是美國推動了 2008 至 2009 年迎戰金融危機。2014 年，又是美國創建了國際同盟，成功遏制了伊波拉病毒在西非的散播，而華府又動員了五、六十個國家打擊 ISIS 的崛起。在大大小小的問題中，無論好壞，美國總是在場、並參與其中。在召集其他國家或制訂國際議程方面，沒有其他國家具有和美國同樣的地位。

　　然而，美國也出現了即將退縮的跡象。阿富汗和伊拉克「永

遠的戰爭」，以及金融危機的後遺症，讓民眾疲憊不堪，許多美國人渴望轉向國內。川普抓住了這種情緒，於 2016 年打著新孤立主義的「美國優先」的政治綱領當選總統。他反對美國應該試圖領導國際社會的觀點，並且認為其他國家正在占美國人民的便宜。儘管在他之前的總統認為，華府在二戰後建立的聯盟和國際機構，是美國實力不可或缺的一部分，川普卻認為所謂的自由主義世界秩序是不利美國的。他退出了好幾項國際協議，包括關於氣候變遷的巴黎協定、伊朗核協議和「跨太平洋夥伴關係」貿易協定（Trans-Pacific Partnership, TPP）。他對美國最親密的盟友課徵關稅，而且對待美國跟北約組織和大韓民國的條約承諾有如保護買賣。他在推特上貼文宣布撤軍消息，拋棄在敘利亞的當地盟友，並多次威脅要對韓國做同樣的事情。基於與梅克爾的私人恩怨，他把美軍調離德國。他削減對聯合國的支持，同時每年一次在聯合國大會會議上發表演講，將民族主義置於多邊主義之上。在沒有真正的全球危機的情況下，這一切的景象往往比現實更為搶眼。五角大廈、國務院、財政部和美國其他機構的肌肉記憶意味著，儘管總統的肚子裡有他自己一套盤算，美國的大部分傳統角色仍然存在——無論是多麼不穩定。

　　但當 COVID-19 來襲時，川普行為的後果就暴露了。世界在分崩離析，美國卻袖手旁觀。美國沒有嘗試協調 G7 集團或 G20 集團以提出集體的應對策略。只為了對如何稱呼病毒這種雞毛蒜皮小事意見不一，川普政府破壞 G7 集團制訂應付疫病共同作法

的努力。它還拒絕接受聯合國安理會關於全球衝突的決議，只因為決議文對世衛美言幾句。從來沒有一個大國如此小鼻子小眼睛。美國沒有試圖共同商議來開發和分派疫苗，也沒有試圖對疫病泛濫引發的全球人道主義災難帶頭做出回應。這些都可以很容易地與「曲率極速行動」齊頭並進──事實上，美國在疫苗開發方面的大量投資，原本可以為川普政府提供一個獨特的平台，號召國際合作和援助。不料，美國的朝內轉向似乎已成定局。隨著2020 年時間的流逝，美國總統對疫情感到厭煩，不論在國內、在國外，對它統統置之不理。

2020 年 11 月的大選提供了一個緊急重新啟動的按鈕，但這種修正可能不足以減輕美國在 2020 年未能對抗 COVID-19 的長期戰略成本。失敗會發生這一事實──加上川普能夠取得超過7400 萬張選票（拜登獲得 8100 萬票），並對共和黨保持相當大的影響力──可能會影響全球對美國的看法多年。鑒於美國政治的兩極分化和黨同伐異性質，許多國家將繼續懷疑華府是否具備成功與世界重新交往的能力和持久力──即使拜登政府遏制病毒的努力被證明是成功的，與世界重新交往也是政策優先事項。美國在歐洲和亞洲最親密的民主盟友歡迎川普時代的結束，但他們依賴美國的能力因 2020 年的經驗已受到損害。在一系列關鍵問題上進行更正向的國際合作是可能的──但是由華府發號施令、一錘定音的可能性已經結束。

已經有跡象顯示各國更加重視自力更生。COVID-19 來襲後，

許多歐洲人意識到他們被夾在咄咄逼人的中國和民族主義的美國之間。即使拜登擔任總統，歐洲人也認為需要照顧好自己，保護自己的利益，並在公共衛生領域要變得更加自給自足。有一位德國官員告訴我們：「撤退到國界後面是不可能的，但或許撤退到歐洲邊境後面是可行的。」因此，即使在拜登贏得美國大選之後，法國總統馬克宏繼續強調歐洲走向更宏觀「戰略自主」的重要性也就不足為奇了[21]。

為下一波疫情做準備

　　每年，都會發現二到五種新的人畜共通病毒從動物傳染給人類[22]。隨著世界變得更加城市化，森林砍伐進一步使動物遠離它們的自然棲息地，而且肉類在全球供應鏈中成為重要的一環，另一場疫病大流行的可能性只會有增無減[23]。未來幾年，氣候地帶的轉變也將迫使動物離開棲息地，與人類有更多的接觸（進而增加人畜共通傳染病的風險），並且擴大蚊子和其他媒介傳播傳染病的範圍。同時，無論 SARS-CoV-2 和隨後發生的 COVID-19 大流行的真正起源是什麼（我們的觀點是，在撰寫本書時根本沒有足夠的證據來得出結論），未來實驗室事故的風險是真正會存在的，也必須得到解決。隨著所有這些風險的累積，我們可以要求——但我們不能指望——中國和其他國家要完全透明和合作。即使有足夠的政治意願，許多較貧窮的國家也將缺乏

及早識別和控制病毒的資源和能力，需要較富裕國家的大量援助。

COVID-19 大流行已經造成極大的禍害，但是下一種病毒很可能會更惡毒。世界在破紀錄的短時間內生產了許多可行的冠狀病毒疫苗。但是，即使科學不斷進步，如果下一次疫苗需要花好幾年時間開發──或者完全遙不可及──又會發生什麼樣的狀況？佛朗西斯‧克里克研究所（Francis Crick Institute）的盧佩特‧貝爾（Rupert Beale）在《倫敦書評》（*London Review of Books*）雜誌中寫道：

能夠在不到一年的時間裡研發出好幾種針對這種可怕病毒的高效疫苗是一項相當驚人的成就，這是我們──我指的是整個人類，尤其是分子生物學家──所取得的最偉大的成就之一。我們技能熟練，但我們也很幸運。事實證明，SARS-CoV-2 疫苗相對容易開發。但引發下一次大流行的病毒可能不會那麼容易對付[24]。

在 COVID-19 危機期間，具有 SARS、中東呼吸症候群、H1N1 和其他傳染病經驗的國家，往往表現得更好。作為一個地球村，現在必須面對的問題是：我們從這場共同的災難中集體學到了什麼？答案並不簡單或顯而易見。畢竟，世界已經在 2020 年之前針對如何應付潛在的流行病擬訂計畫。政府投資於全球

公共衛生，多年來，針對這一類威脅也發出了數十次警告。在
COVID-19 之前，美國被評為世界上準備最充分的國家，英國位
居第二。中國在 SARS 之後展開重要改革，似乎與其他國家合作。
當真正受到考驗時，這些都沒有出現。我們如何保證在未來十年
所做的努力不會導致和今天類似的災難性結果？

　　首先，世界必須進行痛苦、嚴峻的事後檢討，每個線索都不
能放過。我們很容易就揪出罪魁禍首，包括習近平和川普，但還
有很多人難辭其咎。譬如，川普並不是唯一一個無視最初警告或
自始至終淡化病毒的人。巴西的波索納洛和匈牙利的奧爾班等，
其他民粹主義領導人也是如此。同時，即使病毒在義大利蔓延，
歐洲領袖幾乎沒有做任何準備。在疫情爆發之前，西方政府認為
大多數傳染病會從開發中世界向外傳播，因此可以遏制在開發中
世界。但 COVID-19 首先在世界上相互聯繫最緊密的先進經濟
體中傳播，早在它登陸南半球之前就襲擊了阿爾卑斯山的滑雪勝
地。當傳染病首次在中國出現時，世衛和許多國安專家錯誤地忽
視了快速實施旅行禁令的重要性，屈從於北京的意志。在許多低
度收入國家根本無法確保個人遵守社交距離、建立足夠的醫療照
護能力或為閒散工人提供足夠的安全網時，就鼓勵它們在全國實
施大規模封城也是短視的決策。嚴峻的自我批評過程，對於確定
必要的改革和為未來的流行病做好準備，至關重要。

　　美國人還必須在事實和科學上達成共識。2020 年 11 月，自
從 1990 年代中期以來就一直警告全球將會爆發疫病大流行的美

國資深全球公共衛生專家羅莉・賈瑞特（Laurie Garrett）觀察到，在她的整個職業生涯中，她犯了一個災難性的分析錯誤。在她設計和參與的所有情境規畫演練中，她從來沒有考慮過白宮會成為阻礙和錯假訊息的主要來源的可能性。她明白他們可能準備不足，反應遲緩，就像雷根處於愛滋病流行時期一樣，但沒料到總統會是一個積極的破壞者[25]。

　　川普的矢口否認和充滿錯假訊息的公開聲明，使數以千萬計的美國人相信，即使感染率和死亡人數飆升至歷史新高，COVID-19 不是一種嚴重的疾病。他甚至排擠並壓制了共和黨中理解威脅，並主張做出強有力回應的聲音。由於川普仍然是共和黨中最強大的政治力量，問題是這個國家的半數人民是否會繼續將冠狀病毒描述為「騙局」，將戴口罩等公共衛生預防措施描繪為對個人自由的黨派攻擊，並將政府專家貶斥為「深層政府」的叛徒。如果是這樣，大量美國人口將抗拒認真思考未來的生物威脅。國會中的共和黨議員或未來的共和黨總統會將它作為優先事項嗎？我們已經提到，川普政府中有一些高級官員很早就意識到了這場危機的重要性。某些共和黨參議員和眾議員也是如此。問題是他們在和川普以及其他自鳴得意的人辯論時輸了。建立以科學、信任和細心準備為中心的全國統一應對措施，對美國政治領袖來說將是一個巨大的挑戰——但這是絕對必要的。

　　上任之後不到幾天，拜登政府發布了一份 200 頁的《應對COVID-19 大流行的策略及預防的國家戰略》（*National Strategy for the COVID-19 Response and Pandemic Preparedness*）。這項戰略尋求重建美國民眾的信任。它的目標是擴大檢測規模、加快疫苗發送、鼓勵戴口罩、增加個人防護設備的生產，並確保供應鏈安全。它尋求加強急難救濟，採取安全地重新開放學校和企業的措施、促進安全旅行，也要採取其他措施來遏制疫情，並解決它對經濟的影響，包括對受到不成比例影響的少數民族社區要實施救濟。它還呼籲美國透過留在世衛並推動改革，加入 COVAX 倡議，並尋求加強其他多邊倡議，包括「流行病預防創新聯盟」、「抗擊愛滋病肺結核瘧疾全球基金」，以及「全球疫苗免疫聯盟」的合作，來恢復在抗擊 COVID-19 方面的全球領導地位。它提升了對歐巴馬時代的「全球衛生安全綱領」，和其他旨在建設衛生基礎設施和防疫準備的多邊努力的支持，並承諾向遭受病毒嚴重打擊，以及貧困和糧食不安全加劇後果的國家提供人道援助。與此同時，拜登政府迅速採取行動，重新組建白宮國安會「全球健康安全與生物防禦小組」（它在伊波拉疫情爆發後成立，但被川普政府解散）和其他跨部會的基礎設施，以便監測和應對生物威脅。政府也尋求經費來建立一個新的「全國流行病預測和爆發分析中心」（National Center for Epidemic Forecasting and Outbreak Analytics），使全球早期預警和對新成生物風險的應對能夠更加現代化[26]。

　　所有這些承諾都是至關重要的糾正措施，而且早就應該做了。但是，美國還應採取其他許多緊急政策，以加強全球防疫準

備和對跨國威脅的抵禦能力。

首先，美國必須在國內就流行病構成的威脅、如何應對，以及相應投資的必要性建立兩黨共識。面對疫病，美國最大的弱點是它在基本問題上存在分歧。極端兩極分化、媒體的迴聲室效應，和錯假訊息全都導致對公共衛生問題的高度不信任。客觀上具有破壞性的流行病遭到否定與駁斥；合理的安全措施變成了黨派政治的桎梏。如果美國在這些基本問題，以及疫病大流行構成生存威脅的觀點上仍然存在分歧，就不可能做好充分的準備來應對疫情。如果川普繼續在美國政治上扮演領導角色，並堅持他的政府做對了一切、疫苗足夠了，那麼任務將變得更加困難。

對政府和專業知識的信心不能在一夜之間就恢復過來。但是拜登政府在 COVID-19 危機的末期做出強有力的國家級應對──包括白宮和其他政府官員的誠實和一致的訊息流通、政府各部門內部及跨部門之間合作，以及在美國和海外有效地處理 COVID-19 疫苗的分配──可能會開始重建人們對公共衛生措施的信心，若是要更有效地遏制下一次全球傳染病，這是絕對不可缺少的 (27)。

其次，拜登政府推動世衛改革時，它應該尋求解決 COVID-19 危機暴露的核心缺陷。我們在第四章和第五章中提到，在疫情肆虐期間，世衛對中國太過於恭順。它關於封城和旅行限制的建議，還是有相當不足之處。話雖如此，同樣明顯的是，世衛感到被困在兩個對立的超級大國中間，它仍然在非常

困難的情況下拚命努力。世衛是唯一一個幾乎把全世界所有國家和地區都含納在內的組織，擁有無限的衛生職責，並被視為具有國際正當性。世衛以前也進行過改革，最近一次是為了應對 2014 年西非伊波拉疫情。當時暴露出世衛最初的應對措施存在缺陷後，採取了一些手段，包括設立「公共衛生緊急計畫」（Emergency Program）和「緊急應急基金」（Contingency Fund for Emergencies），其目的是提高世衛在面對危機時快速反應和部署的能力[28]。這些改革似乎有所成績，有助於世衛更有效地應對 2018 至 2020 年剛果民主共和國的伊波拉疫情[29]。

拜登政府強調美國在世衛內部開展工作是正確的，以推動更多改革的重要性，而不是像川普那樣試圖撤出資金、解散組織。退出、威脅退出或降低支持能量，並不會導致世衛垮台、創造更可行的替代組織；它只會使得其他國家──包括像中國這樣對透明度不感興趣的國家──更有力量在世衛推動自己的議程。

那麼美國應該尋求哪些改革來確保世衛組織更加獨立和有效呢[30]？世衛在未來突發的緊急衛生事件中不受政治干預至關重要，並且根據 COVID-19 的經驗，它必須要求所有會員國，致力於提高透明度和合作的層級。這需要有更多的措施──包括施加制裁的威脅──以確保世衛官員在「國際關注公共衛生緊急事件」中，能夠立即和不受牽制地接觸到疾病的來源和樣本。為了進一步減少世衛依賴會員國自願捐款才能執行其職能，世衛還需要有效和持續地增加它的資金。

此外，世衛應更新有關進出受感染國家的旅行建議，因為旅行限制確實在減緩病毒傳播方面達到了正向的作用。台灣應該被接納為觀察員國家。從 2009 年到 2015 年，它是出席世界衛生大會的觀察員，但北京在 2016 年改變了立場，因為它對台灣總統大選的結果不滿意[31]。台灣在遏制 COVID-19 和更廣泛的全球公共衛生方面扮演了重要角色，不應出於政治原因將它排除在世界衛生體系之外。

在推動這一類改革時，我們還必須認識到，地緣政治的局限將使得在近期甚至中期內，全面落實變得十分困難。譬如，對世衛組織在以往突發衛生事件中的表現進行的幾項調查，建議在會員國不遵守規定的情況下應進行制裁——包括 2011 年的「國際衛生條例審查委員會」（IHR Review Committee）和 2015 年的「伊波拉臨時評估小組」（Ebola Interim Assessment Panel）提出的建議——但它們從未發生過[32]。世衛前任總幹事陳馮富珍研究了該組織可能懲處不遵守《國際衛生條例》的國家的方式[33]。問題在於，幾乎不可能想像所有政府都同意一個普遍適用的制裁或執行《國際衛生條例》的機制。即使國際原子能總署（International Atomic Energy Association, IAEA）負責監督《核不擴散條約》（Nuclear Non-Proliferation Treaty）規定的義務及報告違反行為，制裁也需要經由聯合國安理會投票表決——這代表需要中國、法國、俄羅斯、英國和美國的支持，缺一不可。習近平非常有可能不會對提高透明度做出有可信度的承諾，而川普在共和黨內留下

的「美國優先」議程的陰影，可能會導致人們對美國向世衛的長期承諾的疑慮揮之不去。縱使如此，重要的是公開說明世衛改革的理由，期盼在未來某個時候政治限制會放鬆。

拜登總統還應該定期、堅定地向習近平主席提出全球公共衛生合作，重新評量 COVID-19 之前存在的合作，並在必要時恢復和改革這些合作措施。在可能的情況下，必須在領導階層加強協調，以使改革有任何成功和持久的希望。但我們不應期望這樣的改革是容易的。嚴酷的現實是，世衛很可能在未來許多年後繼續成為美國、其他民主國家以及中國相互之間角力的戰場。在 COVID-19 疫病之後，民主國家不太可能取得他們認為必要的所有改革。即使在不太可能的情況下，這些改革似乎是應當的，也可能沒有可預測的實施方式。當下一次危機來襲時，無法保證大國會遵守它們的義務。因此，如果美國認為有必要，即使它仍然充分參與世衛組織，美國可以、而且應該創建和參與平行的全球公共衛生的組織。

這就帶出了我們的第三項建議：有必要建立新的國際工作籌畫，和志同道合的國家聯盟，以增強填補世衛的工作。美國可以領導這一工作。小布希政府通過 2003 年啟動的「總統辦公室愛滋病緊急救援計畫」，加強了全球抗擊愛滋病毒／愛滋病的鬥爭。為應對 2009 年 H1N1 流感大流行和 2014 年伊波拉疫情，歐巴馬政府尋求改善國際合作，和通過「全球衛生安全綱領」進行新生物防範。川普政府對 COVID-19 的民族主義態度嚴重破壞了這一

傳統——但拜登政府有機會重振它。

　　有些國家提出了一項新的國際流行病條約。這一想法受到美國、中國和世衛的歡迎 [34]。它值得一試，但談判將是漫長而艱難的，不可避免地會受到地緣政治競爭重新抬頭的壓力。將國際社會的所有精力都用於開發一項新協定，可能會將外交資源從改善全球防疫準備所需的即時方法中轉移出去。嚴峻的現實是：在未來幾年，由於有些國家能力不足，以及有些國家在疫情爆發時拒絕合作，現有的國際公共衛生安排可能會被證明是不夠的。

　　基於這個原因，美國應該考慮創立一個新的「全球防疫聯盟」（Global Alliance for Pandemic Preparedness, GAPP）：志同道合國家的「志願聯盟」，定期召開國家元首級別會議，與非政府組織、慈善機構以及民間部門合作。任何國家都應該能夠加入全球防疫聯盟——取決於它們接受對會員國要求的條件。然而，這些條件應該是嚴格的：在會員國之間，它們必須承諾超出《國際衛生條例》要求的透明度，包括讓世衛能夠進行更多的檢查，這與國際原子能總署在核領域享有的權力沒有什麼不同。至關重要的是，當世衛宣布「國際關注公共衛生緊急事件」時，其會員國將協調旅行和貿易限制，以及公共訊息、經濟處罰和制裁。後者將針對未能提供足夠的接觸，或未能與世衛充分合作的非 GAPP會員 [35]。GAPP 將努力支持，而不是取代世衛和《國際衛生條例》。這個新聯盟的目標之一是重新連結醫療供應鏈，使它們更能抵禦衝擊和保護主義；建立持久機制，鼓勵更好的科學和技術

合作，以抗擊新爆發的傳染病；並開發在未來疫病大流行中快速開發和公平分配診斷、治療和疫苗的機制（以「獲取 COVID-19 工具加速計畫」和 COVAX 為例）。

GAPP 還將建立，並大大擴展「全球衛生安全綱領」，目標是幫助開發中國家建立更大的流行病防疫和應變能力。應該運用協調一致的外援，透過建立全面的傳染病預警系統和提高接觸者追蹤能力，幫助各國遵守《國際衛生條例》的要求。援助應加強在機場、港口和邊境口岸的健康監測，建設實驗室檢測能力，並為第一線醫護工作人員提供應對緊急狀況所需的培訓和關鍵設備。它還應該設計協調和通信系統——以及適當的法律基礎設施——使中央政府能夠與地方當局和社區合作，迅速控制疫情(36)。這些努力應盡可能利用新科技，同時以符合照顧到人權的方式進行。為了使投資永續，美國和其他的 GAPP 會員應該考慮建立一個國際衛生安全籌資機制。同時，為了鼓勵負責任地使用資金，長期有效利用援助來建立疫病防治的受援國，應該有資格獲得額外的援助和優惠貸款(37)。

對於那些對援助外國持懷疑態度的美國人而言，將它視為開明的自身利益、而非慈善行為可能會有所幫助。COVID-19 鮮明地顯示，在今天高度全球化的世界，任何地方發生的生物意外事件都可能很快變成無處不在的災難(38)。

最後，除了改善防疫準備之外，我們將繼續迫切需要雙邊和多邊援助以協助開發中國家，從冠狀病毒和全球大封鎖所引發的

開發和人道主義災難中復元過來。數十年的脫貧成績已經逆轉。我們有道義上的義務和戰略上的利益來恢復已經失去的成果，並將開發置於更有彈性的基礎上。美國應該推動包括雙邊債權人、多邊債權人和民間部門在內的全球債務減免計畫，目標是讓低度收入和中等收入國家騰出資源為愈來愈多的窮人，以及在非正規經濟中不穩定工作的人，加強社會安全網[39]。國際社會還必須認識到，透過將稀少資源從例行的免疫接種、改善兒童和孕婦健康，以及抗擊諸如肺結核、瘧疾和愛滋病毒／愛滋病這一類的疾病等方面擴散，以便應對因 COVID-19 所導致、使開發中國家過去數十年在改善公共衛生方面的進展付諸流水的結果。這使得我們更迫切需要更廣泛地增加對公共衛生基礎設施的投資。

我們還有機會重新建構世界各地的經濟，以便降低與**其他**存在的跨國威脅（尤其是氣候變遷）相關的風險。疫病造成的全球經濟下滑，導致二氧化碳排放量短暫減少，但儘管具有里程碑意義的 2015 年巴黎氣候協定，二氧化碳和其他吸熱氣體的排放量還是繼續增加。「政府間氣候變遷專門委員會」（Intergovernmental Panel on Climate Change, IPCC）是由數千名專家組成的國際機構，代表科學界對氣候的共識。委員會宣稱，到本世紀末，世界將變暖約攝氏 3 度——科學家警告說，這一變化的速度和幅度可能帶來重大災難。如果人類想要透過將暖化限制在攝氏 1.5 至 2 度之間，來阻止氣候變遷的最壞潛在後果，國際社會只有幾十年的時間來積極減少碳排放，而且必須在本世紀中葉實現碳中和[40]。

如果沒有這種劇烈的合作行動，世界將會看到更多的乾旱，削弱糧食供應和加劇水資源短缺；更強烈的颶風、風暴和洪水；更頻繁和更具破壞性的野火；擴大傳染病媒介區域；海平面上升淹沒了許多沿海地區和低窪國家，使數億人流離失所；海洋和陸地生態系統的破壞已經被人類其他活動推到了邊緣。

　　未來幾十年，世界各國將花費數兆美元來走出 COVID-19 留下的經濟巨窟。振興和復甦資金可以強化危險的氣候現狀，也可以為美國和其他國家提供巨大的機會，使它們走向「綠色復甦」。投資太陽能和風電等再生能源；低排放和零排放車輛、航空、火車和船舶的技術和基礎設施；推廣「循環經濟」模式，大幅減少資源使用和消除浪費；低碳改造和建設；城市重新設計；森林保護、生態系統復育和永續農業的新計畫；以及增強脆弱社區氣候適應能力的項目——所有這些都是潛在的雙贏。走出 COVID-19 的綠色復甦可以在近期和長期創造良好的就業機會，並在尖端技術領域釋放出大量的創新，同時又減少危害地球的溫室氣體排放。它還將使國家和社區能夠更好地適應和抵禦氣候變遷帶來的不可避免的衝擊[41]。在 2021 年 2 月的 G7 集團峰會上，美國及其盟國承諾，「將我們在氣候變遷和扭轉生物多樣性喪失方面的全球雄心，放在我們計畫的中心」，從疫病大流行「重建更好」的世界[42]。在未來的歲月裡，這種新的集體目標意識必須成為現實。

後 COVID 時期的戰略框架

如何對付 COVID-19 更廣泛的影響，及它們對美國外交政策、地緣政治格局，以及國際秩序未來的震盪效應也關係重大。冷戰結束時，美國外交政策的主體精神是散布經濟全球化和政治自由主義的好處，將中國和俄羅斯等重要大國整合進入美國領導的國際秩序，妥善管理人道主義災難和流氓國家構成的挑戰[43]。接下來的 911 攻擊事件使得美國外交政策圍繞著所謂的「全球反恐戰爭」重新調整方向。結果是以犧牲其他地區和優先事項為代價，對大中東地區進行了巨大的過度投資。近年來，出現了一種新的共識，主張將美國的首要戰略重點轉向大國競爭[44]。這種觀點認為，穩定開放的國際體系建立在亞洲和歐洲健康的區域秩序之上。如果這些地區秩序瓦解，國際秩序也將隨之瓦解。中國的快速崛起使它尋求擴大在太平洋的勢力範圍，並擋拒美國的影響力。在全球範圍內，它利用國有企業在人工智慧、臉部識別和5G 行動通訊等方面取得技術優勢。它還在國際機構中積極宣揚威權的價值觀，並利用它的經濟實力脅迫中小型國家。與此同時，俄羅斯入侵鄰國，干涉民主選舉（包括美國），並在敘利亞進行軍事干預。美國的戰略思維轉向更加強調大國競爭，其動機是它必須反擊這些修正型威權勢力，以保護及維繫國內外傳統的自由價值。

然而，其他人則認為，人類面臨的最大威脅不是強大的國家

行為者，而是諸如流行疫病和氣候變遷等跨國危險[45]。正如地球上每個人在 2020 年所經歷的那樣，跨國威脅才不管你什麼叫做國界。由於經過幾十年的全球化，人民、經濟和國家的命運變得如此交織，跨國衝擊的後果可以迅速波及整個國際體系。鑒於 COVID-19 大流行造成的破壞，現在危險不言而喻。氣候變遷等其他跨國威脅可能更加嚴重。我們已經看到了正在展開的氣候危機的影響，在不久的將來，在一個相互關聯的世界中，不受控制的全球暖化對人類健康、社會、經濟和國際安全的深刻破壞可能會真正帶來世界末日[46]。

就像冷戰的結束和 911 攻擊事件一樣，我們現在正在進入一個「後 COVID」的新時期。但是我們正在進入後 COVID 時期這件事的本身，並沒有告訴我們太多可能可以定義它的基本動態，或是美國外交政策應如何針對新現實做調整。然而，2020 年全球應對疫病大流行的故事提供了一些基本的洞見。

COVID-19 具有諷刺意味的是，2020 年的世界包括了許許多多在 1918 至 1920 年並不存在的機構，可是各國政府仍然自行其是，主要是因為戰略競爭和民族主義的暴衝。通過這種方式，COVID 危機展現出大國競爭與跨國威脅之間的負面協同效應——這種協同效應從根本上使兩者改變。這種應對疫情的地緣政治特點，是決策者現在必須面對的一種新現象。正如外交關係協會的大衛·費德勒所觀察：

全球衛生受益於後冷戰時期沒有權力均衡政治，以及美國願意促進前所未有的發展，包括增加對愛滋病毒／愛滋病提撥經費、（2005 年）通過《國際衛生條例》以及對西非爆發伊波拉疫情的緊急應對。然而，在 2010 年代，人們愈來愈擔心國際體系中的權力分配確實正在發生變化，因為中國和俄羅斯挑戰美國的努力獲得了動力……不斷變化的地緣政治引發了一個問題，即權力平衡的重新出現，可能會如何影響全球健康和美國在此一領域的領導地位[47]。

疫病大流行回答了這些問題。大國競爭使疫病流行變得更有可能，也更難控制。中國政府執著於政權在國內的生存，並利用疫病流行擴大它在國外的影響力。與此同時，川普政府幾乎完全通過與中國競爭的地緣政治視角來建構它的防疫政策在國際層面的決策，削弱了多邊應對的可能性。與此同時，其他所有國家都不得不無奈地看著超級大國的角力，同時在很大程度上要自求多福。

華府和北京之間的關係可能會繼續惡化。中美兩國的世界觀根本不相容，除非一方放棄它的觀點或接受它無法實現，否則這一衝突不會改變。每一方都製造影響另一方的負面外部因素，即使是無意的。譬如，美國的新聞自由揭露的秘密、腐敗和不法行為，影響到中國共產黨的穩定。與此同時，北京的進步技術可以出口到國外，並作為使民主國家依賴於一個根本上威權的體系，

這可能會損害到美國和其他地方的自由。即使有外交往來，摩擦也將是中美關係的特色現象，並在可預見的未來影響更廣泛的國際秩序。如果冷靜的頭腦占上風，就可以避免直接對抗──但戰略競爭卻無從避免。

困境很明顯：我們生活在一個跨國威脅日益上升，比以往任何時候都需要更多國際合作的時代，而世界主要大國之間不斷變化的權力分配和不斷升高的角力鬥爭，使我們迫切需要的合作更難以實現。令人不安的事實是，不再有任何理由期望各國在全球治理的單一、統一目標或模式上趨於一致。舊的國際秩序抱負已經落空。世界領袖面臨的挑戰將是，即使在競爭日益激烈的情況下，也要找出他們的利益一致時的合作方法。

在辯論究竟是大國競爭還是跨國威脅界定當前戰略環境時，答案顯然是兩者兼而有之。因此，美國需要一種保護其利益和對付跨國挑戰的方法，**即使**大國之間的關係仍然存在爭議，這種方法也要能夠運作。

在華府，這意味著要抓住 2020 年的教訓，圍繞關鍵性的國內投資的需求，建立新的兩黨共識，以及對美國全球領導地位的重新支持。這場疫病大流行已經對美國經濟造成極大的傷害。而美國的舉措無方、應對失敗，加速了中國的崛起。這兩個現實應該為兩黨提供動力，以進行關鍵投資，不僅要促進近期復甦，而且還要刺激所需的創新，以在競爭中勝過中國，**並且**建立更大的彈性抵禦跨國威脅。這意味著在醫療保健、教育（尤其是科學技

術工程和數學）、工人再培訓和技能提升，以及數位和綠色能源基礎設施方面進行大量投資。它還包括大幅擴大國家級在技術領域的研究和開發，主導 21 世紀的進展。

與此同時，COVID-19 以及與它相關的可怕人道慘況和其進展的後果，可能會伴隨我們很長一段時間。如果世界沒有完全接種疫苗，變種病毒將繼續出現，並成為全球威脅。雖然疫情暫時阻止了移民和難民流動，但開發中國家數百萬人的日益貧困，最終還是會導致絕望的人們遷移，那是無法阻止的。許多人，尤其是拉丁美洲和加勒比海地區的人民將奔向美國。基於開明的自身利益，決策者應該在美國出現大規模人口流動**之前**，就正面應對這些挑戰。遏制中國在海外的惡意影響力的必要性，也為美國提供人道主義和開發援助，以及更廣泛地擁抱最親密的盟友，並為重新致力於深度的國際參與，提供了強有力的理由。如果華府未能在網路、人工智慧和其他新興技術、貿易、開發、環境和人權等關鍵問題發揮引領制訂體制、規則、規範和多邊規畫的效應，北京將會出手——而且它的作法將與美國和其他自由社會的安全、繁榮和生活方式愈來愈不相容。

團結自由世界

1920 年代和 1930 年代的兩次大戰之間時期——也就是一戰和上一次疫病大流行之後的時期——是一個經濟、社會和政治極

其動盪的時期。崛起的民族主義和威權國家的修正主義野心，與無力管理大國競爭的脆弱國際體制發生衝突。美國向內轉，民主社會分崩離析，世界再次陷入黑暗。在 COVID-19 爆發之前，那個混亂且容易爆發衝突的時代——已經出現與我們現今時代之間有著令人不安的相似之處——而今天的疫病大流行提供了另一個令人毛骨悚然和令人不安的相似之處。我們不能讓歷史重演。

避免這種結果不僅需要回歸國際主義，還需要美國積極努力重振「自由世界」的活力。這不是對美國傳教宣道熱情的呼籲，也不是追求 911 事件之後出現的那種軍事化自由主義般的十字軍東征。它是要承認現有的民主社群正日益面臨來自內部和外部、必須予以捍衛的風險。這也是一個簡單的認識，即當美國與其民主盟友（主要是歐洲和亞洲的盟友）合作，並從這個國家核心向外建立國際合作時，它在推進其利益和對付集體挑戰方面將最為有效。

這意味著不僅僅是與民主國家合作，以嚇阻和防禦俄羅斯和中國等修正主義威權國家的傳統軍事侵略。這也意味著就網路安全開發自由世界的共同綱領，打擊錯假訊息和威權主義對民主體制的干預，抑制數位威權主義的蔓延，以及捍衛人權。這意味著對抗腐敗行為的武器化、打擊基礎設施和能源脅迫、監理新興技術以及保護重要的技術供應鏈。在公共衛生、氣候變遷、核不擴散和國際經濟等領域，與中國和其他威權國家的協調可能是必不可少的，這意味著在民主國家之間先達成共識，然後可以利用

這種共識來發揮聯合力量，與北京和其他威權國家進行談判。北美、歐洲和亞洲的先進自由民主國家——占全球 GDP 總值的一半以上——共同構成了歷史上最強大的軍事聯盟。這是真正的力量——既是「硬實力」（有恫嚇），又是「軟實力」（有吸引力）——因此真正有可能共同塑造更美好的未來。

COVID-19 疫情不會是我們有生之年出現的最後一次全球性傳染病，也不會隨著氣候變遷和其他跨國危險的加劇，而成為對我們相互關聯世界的最後一次重大衝擊。民主國家要麼聯手對付這些共同威脅，集中力量，促使其他國家跟進，要麼各走各的路，那麼下一場災難不可避免地發生時，抗拒災難的能力將會被大大削弱了。

儘管 COVID-19 造成無數人喪命，但或許很奇怪，世界實際上可能很幸運，因為第一次真正考驗我們集體防禦和準備的全球疫病，並沒有像它原本來勢洶洶般那麼致命。它暴露出我們在政治、經濟和地緣政治上的缺陷，同時仍然提供機會，讓我們準備好迎接未來更嚴峻的挑戰。但這只有在我們注意這一及時警告，汲取正確教訓，並團結起來為更美好的未來奮戰時才具有意義。

致 謝

這本書起源於疫情蔓延的初期階段，當時我們倆人都在撰寫關於它對國際秩序會有什麼樣影響的臆測性文章——科林在「戰爭困境」論壇（*War on the Rocks*）[1]，湯姆在《大西洋》雜誌（*The Atlantic*）分別發表文章。我們在 2020 年 4 月透過 Zoom 討論這些文章時，我們意識到可以詳述一個故事，探討世界各國政府、國際組織和人民如何應對 COVID-19，受到它什麼樣的影響，以及疫情對世界秩序具有什麼意義。然而，重要的是，它是以過去一年中發生的事情之實際經驗為基礎。當時，我們並不知道我們將要著手進行一項如此重大的努力。

沒有眾多人士的合作和支持，這本書是不可能完成的。首先，我們要感謝刊載我們初始文章媒體的編輯群：「戰爭困境」的 Ryan Evans，以及《大西洋》雜誌的 Jeffrey Goldberg、Yoni Appelbaum 和 Whitney Dangerfield，湯姆是《大西洋》雜誌的特約

---

1 譯註：「戰爭困境」是一個透過現實主義角度探討外交政策和國家安全議題的論壇，發布分析、評論、辯論和多媒體內容。論壇發布的文章和視訊，其作者大多是具有戰場實務經驗的戰略學者。

作家。我們初期關於疫情的文章都有一些共同作者；科林想要感謝 Ariana Berengaut，湯姆想要感謝 Kurt Campbell，沒有他們的卓見，這本書永遠不會啟動。

自從2020年3月以來，COVID-19疫情一直是世界頭條新聞。來自世界各地的記者就疫情的各個方面，撰寫了令人難以置信的調查報導。我們從這些作品中受益匪淺，絕對無法靠一己之力將全球拼圖的各個部分拼湊在一起。我們強烈鼓勵讀者們好好利用各個章節的註釋——裡頭有無數的珍寶。

我們還要感謝所有為本書提供資料的官員和前任官員，其中有些人被提到大名，但大多數人沒有被提及。這些訪談對話使我們能夠交待清楚，過去一年事件發生的關鍵部分。我們認識到，身為批評川普政府的作者，川普政府官員在與我們交談時能夠坦率說話，我們對此表示感謝。即使他們不同意其中的所有內容，我們也希望他們覺得本書立論公允。

我們兩人都有幸在優秀的國家級機構服務，它們鼓勵嚴謹的學術研究和辯論，同時提供時間和空間允許我們進行如此規模的寫作計畫。科林要感謝他在史丹福大學佛里曼·史波格利國際研究所（Freeman Spogli Institute for International Studies, FSI）和史丹佛大學國際安全及合作中心（Center for International Security and Cooperation, CISAC）的許多同事。他要特別感謝 Michael McFaul、Rod Ewing、Harold Trinkunas 和 Andrea Gray 的精心領導、支持和鼓勵。

　　湯姆要感謝他在布魯金斯研究院的所有同事：院長約翰·艾倫（John R. Allen）、副院長兼外交政策主任蘇珊娜·馬洛尼（Suzanne Maloney）、他在布魯金斯美國和歐洲中心的同事（Pavel Baev、Carlo Bastasin、Celia Belin、Natalie Britton、Giovanna DeMaio、James Goldgeier、Fiona Hill、James Kirchick、Kemal Kirisci、Caroline Klaff、Gibbs McKinley、Molly Montgomery、Jérôme Nicolaï、Steve Pifer、Lucy Seavey、Amanda Sloat、Constanze Stelzenmueller、Chloe Suzman 和 Torrey Taussig），以及 Madiha Afzal、William Burke-White、Tarun Chhabra、Rush Doshi、Leah Dreyfuss、Vanda Felbab-Brown、Jeff Feltman、Samantha Gross、Ryan Hass、Robert Kagan、Emilie Kimball、Tanvi Madan、Chris Meserole、Andrew Moffatt、Anna Newby、Victoria Nuland、Ted Reinert、Bruce Riedel、Frank Rose、Natan Sachs、Suzanne Schaefer、Kevin Scott、Mireya Solis、Angela Stent、Jonathan Stromseth、Strobe Talbott 和 Tamara Wittes。

　　湯姆還要感謝羅伯·博世基金會（Robert Bosch Foundation）、紐約卡內基公司（Carnegie Corporation of New York）和外交政策領導委員會（Foreign Policy Leadership Council）對布魯金斯研究院的持續支持，它在相當程度上使這本書成為可能。布魯金斯在它從事的所有工作中都致力於追求品質、獨立性和影響力。捐助者所支持的活動反映了這一承諾，所提出的分析和建議完全由學者決定，所表達的觀點完全由作者負責。

　　在本書寫作過程中，我們非常幸運地擁有來自史丹福大學和布魯金斯研究院的一流研究助理團隊：Agneska Bloch、Elena Crespo、Samuel Denney、Dakota Foster、Jonah Glick-Unterman、Heajune Lee 和 Filippos Letsas。他們就疫情的各方面撰寫資訊豐富的備忘錄，從世界各地搜尋文章（通常是外文材料），並對原稿進行了多次編輯和事實查證。在每週的研討會議上，我們還從他們的洞察力、建議和幽默感中受益匪淺。他們非常出色，我們非常感激。

　　幾位學者提供建議，並對原稿或部分內容提供了有益的評論：Josh Busby、戴雅門、Frank Gavin、Bruce Jones[2]、康寧迪（Jeremy Konyndyk）[3]、Stewart Patrick[4]、雷戴克（Doug Rediker）[5]、夏皮羅（Jeremy Shapiro）[6]和維克多（David Victor）[7]。我們從與以下人員就疫情的地緣政治影響進行的對話和合作中受益：布萊克維爾（Robert Blackwill）[8]、布蘭茲（Hal Brands）[9]、富利洛夫（Michael

2　編註：布魯金斯研究院副院長。

3　編註：美國國際開發署 COVID 任務小組執行主任。

4　編註：美國外交關係協會資深研究員。

5　編註：布魯金斯學會非常駐高級研究員。

6　編註：歐洲對外關係委員會的研究主任，前美國國務院歐洲和歐亞事務助理國務卿的特別顧問，前布魯金斯研究院美國和歐洲中心研究主管。

7　編註：加州大學聖地亞哥分校全球政策與戰略學院創新與公共政策教授，IPCC 報告共同作者之一。

8　編註：前外交官、政治學者，《去問李光耀》共同作者之一。

9　編註：彭博資訊專欄作家，約翰霍普金斯大學高級國際研究學院季辛吉

Fullilove）[10]、David Gordon[11]、妮亞・金恩（Niamh King）[12]、愛德華・魯斯[13]、麥艾文（Evan Medeiros）[14]、大衛・米勒班、雅莎・蒙克（Yascha Mounk）[15]和蕭可（Kori Schake）[16]。我們要特別感謝歐漢龍（Michael O'Hanlon）[17]，他閱讀了整份原稿，提供明智的建議，並在非常緊湊的時間內籌畫了布魯金斯的同儕評審書稿。三位不具名同儕評審員提供的建設性意見和建議有助於完善和加強最終作品。

還有一位關鍵人物（不是消息來源）幫助我們完成了部分研究，但我們無法指名道姓，因為對方很可能會因與我們合作而承受來自本國政府的懲處。你知道你是誰——謝謝！

毫不誇張地說，這本書的出版離不開兩個人。我們出色的經紀人 Bridget Matzie 熟練地指導我們，完成了從概念、提案到出

全球事務中心特聘教授。

10　編註：澳洲智庫「羅伊國際政策研究院」（Lowy Institute）執行董事。

11　編註：英國國際戰略研究所（IISS）地緣經濟學暨戰略資深顧問。

12　編註：美國亞斯本戰略集團（Aspen Strategy Group）執行長。

13　編註：英國記者，也是《金融時報》美國首席評論員和專欄作家

14　編註：白宮國安會前亞洲事務資深主任，著有《中共的國際行為》一書。

15　編註：美國政治學家，約翰・霍普金斯大學高級國際研究學院國際事務實踐副教授，著有四本作品。

16　編註：美國企業研究院外交與國防政策總監（Foreign and Defense Policy, American Enterprise Institute），曾在美國國防部、國務院、國安員會擔任過多個高級職務。

17　編註：布魯金斯研究院資深員，專長為國防與外交政策主題，著作包括《中美新型戰略關係》。

版的整個寫作過程。我們在 St. Martin Press 的編輯 Pronoy Sarkar（直到 2021 年 3 月，他離職去從事另一份出版工作為止）從一開始就相信這本書。他是一個不知疲倦為何物的擁護者，經常在任務看似不可能完成時提振我們的精神，並且鼓勵我們盡可能全面和雄心勃勃去做我們希望完成的事情。Pronoy 離職後，我們非常幸運地遇到了另一位出色的編輯 Tim Bartlett，他熟練地指導我們完成了最後的成果。我們要感謝 Alan Bradshaw 在編輯和定稿方面的細緻工作、負責宣傳的 Rebecca Lang、負責行銷的 Martin Quinn、封面設計師 Ervin Serrano 和副主編 Alice Pfeifer。

最後但同樣重要的是，我們永遠感激我們的家人。科林將本書獻給他深愛的妻子 Rebecca、女兒 Nora 和兒子 Rylan。如果沒有他們的堅定支持，他無法克服寫稿時的壓力，同時又要應付疫情造成的混亂，成功地與癌症奮鬥，並協助進行艱苦的總統選舉和交接工作。同樣，湯姆要感謝他的父母 Bernard 和 Gay，以及他的兄弟姐妹 Peter、Bernard、John 和 Cathy，他們的配偶和伴侶 Ingrid、Pam 和 Gib，以及他的姻親 Kathleen、Niamh、Irene、Shane、James 和 Katie。疫情帶來的最大痛苦就是長時間沒能和大家相處。如果沒有他的妻子 Karen 和兒子 Senan 的愛、支持和無限耐心，這一切都不可能實現，因此他把這本書獻給他們。

疫後震盪效應
防疫政治學與世界秩序的崩潰
Aftershocks: Pandemic Politics and the End of the Old International Order

作者：科林・凱爾（Colin Kahl）、湯姆斯・萊特（Thomas Wright）
譯者：林添貴
主編：區肇威（查理）
封面設計：莊謹銘
內頁排版：宸遠彩藝

社長：郭重興
發行人兼出版總監：曾大福
出版發行：燎原出版／遠足文化事業股份有限公司
地址：新北市新店區民權路 108-2 號 9 樓
電話：02-22181417
傳真：02-86671065
客服專線：0800-221029
信箱：sparkspub@gmail.com

讀者服務

法律顧問：華洋法律事務所／蘇文生律師
印刷：成陽印刷股份有限公司

出版：2022 年 5 月／初版一刷
定價：580 元

ISBN 9786269578641（平裝）
      9786269578658（EPUB）
      9786269578665（PDF）

國家圖書館出版品預行編目 (CIP) 資料

疫後震盪效應：防疫政治學與世界秩序的崩潰 / 科林．凱爾 (Colin Kahl), 湯姆斯．萊特 (Thomas Wright) 著；林添貴譯. -- 初版. -- 新北市：遠足文化事業股份有限公司 燎原出版, 2022.05
480 面；14.8X 21 公分
譯自 : Aftershocks : pandemic politics and the end of the old international order
ISBN 978-626-95786-4-1(平裝)

1. 嚴重特殊傳染性肺炎　2. 政治社會學　3. 經濟情勢

570.15　　　　　　　　　　　　　　　　　111006157